新时代营销学系列新形态教材
中国高等院校市场学研究会推荐教材

U0662408

电信市场营销学

吕 亮◎主 编
陈立梅 唐家琳 陈文沛◎副主编

清华大学出版社
北 京

图书在版编目(CIP)数据

电信市场营销学 / 吕亮主编. -- 北京 : 清华大学出版社, 2025. 9.
(新时代营销学系列新形态教材). --ISBN 978-7-302-70190-3

Ⅰ. F626

中国国家版本馆 CIP 数据核字第 2025HX9883 号

责任编辑:吴 雷
封面设计:汉风唐韵
责任校对:宋玉莲
责任印制:曹婉颖

出版发行:清华大学出版社
   网 址:https://www.tup.com.cn,https://www.wqxuetang.com
   地 址:北京清华大学学研大厦 A 座   邮 编:100084
   社 总 机:010-83470000   邮 购:010-62786544
   投稿与读者服务:010-62776969,c-service@tup.tsinghua.edu.cn
   质 量 反 馈:010-62772015,zhiliang@tup.tsinghua.edu.cn
   课 件 下 载:https://www.tup.com.cn,010-83470332
印 装 者:三河市铭诚印务有限公司
经 销:全国新华书店
开 本:185mm×260mm   印 张:17.75   字 数:409 千字
版 次:2025 年 9 月第 1 版   印 次:2025 年 9 月第 1 次印刷
定 价:59.00 元

产品编号:098477-01

丛书编委会

丛 书 序

早在 20 世纪 30 年代，市场营销作为一门课程被引进我国，但受制于当时商品经济不发达，以及后来我国长期处于"短缺经济"状态，作为市场经济产物的市场营销并没有在中国"开枝散叶"。改革开放以后，伴随着我国社会主义市场经济的发展，经济学和管理学逐渐成为"显学"，作为管理学科重要组成部分的市场营销，不仅作为一门课程，还作为一个专业被众多大学开设。据不完全统计，目前我国有 700 余所高校开设了市场营销本科专业，每年招收的本科学生数以万计。不仅如此，作为商科知识的重要部分，几乎所有经济与管理类专业的学生都需要了解和学习市场营销知识，因此，社会对市场营销相关的教材和书籍有着巨大的需求。

有需求，就会有供给。早期的市场营销教材几乎是原封不动地对美国同类教材的翻译和"引进"，以至菲利普·科特勒的教材长时期成为我国学生接触、了解市场营销的启蒙读物。时至今日，我国绝大部分营销专业相关教材，都是以西方尤其是美国教材为基础加以改编或删减，真正立足于本土营销实践和具有中国理论特色的教材可谓凤毛麟角。这固然与中国营销学术总体上仍处于追赶阶段有关，也与我国一段时间营销学术界过于追求发表学术论文，对编写教材不甚重视有莫大关系。可喜的是，最近几年伴随国家对高校考核政策的调整，教材编写工作日益受到重视，一些优秀学者开始把更多的精力投入到教材建设中。

鉴于目前营销专业教材良莠不齐，众多高校教师在选用教材时面临难以抉择的窘境，中国高等院校市场学研究会（以下简称"学会"）决定组织全国营销领域知名学者编写一套具有本土特色、适应市场营销本科专业教学的高水平教材，以此推动营销学科建设和营销人才培养。本套教材力图博采众长，汇聚营销领域的最新研究成果及中国企业最新营销实践，以体现当前我国营销学术界在教材编写上的最高水准。为此，学会成立了专门的领导机构和编委会，负责每本教材主编、副主编遴选，同时要求主要撰稿者具有重要的学术影响和长期的一线教学经验。为确保教材内容的深度、广度和系统性，编委会还组织专家对教材编写大纲做了深入、细致的讨论与审核，并给出建设性修改意见。可以说，本套教材的编撰、出版，凝聚了我国市场营销学术界的集体智慧。

目前规划出版的教材共计 33 本，不仅涵盖营销专业核心课程教材，而且包括很多特色教材如《网络营销》《大数据营销》《营销工程》等，行业性教材如《旅游市场营销》《农产品市场营销》《医药市场营销学》《体育市场营销学》《珠宝营销管理》等。由于各高校在专业选修课甚至一些专业核心课程的开设上存在差异，本套教材为不同类型高校的教材选用提供了广泛的选择。随着社会、科技和教育的发展，学会还会对丛书书目进行动态更新和调整。

我们鼓励主编们在教材编写中博采众长，突出中国特色。本套教材在撰写之初，就提出尽量采用中国案例，尽可能多地选用本土材料和中国学者的研究成果。然而，我们也深知，市场营销这门学科毕竟发端于美国，总体上我国尚处于追赶者的地位。市场营销是一门实践性和情境性很强的学科，也是一门仍在不断发展、成长的学科，远未达到"成熟"的地步。更何况，发展中国本土营销学，既需要中国学者长期的研究积淀，也需要以开放的心态，吸收国外一切有益的优秀成果。当然，在选用外来成果和材料时，需要有所甄别，有所批判和借鉴，而不是囫囵吞枣式地对所谓"权威材料"全盘接受。

本套教材的编写，在学会的发展史上也是一个里程碑式的事件。为了保证教材的编写质量，除了邀请在各领域的资深学者担任编委会成员和各教材的主编，还要求尽量吸收各领域的知名学者参与撰稿。此外，为方便教材的使用，每本教材配备了丰富的教辅材料，包括课程讲义、案例、题库和延伸阅读材料等。本套教材出版方清华大学出版社具有多年新形态教材建设经验，协助编者们制作了大量内容丰富的线上融媒体资源，包括文本、音视频、动漫、在线习题、实训平台等，使丛书更好地适应新时代线上线下结合的教学模式。

教材编写组织和出版过程中，众多学者做出了努力，由于篇幅所限，在此不一一致谢。特别要感谢学会副会长、华东理工大学景奉杰教授，从本套教材的策划、组织出版到后期推广规划，他尽心尽力，做出了非凡的贡献。清华大学出版社经管与人文社科分社社长刘志彬也是本套教材的主要策划者和推动者。从2019年9月清华大学出版社和学会达成初步合作意向，到2020年12月学会教学年会期间双方正式签署战略合作协议，再到2021年4月在北京召开第一次编委会，整个沟通过程愉快而顺畅，双方展现出充分的专业性和诚意，这是我们长期合作的坚实保障。在此，我代表学会，向所有参与本系列教材撰写、评审和出版的专家学者及编辑表示感谢！

教材建设是一项长期的工作，是一项需要付出智慧和汗水的工作，教材质量高低最终需要接受读者和市场的检验。虽然本套教材的撰写团队中名师云集，各位主编、副主编和编者在接受编写任务后，精心组织、竭忠尽智，但是由于营销专业各领域在研究积累上并不平衡，要使每本教材达到某种公认的"高水准"并非易事。好在教材编写是一个不断改进、不断完善的过程，相信在各位作者的共同努力下，经过精心打磨，本套教材一定会在众多同类教材中脱颖而出，成为公认的精品教材！

北京大学光华管理学院教授、博士生导师
中国高等院校市场学研究会前会长

前　言

在当今这个信息化、数字化飞速发展的时代，电信行业作为信息社会的基础和关键要素，正经历前所未有的变革与挑战。随着 5G（第五代移动通信技术）、物联网、大数据、云计算等技术的不断演进和融合，电信市场的竞争格局日益复杂，客户需求更加多元化、个性化，对电信企业的市场营销（marketing）能力提出了更高的要求。

在信息化与全球化交织的时代，电信行业正以前所未有的速度发展和变革。在数字化浪潮的推动下，电信企业正在加速数字化转型，利用大数据、人工智能（AI）等技术优化营销策略，提升用户体验。全渠道营销、精准营销（precision marketing）、数据驱动决策等新型营销方式，正在成为电信企业提升竞争力的关键。本书的出版，正是基于这一背景，旨在为读者提供一个系统、全面的电信市场营销知识框架，帮助从业者、学者和爱好者深入理解电信市场的独特性与复杂性，掌握现代市场营销理论在电信行业中的应用。

在编写本书的过程中，我们参考了国内外大量的文献资料和行业报告，并结合了多位电信行业专家的实践经验。希望通过本书，能够为读者提供一个清晰的电信市场营销知识体系，帮助读者在快速变化的电信市场中找到方向，制定有效的营销策略，提升企业的竞争力。电信市场的快速发展意味着任何一本书都无法涵盖所有的最新动态和趋势。因此，我们鼓励读者在阅读本书的同时，持续关注行业的最新发展，不断更新自己的知识和技能。

总体上，本书最大的特点是：理论与实践相结合，突出电信市场的营销特点。本书所展示的电信市场营销学的理论体系完整，涵盖了电信市场研究、电信营销战略、电信营销策略和市场营销新理念等方面。

本书由吕亮副教授负责编写框架和拟定提纲，并负责对全书进行统稿和最终定稿。编写工作的具体分工为：北京邮电大学吕亮老师负责撰写前言和编写第 8、11、12、13 章；南京邮电大学陈立梅老师负责编写第 5、6、7 章；西安邮电大学任艳玲老师负责编写第 4 章，任艳玲、唐家琳老师负责编写第 9 章、张彦涛老师负责编写第 10 章；重庆邮电大学陈文沛老师负责撰写第 1、2、3 章。

最后，我们要感谢所有为本书的编写提供支持和帮助的同事、朋友和家人。特别感谢电信行业的各位专家，他们的宝贵意见和建议为本书的完善提供了极大的帮助。希望本书能够为读者带来启发，助力大家在电信市场营销的领域中取得更大的成功。

编　者
2025 年 2 月 20 日

目　录

第 1 章

电信市场营销学概论

本章学习目标：

1. 理解市场营销学的基本概念和核心理论，包括市场、市场营销及其发展历程。
2. 掌握电信市场营销学的研究对象和内容，了解其和一般市场营销学的联系与区别。
3. 了解电信市场营销观念的演变及其对企业营销战略的影响。
4. 认识通信市场的特点、分类及其在经济中的重要性。

引导案例

华为的全球市场拓展与本地化营销策略

华为作为全球领先的通信设备供应商和电信解决方案提供商，其成功不仅在于技术创新，还在于其独特的市场营销策略。华为在全球市场的拓展过程中，充分体现了市场营销学的基本原理和电信市场营销的特殊性。

实践过程如下。

（1）市场定位与本地化策略。华为在全球不同市场采取了差异化的营销策略。在欧洲市场，华为通过与当地运营商合作，提供定制化的 5G 解决方案，满足了当地对高速网络和信息安全的需求。在非洲和东南亚市场，华为则更注重基础设施建设和成本控制，推出性价比高的通信设备和服务。

（2）品牌建设与客户关系管理。华为通过举办国际通信展会、技术研讨会和公益活动，积极提升品牌知名度。同时，华为还建立了完善的客户反馈机制，通过大数据分析优化产品和服务，提升客户满意度。

（3）技术创新与市场驱动。华为的研发投入占其年收入的 15% 以上，通过持续的技术创新，华为在 5G、光通信等领域取得了领先地位。同时，华为的市场营销策略紧密围绕客户需求，通过市场调研和技术预研，提前布局未来市场。

华为的全球市场拓展策略取得了显著成效，其 5G 设备在全球市场份额超过 30%。华为的成功表明，电信企业必须结合市场环境和客户需求，灵活运用市场营销策略，同时注重技术创新和客户关系管理。

资料来源：华为发布最新全球合作伙伴策略，围绕四大举措实现合作共赢[EB/OL]. (2020-02-28). https://e.huawei.com/cn/news/ebg/2020/four-measures-achive-success-with-global-eco-partners.

电信市场营销学

市场营销学又称市场学、市场行销或行销学，是一门建立在经济科学、管理科学、行为科学基础之上的综合性应用科学，系统地研究以满足市场需求为中心的企业营销活动过程及其规律性，具有全程性、综合性、实践性的特点。电信市场营销学的研究对象是通信信息类企业的市场营销活动。通信信息类企业的营销活动，既遵循一般企业营销活动的基本规律，也有其自身特点。本书将在简要概括市场营销学基本理论的基础上，重点论述电信市场营销的特征，呈现电信市场营销学全貌。

本章介绍市场与市场营销的基本概念、市场营销观念的发展、电信市场营销的特点，并概要说明全书的研究内容。

1.1 市　　场

1.1.1 市场的概念

市场属于经济范畴，是随着社会分工和商品生产的发展而产生与发展起来的，它是以商品交换为内容的经济联系形式，是社会分工和商品交换的产物。市场的概念随着社会经济的发展有不同的阐释，主要有三个方面的内容。

1. 市场是商品交换的场所

这是一个早期的、有空间限制的解释，它特别指出用于进行商品交换的地点或空间区域，如农贸市场、超级市场、在线交易市场等。

市场通常位于交通发达、人口稠密之地，是城市和集镇的主要组成部分。市场交易是城市的基本功能之一，城市缘起于防务功能"城"和交易功能"市"。正如我国古代文献《周易·系辞》中所描述的那样："日中为市，致天下之民，聚天下之货，交易而退，各得其所。"

当买卖双方进行面对面交易时，市场是一个有限的场所；而当买卖双方采用互联网、电话、电视等电子手段进行交易时，市场的范围可遍及全球。

2. 市场是需求的集合

市场是买方的集合，是一种商品或服务现实需求和潜在需求的总和。市场规模是指能够销售多少商品，即销售量或销售额。与该市场含义相对应的概念是行业，行业是某产品卖方的总汇。市场与行业的关系如图1-1所示。

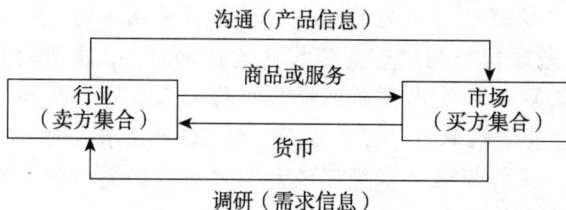

图 1-1　市场与行业的关系

2

3. 市场是商品供求关系的总和

市场是一定时空条件下商品供求关系的总和。任何一个商品生产者、经营者的买卖活动必然与其他商品生产者、经营者的买卖活动发生联系。市场是商品生产者、中间商、消费者交换关系的总和。任何企业都在整体市场上开展经营活动，企业的运转就是与市场保持着输入、输出交换关系的过程，市场是企业赖以生存与发展的空间和环境。通常所说的"市场机制""市场调节"，就是这个意义上的市场。

从供求关系及市场竞争力量角度看，市场竞争态势存在买方市场和卖方市场两种情况。在买方市场中，商品的供给量大于需求量，市场对买方有利，在交易过程中，买方处于主动地位，支配着交易关系；在卖方市场中，商品的供给量小于需求量，卖方处于主导地位。判断市场供求力的相对强度和变化趋势，对企业制定营销战略具有重要意义。

1.1.2　市场的构成要素

市场由一切有特定需求或欲望并且愿意和可能从事交换来使需求或欲望得到满足的潜在顾客所组成。现实市场的形成需要有若干条件，包括：购买者一方存在需求或欲望，并拥有可支配的交换资源；供给方提供能够满足购买者需求的产品或服务；有促成交换双方达成交易的各种条件，如可接受的价格、时间、空间、信息和服务方式等。

从企业角度看，有现实需求的有效市场必须同时具备三个要素：消费主体、购买力、购买欲望。其关系可简单表示为

$$市场 = 消费主体 \times 购买力 \times 购买欲望$$

1. 消费主体

消费主体是从事消费活动的人，包括各种不同类型消费者和消费群体。其可分为：社会集体和消费者个人；城镇居民和农村居民；脑力劳动者和体力劳动者；不同收入水平消费者群体；不同地区消费者群体。

消费主体对消费过程有重要影响。消费主体是组成市场的基本细胞。一个国家和地区消费主体的总量决定着潜在市场的大小。

2. 购买力

购买力是组成现实市场的物质基础。购买力是指人们支付货币购买商品或服务的能力，或者说在一定时期内用于购买商品或服务的货币总额。它是消费者能够对公司施压降低其产品及服务价格的能力，同时，也反映该时期全社会市场容量的大小。购买力的高低由购买者收入决定。一般来说，人们收入多、购买力强，市场和市场需求也大。

3. 购买欲望

购买欲望是购买力得以实现的必不可少的条件。购买欲望是指消费者购买商品或劳务的动机、愿望和要求，它要求企业提供的商品和服务能符合消费主体的要求，能够引起消费者的购买欲望，是构成市场的基本因素。

市场的这三个要素是相互制约、缺一不可的，只有三者结合起来，才能构成现实的市场，才能决定市场的规模和容量。企业的营销活动可通过影响消费者的购买欲望来影响市场。

1.1.3 市场的分类

按不同的标准，可以对市场进行不同的分类。

1. 按产品属性分类

按产品属性，市场可分为资源市场和商品市场。

（1）资源市场。资源市场也称投入品市场、资本品市场或要素市场，是由原材料、劳动力、资金、信息和技术等市场组成，资源市场允许各方交换商品或服务以生产产品。最常见的资源市场包括交换自然资源、劳动力、金融服务的市场。资源市场交易的内容是从事生产活动的必要投入。

（2）商品市场。商品市场是产出品市场，泛指为交易而进行生产或提供的一切有形产品和无形服务交换而形成的市场，包括生产资料市场、生活资料市场和服务市场等。商品市场是最古老、至今仍是最主要的市场形态。

2. 按购买目的分类

按购买目的，市场可分为消费者市场和组织市场。

（1）消费者市场。消费者市场是个人或家庭为了生活消费而购买产品和服务的市场，又称最终消费者市场、消费品市场或生活资料市场。消费者市场是市场体系的基础，是起决定作用的市场。

（2）组织市场。组织市场也称机构市场，是组织机构为了再加工、再销售、履行职能而购买产品和服务所形成的市场，组织市场和消费者市场相对应，消费者市场是个人市场，组织市场是法人市场。组织市场包括生产者市场、中间商市场、政府市场和非营利机构市场。生产者市场是厂家购买，购买目的是生产；中间商市场是商家购买，购买目的是转售；政府市场是政府购买，购买目的是使用，以便执行政府职能；非营利机构市场是非营利机构购买，购买目的是使用，以维持机构正常运作和履行职能。非营利机构泛指不以营利为目的、不从事营利性活动的组织，如学校、公立医院、公益基金会、行业协会等。

3. 按市场竞争状况分类

经济学研究市场结构时，按市场竞争状况，市场可分为完全竞争市场、垄断性竞争市场、寡头垄断市场、完全垄断市场。

（1）完全竞争市场。完全竞争市场又称纯粹竞争市场或自由竞争市场，是指一个行业中有非常多的独立生产者，其各自销售的商品在市场总量中只占微小的部分的市场。独立生产者以相同的方式向市场提供同类的、标准化的产品；新卖主可自由进入市场；买卖双方对市场信息完全了解。如某些农产品市场、矿产品市场等。

（2）垄断性竞争市场。垄断性竞争市场指一个行业中有许多企业生产和销售同一种类产品，每一个企业的产量或销售量只占总需求量的一小部分，而每个卖家提供的产品各具特点的市场。其介于完全竞争和完全垄断的两个极端市场结构的中间状态，如服装市场、日用品市场、餐饮市场等。

（3）寡头垄断市场。寡头垄断市场指少数几家大企业控制绝大部分产量和销售量，剩下的一小部分由众多的小企业生产经营的市场。这种市场产生的原因是资源的有限性、技术的先进性、资本规模集聚以及规模经济效益所形成的排他性等，如汽车市场、通信市场等。

（4）完全垄断市场。完全垄断市场指一个行业中某产品的生产和销售完全由一个卖主或买主独家经营和控制，没有或基本没有别的替代者的市场。这种市场类型的企业常常是公用事业企业，如电力公司、自来水公司等。另外，以下情况也属于完全垄断市场：一家公司独自拥有制造某种产品的全部或绝大部分原料；通过专利取得垄断地位而形成的市场；通过确立极高声誉而占据垄断地位形成的市场。这是一种与完全竞争市场相对立的极端形式的市场。

1.2　市场营销与市场营销学

1.2.1　市场营销的含义

市场营销是与市场相关的一切活动和理念。它包括两个层面：首先，市场营销是一种理念、态度、观念和管理方式，强调把客户满意放在首位；其次，市场营销是一系列活动，是上述理念的实施。

美国市场营销协会（American Marketing Association，AMA）给出的市场营销定义是："市场营销是一项有组织的活动，包括创造、传播和交付顾客价值和管理顾客关系的一系列过程，从而使利益相关者和企业都从中受益。"

美国营销学家菲利普·科特勒（Philip Kotler）认为，市场营销最简洁的定义是"满足别人并获得利益"，也可以从社会和管理两个不同的角度来界定市场营销。其完整的定义为："个人和集体通过创造、提供、出售、同别人自由交换产品和服务的方式，以获得自己所需产品或服务的社会过程。"

可见，市场营销定义强调的核心概念是顾客需求、产品和服务、顾客价值、交换、关系和网络，市场营销过程就是企业为顾客选择价值、创造和提供价值、沟通和传递价值的过程。市场营销可以从微观和宏观这两个不同角度来理解。

1. 需要、欲望和需求

需要（needs）是没有得到基本满足的感受状态，是人类最基本的要求，如人们为了生存，对食物、衣服、房屋等生理需求及对安全、归属感、尊重和自我实现等心理需求。

欲望（wants）是获得满足需要的具体商品的愿望，是消费者深层次的需求。欲望由需要派生而来，受社会文化和人们个性的影响，如饿了要进餐是需要，有人想吃面包，有人想吃米饭，面包或米饭是欲望。

需求（demands）是有支付能力购买并且愿意购买具体商品的欲望。消费者的需要在有购买力做后盾时就变成需求。

营销者不创造需要，而只能适应它。需要优先于营销者而存在。营销者和其他社会因素共同影响人们的欲望。营销者试图说明某具体产品能够满足顾客需要，并重点关注顾客需求。

2. 产品

产品是指企业提供给市场用来满足顾客需求的任何提供物（offering），包括实体产品、服务、信息和体验及其不同形式的组合。

3. 顾客价值

顾客价值是指顾客从拥有和使用某产品中获得的满足。顾客价值取决于顾客所感知到的有形利益、无形利益与成本，可以看成质量、服务和价格的组合，顾客价值随质量和服务的提高而提升，随价格的下降而增加。顾客价值因个人感受不同而存在差异。综上，将顾客价值定义为顾客感知的利得与利失之间的权衡，是对产品或服务效用的整体评价。

4. 交换和交易

交换是指从他人那里取得想要的物品，同时，以某种物品作为回报的行为。交换发生需要具备以下条件：至少有双方；每一方都有被对方认为有价值的物品；每一方都能沟通信息和传送物品；每一方都可以自由接受或拒绝对方；每一方都认为和对方交换是适当的或称心的。

交换双方达成协议，就是发生了交易。交易是双方价值的交换。交换较广泛，交易比交换的范围小。

5. 关系营销与营销网络

建立在短期交易基础上的营销是交易营销。营销者除需要创造短期的交易外，还需要与顾客、分销商、零售商及供应商等建立长久关系，实现关系营销。关系营销是营销者与顾客、分销商、零售商、供应商、辅助商以及政府机构等建立、保持并加强长期的合作关系，通过互利交换及共同履行诺言，使各方达到各自目的的营销方式。

市场营销网络是企业及其与之建立起牢固的、相互信赖的商业关系的其他企业所构成的网络。

1.2.2　市场营销学

英文"marketing"一词含义为市场营销、市场营销学。但两者有区别，市场营销是企业的经营、销售活动，而市场营销学则是研究市场营销活动及其规律性的学科。市场营销学的构建从微观（企业）开始，逐步形成了微观和宏观两个分支。微观市场营销学是从个体（组织和个人）交换层面研究营销问题，研究组织和个人如何围绕产品或价值的交换，为实现其目标而进行决策和管理的过程。宏观市场营销学是从社会总体交换层面研究营销问题，以社会整体利益为目标，研究营销活动对道德、法律的遵守；研究营销系统的社会功能与效用，以及营销系统如何引导产品和服务从生产进入消费以满足社会需要；研究社会营销系统结构的演变等问题。企业社会责任营销的兴起，使企业微观营销越来越关注道德、法律、慈善、生态环境等问题，并进行相应营销活动，从而在一定程度上实现了微观营销和宏观营销内容的结合。

市场营销学的主流研究领域是微观市场营销学，本书也属于微观市场营销学领域。

微观市场营销学的主要内容如图1-2所示，包括营销调研、营销战略、营销策略和营销组织与控制四大部分。营销调研是企业营销活动的起点，只有了解顾客需求，了解企业所处的营销环境，了解企业自身资源和优势，才能进行下一步的营销活动；营销战略是营销活动的总指导原则，回答为谁服务、提供什么样的服务、服务有什么优势和特色，如何与同行竞争的问题；营销策略是营销战术，回答怎样提供服务的问题，通过产品策略、定价策略、分销策略、促销策略这四个策略组合，即4P组合为客户提供服务；营销组织与控制是研究企业通过什么样的组织机构来执行营销活动，并对营销活动进行管控的问题，是狭义上的营销管理。

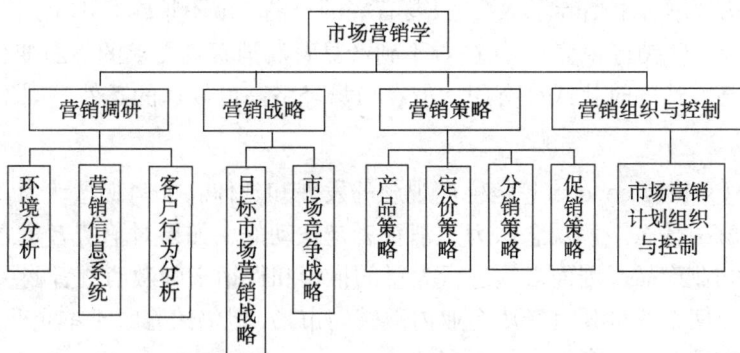

图 1-2　微观市场营销学的主要内容

由于微观市场营销学是市场营销学的主流研究领域，因此，通常说的市场营销学就是微观市场营销学。

课外作业

宏观市场营销学研究的主要领域有哪些？

1.2.3　市场营销观念及其演进

市场营销观念是企业经营者在策划和实施营销管理活动时所遵循的指导思想与行为规范。营销管理是企业为在目标市场上实现目标而做出的自觉努力，市场营销观念就是指导这些努力的哲学，是企业经营者在处理企业、顾客和社会三者关系上所持的态度和指导思想。

市场营销观念是不断发展的，近百年来，企业的市场营销观念大体经历了五个发展阶段。

1. 生产观念

生产观念（production concept）是商业领域最早产生的营销观念之一。企业经营哲学不是从消费者需求出发，而是从企业生产出发。生产观念认为，企业生产什么就卖什么，顾客会接受任何他能买得起的产品。企业的根本任务是增加产量、提高效率、降低成本。

生产观念在以下两种情况下适用：其一，当供给小于需求时，企业应该采用各种方式增加生产；其二，当生产成本太高时，企业需要提高生产率降低成本。

2. 产品观念

产品观念（product concept）亦称"产品导向"，是指以产品为中心的营销观念。它是与生产观念同时出现、同时流行、同时消失的古老营销观念之一。产品观念认为，顾客喜欢高质量、多功能、有特色的产品。企业的根本任务是提高产品质量和增加产品特色。该观念认为"酒香不怕巷子深"，只要有好的产品，就不怕顾客不上门，这一观念也使一些企业患有"营销近视症"，往往看不到产品背后消费者需求的不断变化。这种观念在商品经济不甚发达的时代或许有用，但在市场经济高度发达的条件下则不适用。

3. 推销观念

推销观念（selling concept）是生产观念的发展和延伸。推销观念认为，企业推销什么产品，顾客就买什么。该观念认为，消费者是被动的，如果对消费者置之不理，他们就不会购买本企业产品，因而必须进行大量的推销和促销来刺激消费者购买。

推销观念已使企业将其目光从企业内部转向市场，但仍然着眼于本企业产品的销售。推销观念对于推销非消费者渴求品很有效。

4. 市场营销观念

市场营销观念（marketing concept）是以顾客为中心的观念，认为顾客是企业营销活动的起点和终点。市场营销观念第一次摆正了企业和顾客的位置，是营销观念的一次重大革命。该观念认为，实现组织目标的关键在于正确地确定目标市场的需要和欲望，并比竞争者更有效地满足顾客的需求和欲望。该观念下，企业以满足消费者的需求和欲望为己任，强调"顾客至上"，提出"生产能够出售的东西，而不是出售能生产的东西"。

前三种观念以企业为中心，被称为销售观念，西奥多·莱维特（Theodore Levitt）比较了销售观念和市场营销观念的差别，如表 1-1 所示。销售观念是从内向外进行的，它强调公司的产品，要求销售人员努力推销和促销以获利，是追求短期利益的行为。而市场营销观念是从外向内进行的，它着眼于顾客的需要，通过满足顾客需要获利，认为营销者要在公司盈利和创造更大的顾客价值之间寻求平衡。

表 1-1　销售观念和市场营销观念的差别

观念	出发点	中心	方法	目的
销售观念	卖方	产品	推销和促销	通过销售获利
市场营销观念	买方	顾客需要	整体营销	通过顾客满意获利

5. 社会营销观念

社会营销观念（social marketing concept）认为，企业的任务是确定目标市场的需求、欲望和利益，比竞争者更有效地提供满足顾客需求的商品，提供商品的方式应对消费者和社会福利双重有益。社会营销观念是注重社会长远利益的观念，其核心是以使顾客满意及实现顾客和社会公众长期福利作为企业的根本目的和责任。社会营销观念要求企业营销决策兼顾顾客需要、企业利益和社会利益三方面。近年来，由于环境污染、资源短缺、人口膨胀、世界范围的经济问题，以及被忽视的社会服务，人们怀疑纯营销观念的适当性。1971年，杰拉尔德·蔡尔曼（Gerald Zaltman）和科特勒最先提出了"社会市场营销"概念。此后，营销学界陆续提出了一系列新观念，如人类观念（human concept）、理智消费观念（intelligent consumption concept）、生态准则观念（ecological imperative concept）、绿色营销观念等，其共同点是对社会长远利益的关注，这类观念统称为社会营销观念。

课外作业

2009年，科特勒在其《营销管理》（第13版）中首次提出全面营销观念（holistic marketing concept），其具体含义是什么？

1.3　通信市场的概念、特点与分类

1.3.1　通信市场的概念

1. 通信市场的定义

普遍说法认为，通信市场是通信企业为消费者提供通信产品和服务的场所与领域，是社会对通信产品、服务现实的和潜在的需求总和，是通信产品或服务现实客户需求的总和，是社会商品市场整体中的一个有机组成部分，是市场大系统中的一个子系统。通信市场领域如图1-3所示。

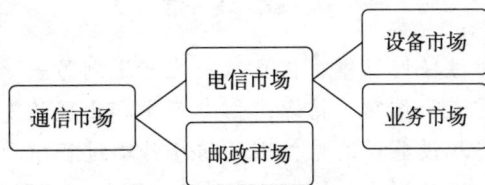

图1-3　通信市场领域

另一种说法：通信市场是特定的专业市场，是指以通信信息产品和服务为交易对象的市场，包括通信设备与终端市场和通信信息服务市场。

通信行业是社会发展的基础和先导行业，通信服务具有广泛的社会性。随着通信信息技术的发展，通信网、互联网和电视网三网融合推进，电信业、互联网业和广播电视业产业融合进一步深化，通信市场的范围也不断扩大，由传统的邮政电信行业市场，扩大到邮政、电信、信息、互联网等领域的市场。

2. 通信市场的构成

通信市场由主体和客体构成。通信市场的主体是通信信息产品和服务的供应者、通信信息产品和服务的消费者以及通信市场的管理者，通信市场的客体是通信信息产品和服务。有效通信市场规模由以下三因素决定，即通信消费者数量、通信消费者的购买力和通信消费者的购买欲望。

通信信息产品和服务的消费者是指正在消费和可能消费各类通信信息产品和服务的消费者，包括各类组织、团体以及家庭和个人。随着通信信息技术的发展和人们消费水平的提升，通信市场的消费需求从基本通信需求向发展需求、娱乐需求升级，需求越来越多样化、个性化。

通信信息产品和服务的供应者是指通过提供通信信息产品与服务、满足社会需求的各类企业和中间商。随着通信行业的发展，产业价值链不断延伸，通信行业活跃着电信骨干运营商、增值业务提供商、虚拟电信运营商、接入服务商、通信中间商、通信业务代理商等新型供应者。目前，我国通信信息服务市场已经形成了中国移动、中国电信、中国联通三大骨干运营商与大量中小企业相互竞争、共同发展的局面。

通信市场的管理者是指一个国家或一定地域范围内行使政府授予的权力，负责规范、引导和管制通信产品与服务的供应商的市场行为，维护和保障通信产品与服务的消费者利益不受损害的机构。我国的工业和信息化部是通信行业的中央政府管理机构。

3. 通信市场的分类与界定

按广义和狭义，通信市场可分为通信设备制造市场和通信业务服务市场；按专业，通信市场可分为邮政通信市场和电信通信市场；按地理区域，通信市场可分为国际通信市场和国内通信市场；按消费者，通信市场可分为居民消费市场和集团消费市场、现实需求市场和潜在需求市场。

案例1-1

认 识 通 信

通信是用任何方法通过任何媒体将信息从一地传送到另一地的过程。通信必须具备的三要素是信源、通信信道和信宿。信源是信息产生和出现的发源地，既可以是人，也可以是计算机、手机等终端设备；通信信道是信息传输过程中承载信息的传输媒体；信宿是接收信息的目的地，可以是人，也可以是设备。因此，不同的传输方式和信息形式，就形成了不同类型的通信。从传输方式来看，通信可分为邮政通信和电通信。

通信的目的是传递消息，消息具有不同的形式，如语言、文字、数据、图像、符号等。随着社会的发展，消息的种类越来越多，人们对传递消息的质量和手段的要求也越来越高。通信中，消息的传送是通过信号来进行的，如红绿灯、狼烟、电压、电流等信号。信号是消息的载荷者。邮政通信是以实物传递的方式传递消息。我国古代的官办邮驿制度，其邮驿规模和传递效率在世界上都位居前列。我国官办邮驿制度经历了春秋战国、秦、汉、两晋南北朝、隋、唐、宋、元、明、清各个朝代的发展，一直到清朝中叶才逐渐衰落，到1912年废驿归邮，被近代邮政所取代。

电通信是利用"电信号"来承载消息的通信。在各种各样的通信方式中，电通信具有迅速、准确、可靠等特点，且不受时间、地点、空间、距离等的限制，因而得到飞速发展和广泛应用。电信（电通信）的定义是：利用电子等技术手段，借助电信号（含光信号）实现从一地向另一地消息的有效传递。

资料来源：通信[EB/OL]. https://baike.c114.com.cn/view.asp?id=9583-6DA001DB.

思考题：

如何从通信含义中认识通信市场？

1.3.2　通信市场的特点

通信市场属于服务市场，它既有市场的一般属性，又具有自身特点，有高度关联性，如通信市场和国民经济发展之间的关联性，通信产业市场中上下游企业之间发展的均衡性，通信市场与金融市场的关联性；竞争与合作性，不同的网络运营商之间的竞争与合作，通信产业价值链条中，位于不同节点的通信企业之间的竞争与合作；发展的不平衡性。

通信市场的特点，可从产业和市场两个角度来分析。

1. 通信产业角度的特点

（1）规模经济性（economies of scale）。规模经济性是指在一定的市场需求范围内，随着生产规模的扩大，企业的产品与服务的每一单位平均成本持续下降的现象，也即在初始阶段，厂商扩大生产规模能使经济效益提高的现象。电信市场的规模经济性特点源于以下原因：一是运营商事前必须建立庞大的通信网络，覆盖大量的消费者，才能满足顾客相互通信的需要，才会有顾客使用，没有规模，就没有效益；二是在网络建设中，巨额的初始投资构成了通信企业的固定成本，固定成本作为共有成本被用户分摊，用户越多，每个用户分摊的固定成本越低，多增加一个用户，电信企业的边际成本就会下降，通信企业用户规模增大，其经济效应才能显现出来；三是电信企业的固定成本大于可变成本，企业在电信基础通信设施上的投资比例较大。

（2）范围经济性（economies of scope）。范围经济性是指同时生产两种及以上产品的成本低于分别生产每种产品成本总和的性质，这是因为在一家企业生产这些产品，要比在几家生产更便宜。通信企业存在范围经济性，即追加新业务的联合成本要低于单独提供两种业务的成本和。电信产业的范围经济性是由电信业务"先建设、后服务"的特点决定的。电信业务的运行必须建立在完善的网络基础设施的基础上，而网络基础设施建成之后，并不仅仅为现有的电信业务服务，也可以为电信企业开发的新业务提供网络基础支持。因此，电信新业务的追加便有一部分成本由原来的网络基础设施来承担，而不必单独投资，从而使新业务推向市场的联合成本低于同种业务单独开发时的成本。

（3）全程全网性。电信市场服务范围的深度、广度和协作性是一般行业所无法比拟的。电信企业具有全程全网、联合作业、互联互通的特点。电信企业须树立全网观念和互通观念，只有把全网经营好了，才能保证企业取得良好的市场营销效果。

（4）垄断性和竞争性并存。通信行业的自然垄断属性使该行业一般呈现寡头垄断现象。我国基础通信市场是寡头垄断市场。电信业务中的基础电信业务，包括固定通信业务、蜂窝移动通信业务及数据通信、卫星通信等业务，以寡头垄断经营为主，经营主体是国有控股企业，目前，正逐步向民营资本开放；各类增值电信业务则以竞争性经营为主，面向民营企业、外资企业全面放开。

（5）相关性。通信信息业是构建国家信息基础设施，提供网络和信息服务，全面支撑经济社会发展的战略性、基础性和先导性行业。通信服务作为直接服务于全社会的行业，其市场需求与国家（或地区）的经济发展水平，产业结构，经济的商品化、外向化的程度等因素强相关。

2. 通信市场角度的特点

（1）广泛性与区域性。通信企业为全社会提供服务，受众广泛，市场前景十分广阔。在现代社会中，几乎人人都使用通信产品，不论城乡、年龄、个人或组织，通信服务的顾客具有广泛性。通信服务的区域性表现在：通信企业的顾客一般是所在地的个人或组织，外地顾客来到本地，享受本地分公司属地化的服务。

（2）不平衡性。首先，需求的地域不平衡性，即在发达地区需求旺盛，而在不发达地区则需求不足。其次，供给的区域不平衡性，发达地区可能存在资源不足、短时网络信道拥塞的问题；不发达地区供应过剩，存在通信资源闲置问题。最后，通信需求的增长随社会经济发展近似于线性规律上升，而通信供应能力的提升会因为通信能力扩大受建设周期的制约以及通信服务预测的差异性等影响，近似于阶梯状上升，故可能存在某个短期内供应和需求不平衡的问题。

（3）随机性。通信产品的生产过程、交换过程和消费过程是同时进行的。顾客什么时候需要通信服务，通信企业就什么时候提供通信服务。顾客使用通信服务是没有也不可能有精确时间规律的。因此，通信市场的需求具有随机性的特点。

（4）潜在性。通信服务的非实物性和技术密集性，使通信服务一定程度上具有生产引导消费的特点。在新的通信服务业务推出之初，绝大多数顾客对该业务不熟悉、不了解，对该业务的需求是不明显、不具体的，甚至是意识不到的，即需求具有潜在性，激发需求是营销工作的重要任务。

（5）网络外部性（network externality）。网络外部性又称网络效应（network effect），是指消费者消费某种网络产品的价值会随着该产品用户数量的增加而增加。用户通过自己的行为（加入网络）直接给其他用户带来收益，同时，自己也获益。网络价值（效用）不仅来自提供者（内部），也来自使用者（外部）。例如，用户在选择移动网络的时候，更愿意选择用户多的网络，因为网络中用户越多，潜在通话对象和无偿享用的网内优惠就越多，该网对用户的价值也就越高。

该特征可用梅特卡夫法则来说明。梅特卡夫法则为：网络的价值与其节点的平方成正比。网络价值等于网络节点数的平方，即 $V=n^2$（V 表示网络的总价值，n 表示用户数），网络外部性是梅特卡夫法则的本质。该法则表明网络经济的边际效益递增。因此，争夺用户、扩大用户规模是通信运营企业竞争的首选目标。具有先发优势的企业会降低价格，获得用户增长；提高互联互通的价格，增加新进入者成本，挤压新进入者，进而产生强者更强的市场结构，形成通信市场的垄断。政府监管的目的就是推动行业公平竞争。

案例1-2

电信行业的规模经济

电信业是中国经济发展中成长最快的产业之一。同时，由于电信业一直处于行政垄断之中，合理的市场结构尚未形成，高额的通信价格也受到广泛的争议。自1994年中国联通成立、打破中国电信的垄断局面以来，中国电信产业已经历了10余年变革。该产业发生过四次重组，整个市场处于动荡之中。

1. 中国电信业的发展历程

1949年11月1日，邮电部成立。1994年3月，国务院将邮政总局、电信总局分别改为单独核算的企业局。1993年12月，国务院批准组建中国联合通信有限公司。1994年1月12日，为了服务于当时的"三金工程"，吉通通信有限公司成立。1994年7月19日，国务院批准电子工业部、电力工业部、铁道部和中信集团四家各参股1亿元人民币，成立中国联合通信有限公司，开始在市话和移动业务方面与中国电信展开竞争，中国电信业的坚冰被正式打破。1995年，中国电信进行企业法人登记，从此逐步实行政企分开。1998年，邮政、电信分营，开始专注于电信运营。1998年3月，在电子工业部和邮电部的基础上，组建信息产业部。

组建信息产业部之后，就开始了一系列的电信改革。从1999年到2002年，三年之间就进行了三次电信重组。从1999年对中国电信的"一拆分七"到2000年中国移动、中国电信的正式成立，形成了"三大两小"的格局，再到2002年中国电信业南北分拆，形成"四大两小"的竞争格局，中国电信业也实现了政企分开、邮电分营、打破垄断等阶段性目标。

第一次重组："一拆分七。"1999年2月，国务院通过中国电信重组方案，组建中国移动、中国电信集团公司。同年12月和2000年1月、6月，分别批复组建中国移动通信集团公司、中国电信集团公司和中国卫星通信集团公司。1999年4月，中国网络通信有限公司成立。1999年7月，中国移动从中国电信独立出来。1999年2月14日，组建中国移动通信集团公司。

第二次重组："三大两小。"2000年5月16日，中国移动通信集团公司挂牌。2000年5月17日，中国电信集团公司挂牌。由此形成中国电信、中国移动、中国联通和吉通、中国网通"三大两小"的经营格局。标志着中国通信业在政企分开、邮电分营的基础上实现了战略重组。2000年12月，铁道通信信息有限公司成立。2001年12月，中国卫星通信集团公司正式挂牌成立。

第三次重组："四大两小。"2002年5月16日，中国电信最终南北分拆方案确定，新中国电信集团及中国网通集团正式挂牌成立。新中国电信集团，管辖南方21省电信业务经营和全国70%的长途干线经营。吉通与北方10省电信公司、中国网通合并组成中国网络通信集团公司，管辖北方10省市电信业务经营和全国30%的长途干线经营。由此形成了"四大两小"的竞争格局，"四大"即中国移动、中国电信、中国网通和中国联通，"两小"即中国卫通和中国铁通。2003年6月，依据国务院36号令，吉通并入网通集团。2003年11月，网通国际公司挂牌。2004年1月9日，网通北方公司成立；1月15日，网通南方挂牌，网通重组加速。2004 年 1 月 10 日，中国卫通与国信寻呼签订协议，联通开始退出寻呼业。2004 年 1 月 29 日，铁通公司由铁道部移交国务院国有资产监督管理委员会（简称"国资委"），更名为"中国铁通"，作为国有独资基础电信运营企业运作。

随着中国移动"一家独大"趋势的不可抑制，从 2004 年开始，酝酿第四次电信业重组，从"四合二""六合三"拆分方案的流传，到 2008 年 5 月 24 日"三足鼎立"格局的尘埃落定，三家运营商进入全业务竞争时代，由此，也完成了我国电信业的四次重组。

第四次重组："三足鼎立。"2008 年 5 月 24 日，工业和信息化部、国家发展和改革委员会和财政部联合发布《工业和信息化部 国家发展和改革委员会 财政部关于深化电信体制改革的通告》，中国电信版图也由此迈入"新三国时代"：中国电信收购中国联通 CDMA（码分多址）网络（包括资产和用户），同时将中国卫通的基础电信业务并入；中国联通与中国网通合并；中国铁通并入中国移动。2008 年 6 月 2 日，中国电信以 1 100 亿元收购联通 CDMA 网络。中国联通与中国电信订立相关转让协议，分别以 438 亿元和 662 亿元的价格向中国电信出售旗下的 CDMA 网络及业务。同日，中国联通上市公司宣布将以换股方式与中国网通合并。2008 年 7 月 27 日，中国电信与中国联通就 C 网出售签署最终协议，总价 1 100 亿元维持不变，中国联通旗下的澳门联通与联通华盛也将并入中国电信。2008 年 10 月 15 日，新联通正式成立，中国网通正式退出历史舞台，新公司定名为"中国联合网络通信有限公司"，中国联通香港上市公司名称由"中国联合通信股份有限公司"更改为"中国联合网络通信（香港）股份有限公司"。

2. 电信行业的规模经济

目前，在基础电信领域，形成了中国电信、中国移动、中国联通三家骨干企业。在无线寻呼和增值电信领域，已有近 8 000 家中小企业，初步形成了不同规模、不同业务、不同所有制企业相互竞争、优势互补、共同发展的市场格局。在集中度方面，电信行业几经重组后，业务竞争日趋激烈，业务替代趋势加快，电信市场格局发生了实质性变化。

3. 评论

在过去 10 年里，中国电信服务价格降低及市场高速成长，很大程度上应归功于规制改革。新的电信运营商进入市场，导致电信服务价格下降，增加了市场需求；要使中国电信产业获得进一步发展，成为推动中国经济增长的动力源泉之一，我们至少要从以下两方面进行改革。首先，逐步推动电信企业产权改革，引入战略投资者。因为中国电信运营商都是国有企业，它们之间缺乏真正意义上的市场竞争，所以相关的政策方案对提高市场绩效水平不会产生积极影响。在今后的电信产业改革中，我们要通过引入战略投资者，逐步推动电信企业产权改革。这对于规范企业行为、提高市场竞争力将具有重要作用。其次，改革前，中国电信服务价格是由初装费、月租费和通话费用所构成的，现在只是取消了初装费，而月租费并未完全取消，因此，电信服务价格改革还不彻底。通过电信服务需求函数的估计结果，我们发现该产品是富有弹性的，我们可以借鉴国外改革经验，进一步放松价格规制，取消月租费等相关附加费用，推动电信产业的发展。

资料来源：中国信息通信研究院，中国电信股份有限公司研究院，中国移动通信研究院（中移智库），等. 电信业发展蓝皮书——智能化发展（2024 年）[R/OL]. https://www.caict.ac.cn/kxyj/qwfb/bps/202409/P020240926401677616677.pdf.

思考题：

1. 产权改革与市场竞争对于中国电信行业来说，哪一个因素更为重要？为什么？
2. 如何提高中国电信行业的规模经济性？
3. 评述中国电信行业发展的得失。

1.3.3　通信市场的分类

可以按不同的标准对通信市场进行分类，在此，从电信业务（供给）和客户身份属性（需求）两个角度对通信市场进行分类。

1. 从电信业务角度分类

2013年5月，根据《中华人民共和国电信条例》，工业和信息化部提出《电信业务分类目录（2013版）》（征求意见稿），对电信业务分类进行了修订。这次修订的目录维持了"基础电信业务"和"增值电信业务"两大类的划分框架，对两部分中所含具体业务的分类进行了调整，主要修订内容集中在三网融合、云计算、网络分发服务及信息服务等环节。我国电信业务分为基础电信业务和增值电信业务。基础电信业务是指提供公共网络基础设施、公共数据传送和基本话音通信服务的业务；增值电信业务指利用公共网络基础设施提供的电信与信息服务业务。这两类业务又分别分为第一类业务和第二类业务。

（1）第一类基础电信业务。它包括固定通信业务、蜂窝移动通信业务、第一类卫星通信业务、第一类数据通信业务和IP（网际协议）电话业务五类。

（2）第二类基础电信业务。它包括集群通信业务、第二类卫星通信业务、第二类数据通信业务、网络接入设施服务业务、国内通信设施服务业务、网络托管业务和转售的基础电信业务七类。

（3）第一类增值电信业务。它包括互联网数据中心业务、互联网资源协作服务业务、内容分发网络业务、国内互联网虚拟专用网业务、互联网接入服务业务五类。

（4）第二类增值电信业务。它包括在线数据处理与交易处理业务、国内多方通信服务业务、存储转发类业务、呼叫中心业务、信息服务业务及编码和规程转换六类。

2. 从客户身份属性角度分类

按客户的身份属性，可以将客户分为政企客户和公众客户，因此，通信市场可分为政企客户市场和公众客户市场。

（1）政企客户市场。政企客户市场是由政企客户形成的消费群体，政企客户是指企业、政府机关、事业单位等组织单位客户。

政企客户市场的通信消费具有需求种类多、数量大、使用频繁、需求缺乏弹性、对通信新业务潜在需求大等特点，政企客户市场是电信运营商市场竞争最激烈的领域。

（2）公众客户市场。公众客户市场是以个人和家庭为单位的消费群体，其可以进一步细分为家庭客户市场和个人客户市场。家庭客户市场是以家庭为单位的消费群体，如固定电话、宽带服务、数字家庭等就是针对家庭用户而推出的电信业务。

公众客户市场需求具有多样性、层次性、发展性、消费引导性、产品替代性强等特点。

案例1-3

GE大力推动"工业互联网"

"工业互联网"是一个与"消费互联网"相对应的概念，如果消费互联网可以简单理解为把手机等移动终端连上家用电器、汽车、计算机的话，那么工业互联网就是把机器设备装上传感器，将收集到的数据传输到云计算平台，计算分析之后产生的"智慧数据"便能实现设备与人的"交互"。

GE公司（General Electric Company，通用电气公司）将工业互联网定义为：智慧的机器，加上分析的功能和移动性。GE公司测算，如果工业互联网如同消费互联网那样得到充分应用，从2012年到2030年，工业互联网将给中国经济带来累计3万亿美元的GDP（国内生产总值）增量。

工业互联网带来的直接好处有两个：降低设备故障的概率和时间；实现资产管理优化，让设备能够在能耗最低、性能最佳的状态中工作。

海南航空股份有限公司（后更名为海南航空控股股份有限公司）是工业互联网的早期践行者之一。2009年，该公司对飞机进行了资产数据管理，以节省燃耗和降低碳排放。通过机器互联，数据收集系统一天就能够收集6 000万条数据，利用软件分析数据后改进系统，使该公司在2012年比2011年节省了1.1%的燃油使用量，即3.1万吨燃油，折合人民币2亿多元，同时碳排放减少9.7万吨。

资料来源：中国电信与GE签署协议 共同打造中国工业互联网生态圈[EB/OL]. (2017-03-15). https://www.c114.com.cn/news/117/a998955.html.

思考题：

工业互联网为电信运营商拓展了哪些市场空间？

1.3.4 我国通信市场的改革与发展

通信市场是具有特殊运行规律的市场，通信产业的规模经济性、范围经济性、全程全网性等特点，决定了通信产业的自然垄断性及通信市场竞争的有限性。从全球范围看，各国早期的电信市场基本是垄断性的市场，但随着通信技术进步，形成通信行业垄断性的原有技术的经济基础部分地发生了变化。自20世纪80年代，各国纷纷开始通信市场的自由化改革，破除垄断、引入竞争、放松管制、开放市场是改革的基本内容。我国电信市场的改革从1994年7月19日中国联合通信有限公司成立起正式拉开帷幕。

1. 我国通信市场的改革历程

贯穿我国电信市场改革的主线有两条：一是电信管理体制的改革，改革目标是实现政企分开；二是电信市场开放、市场结构重塑的改革，改革目标是由垄断性市场向竞争性市场转化。

从电信管理体制改革的线索看，改革前，通信行业由邮电部直接垄断经营。1998 年 3 月，我国国务院部委改组，撤销原邮电部成立信息产业部，通信行业实行政企分开、邮政和电信分营。2004 年初，几大运营商由国资委统管，信息产业部不再承担国有资产保值增值任务，成为单一的监管者。至此，通信行业政企分开的改革目标基本实现。

从电信市场开放、电信市场结构重塑的线索看，从 1993 年向社会开放部分电信增值业务开始，中国电信市场经过了不断的分拆、重组，到 2008 年，最后一轮重组结束，中国电信运营市场形成了中国移动、中国电信、中国联通三骨干运营商全业务竞争的局面。中国电信市场的分拆历程如图 1-4 所示。

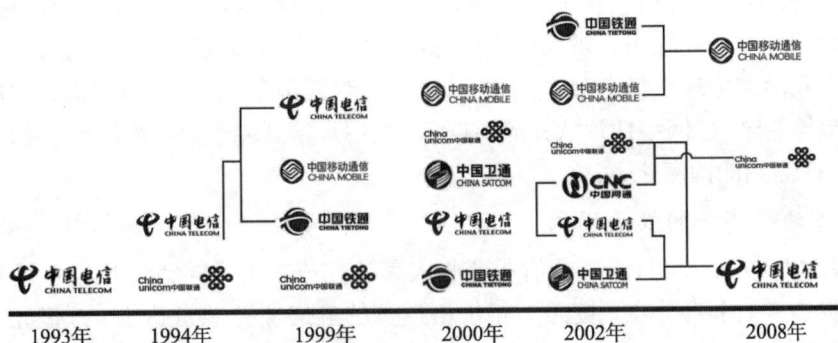

图 1-4　中国电信市场的分拆历程

1993 年 8 月 3 日，国务院发布《国务院批转邮电部关于进一步加强电信业务市场管理意见的通知》（国发〔1993〕55 号），向社会开放经营无线寻呼、800 MHz 集群电话、450 MHz 无线移动通信、国内 VSAT（very small aperture terminal，甚小孔径终端）通信、电话信息服务等 9 项电信业务，标志着中国通信业务市场开始孕育并逐渐形成。

1994 年 7 月 19 日，中国联合通信有限公司正式成立，获准经营基础通信业务，改变了中国电信是中国唯一基础电信运营商的历史，中国电信市场出现了较长时期的双寡头竞争局面。但新成立的中国联合通信有限公司实力弱小，基本不能撼动中国电信的垄断地位。

1998 年 4 月，信息产业部下发《邮电分营工作指导意见》，邮政和电信分营。1999 年 2 月，信息产业部决定对中国电信拆分重组，将中国电信的寻呼、卫星和移动业务剥离出去。原中国电信拆分成新的中国电信、中国移动和中国卫通 3 家公司，寻呼业务并入联通公司，形成了 4 家运营商相互竞争的局面。

从 2000 年开始，为强化竞争，政府给中国网通公司、中国吉通公司和中国铁通公司颁发了电信运营许可证。此时，国内电信市场共有中国电信、中国移动、中国联通、中国铁通和中国卫通等电信运营商，初步形成电信市场分层竞争格局。但由于分层市场上垄断力量依然较强、新运营商进入时间短，电信业的有效竞争局面仍未形成。

2002 年 5 月 16 日，中国电信南北分拆方案确定，新中国电信集团和中国网通集团挂牌，经过分拆和重组，形成了中国电信、中国网通、中国移动、中国联通、中国铁通、中国卫通 6 家骨干运营商并存的格局。

2008 年 5 月 24 日，工业和信息化部、国家发展和改革委员会、财政部三部委发布《工业和信息化部 国家发展和改革委员会 财政部关于深化电信体制改革的通告》，提出了中国电信收购中国联通 CDMA 网，中国联通与中国网通合并，中国卫通的基础电信业务并入中国电信，中国铁通并入中国移动的"六合三"重组方案。中国电信市场形成了目前的中国移动、中国电信和中国联通 3 家骨干运营商竞争的格局。

2010 年以来，三网融合快速推进，随着移动互联网的飞速发展，通信市场进入新的多元化产业融合发展时期。2013 年 5 月 17 日，工业和信息化部出台《移动通信转售业务试点方案》。2013 年 12 月 26 日，工业和信息化部向 11 家民营企业发放了首批虚拟运营商牌照，虚拟运营商的引入是中国通信市场改革的成果。

2016 年 11 月，国际电信标准组织 3GPP（第三代合作伙伴计划）讨论 5G 短码方案，华为的极化码方案最终胜出，被采纳为全球统一标准。"无论是运营商还是设备制造商、终端厂商，我国在全球市场上都占据相应地位。"时任华为 5G 产品线总裁杨超斌表示，中国得以参与主导 5G 网络切片从标准到技术、商用等端到端产业链的构建，并在 2020 年成为首批 5G 商用的国家之一。

2. 我国通信市场的发展现状

（1）总量与收入。2021 年，电信业务收入累计完成 1.47 万亿元，比上年增长 8.0%，增速同比提高 4.1 个百分点。按照上年价格计算的电信业务总量达 1.7 万亿元，同比增长 27.8%。2021 年，固定数据及互联网业务实现收入 2 601 亿元，比上年增长 9.3%，在电信业务收入中占比由上年的 17.4%提升至 17.8%；移动数据及互联网业务实现收入 6 409 亿元，比上年增长 3.3%。[①]电信业务增速如图 1-5 所示。

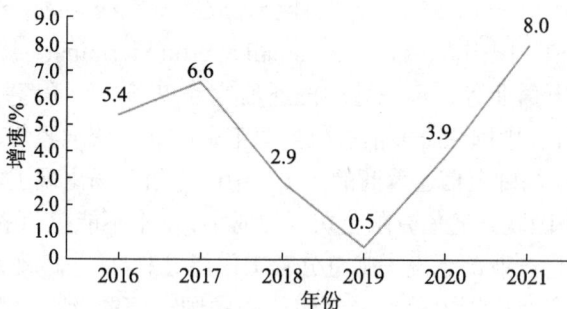

图 1-5　电信业务增速

（2）用户规模。2021 年，全国电话用户净增 4 755 万户，总数达到 18.24 亿户。其中，移动电话用户总数 16.43 亿户，全年净增 4 875 万户，普及率为 116.3 部/百人，比上年末提高 3.4 部/百人。其中，4G（第四代移动通信技术）移动电话用户为 10.69 亿户，5G 移动电话用户达到 3.55 亿户，二者占移动电话用户数的 86.7%。固定电话用户总数 1.81 亿户，全年净减 121 万户，普及率降至 12.8 部/百人。[①]

---

① 2021 年通信业统计公报[R/OL]. (2022-01-25). https://www.miit.gov.cn/jgsj/yxj/xxfb/art/2022/art_3b457a2cda504fe89b75605fe7235492.html.

（3）移动互联网。2021 年 1—7 月，移动互联网累计流量达 1 228 亿 GB，同比增长 38.1%。其中，通过手机上网的流量达到 1 176 亿 GB，同比增长 36.9%，占移动互联网总流量的 95.8%。7 月，户均移动互联网接入流量（DOU）达到 14.07 GB/户月，同比增长 29.2%，比上年底高 2.15 GB/户月。[①]

（4）新兴业务成为行业增长主要动力。电信行业新兴业务是指除固定、移动语音业务等传统电信业务之外的新兴业务，主要包括 IPTV（网络电视）、互联网数据中心、大数据、云计算等业务。2021 年 1—5 月，我国通信行业新兴业务收入 918 亿元，同比增长 25.7%，比通信行业总收入增速高出 19 个百分点；从收入占比来看，新兴业务在通信业务总收入中占比为 15%，拉动电信业务收入增长 3.3 个百分点，整体反映出新兴业务已经成为拉动通信行业增长的重要动力。[②]

1.4 通信市场服务营销

通信行业是典型的服务行业，电信市场营销实际就是通信市场服务营销。

1.4.1 电信市场营销的含义

市场营销既是一种组织职能，也是为了组织自身及利益相关者的利益而创造、传播、传递客户价值，管理客户关系的一系列过程。电信市场营销是通信企业根据市场需求创造和提供使顾客满意的通信信息产品和服务，使顾客获得通信效用的同时，实现通信企业经营目标的一切经营活动。

通信企业的生产过程与用户的消费过程统一，与业务收入的形成过程统一，因此，通信企业的服务工作贯穿于通信企业的整个生产过程以及整个收入形成过程。

1.4.2 服务和服务营销

1. 服务的含义与特征

服务是以无形的方式，在顾客与服务人员、有形资源产品或服务系统之间发生的，可以解决顾客问题的一种或一系列行为。产品和服务的比较如表 1-2 所示。

表 1-2 产品和服务的比较

项目	产品	服务
特征对比	实体，有形	非实体，无形
	标准化	差异性
	生产、分销与消费分离	生产、分销与消费同时
	可储存	不可储存
	有所有权转让	无所有权转让

① 2021 年通信业统计公报[R/OL]. (2022-01-25). https://www.miit.gov.cn/jgsj/yxj/xxfb/art/2022/art_3b457a2cda5 04fe89b75605fe7235492.html.

② 2021 年中国通信行业新兴业务市场发展现状分析 新兴业务成为行业增长主要动力[EB/OL]. (2021-07-02). https://www.qianzhan.com/analyst/detail/220/210702-4585fef1.html.

服务的基本特征可概括为如下五个方面。

（1）无形性。无形性是服务最基本的特征。服务营销以提供无形服务为目标。服务是行为过程，是非实体的、抽象的。首先，服务的很多元素看不见、摸不着，无形无质；其次，顾客在获得服务前不能感觉到服务，不能肯定他能够得到什么样的服务，多数服务很难描述，购买决策依赖他人的意见和态度，以及自己的购买经验；最后，服务评价主观，顾客一般用经验、感受、信任、安全等语言描述，评价方法抽象。

（2）差异性。服务不能像有形产品那样实现标准化，每次服务带给顾客的效用、顾客感知的服务质量存在差异。其原因有以下三个方面：一是服务人员的原因，如心理状态、服务技能、努力程度等不同，即使同一服务人员提供的服务，在质量上也有差异；二是顾客的原因，顾客的知识水平、爱好、心理状态等，直接影响服务质量和效果；三是服务人员和顾客间相互作用的原因，每次沟通和互动情况不同，服务质量和服务感知也存在差异。服务的差异性导致同一服务者提供的同种服务会因其精力和心理状态等不同而有较大的差异，同时，消费者对服务本身的要求也参差不齐，这就使服务营销工作稳定性差。

（3）生产与消费同步性。服务的生产与消费同时进行，服务人员提供服务的时刻，也是顾客消费服务的时刻。因此，服务在出售和消费前无法进行质量控制，服务评价与服务过程中，服务人员与顾客的沟通和互动密切相关。

（4）不可储存性。服务不可储存，不能先生产、后消费，服务提供者不能通过储存来解决产品供求不平衡的问题。因此，服务产品提供中，时间因素相对重要。

（5）所有权缺位。在服务的生产和消费过程中，不涉及所有权转移问题。因为服务无形，不可储存，交易完成便消失，也就无所有权转移问题。

2. 服务的分类

按不同的标准，可以对服务进行不同的分类。

（1）按服务的本质分类。按服务的本质，服务可分为：①服务产品，以服务本身来满足目标顾客需求的活动，如电信业、教育产业、医疗卫生、旅游业等；②服务功能，是产品的延伸性服务，如出售计算机时附带安装、培训等服务，一般又可分为售前服务、售中服务、售后服务。本书通信服务营销研究的重点是服务产品。

（2）按服务程度分类。按服务程度，服务可分为：①纯粹有形商品；②伴随服务的有形商品；③有形商品与服务的混合；④伴随小物品的服务；⑤纯粹服务。

（3）按顾客在服务中参与程度分类。按顾客在服务中参与程度，服务可分为：①高接触性服务，顾客参与全部或大部分服务过程，如电影院、学校、公共交通服务等；②中接触性服务，顾客在一段时间里参与服务过程，如银行、律师事务所服务等；③低接触性服务，顾客与服务的提供者不直接接触，仅通过仪器设备传递服务，如通信行业、信息中心服务等。顾客参与程度越高，对服务的需求差异越大。

（4）按传递服务的方法分类。按传递服务的方法，服务可分为：①顾客到服务组织处，如剧院、理发店、公共汽车、餐馆等；②服务组织到顾客处，如草地保养、出租车、邮递等；③服务组织与顾客远距离交易，如电信公司、信用卡公司、广播、其他公司、电视台等。

（5）按服务组织与顾客的关系分类。按服务组织与顾客的关系，服务可分为：①持续的服务，如本地电话、保险、有线电视用户、银行等；②分散的交易，如国际长途电话、月票旅行、保修期内的修理等。

（6）其他分类。按服务基础，服务可分为以人为基础的服务和以设备为基础的服务。按服务时顾客是否在场，服务可分为需要顾客在场的服务和不需要顾客在场的服务。按服务对象的身份属性，服务可分为满足个人需要的服务和满足企业需要的服务。

3. 服务业及其分类

服务业是指以提供服务产品为主的部门和企业。服务业有狭义和广义之分，狭义的服务业指生活服务业，如商业、饮食、修理、家庭服务等；广义的服务业指整个第三产业，是为生产和生活提供服务的所有行业。

我国国家统计局将第三产业（服务业）划分为四个层次，如表1-3所示。

表1-3　我国服务业的分类

产业层次		所含行业
第一层次	流通部门	交通运输业、邮电通信业、商业饮食业、物资代销与仓储业
第二层次	为生产、生活服务的部门	金融业、保险业、地质普查业、房地产业、公用事业、居民服务业、旅游业、咨询信息服务业、各类技术服务业
第三层次	为提高科学文化素质服务的部门	教育、文化、广播、电视、科研、卫生、体育、社会福利
第四层次	为社会公共需要服务的部门	国家机关、党政机关、社会团体、军队、警察

世界贸易组织在乌拉圭回合谈判中最终签署了《服务贸易总协定》，将服务业划分为12个大类、53个中类和151个小类。

课外作业

世界贸易组织对服务业的类别是怎么划分的？

---

4. 服务营销的分类

从服务的本质看，服务分为服务产品和顾客服务两类，因此，服务营销也分为两大领域：服务产品营销和顾客服务营销。

服务产品营销是企业为促进服务的交换而组织开展的一系列活动，它体现出服务产品提供者与消费者之间以劳务交换为内容的经济关系。服务产品包括生产性服务和消费性服务两种形式，具有特殊的使用价值和交换价值。它是一种活劳动，不完全是有形的实物产品，且种类繁杂、品质差异较大；服务产品的生产销售过程与消费过程具有同时性和并存性。顾客服务营销是研究企业如何利用服务工具促进有形产品的交换。无论哪种服务营销，其核心都是通过获得顾客满意和忠诚来促进互利的交换，以实现营销绩效的改善和企业的长期成长。

5. 服务营销的特点

服务营销的特点由服务的特点派生而来，各服务特点的营销含义如下。

（1）无形性的营销含义。①服务不能依法申请专利，新的服务概念可轻易被竞争对手模仿；②服务不容易向顾客展示或轻易地沟通交流，因此，顾客难以评估其质量；③服务定价复杂，"一个单位的服务"成本难以确定。

（2）差异性的营销含义。①服务的提供与顾客满意取决于员工的行动；②服务质量取决于许多不可控制的因素；③无法确知提供的服务是否与计划或宣传相符合。

（3）生产和消费同步的营销含义。①很难大规模生产，有可能提供定制化服务；②服务质量和顾客满意度很大程度上依赖于"真实瞬间"发生的情况，包括员工的行为、员工与顾客的互动；③顾客影响服务交易结果，顾客之间也相互影响。

（4）不可储存性的营销含义。①服务的供应和需求难以同步，很难管理需求的波动，因此，为充分利用生产能力而进行需求预测并制订有创造性的计划成为重要决策任务；②服务不能退货或转售，因此，要尽量防止差错出现，并制定有力的服务补救战略。

6. 服务营销组合

营销组合也称营销策略组合，指企业或机构可以控制的能够使顾客满意或与顾客沟通的若干营销策略。传统的4Ps组合是美国营销学学者杰罗姆·麦卡锡（Jerome McCarthy）在20世纪60年代提出的，包括产品（product）、价格（price）、渠道（place）和促销（promotion）。该理论认为，一次成功和完整的市场营销活动，意味着以适当的产品、合适的价格、顺畅的渠道和有效的传播促销推广手段，将适当的产品和服务投放到特定市场的行为。

在服务业营销中，由于服务的特殊性，将营销组合扩展为7P组合：增加了人员（people）、物质环境（physical environment）和过程（process）三个要素。

（1）人员。人员指参与服务提供并因此影响购买者感觉的全体人员，即企业员工、顾客以及处于服务环境中的其他顾客。服务的生产和消费同时发生，使企业员工直接与顾客接触，因此，员工、顾客以及其他顾客都会影响顾客对服务的感知和服务质量。此外，对某些服务业务而言，顾客和顾客之间的关系也应引起重视，因为，一位顾客对一项服务产品质量的认知，很可能是受到其他顾客的影响。在这种情况下，管理者应面对的问题，是在顾客与顾客相互影响方面的质量控制。

（2）物质环境。物质环境指服务提供的环境、企业与顾客相互接触的场所，以及任何便于服务履行和沟通的有形要素。服务的无形性，使顾客常常寻找有形线索来理解服务。

（3）过程。过程指服务提供的实际程序、机制和作业流，即服务的提供和运作系统。规范的服务过程是服务质量的保证，同时，顾客体验到实际的提供步骤或服务的运作流程是顾客判断服务质量的依据。人的行为在服务企业很重要，而过程（即服务的递送过程）也同样重要。表情愉悦、专注和关切的工作人员，可以减轻顾客必须排队等待服务的不耐烦的感觉，或者平息顾客在技术上出问题时的怨言或不满。整个体系的运作政策和程序方法的采用、服务供应中机械化程度、员工裁断权的适用范围、顾客参与服务操作过程的程度、咨询与服务的流动、定约与待候制度等，都是市场要特别注意的事情。

1.4.3 通信服务的特点及通信市场服务营销的内涵

1. 通信服务的特点

通信类企业提供的通信信息或业务就是通信信息服务，因此，通信产品或通信业务也称为通信服务。通信服务具有一般服务共有的特征，也有其特殊的方面，主要体现在以下几方面。

（1）通信服务具有无形性。通信企业提供通信服务时，需要借助或使用一定的实物，但这些实物不是通信服务的核心，通信服务的核心是为客户提供信息传递服务，本质上是无形的，顾客难以作出客观的感知、判断和选择。

（2）人是通信服务的一部分。通信服务的两端即受动者（顾客）、施动者（通信服务递送系统）均包含人，通信服务过程是顾客与通信服务提供者广泛接触的过程。通信服务者的素质、能力、训练水平和顾客的修养、情绪、期望、行为都与通信服务绩效、通信服务质量相关。

（3）通信服务生产与消费同时发生，顾客参与通信运行过程。通信服务的过程作用于顾客，满足顾客传递信息的需求，顾客对通信服务的理解、期望和支持直接影响到通信服务质量。

（4）通信服务无法储存。通信服务所需要的生产设备、耗用实物和劳动力是以实物形式存在的，但这只是通信服务的生产能力而非生产本身。通信服务的无形性和生产消费的不可分割性决定了通信服务无法储存。

（5）通信服务质量难以控制。人是通信服务的一部分，通信服务的施动者和受动者的观念、行为及互动都会对通信服务质量产生影响。人的加入使通信服务质量难以度量，通信服务中的缺点和不足也难以发现与改进。

（6）通信服务强调时间因素的重要性。在通信服务中，顾客需求需要得到准确、及时的回应。通信服务中，对需求回应的及时性远大于实体产品。通信服务如果不够快速、及时，增加了顾客等候通信服务的时间，会引起顾客强烈的不满，甚至会使顾客对通信质量产生怀疑。

（7）通信服务的"二次性"。通信服务的使用离不开提供服务的具体设备，为获得通信服务，顾客不仅需要通信企业提供公用的通信设备，还需要拥有自有的通信设备。一次服务是服务协议的形成以及通信设备等硬件的安装和维修，顾客在一次服务中购得通信设备的独占性使用权以及通信服务长期使用的可靠性；二次服务是通信服务，顾客在二次服务中购得的是通信服务的核心利益，即传递信息的服务。电信市场营销需要对一次服务开发和二次服务开发并重。

2. 通信市场服务营销的内涵

通信市场服务营销包括服务产品的营销和顾客服务的营销。在通信服务产品的营销中，在进行战略层面的 STP（segmentation，targeting，positioning）营销的基础上，营销策略层面注重 7P 原则的灵活运用。在通信顾客服务的营销中，关注如何通过服务提升客户价值，促进顾客购买，提高客户的满意度和忠诚度。

案例1-4

移动互联网时代的微营销

1. 微营销的内涵

微营销是以移动互联网为主要沟通平台，通过微博、微信、二维码等应用，配合传统网络媒体和大众媒体，借助有策略、可管理、持续性的线上线下沟通，建立和转化、强化顾客关系，实现客户价值的一系列过程。其内涵体现在以下几个方面。

1）简约时代精美营销

140字的微博限制字数，要求企业必须简洁明了、简约清晰、简单易懂地制定营销传播内容。不需大手笔、大篇幅、大耗费，小小篇幅就要抓住客户的眼球，微营销不仅微在指尖，而且微在内容，"小而美"是微营销的特点。

2）信息爆炸时代兴趣营销

互联网带来了信息大爆炸，广告无处不在，信息无孔不入。要想使企业信息在庞杂的信息中不被淹没，企业就要忘掉自己的立场，贴心感受消费者的需求，从消费者的兴趣点出发传播信息，不一味地推送广告，做到不以推广为目的地推广、不以营销为目的地营销。

3）大数据时代精准营销

从用户在微博、微信的分享或者发表内容，能发掘具有价值的数据，从而分析用户的消费喜好、购买能力、消费习惯、地理位置等信息。运用用户的地理数据、行为数据、人文数据，实现精准的定位营销，发掘潜在客户。

4）O2O时代黏性营销

目前，微营销主要通过"微博＋微信＋二维码＋企业微商城"进行运营，通过这些平台和工具进行线上与线下的融合，将线下客户导流至线上粉丝，将线上粉丝引导至线下消费。O2O（线上到线下）布局重在线上线下一体化连接，实现线上与客户互动，引导线下消费。

2. 微营销的特点

1）以依托社交应用展开的客户关系管理为核心

微营销的主要战场是微博、微信等社交应用，客户关系管理是微营销成功的关键。社交网络为企业创造了与客户交流的良好平台，在这些社交网络中，企业每时每刻都处在营销状态、与消费者的互动状态。企业可以与客户平等交流，随时监测舆论动向，了解客户反馈意见，分析客户潜在需求。

2）传播快，快速建立品牌口碑

微博上的粉丝转发、微信中的关注者推送分享，使得企业营销信息可以在短时间内大量覆盖，指尖轻触一秒即可将消息分享到自己的社交圈，得到一位客户对企业来说，就意味着得到了客户所在社交圈的一群客户。微营销将口口相传发挥到了极致。

3）群体广，易精确瞄准客户

微博、微信的庞大用户群给予了企业发掘潜在客户的无限可能，通过一对一关注，每个推送信息只有互相关注的对方才可以接收，有助于企业点到点、点到面地管理客户，从而有利于实施精准化营销。

4）成本低，渗透用户碎片化时间

微营销的低成本体现在每一个环节，包括低成本的广告投入、低成本地获得用户信息反馈、低成本的舆论监测、低成本的粉丝集结。无须大手笔的广告投入，一条设计精美的消息推送就可以吸引众多客户的目光；无须大耗费的市场调研，社交网络客户资料分析即可发掘潜在市场；无须高成本的公关投入，实时监控微博评论即可掌握舆论倾向。

5）全微营销是趋势

全微营销是各单一微营销的有机整合，涵盖微博、微信、微视、微官网、微商城、微客服、二维码、App等多种新媒体平台，线上线下整合全方位渗透。在这个用指尖感受世界的移动互联时代，微营销无处不在、无孔不入。微营销是营销理念、手段、方式的新革命，是大势所趋的营销革命。谁能顺应时代的召唤，掌握并完美地运用微营销，谁就是下一个营销的赢者。

资料来源：微营销内涵、特征及发展——以微博、微信为例[EB/OL]. (2014-12-18). https://m.fx361.cc/news/2014/1218/19910310.html.

思考题：

移动互联网时代微营销从哪些方面拓展了电信市场营销领域？

1.5　电信市场营销观念

1.5.1　市场营销观念的演变

电信市场营销观念就是指电信企业的领导人在组织和策划企业的营销管理实践活动中所依据的指导思想与行为准则，是电信企业领导人对于市场的根本态度和看法，是一切经营活动的出发点，也是一种商业哲学或思维方法。

在计划经济时期，由于社会生产力低下，通信技术也不够发达，电信市场总的供求趋势是供不应求，市场处于被动地位，对产品的选择余地太少，甚至有些产品是顾客自己上门求购，不需要电信企业在产品销售上花太多工夫。这时，企业营销思想普遍是"生产什么就卖什么"。顾客会接受任何他能买得起的产品。因此，电信企业经营管理的主要任务是提高生产率、产品研发、降低成本。我国在计划经济时期实行的"以产定销""统购包销"等政策就是这种营销观念的充分体现。

在市场经济条件下，以消费者为中心的营销观念成为市场营销的主流观念。这时候市场的基本趋势是供过于求的买方市场，企业之间竞争日益激烈。在这样的市场环境中，企业的生存依赖于适应市场需求的程度，以及为适应需求而调整营销策略的应变能力。

在电信行业中，企业普遍注重发现和了解消费者需求，千方百计地以市场需求为中心指导其经营活动，通过一系列整体的促销活动刺激需求。其具体表现为：顾客需要什么，我们就生产什么。这是电信企业营销观念从以生产为中心向以消费者为中心的根本性转变，是一次质的飞跃。

1.5.2 电信市场营销观念的新发展

20 世纪 50 年代以来，市场营销学的新概念层出不穷，引发了争论，指导了实践。近几年，我国营销学界密切关注进入 21 世纪的市场营销的新领域和新发展，提出了有关市场营销的一些新动向、新问题。电信企业要想取得竞争的主动权，就必须密切关注营销的新动态，了解市场营销的新发展。市场营销在电信企业领域中的发展中具有代表性的观念有以下几种。

1. 关系营销

关系营销是以系统论为基本思想，将企业置身于社会经济大环境中来考察企业的市场营销活动，认为营销乃是一个与消费者、竞争者、供应商、分销商、政府机构和社会组织发生互动作用的过程。关系营销将建立与发展同所有利益相关者之间的关系作为企业营销的关键变量，把正确处理这些关系作为企业营销的核心。竞争主体的多元化、市场发展空间的有限性以及消费者群体的不断成熟，直接促成了电信运营企业开展关系营销的现实需要。

1）竞争主体的多元化

1994 年，中国联合通信有限公司的成立是中国电信业从垄断迈向竞争的重要标志，从此拉开了中国电信产业结构调整的序幕。在 10 多年的过程中，中国电信产业先后实施了邮电分营、政企分开、专业分离、南北分拆等一系列重大举措，直至出现当前三足鼎立的局面，加速推进了中国电信产业从垄断经营到有限竞争从而最终走向有效竞争的改革进程。

目前，中国电信产业的三大主体运营企业——中国电信、中国移动和中国联通，形成了势均力敌的竞争局面。创新营销方式，形成竞争优势，成为运营企业提升竞争力的必然选择。

2）市场发展空间的有限性

电信业务的两大主要种类——固定电话和移动电话经过多年的高速发展，用户普及率显著提高，尤其在大中城市。目前，上海的移动通信用户已经出现了负增长，广东的移动用户增长率为 1%；全国的固话用户基本上饱和。这些现象说明电信市场进一步发展的空间已经受到了制约，导致电信运营市场的竞争重点从市场开拓逐步转向市场争夺，即从新客户的开发转向争夺其他公司的现有客户，在这种情况下提高客户保留率，最大限度降低客户流失率成为企业成功的关键，而这也正是"关系营销"探讨和解决的核心问题。

3）消费者群体的不断成熟

电信运营企业的运作不断成熟完善的同时，消费者的消费观念、消费习惯以及消费选择也在不断成熟。面对众多运营企业提供的业务，消费者在消费决策中对价格的敏感程度在一定程度上逐渐减弱，但是，对服务、质量、业务的个性化等方面提出了更高的要求，消费期望一再提升。这就要求运营企业满足客户需求、吸引客户的策略更加具有针对性。通信技术的发展使得消费者在产品信息获取方面能力增强，再加上消费者协会等团体积极、有效的维权活动，这些都促进了消费者主权意识的觉醒，消费者将更充分利用自己选择的权利。面对"保留客户"的严峻挑战，电信运营企业认识到：与客户维持长久的商业关系已经成为营销职能中最为重要的任务。有效地开展关系营销，需要企业营销部门市场观念的根本性调整和营销手段的不断创新，以及其他相关职能部门的配套改革。

2. 网络营销

现代市场营销要求企业必须考察市场，做好市场调查和分析（包括了解和掌握国际电信市场发展动态）。按市场需求组织和发展电信业务，这是我国电信企业在市场竞争中保持优势的必然选择。21世纪，互联网技术将彻底改变传统的电信经营方式。以IP技术为基础生成的信息网络为现代电信企业运营、决策和服务创新开辟了新的前景，同时，也引发新的信息服务需求。网络营销将是21世纪电信企业经营的主导方向。据此，我国电信企业应不断创新服务产品和提升服务质量，以吸引更多的机关、团体、企事业单位上网，通过迅速扩大和充分利用网络信息资源，来增强企业竞争力。

对主流电信企业，应向以互联网技术为基础的信息多元化业务转型，积极实施多元化经营策略，在确保传统业务在电信服务市场中处于基础地位的前提下，大力开拓和促销电信新业务。国外已开始将增值电信服务作为信息时代的支柱产业之一。基于互联网的电子信箱、语音信箱、电子数据交换、在线数据加工与信息处理、在线数据储存和检索，增值传真、代码规程转换等增值电信服务的市场方面，前景不可估量。

近年来，电信运营商对互联网这一广阔的市场更为重视，加强了与互联网各方面的融合，既包括信息网络的支撑，又包括产品的相容和易用，并适时与一些门户网站加强了战略合作，以利用强大的互联网市场带动电信运营商本身业务的进一步提升，而互联网运营企业亦使其业务得到很好的融合与发展，使得电信运营商都获得了满意的成效。

今后，作为全网络全业务的电信运营商，将充分利用互联网这一平台加强网络营销，在渠道上采取直营网站合作，尤其是与商业网站的广泛合作（必要时电信运营商也会采取收购方式），与广大用户建立起一种新型的互动关联，实现企业与用户之间的无限实时沟通，而网络营销服务的深化又有效地提高了电信运营商在社会各界中的声誉，更有利于电信运营企业在新的历史时期树立良好的品牌形象，展示其无穷魅力。

3. 精准营销

精准营销就是在精准定位的基础上,依托现代信息技术手段建立个性化的客户沟通服务体系，实现企业可度量的低成本扩张之路。精准营销有三个层面的含义：①精准的营销思想，营销的终极追求就是无营销的营销，到达终极思想的过渡就是逐步精准。②实施精准的体系保证和手段，而这种手段是可衡量的。③实现低成本可持续发展的企业目标。

信息产业的融合,电信企业间日益激烈的竞争,对电信企业的营销提出了新的要求。"以客户为导向"已成为整个行业竞争的焦点，而电信业创造价值的根本手段是服务客户、满足客户的需求。电信客户群体越来越小众化、复杂化，越来越向"客户的客户"靠拢，这就意味着消费者不断产生新的需求，"真正为客户所需要的应用"已经成为电信企业营销创新的关键所在，精准营销正是其实现的助推器。

1）突破了电信业传统营销的局限性

电信业的传统营销模式以大众媒体为导向，每项新业务的推出，都会采用广而告之的营销方式，花费高额的营销成本，却不能精准地锁定目标受众，营销效果不佳。精准营销可以帮助电信企业分众与定向，满足细分市场的需求，达到投入与产出的精确衡量。

2）精准锁定关注电信新业务的具有消费能力的时尚人群

这部分消费者具有高收入、高学历，且对于新鲜事物具有很强的感知能力。随着"掌上时代"的来临，他们越来越依赖手机等载体进行信息的获取，在电信产业消费链条中具有相当的影响力。精准营销可以帮助电信企业开发个性化、针对性的新业务，实现用户信息的精准、个性化传递。

3）营销方案的精准设计与有效实施

精准营销有利于克服电信企业营销方案混杂不一的弊端，根据区域划分、年龄特征、消费习惯等不同的标准，制订更为精准、可行的营销方案。

案例分析

移动虚拟运营商对中国电信市场的影响

1. 移动虚拟运营商的含义

移动虚拟运营商（mobile virtual network operator，MVNO）是指租用了基础运营商网络，经营话音、短信、流量等移动通信业务的企业。

移动虚拟网络运营商服务包括将短信、话音、流量等重新组合为更灵活的套餐，销售给用户；可拥有企业专利标志（如手机屏幕上显示移动虚拟运营商的品牌）、发售SIM（用户身份模块）卡（全国通用号码）；可开发内部平台，发展增值服务，如语音邮件、短信业务等。

2. 中国移动虚拟运营商发展情况

2013年12月26日，工信部向11家民营企业发放了首批虚拟运营商牌照。截至2015年2月，工信部先后5次共向42家公司发放了虚拟运营商牌照，"170"号段为虚拟运营商专属号段。

3. 移动虚拟运营商的类型

按照企业的业务领域进行分类，国内的移动虚拟运营商主要有以下类型。

（1）渠道类。该类包括苏宁、国美、迪信通、天音、乐语、话机世界、爱施德等。

（2）互联网服务类。以百度、360为代表的互联网服务商利用互联网产品开发和运营经验，对年轻客户及网民群体开展营销，主打创新型品牌。

（3）电商类。以京东、国美、苏宁、万网（阿里）为代表的电商类虚拟运营商利用自身丰富的渠道和营销经验，向用户推出"终端＋套餐＋自有业务"捆绑。

（4）终端类。以小米、联想、富士康等为代表的终端硬件厂商利用深度定制的终端产品对用户进行业务捆绑。

（5）集团行业应用类。以北京华翔联信、分享通信、中麦通信、三五互联为代表，该类虚拟运营商可利用自身在行业应用上的开发和运营经验，对集团客户进行业务捆绑。

（6）增值服务商类。以北纬通信、苏州蜗牛、远特通信、朗玛信息为代表，通过转售手机视频、手机游戏等自身业务，针对年轻用户、手游用户等特定目标用户群体进行营销。

（7）其他类。金融类企业（如民生银行、中期集团等）参与，意在移动支付和移动金融，如何提供便利的基于移动设备的支付和金融服务是其着眼点。固网宽带类虚拟网络运营商利用自身在固网业务运营方面的经验，对家庭市场开展全业务运营。海南航空控股股份有限公司等服务类企业参与是要利用自身产品能力推出特定的会员制服务，以期增强自身市场竞争力。

4. 移动虚拟运营商时代的中国电信市场

（1）创新制胜。虚拟运营商需为用户提供差异化的服务实现盈利，因此，创新是竞争制胜的关键。

（2）"鲇鱼效应"。虚拟运营商的服务创新本身冲击了原有电信市场的服务标准。以蜗牛移动、阿里通信等为代表的一批企业先后推出了特色通信服务，比如，蜗牛移动推出"免卡"概念，资费更低且流量不清零；阿里通信实现了话音部分和流量部分灵活转换；爱施德推出定制化套餐服务；巴士在线公交乘客转变为可获得车载免费Wi-Fi的用户等。虚拟运营商在电信市场的"鲇鱼效应"渐渐显现，三大运营商纷纷降低身段提升服务。

资料来源：2024—2030年中国移动虚拟网络运营商（MVNO）行业市场现状供需分析及市场深度研究发展前景及规划战略投资分析研究报告[R/OL]. (2024-05-26). https://www.renrendoc.com/paper/330038454.html.

思考题：

虚拟运营商给中国电信市场带来了哪些影响？

本章思考题

1. 市场营销的核心概念有哪些？请简要说明。
2. 通信市场有哪些特点？
3. 服务营销与传统营销的 7P 组合有何不同？
4. 市场营销观念的演进经历了哪几个阶段？
5. 华为的全球市场拓展策略有哪些关键点？

即学即测

自学自测　　　　扫描此码

第 2 章

电信市场营销环境

本章学习目标:

1. 理解市场营销环境的定义及其对电信企业营销活动的影响。
2. 掌握电信市场宏观环境和微观环境的主要因素及其变化趋势。
3. 了解电信市场三大变革(科技、全球化、社会责任)对企业的影响。
4. 学会分析电信市场环境中的机会与威胁,并提出相应的营销策略。

引导案例

中国联通的混合所有制改革与市场环境应对

中国联通作为中国三大电信运营商之一,在面对市场竞争和技术变革的双重压力下,通过混合所有制改革(混改)优化了市场环境、提升了企业竞争力。

实践过程如下。

(1)宏观环境分析与政策响应。中国联通积极响应国家政策,通过引入民营资本,优化股权结构,提升了企业的运营效率和市场活力。混改后,中国联通加大了在 5G 网络建设和数字化服务领域的投入,满足了市场对高速网络的需求。

(2)微观环境优化与合作创新。中国联通与腾讯、百度等互联网企业合作,推出了定制化的流量套餐和互联网服务。通过与产业链上下游企业的合作,中国联通构建了多元化的生态系统,提升了用户体验和市场竞争力。

(3)市场环境评估与动态调整。中国联通通过建立市场环境监测系统,实时评估宏观环境和微观环境的变化,及时调整营销策略。例如,在 5G 市场竞争加剧的情况下,中国联通通过优化套餐设计和提升服务质量,保持了市场份额的稳定。

资料来源:中国联通混改工作历经两年多实践,"混"的任务顺利完成,"改"的工作正向纵深推进——从大公司回归创业公司[EB/OL]. (2019-01-09). http://www.ce.cn/xwzx/gnsz/gdxw/201901/09/t20190109_31216899.shtml.

通过混合所有制改革,中国联通成功应对了复杂的市场环境,提升了企业的运营效率和市场竞争力。这一案例表明,电信企业必须灵活应对市场环境的变化,通过政策响应、合作创新和动态调整,实现可持续发展。

所谓企业，就是指能够使社会成员获得收入的就业，并以盈利为目的、追求利润最大化的市场经济运行体。因此，企业处于一定的市场环境之中，其营销活动也不可能脱离市场环境而单独进行。同时，企业的营销活动是在不断发生变化的社会环境中进行的，它不仅会受到来自企业内部的约束，也会受到企业外部的制约，而这两种来自企业内部与外部的约束力量，就是市场营销环境。因此，企业营销活动的关键，就是在于其能否适应这样一个复杂多变的市场营销环境。在企业运行发展的过程中，企业必须根据不断变化的环境与趋势，不断调整自身的营销策略，充分利用当下的市场机会，防范一切可能出现的威胁，才能确保企业在市场竞争中长期处于优势地位。

本章主要是对市场营销环境，电信市场的宏观环境与微观环境，以及电信企业营销环境评价方法和内容进行详细介绍。

2.1 市场营销环境概述

2.1.1 市场营销环境的定义

市场营销过程就是企业为顾客选择价值、提供价值和传递价值的过程。而在此过程中，其营销环境的变化也深刻影响着营销结果的最终效用。事实上，市场营销环境的概念随着社会的不断发展也在持续更新。20 世纪初，西方企业将营销环境仅仅定义为销售市场；20 世纪 60 年代，西方企业在初始定义的基础上，将自然生态、社会文化、科学技术也纳入营销环境的范畴；20 世纪 70 年代，由于西方国家的政府不断加强对经济的干预，企业家也开始强调法律环境与政治环境的重要性，环境因素开始由内向外不断扩展，此过程也被国外的营销学者称为"外界环境化"。从 20 世纪 80 年代后期至 90 年代，企业家们开始将环境的分析与研究作为企业营销活动的最基本课题。在发展过程中，市场营销学家科特勒曾下过完整定义，他认为："营销环境由营销以外的那些能够影响与目标顾客建立与维持成功关系的营销管理能力的参与者和各种力量所组成。"营销环境同时提供机会和威胁。

因此，市场营销环境可定义为：影响和制约企业市场营销决策和实施的内部条件和外部环境的总和，它是影响企业生存和发展的各种外部条件。

2.1.2 市场营销环境的分类

由于不同因素对营销活动各个方面的影响和制约不尽相同，因此，可根据不同的依据将市场营销环境分为不同的类型。

具体而言，其有以下几种分类方式。

1. 按对企业营销活动影响因素的范围划分

按对企业营销活动影响因素的范围，市场营销环境可分为宏观环境和微观环境。市场营销的宏观环境是指影响企业经营活动的社会性力量和因素，包括人口、经济、政治法律、社会文化、自然物质和科学技术等；市场营销的微观环境是指与企业营销活动直接发生关系的组织与行为者，包括供应商、营销中介、顾客、公众、竞争对手、企业内部各部门等。

2. 按对企业的影响程度不同划分

按对企业的影响程度不同，市场营销环境可分为直接环境与间接环境。市场营销的直接环境是指对企业营销活动产生直接影响的因素；而市场营销的间接环境是指间接作用于企业市场营销的环境因素，一般将直接环境作为媒介去影响与制约企业的市场营销活动。

3. 按对企业营销活动影响时间的长短划分

按对企业营销活动影响时间的长短，市场营销环境可分为长期环境与短期环境。市场营销的长期环境是指社会、经济、政治和技术的大变化，其不会在短期内形成，但一旦形成，则会对我们的生活产生较长时间的影响；而市场营销的短期环境是指当下流行，但实际上是不可预见的、短期的，没有社会、经济与政治意义的。

4. 按对企业影响程度不同划分

按对企业影响程度不同，市场营销环境可分为外部环境与内部环境。市场营销的外部环境指的是企业以外的所有对企业营销活动有影响的因素和力量，一般是不可控的；而市场营销的内部环境则是指企业内部所有能够影响市场营销活动及其绩效的要素、力量和资源，是该企业所能控制的。

2.1.3 研究市场营销环境的意义

任何企业总是生存于一定的环境之中，企业的营销活动不可能脱离环境而单独进行。科特勒的"大市场营销"认为，企业要成功地进入特定的市场，在策略上应协调地运用经济、心理、政治和公共关系等手段，以博得各有关方面的合作与支持，为企业从事营销活动创造一个宽松的外部环境。环境分析是制定市场营销战略的基础，市场营销活动必须以环境为依据。电信企业应主动地去适应环境，采取积极的措施，以主动影响和改变环境，这样，才能提高市场营销活动的有效性，使环境有利于企业的生存和发展。电信产品的市场营销环境是指企业营销职能外部的不可控制的因素和力量，这些因素和力量是与企业营销活动有关的、影响企业生存和发展的外部条件。因此，市场营销环境是企业经营活动的约束条件，而研究市场营销环境就是研究企业如何在激烈的市场竞争中独占鳌头，其意义主要体现在以下几个方面。

1. 市场营销环境分析是企业市场营销活动的基础

企业的市场营销活动是在复杂的市场环境中进行的。社会生产力水平、技术进步变化的趋势、消费者需求结构的改变、国家一定时期的政治经济政策等，都直接或间接地影响着企业的生产经营活动。成功的企业经营者，都十分注重市场调查与市场营销环境分析。忽视市场营销环境分析，通常会使企业生产经营活动遭受影响和冲击。因此，营销企业只有密切注意对营销环境进行调查、预测和分析，才能确定适当的生产经营战略，并相应调整企业的组织机构和管理体制，使之与变化了的市场环境相适应。

2. 市场营销环境分析有利于企业寻求新的市场营销机会

市场营销环境中的环境威胁和营销机会恰似一枚硬币的两面,一面的存在以另一面的存在为前提,且在一定条件下可以相互转化。如果企业不注重市场营销环境的分析,它所失去的不仅是新的市场营销机会,而且,可能遭到变化了的市场营销环境的威胁;如果企业对环境威胁十分重视,积极地寻求规避威胁的对策,不仅可能消除威胁,而且,极有可能将威胁转化为企业发展的新机遇。企业通过对市场营销环境的分析,可以发现新的经营机会,采取有效的市场营销策略,充分把握机会,从而在竞争中求得生存。

3. 市场营销环境分析为企业科学决策提供了依据

企业的生产经营活动要受到各种环境因素的制约,企业的内部条件、外界的市场环境与企业经营目标的动态平衡,是科学决策的必要条件。在风云变幻的市场营销环境和激烈的市场竞争中,适者生存同样是颠扑不破的真理。企业的各种活动与决策都应当具备一定的科学性,这种科学性主要来源于对市场营销环境的客观分析。企业只有认真分析自身的内部条件和外部的市场环境,充分了解自己所拥有的实力,才能找出自己的优势和不足,明确它们能够给企业带来哪些相对有利条件以及企业可能面临的环境威胁,从而为企业的科学决策提供充分的客观依据,促使企业在生产经营过程中的资源得到最优配置,确保企业在激烈的市场竞争中立于不败之地。

案例2-1

微信营销模式

2011年1月21日,腾讯公司推出了通过移动互联网快速发送语音短信、视频、图片和文字,支持多人群聊的手机聊天软件产品"微信"。微信借助用户通讯录和用户位置信息,与二维码业务相结合,成为融合通信、娱乐、生活、商务需求的新型信息服务和传播平台。微信的出现,使得人们之间的表达形式和交互价值大大超越了传统的通信方式,其免费的商业模式具有强大的生命力,对现有信息通信产业格局产生了重大的影响。

微信最初推出文字通信、手机图片分享,通过语音短信奠定用户基础,创新性地提供了"查看附近的人"、"摇一摇"、漂流瓶、视频会话等一系列业务。这些业务成为微信的爆发点,日增用户以数十万量级增长,确立微信在移动互联网市场的优势地位,引领移动互联网创新发展。

微信营销包括多个方面,即平台基础内容搭建、微官网开发、营销功能扩展,另外,还有微信会员卡以及针对不同行业(如微餐饮、微外卖、微房产、微汽车、微电商、微婚庆、微酒店、微服务等)的个性化功能开发。

目前,流行的微信营销模式主要有以下几种。

1. 推广式推送微信

通过一对多的推送,品牌可以向关注者推送相关活动信息,调动用户的好奇心,让他们更积极地参与互动。

2. 互动式对话微信

由微信开放平台提供基本的会话功能，让营销人员与用户之间进行交互沟通，陪聊式的对话针对性比较强，企业需要投入大量的人力成本。

3. O2O 模式——二维码

在微信中，企业通过设定品牌二维码的方式，用折扣和优惠来吸引用户关注，礼包适用话费卡、抵用券、优惠券、团购券、礼品券和大红包这些各种衣食住行上将会用得着的电子券。各种各样的营销推广方式更适合各种各样的活动内容。

4. 分享模式——第三方应用小程序

微信开发了各类软件的小程序，使得微信用户无须退出微信，通过微信自带搜索框即可找到相对应的第三方应用，使得微信用户可方便地在会话中进行内容选择与分享。

5. 地理位置推送——LBS

营销人员点击"查看附近的人"后，可以根据自己的地理位置查找到周围的微信用户，将相应的促销信息推送给附近用户，进行精准投放。

资料来源：微信发展简史[EB/OL]. (2020-05-21). https://zhuanlan.zhihu.com/p/158981736.

思考题：

通过微信营销的方式不断翻新，可以看出企业的市场营销环境发生了哪些变化？

2.2　电信市场宏观环境

电信市场宏观环境是指企业无法直接控制的因素，包括人口、经济、科技、政治和法律、社会文化及自然六大因素。这些环境因素是企业无法直接控制的因素，对企业营销产生间接影响，通过影响宏观环境来影响企业营销能力和效率的一系列巨大的社会力量，如图 2-1 所示。

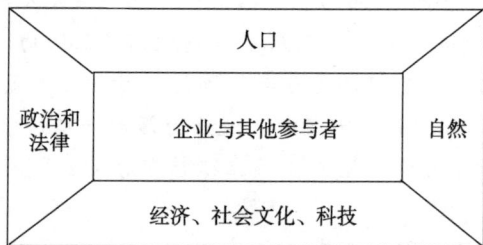

图 2-1　电信市场宏观环境

2.2.1　人口环境

人口是市场的第一要素。市场是由那些有购买欲望、同时又具有购买力的人构成的，因此，人口数量直接决定市场规模和潜在容量，人口的性别、年龄、民族、婚姻状况、职业、居住分布等也对市场格局产生深刻影响，从而影响着企业的营销活动。企业应重视对人口环境的研究，密切关注人口特性及其发展动向，及时地调整营销策略以适应人口环境的变化。

人口对营销的具体影响，体现在以下三个方面。

1. 人口数量与增长速度

人口数量是决定市场规模的一个基本要素。如果收入水平不变，人口越多，对食物、衣着、日用品的需要量也越大，市场也就越大。企业营销首先要关注所在国家或地区的人口数量及其增长速度，其对人们生活必需品的需求内容和数量影响很大。

2. 人口结构

（1）年龄结构。不同年龄的消费者对商品和服务的需求是不一样的。

（2）性别结构。性别差异会给人们的消费需求带来显著的差别，反映到市场上就会出现男性用品市场和女性用品市场。

（3）教育与职业结构。人口的受教育程度与职业不同，对市场需求表现出不同的倾向。

（4）家庭结构。家庭是商品购买和消费的基本单位。

（5）社会结构。我国绝大部分人口为农业人口，农业人口约占总人口的80%。

（6）民族结构。我国是一个多民族的国家。民族不同，其文化传统、生活习性也不相同，在饮食、居住、服饰、礼仪等方面的消费需求都有自己的风俗习惯。

3. 人口的地理分布及地区间的流动

人口有地理分布上的区别，人口在不同地区密集程度是不同的。各地人口的密度不同，则市场大小和消费需求特性不同。我国是人口大国，拥有超过14亿人口，对于电信行业来说是一个巨大的市场，也是世界范围内最具有增长潜力的市场，世界上大型的电信运营商对于我国市场都具有较高的预期。庞大的人口数量为电信市场提供了一个巨大的市场空间，用户规模扩张的驱动是我国电信市场过去数十年来高速发展的主要原因之一。

在电信行业市场发展初期，运营商依靠统一定价、数量众多的渠道门店和优惠促销，收获了人口和流量红利。但是，当前我国移动电话用户已超过全国人口总数，电信市场日趋饱和，行业收入在2019年首次呈现负增长趋势。电信行业市场营销全面进入存量经营时代，基础电信业发展空间日益缩小，移动普及率趋于饱和，运营商普遍加大了对存量用户的争夺力度。因此，在今后的营销过程中，电信企业需要密切地关注人口环境的变化趋势，尽可能充分挖掘细分市场的潜力，将提高每用户平均收入（ARPU）作为企业营销的最终目标。

通常来说，电信市场用户主体是年龄分布于12~70岁的人口，对于这部分人群，可继续细分为具有不同需求和偏好的用户群体。可按性别结构、教育与职业结构、家庭结构、地理分布及民族结构等因素来划分。研究调查显示，一般情况下，男性的电信需求比女性的电信需求要旺盛，受教育程度高、职业素养高、人口密集、家庭人口数多的人群对电信服务有较大的需求，同样地，这些人也是各类电信企业需要尽力争取的群体。

2.2.2 经济环境

对企业而言，最主要的经济环境因素是社会购买力水平，但是，社会购买力水平是一个综合性的指标，它是社会经济发展水平、产业结构、工资水平、消费结构、物价、储蓄、信贷、税收、就业程度等一系列经济变量的函数。为此，电信企业要了解其所处的经济环境，就需要从以下三个主要经济因素展开分析：消费者收入水平、消费支出模式与消费结构、消费储蓄与消费信贷的状况。

1. 消费者收入水平

消费者的购买力来源于其收入，一个国家个人收入的平均水平是社会经济有关因素的综合反映。收入是构成市场的重要因素，甚至是更为重要的因素，因为市场规模的大小，归根结底取决于消费者的购买力大小，而消费者的购买力大小取决于他们收入的多少。企业必须从市场营销的角度来研究消费者收入，通常从以下五个方面进行分析。

（1）国内生产总值。它是衡量一个国家经济实力与购买力的重要指标。国内生产总值增长越快，对商品的需求和购买力就越大；反之则越小。

（2）人均国民收入。这是用国民收入总量除以总人口的比值，这个指标大体反映了一个国家人民生活水平的高低，也在一定程度上决定商品需求的构成。

（3）个人可支配收入。它是指在个人收入中扣除消费者个人缴纳的各种税款和交给政府的非商业性开支后剩余的部分，可用于消费或储蓄的那部分个人收入，它构成实际购买力。个人可支配收入是影响消费者购买生活必需品的决定性因素。

（4）个人可任意支配收入。它是指在个人可支配收入中减去消费者用于购买生活必需品的费用支出（如房租、水电、食物、衣着等项开支）后剩余的部分。这部分收入是消费需求变化中最活跃的因素，也是企业开展营销活动时所要考虑的主要对象。

（5）家庭收入。家庭收入的高低会影响很多产品的市场需求。一般来讲，家庭收入高，对消费品需求大，购买力也大；反之，需求小，购买力也小。

进入 21 世纪，全世界正经历着信息化革命，信息产业将持续成为世界经济的有力增长点，随着信息通信技术发展的日新月异，知识创新和网络发展再次崛起，挫折与变化已经不能轻易阻止通信业发展进程。信息通信业仍是推动全球经济增长的有力推进器，而中国作为发展中国家，伴随着经济现代化不断发展，对网络信息加大了重视力度，在信息通信技术方面的投资也会持续增加。电信企业对基础通信设施的投资属于专属性沉淀投资，必须进行大量投资，才能建立起覆盖广阔地域的通信网络，而由消费者的购买力决定的市场容量的大小，又直接决定了电信企业是否投资于设备升级和服务升级。

因此，电信企业只有提供个性化的业务及高质量的服务，才能打动消费者。例如，在经济发展水平较低的地区，当地人口对电信服务的需求较弱，其需求主要集中在基础的电信业务上，且由于自身条件限制，其对价格反应敏感。在这些地区，价格实惠的电信服务更容易获得消费者的青睐。

2. 消费支出模式与消费结构

随着消费者收入的变化，消费者支出模式会发生相应的变化，继而一个国家或地区的消费结构也发生变化。西方一些经济学家常用恩格尔系数来反映这种变化。

德国统计学家恩斯特·恩格尔（Ernst Engel）于1857年发现了消费者收入变化与支出模式，即消费结构变化之间的规律性。恩格尔所揭示的这种消费结构的变化，通常用恩格尔系数来表示，即恩格尔系数＝食品支出金额/家庭消费支出总金额。恩格尔系数越小，食品支出所占比重越小，表明生活富裕，生活质量高；恩格尔系数越大，食品支出所占比重越高，表明生活贫困，生活质量低。这一系数表明，在一定的条件下，当家庭收入增加时，收入中用来购买食物的支出比例会下降，而用于教育、医疗、娱乐、通信等方面的开支则会迅速增加。因此，恩格尔系数是衡量一个国家、地区、城市、家庭生活水平高低的重要参数。

电信企业从恩格尔系数可以了解当前市场的消费水平，也可以推知今后消费变化的趋势及对电信企业营销活动的影响。

3. 消费储蓄与消费信贷的状况

消费者的购买力还要受储蓄和信贷的直接影响，当收入一定时，储蓄越多，现实消费量就越小，但潜在消费量越大；相反，储蓄越少，现实消费量就越大，但潜在消费量越小。消费信贷对购买力具有同样的影响。

所谓消费信贷，就是消费者凭信用先取得商品的使用权，然后，按期归还贷款，以购买商品。这实际上就是消费者提前支取未来的收入，提前消费对当前阶段的购买是一种刺激和扩大。

课外作业

请自行查找相关数据，对比分析 2019—2020 年我国居民食品与通信的支出变化情况。

2.2.3 科技环境

科技是社会生产力中最活跃的因素，它影响着人类社会的历史进程和社会生活的方方面面，对企业营销活动的影响更是显而易见。而电信行业是技术密集型行业，技术进步是推进电信行业发展的主要驱动力，因而，会受到技术发展水平的制约。

科技发展对电信行业的影响，主要表现在以下几个方面。

1. 科技发展促进社会经济结构的调整

每一种新技术的发现、推广，都会给有些企业带来新的市场机会，导致新行业的出现；同时，也会对某些行业、企业造成威胁，使这些行业、企业受到冲击甚至被淘汰。面对激烈的市场竞争，电信企业更需要牢牢把握自身技术优势，在市场上占据一席之地。

2. 科技发展促使消费者购买行为的改变

随着多媒体和网络技术的发展，出现了"直播购物"等新型购买方式。随着新技术革命的进展，"在家便捷购买、享受服务"的方式还会继续发展。电信企业可积极与各类互联网企业合作，促使自身流量充分利用。

3. 科技发展影响企业营销组合策略的创新

科技发展使新产品不断涌现，产品寿命周期明显缩短，要求企业必须关注新产品的开发，加速产品的更新换代。科技发展降低了产品成本，使产品价格下降，并能使人们快速掌握价格信息，要求电信企业及时做好价格调整工作。科技发展使广告媒体多样化，信息传播快速化，市场范围广阔，促销方式灵活。为此，电信企业要不断分析科技新发展，创新营销组合策略，适应市场营销的新变化。

4. 科技发展促进企业营销管理的现代化

科技发展为电信企业营销管理现代化提供了必要的装备，如计算机、传真机、电子扫描装置、光纤通信等设备的广泛运用，对改善企业营销管理、实现现代化起了重要的作用。同时，科技发展对电信企业营销管理人员也提出了更高要求。

从我国电信运营商的总体情况来看，经历了 IP、光纤、无线智能化发展趋势后，电信企业在快速、减负地运营转型，将经营重点向移动互联方面倾斜。随着 3G（第三代移动通信技术）、4G 突飞猛进的发展，客户终端设备也趋于自动化、智能化、拟人化，在技术层面上建立了智能层和服务层，消费者从被动使用者变成了主动引领者，使得技术发展必须匹配客户的需求。4G 网络造就了繁荣的互联网经济，解决了人与人随时随地通信的问题，随着移动互联网快速发展，新服务、新业务不断涌现，移动数据业务流量爆炸式增长，4G 系统难以满足未来移动数据流量暴涨的需求，而 5G 作为一种新型移动通信网络，不仅能解决人与人通信问题，为用户提供增强现实、虚拟现实、超高清（3D）视频等更加身临其境的极致业务体验，还能解决人与物、物与物通信问题，满足移动医疗、车联网、智能家居、工业控制、环境监测等物联网应用需求。最终，5G 将渗透到经济社会的各行业、各领域，成为支撑经济社会数字化、网络化、智能化转型的关键新型基础设施。

对于广大用户来说，每一次通信技术的升级可以给其带来更为划算的产品和更好的服务；而对于通信设备生产商和通信运营商而言，新技术的产生不仅为其提供更多的市场机会，还会带来新的挑战。因此，通信企业应该密切关注通信相关的技术环境变化，分析变化对企业营销所产生的影响，预估新技术所产生的后果，从而发现市场机会，及时调整营销方案，不断开发出新的产品或服务，从而顺应技术发展的步伐，在竞争中处于优势地位。

案例2-2

ST 电信公司是一家专业从事电信服务、电信设备研发和销售的通信服务公司，作为一家拥有多年电信服务经验的服务型企业，ST 电信公司一直致力于为用户提供全面、高效的通信服务，自 1992 年成立以来，ST 电信公司经历了 30 多年的发展，已经成为香港地区重要的通信服务供应商，在香港拥有 32 家门店、849 名正式员工，2018 年收入达 3.2 亿港元。ST 电信公司 1996 年在香港上市，主要面向中国香港及澳门地区开展业务，为客户提供话音、多媒体及流动宽频服务，同时，为家居及商务市场提供固网光纤宽频服务。

回顾 ST 电信公司 27 年的发展历程，可将其概括为以下几个重要阶段。

第一阶段：1992—2001 年，这一时期可以称为传统的 GSM（全球移动通信系统）时代。当时，GSM 通信服务在全球还属于新兴的通信形式，在中国普及率还比较低，ST 电信公司首先在香港地区推出 GSM 通信服务，获得了良好的市场响应。1993 年，ST 电信公司还推出了亚洲首个 GSM 漫游服务，之后，在 1998 年，通过与其他通信公司合作，扩大在澳门的业务范围，在香港、澳门两地获得了空前的成功。1996 年，ST 电信公司在香港证交所上市，成为一家具有领导地位的通信服务公司。

第二阶段：2002—2011 年，这一时期可以称为 3G 时代。2002 年，ST 电信公司开设了提供多媒体服务的门户网站，并加快了 3G 通信设备的布局。2004 年，其正式开设了 3G 业务，并成为全港第一个流动宽屏装置的提供者。此后，ST 电信公司在网络技术上不断发展。2007 年，其成为全球首个可以为用户提供手机 3G 串流 Flash 影片浏览的业务供应商。2009 年，其推出了全港 ST App 串流短片平台，ST 电信公司能够为用户提供更加快捷和实时的网络通信服务。

第三阶段：2012—2016 年，这一时期是 ST 电信公司的 4G 时代。这一时期，ST 电信公司以固网光纤宽频服务和 GPON（千兆无源光网络）技术为支撑，为用户提供更加高端的智能 4G 网络服务。ST 电信公司还推出了网上商店，为用户提供手机产品、配件和服务产品在线订阅等服务。同时，这一时期也是 ST 电信公司业务开始走向转型的时期，由于成本变化和技术升级，ST 电信公司的某些服务逐渐被新兴的通信服务供应商所取代，ST 电信公司面临严峻的竞争和转型升级的压力，特别是如何整合营销资源，构建高效的营销体系，成为 ST 电信公司面临的突出问题。

资料来源：公司经营评述[EB/OL]. https://baike.baidu.com/item/%E9%A6%99%E6%B8%AF%E7%94%B5%E8%A7%86/263377.

思考题：

通过对 ST 电信公司运营业务目前的战略环境的思考，为其战略定位划定正确的标准，制定具体的转型战略与措施，为其可持续发展提供参考与借鉴。

2.2.4 政治环境和法律环境

政治环境和法律环境是影响企业营销的重要宏观环境因素。政治环境引导着企业营销活动的方向，法律环境则为企业规定经营活动的行为准则。政治与法律相互联系，共同对企业的市场营销活动产生影响和发挥作用。

政治环境是指企业市场营销活动的外部政治形势。一个国家的政局稳定与否，会给企业营销活动带来重大的影响。政局稳定，人民安居乐业，就会给企业营销带来良好的环境。相反，政局不稳，社会矛盾尖锐，秩序混乱，就会影响经济发展和市场的稳定。政治环境对企业营销活动的影响主要表现为政府所制定的方针政策，如人口政策、能源政策、物价政策、财政政策、货币政策等，都会给企业营销活动带来影响。

法律环境是指国家或地方政府所颁布的各项法规、法令和条例等，它是企业营销活动的准则，企业只有依法进行各种营销活动，才能受到国家法律的有效保护。企业的营销管理者必须熟知有关的法律条文，才能保证企业经营的合法性，运用法律武器来保护企业与消费者的合法权益。

回顾中国通信企业的发展历史，从第一代模拟通信到第二代数字蜂窝数据网，都有着非常出色的发展成绩，而这些成绩的取得，都是政府在背后大力支持通信事业的发展。中国政府从 TD-LTE（时分双工长期演进）技术刚刚开始研究的时候，就对其发展有着长远的计划，接着，又要进一步推动产业发展，更是从中发挥着无可比拟的推动作用。中国通信企业自主研发的 4G 标准，与欧洲等发达国家的 FDD-LTE（频分双工长期演进）标准相比，尽管落后了 1 年多的时间，但却标志着中国通信事业跑在了世界前沿。中国政府采取的强有力的政策和经费支持，对于推动整个 4G 产业发展，作出了巨大的贡献。政府的支持，确确实实为我国移动通信业发展打下了极其坚实的基础，促进了我国移动通信事业蓬勃发展。

因此，在政治环境和法律环境中与通信营销关系最为密切的趋势，主要有以下三个。

（1）与通信企业有关的立法增多。

（2）政府机构执法更严。

（3）公众利益团体力量增强。

首先，政府针对通信行业出台的各种政策与法律条款，主要是为了加强对通信产业的监管。例如，我国颁布了各种相关的政策与法律条款来规制通信行业的发展，如《中华人民共和国电信条例》《电信用户申诉处理办法》等。移动互联网发展从根本上改变了中国电信业的结构和生态系统，通信运营商、设备提供商和互联网企业构建了一个新兴的大数据的通信市场，倒逼我国通信运营商进行自我改革运营转型。随着我国互联网事业蓬勃发展，信息技术和通信技术的融合越来越紧密，我国政府大力倡导和促进"互联网＋"，通信运营商在"互联网＋通信"由传统模式向新型模式转型的道路上占有绝对优势。国家政策面向非运营商放开，如广电系借势三网融合技术向通信市场渗透，使通信运营商在移动互联网、宽带、数据等领域都提高了竞争力，虚拟运营商又极力拓宽经营渠道，谋求和通信运营商的合作与竞争。自 2015 年起，中国三家通信运营商换帅，从政策上已经实现破局，打破了过去长久以来的据守，聚焦战略发展，鼓励自主变革与创新。

其次，政府出台各种政策与法律条款是为了维护消费者的合法利益不受侵害。中国消费者协会于 1984 年 12 月经国务院批准成立，在我国许多城市都已成立了消费者协会分会，其宗旨是：对商品和服务进行社会监督，保护消费者的合法权益，引导广大消费者合理、科学消费，促进社会主义市场经济健康发展。目前，信息通信服务类投诉主要涉及三类问题：一是运营商套餐资费不明确，服务设置繁杂、不易理解，甚至有运营商未经消费者同意、擅自更改套餐；二是合约机服务管理不规范，部分营业厅销售合约机时未尽到提醒义务，合约机预装软件过多等；三是消费者个人信息遭泄露，导致垃圾短信过多，甚至威胁到消费者财产安全。

因此，针对以上问题，电信企业需在国家政策与法律的支持下合理发展，不仅能维护企业自身的利益，也能避免陷入与消费者不必要的冲突当中，有利于企业良性发展。

2.2.5 社会文化环境

社会文化环境是在一种社会形态下已经形成的价值观念、宗教信仰、风俗习惯、道德规范等的总和。它主要由两部分组成：一是全体社会成员所共有的基本核心文化；二是随时间变化和外界因素影响而容易改变的社会次文化或亚文化。任何企业都处于一定的社会文化环境中，企业营销活动必然受到所在社会文化环境的影响和制约。为此，企业应了解和分析社会文化环境，针对不同的社会文化环境制定不同的营销策略，组织不同的营销活动。

企业营销对社会文化环境的研究，一般从以下几个方面入手。

1. 教育状况

受教育程度的高低，影响到消费者对商品功能、款式、包装和服务要求的差异性。因此，通信企业营销开展的市场开发、产品定价和促销等活动，都要考虑到消费者所受教育程度的高低，采取不同的策略。

2. 宗教信仰

宗教是构成社会文化的重要因素，宗教对人们消费需求和购买行为的影响很大。不同的宗教有自己独特的对节日礼仪、商品使用的要求和禁忌。因此，通信企业在营销活动中也要注意到不同的宗教信仰，以避免由于矛盾和冲突给企业营销活动带来的损失。

3. 价值观念

价值观念是指人们对社会生活中各种事物的态度和看法。不同文化背景下，人们的价值观念往往有着很大的差异，消费者对商品的色彩、标识、式样以及促销方式都有自己褒贬不同的意见和态度。通信企业营销必须根据消费者不同的价值观念设计产品、提供服务。

4. 消费习俗

消费习俗是指人们在长期经济与社会活动中所形成的一种消费方式与习惯。研究消费习俗，不但有利于通信企业更好地生产与销售产品，而且，有利于正确、主动地引导健康的消费。了解目标市场消费者的禁忌、习惯、避讳等，是企业进行市场营销的重要前提。

课外作业

社会文化环境因素如何对通信企业产生影响？其具体产生了哪些影响？请详细说明。

2.2.6 自然环境

自然环境是指自然界提供给人类各种形式的物质资料，如阳光、空气、水、森林、土地等。随着人类社会进步和科学技术发展，世界各国都加速了工业化进程，这一方面创造了丰富的物质财富，满足了人们日益增长的需求；另一方面，面临资源短缺、环境污染等问题。这些问题都对企业营销提出了挑战。对通信企业营销管理者来说，应该关注自然环境变化的趋势，并从中分析通信企业营销的机会和威胁，制定相应的对策。

其主要包括以下几方面。

1. 自然资源日益短缺

自然资源可分为以下两类：一类为可再生资源，如森林、农作物等，这类资源是有限的，可以被再次生产出来，但必须防止过度采伐森林和侵占耕地。另一类为不可再生资源，如石油、煤炭、银、锡、铀等，这种资源蕴藏量有限。对于通信企业而言，自然环境对其营销活动产生的影响较小。自然资源短缺对通信企业的影响体现在运营成本上升、供应链稳定性受挑战、基础设施韧性要求提高、绿色转型压力增大以及市场竞争格局变化等多个方面。

2. 环境污染日趋严重

工业化、城镇化的发展对自然环境造成了很大的影响，尤其是环境污染问题日趋严重，许多地区的污染已经严重影响到人们的身体健康和自然生态平衡。环境污染问题已引起各国政府和公众的密切关注，这对通信企业的发展是一种压力和约束，要求通信企业为治理环境污染付出一定的代价，但同时也为通信企业提供了新的营销机会。人们环保意识的增强也要求通信企业更多地采用环保材料，这也是通信企业理应履行的社会责任。

3. 政府干预不断加强

自然资源短缺和环境污染加重的问题，使各国政府加强了对环境保护的干预，颁布了一系列有关环保的政策法规，这将制约一些企业的营销活动。有些企业由于治理污染需要投资，影响扩大再生产，但通信企业必须以大局为重，要对社会负责，加强环保意识，在营销过程中自觉遵守环保法令，担负起环境保护的社会责任。通信企业在维持良好通信服务的同时，不得不考虑电磁辐射对当地居民生活及人身健康的影响。因此，电信运营商在架构基站的时候要避免重复建设，尽量减少资源的浪费和电磁辐射所带来的危害。

案例2-3

全球移动虚拟运营商市场发展现状

移动虚拟运营商是指不拥有频谱资源和基站等无线网络基础设施，向消费者提供无线通信服务的电信运营商。现在，移动虚拟运营商已在美国、加拿大及欧洲和亚洲的发达国家发展完善，并逐渐向新兴市场扩张。

总体而言，各地区移动虚拟运营商在全球市场的占比有一定差异，甚至在同一区域内也各不相同。例如，作为移动虚拟运营商主要市场的西欧，不同国家的市场份额差异显著。

移动虚拟运营商既可面向大众市场（折扣商店），也可关注小众市场（如移民、旅行者等），商业模式多种多样。近年来，新一代移动虚拟运营商出现，其业务专注于机对机通信（M2M）、移动金融服务等。为增加每用户平均收入并减少用户流失，许多固网运营商为移动虚拟运营商提供相关资源，以扩大其捆绑服务（如宽带互联网、固话通信、付费电视和手机通信）。

在移动虚拟运营商市场中还有许多专业供应商[如 MVNA（移动虚拟网络集成商）]，它们为企业提供虚拟网络运营一揽子解决方案，即所谓 Turnkey（交钥匙）模式，以帮助企业[light MVNO（轻度型移动虚拟运营商）]创建自己的虚拟运营品牌。而高水平的全面型移动虚拟运营商（full MVNO）拥有除基站以外的所有基础设施，资本回报速度较慢，因此，也承担着巨大风险。

但是，在主要通信公司已入驻或准备入驻的国家（地区），移动虚拟运营商市场已经建有部分网络和信息技术基础设施，为全面性移动虚拟运营商的发展提供了良好条件。移动虚拟运营商还可以同数家移动网络运营商签订合约，以实现产品最优化，提高收益。

全球市场都在发放移动虚拟运营商牌照，这一举措体现了政策管制的放松，是推进电信运营体制改革的重要举措。随着移动通信转售业务的开放，原有市场格局将被打破，行业监管也将面临新的挑战。

资料来源：全球移动虚拟网络运营商发展情况报告[EB/OL]. https://www.zte.com.cn/content/dam/zte-site/res-www-zte-com-cn/mediares/magazine/publication/com_cn/article/201505/P020151028316321888971. pdf; C114 通信网[EB/OL]. https://www.c114.com.cn/?spm=5176.28103460.0.0.297c5d27yFrTOx.

思考题：
全球移动虚拟运营商市场发展现状给原本的通信市场产业价值链带来了哪些变化？

2.3　电信市场微观环境

微观环境是与企业紧密相连、直接影响企业营销能力和效率的各种力量和因素的总和，主要包括供应商、营销中介、客户、竞争者、公众、企业等。企业自身主要是指企业内部环境。在企业组织内部，以营销机构和营销人员为核心，其他机构和人员构成了企业营销的内部环境因素。微观环境因素对企业的营销活动有着直接的影响，所以，又称直接营销环境，如图 2-2 所示。

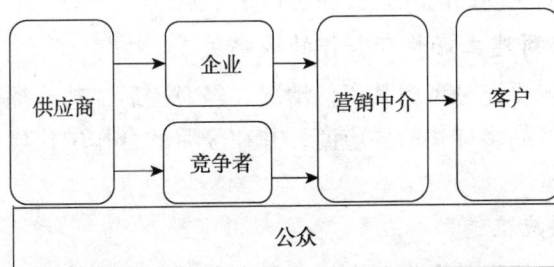

图 2-2　企业微观环境中的主要影响因素

虽然企业微观环境中的主要影响因素与宏观环境一样，都属于企业外部环境因素，都存在着一定的不可控性，但它对企业市场营销的影响比宏观环境更为直接，且对于微观环境中的一些因素，企业经过不断努力，可以在不同程度上加以控制。

2.3.1 供应商

供应商是指为企业进行生产所需而提供特定的原材料、辅助材料、设备、能源、劳务、资金等资源的供货单位。这些资源的变化直接影响到企业产品的产量、质量及利润，从而影响企业营销计划和营销目标的完成。

供应商对企业营销的影响，主要体现在以下三方面。

1. 供应的及时性和稳定性

原材料、零部件、能源及机器设备等货源的保证供应，是企业营销活动顺利进行的前提。通信企业不仅需要基础设备等原料来进行加工，还需要电缆、能源作为生产手段与要素，任何一个环节在供应上出现了问题，都会导致通信企业的活动无法正常开展。为此，通信企业为了在时间和连续性上保证得到货源的供应，就必须和供应商保持良好的关系，必须及时了解和掌握供应商的情况，分析其状况和变化。

2. 供应的货物价格变化

供应的货物价格变化会直接影响企业产品的成本。如果通信设备供应商提高原材料价格，必然带来通信企业的产品成本上升，生产企业如提高产品价格，会影响市场销路；可以使价格不变，但会减少通信企业的利润。为此，通信企业必须密切关注和分析供应商的货物价格变化趋势。

3. 供货的质量保证

供应商能否供应质量有保证的生产资料，直接影响到企业产品的质量，进一步会影响到销售量、利润及企业信誉。为此，通信企业必须了解供应商的产品，分析其产品的质量标准，从而保证自己产品的质量，赢得消费者，赢得市场。

移动通信运营商的供应商主要分成两种类型：一是终端设备供应商，主要供应各种器材和设备。二是内容提供商（CP）、服务提供商（SP），即向广大用户综合提供互联网接入业务、信息业务和增值业务的电信运营商。

电信企业在选择供应商的时候，要注意以下三点。

1. 与主要的供应商建立好长期合作的战略关系

选择主供应商时，要充分考虑其资信情况，经对比后，选择提供产品质量过硬、价格优惠、交货及时、产品多样化的供应商，并在今后的合作中，建立起长期稳定的战略伙伴关系。

2. 尽可能拓展供应渠道

电信企业不可过于依靠某个供应商，以免在遇到突发事件时受制于人。另外，供应商的多样化可以提升自身的谈判能力，有利于采购到更物美价廉的原材料。

3. 建立自己的供应渠道

电信企业可以通过战略调整，改变自身在价值链中的地位，在资金、人力、管理等条件允许的情况下，可以采取兼并、收购或者后向一体化的整合策略，为本企业的生产经营提供资源，保证货源的供给；定期或不定期委派人员对各渠道进行走访，了解与观察渠道现状，协助渠道解决一些实质性的市场问题与难点，以便及时调整营销方案。

2.3.2　企业

企业开展营销活动要充分考虑到企业内部的环境力量和因素。企业是组织生产和经营的经济单位，是一个系统组织。企业内部一般设立计划、技术、采购、生产、营销、质检、财务、后勤等部门。企业内部各职能部门的工作及其相互之间的协调关系，直接影响企业的整个营销活动。此外，销售部门与企业其他部门之间有多方面的合作，也经常与生产、技术、财务等部门发生矛盾。由于各部门各自的工作重点不同，有些矛盾往往难以协调。如生产部门关注的是长期生产的定型产品，要求品种规格少、批量大、标准订单、较稳定的质量管理，而营销部门注重的是能适应市场变化、满足目标消费者需求的"短、平、快"产品，则要求品种规格多、批量小、个性化订单、特殊的质量管理。所以，通信企业在制订营销计划、开展营销活动时，必须协调和处理好各部门之间的矛盾和关系。

对于通信企业而言，其内部结构非常复杂，不仅部门繁多，而且，呈金字塔形，纵向层级结构长，消息传递的过程必然缓慢。庞杂的结构增加了沟通的难度，而企业内部分工协作的程度又会直接影响到营销方案的实施。因此，整合企业内部资源，构建一个良好的企业内部环境，对于顺利开展营销活动具有重要的意义。

2.3.3　竞争者

竞争是商品经济的必然现象。在商品经济条件下，任何企业在目标市场进行营销活动时，都不可避免地会遇到竞争对手的挑战。即使在某个市场上只有一个企业在提供产品或服务，没有"显在"的对手，也很难断定在这个市场上没有潜在的竞争企业。企业竞争对手的状况将直接影响企业营销活动。如竞争对手的营销策略及营销活动的变化，就会直接影响企业营销，最为明显的是竞争对手的产品价格、广告宣传、促销手段的变化，以及产品的开发、销售服务的加强都将直接对企业造成威胁。为此，通信企业在制定营销策略前，必须弄清竞争对手，特别是同行业的竞争对手的生产经营状况，做到知己知彼，有效地开展营销活动。

一般来说，企业在营销活动中需要对竞争对手分析的情况，有以下几种。

（1）竞争企业的数量有多少。

（2）竞争企业的规模和能力的大小强弱。

（3）竞争企业对竞争产品的依赖程度。

（4）竞争企业所采取的营销策略及其对其他企业策略的反应程度。

（5）竞争企业能够获取优势的特殊材料来源及供应渠道。

通过对通信运营商的调查，可以了解到，随着 5G 业务的深入推进，主要运营商包括中国移动、中国联通、中国电信和虚拟运营商都基于各自的市场地位，实施了不同的竞争策略。因此，通信企业开放体系重点将运营商的业务能力通过互联网改造，将现有的业务平台打造得更开放，吸纳更多的互联网优质用户。目前，存在的另一类潜在竞争者是广电网络公司。2016 年 5 月，工业和信息化部向中国广播电视网络有限公司发放"基础电信业务经营许可证"的经营牌照，批准广电网络公司及其授权控股的各省份公司，在全国范围内经营互联网国内数据传送业务、国内通信设施服务业务两项基础电信业务，广电网络正式成为我国第四个基础电信运营商。目前，广电网络公司难以打破原有四级建台、分市而建的组织格局，市场化程度比较低，且获得的牌照只能经营固网宽带业务，整体在通信市场上竞争力较低。

此外，随着互联网企业加入通信业务的市场竞争，原有的行业生态平衡被打破。以微信、Skype 为代表的 OTT（over the top）业务，通过推出互联网语音、短信应用在市场上获得追捧，导致运营商沦为价值链底层的管道搬运工。微信作为典型的 OTT 应用，是当前市场占有率最高的手机通信软件，融合了互联网环境下的用户通信需求（将短信、语音、图片和视频融合为一个通信模块），支持群聊、社交，具有很强的使用黏性。此外，相对于传统电信业务，微信仅耗少量流量，适合大部分智能手机，可以跨平台、跨运营商地无缝使用。短信发送量的大幅下降，导致电信运营商收入下降，给电信运营商运营收入任务的完成，带来极大压力。

案例2-4

2024 年上半年，中国电信、中国移动、中国联通通信服务收入分别达到 2 462 亿元、4 636 亿元和 1 757 亿元，同比分别增长 4.3%、2.5% 和 2.7%，收入增长率均低于同期 5% 的 GDP 增速，中国电信收入增长率高于行业 3% 的增速，中国移动、中国联通收入增长率均低于行业增速。总体来看，运营商收入增长是在面对有效市场需求不足、外部环境复杂严峻等困难和挑战下取得的，基本符合预期。但进一步分析发现，近年来运营商收入增速持续下滑，与电信运营商大力拓展产业数字化市场、加大算网建设力度、加快 5G 规模发展、加速"战新"业务发展和布局、深入推进"人工智能+"行动等形成强烈反差，运营商发展状况令人担忧。

造成运营商收入增长持续下滑的原因主要体现在以下两大方面。

第一，从外因来看，一是经济增长下行压力较大。当前，我国经济正呈现回升向好的态势，但经济回升向好的基础仍不牢靠，面临外部环境变化带来的不利影响增多，企业经营压力较大，社会预期减弱，有效需求不足。二是数字化有效市场需求不足。面对经营压力，企业首先考虑的是生存和发展问题，而且，数字化转型成本较高，这决定了企业对数字化投入的积极性有限，对 5G 的需求也不旺盛。此外，广大中小企业数字化转型能力不足，缺乏数字化专业人才，也抑制了企业数字化转型需求，数字化有效需求不足日益显现。

第二，从内因来看，一是基础电信企业在科技创新体系、组织架构设计、产数业务拓展、研发布局等方面缺乏顶层设计，导致其不能很好地适应市场环境的变化。二是数字化产品创新供给不足。面向终端消费者（C 端）市场，规模发展动力、"流量红利"逐步减弱，缺乏受用户欢迎的数字平台和应用服务；面向企业（B 端）市场，创新供给与需求存在脱节现象，提供的产品和解决方案主要满足企业对高带宽、低时延、广连接的网络需求，而处于产业链高端的平台、应用、终端等创新不足。三是组织活力缺乏。例如，科技体制机制存在堵点、卡点，创新体系整体效能不够；人才发展机制不健全，选人用人、考核激励还存在不公平、不公正现象，不利于激发员工工作激情；企业有效授权不足，高水平的专业人才缺乏，良好的创新文化有待培育，这些都影响了企业发展和创新能力的提升。

资料来源：中国通信企业协会. 半年报解读：运营商收入增速下滑的"破题"与"解题"[EB/OL]. (2024-08-25). https://mp.weixin.qq.com/s?__biz=MzIwMDgw NjgyNw==&mid=2247510726&idx=2&sn= f3d0669b16f72cfdd2e1d34f4c02984f&chksm.

思考题：

面对市场环境的变化，运营商应该如何应对？

2.3.4 营销中介

营销中介即为企业营销活动提供各种服务的企业或部门的总称。营销中介对企业营销产生直接的、重大的影响，只有通过有关营销中介所提供的服务，企业才能把产品顺利地送达目标消费者手中。营销中介的主要功能是帮助企业推广和分销产品。

营销中介的主要对象，分为以下几种。

1. 中间商

中间商指把产品从生产商转向消费者的中间环节或渠道，它主要包括批发商和零售商两大类。中间商对企业营销具有极其重要的影响，它能帮助企业寻找目标顾客，为产品打开销路，为顾客创造地点效用、时间效用和持有效用。一般企业都需要与中间商合作，来完成企业营销目标。为此，通信企业需要选择适合自己营销的合格中间商，必须与中间商建立良好的合作关系，必须了解和分析其经营活动，并采取一些激励性措施来推动其业务活动的开展。

2. 营销服务机构

营销服务机构指企业营销中提供专业服务的机构，包括广告公司、广告媒介经营公司、市场调研公司、营销咨询公司、财务公司等。这些机构对企业的营销活动会产生直接的影响，它们的主要任务是协助企业确立市场定位，进行市场推广，提供活动方便。为此，通信企业需要关注、分析这些服务机构，选择最能为通信企业提供有效服务的机构。

3. 物资分销机构

物资分销机构指帮助企业进行保管、储存、运输的物流机构，包括仓储公司、运输公司等。

4. 金融机构

金融机构指企业营销活动中进行资金融通的机构，包括银行、信托公司、保险公司等。金融机构的主要功能是为企业营销活动提供融资及保险服务。

电信服务作为一种行为或过程，其具有无形性和不可储存性的特点，所以，从绝对意义上来看，电信运营商只能直接向市场推广自己的服务产品。因此，电信运营商构建营销渠道主要有两个途径。一是充分利用直接营销渠道，如自己企业建设的直销网点和互联网等；二是广泛利用间接渠道，可利用中间商来提高服务流通效率，强化服务的市场渗透力。随着通信市场竞争的不断加剧，电信运营商应该采取直接渠道和间接渠道相结合的复合策略，为顾客提供多种渠道，从而提升顾客的满意度。

2.3.5　公众

公众是企业营销活动中与企业营销活动发生关系的各种群体的总称。公众对企业的态度，会对其营销活动产生巨大的影响，它既可以有助于企业树立良好的形象，也可能妨碍企业的形象。所以，通信企业必须处理好与主要公众的关系，争取公众的支持和偏爱，为自己营造和谐、宽松的社会环境。

电信企业面临的公众，主要有以下几类。

（1）金融公众。金融公众主要包括银行、投资公司、证券公司、股东等，其对企业的融资能力有重要的影响。

（2）媒介公众。媒介公众主要包括报纸、杂志、电台、电视台等传播媒介，它们掌握传媒工具，有着广泛的社会联系，能直接影响社会舆论对企业的认识和评价。

（3）政府公众。政府公众主要指与企业营销活动有关的各级政府机构部门，它们所制定的方针、政策对企业营销活动或是限制，或是机遇。

（4）社团公众。社团公众主要指与企业营销活动有关的非政府机构，如消费者组织、环境保护组织，以及其他群众团体。企业营销活动涉及社会各方面的利益，来自这些社团公众的意见、建议，往往对企业营销决策有着十分重要的影响。

（5）社区公众。社区公众主要指企业所在地附近的居民和社区团体。社区是企业的邻里，企业保持与社区的良好关系，为社区的发展做一定的贡献，会受到社区居民的好评，他们的口碑能帮助企业在社会上树立良好的形象。

（6）内部公众。内部公众指企业内部的管理人员及一般员工，企业的营销活动离不开内部公众的支持。企业应该处理好与广大员工的关系，调动他们开展市场营销活动的积极性和创造性。

对于通信企业来说，影响力最大的是政府公众，政府会对通信企业的市场行为进行监督，其颁布的政策及法规也具有强制性。此外，媒介公众及消费者自发形成的群众团体也都密切关注着通信企业的市场变化趋势，会利用自身的影响力，促使社会舆论形成，从而对营销活动施加一定的影响。因此，通信企业需要时刻关注来自各方面公众的批评和意见，及时修复自身漏洞，努力在公众心目中树立一个良好的形象，这有利于开展后续营销活动。

2.3.6　客户

客户是指使用进入消费领域的最终产品或劳务的消费者和生产者，也是企业营销活动的最终目标市场、服务对象。客户对企业营销的影响程度，远远超过前述的环境因素。客户是市场的主体，任何企业的产品和服务，只有得到了客户的认可，才能赢得这个市场，现代营销强调把满足客户需要作为企业营销管理的核心。

通信市场客户群可分为以下四个层面。

1. 个人客户市场

个人客户市场是指为满足个人消费需求购买产品或服务的个人。个人客户是通信市场目标客户群的核心，其需求呈现明显的差异化特征。这样一个规模庞大的客户群，有望为电信增值业务提供一个用户量可观的长尾市场。

2. 家庭客户市场

家庭客户市场是指为满足家庭消费需求购买产品或服务的家庭。家庭是社会的基本单元，是运营商拓展市场的重点突破口。在个人客户市场即将趋于饱和的情况下，家庭客户群成为电信运营商争夺的下一个蓝海市场。

3. 集团市场

集团市场是指购买产品或服务，以提供公共服务或把这些产品或服务转让给其他需要的人的公司。集团客户是指以组织名义与一个公司签署协议，订购并使用该公司通信产品和服务，并在该公司建立起集团客户关系管理的法人单位及所附属的产业活动单位。按照"二八定律"，20%左右的集团客户是对通信运营商贡献最大的群体，这些客户在消费能力、客户集群和收入贡献方面的战略地位日益显现，成为全业务时代运营商竞争的焦点。

4. 国际市场

国际市场是指国外购买产品或服务的个人及组织，包括外国消费者、生产商、中间商及政府。国际市场可挖掘潜力巨大，目前，国内尚未出现哪一家运营商独占鳌头，因此，国际市场也是一片待发掘的蓝海。

上述四类市场的顾客需求各不相同，要求通信企业以不同的方式提供产品或服务，其需求、欲望和偏好直接影响企业营销目标的实现。为此，通信企业要注重对顾客进行研究，分析顾客的需求规模、需求结构、需求心理以及购买特点，这是通信企业营销活动的起点和前提。

案例2-5

电子商务的兴起对传统手机渠道商的影响

电子商务技术的出现与应用，引发市场商机新的变化，电商企业和传统企业对于电子商务的开发利用，带给企业经营管理上前所未有的便利与迅捷。同时，传统企业也因接纳和利用电子商务获利，而自身也受电子商务的挑战，毕竟，传统企业的电子商务在经营管理的链条上存在很多不契合之处。

以手机渠道商为例，电子商务兴起之后，产品与用户之间的渠道角色越来越显得多余，这给传统手机渠道商带来了前所未有的挑战。

（1）传统的手机渠道网点红火不再。越来越少的顾客会选择去渠道网点购买手机，无论是手机号卡还是终端设备，其增幅都在持续下降。

（2）电子商务渠道严重打击了传统手机渠道。其主要包括两方面的原因：一方面，手机厂商不再需要完全依靠传统渠道商来销售，而开始选择宣传效果更好、瞬间卖货量更大的电商平台，这削减了差价，自然也就侵蚀了传统渠道商的利润空间。另一方面，诸如小米等手机厂商直接自建互联网平台展开营销，剥夺了传统手机渠道商的位置。

（3）传统手机渠道商对电信运营商的依赖度非常高。电信运营商在面临互联网威胁时，更多关注于自身的转型，因而，无暇考虑传统手机渠道商的发展。此外，传统手机渠道商之间的竞争本身就非常激烈，当运营商成本不断下降时，对传统手机渠道商的补贴也会随之减少。

资料来源：中国手机零售"大平台"时代来临，运营商挑战与机遇并存[EB/OL]. (2017-07-25). https://www.cww.net.cn/article?id=411476.

思考题：

在万物互联的时代，传统手机渠道商应如何应对危机？

2.4 电信市场三大变革

自 20 世纪末第一代模拟移动通信系统面世以来，移动通信产业一直以惊人的速度迅猛发展，已经成为带动全球经济发展的主要高科技产业之一，并对人类生活及社会发展产生了重大影响。移动通信的迅速发展，使用户彻底摆脱终端设备的束缚，实现完整的个人移动性以及可靠的传输手段和接续方式。在未来的发展过程中，移动通信将逐渐成为社会发展和进步必不可少的工具。经济全球化使市场竞争朝着国际化的方向发展，数字化和网络化成为现代化的两个重要标志。随之而来的是，我国电信市场同样发生了巨大变革。其变革主要涉及科技、全球化和社会责任三个方面。

2.4.1 科技

随着科学技术的持续进步，尤其是光通信技术具备超高带宽、连接稳定、综合成本逐年下降特点，已经成为骨干网、城域网、接入网等主流承载技术，技术进步带来整个通信市场的繁荣。中国在固定宽带市场拥有全球最多的固定宽带用户。中国人口红利依旧存在，同时，基础网络设施以及用户接入网速等较发达国家仍有较大差距，通信网络发展空间很大。

在过去，模拟传输 1G（第一代移动通信技术）只能打电话，发展到采用 GSM 和 GPRS（通用分组无线业务）技术的 2G（第二代移动通信技术）通话质量更优，发展到 3G 速率更高，实现了浏览网页、看图片等，发展到 4G，可随时在移动设备上超高速地浏览视频，5G 也给整个高科技产业的发展带来更大的想象空间。移动通信不再局限于打电话、发短信，而是融合音视频，实现全方位的沟通与交流，更为重要的是，如今5G影响更加深远，与物联网、大数据、人工智能等信息技术相结合，将渗透到经济社会的各行业、各领域，成为支撑经济社会数字化、网络化、智能化转型的关键新型基础设施。

通信技术的迅猛发展，带动了通信网络基础设施的建设，通信技术作为新兴科技产业底层网络基础。随着全球及中国通信技术成熟与进步，用户终端及信息消费价格更加实惠。

2.4.2 全球化

随着国外的广电网、电信网和计算机网三网融合，国内的三大主要运营商同样面临重大的抉择。在这样的国际背景下，通信企业要想在世界这个大舞台上占有一席之地，唯一的出路就是改革。中国电信、中国移动、中国联通作为国内电信运营商的三大王牌，它们的改革势必牵动电信在国内的今后发展走向，同样，也会带动相关产业链的调整，必然也会带来人员的流动，进而引起一系列的社会问题。

此外，数字化转型变革不断深入，企业对于云服务和网络服务的要求趋向多样化、差异化，新的问题日益凸显。当前，公有云服务已很难满足行业生产系统入云的高可靠、低延时等需求，更接近用户的边缘计算将成为智能制造、车联网、游戏娱乐等行业入云的关键要求，云服务将进入公有云和边缘计算协同的下半场。云服务商和网络运营商同时面临新的机遇和挑战。

对于运营商来说，附着在电信云上的边缘计算能力将在企业数字化转型中切入云计算，与云服务商在云服务领域进行差异化竞争。同时，各行各业业务入云，带来大量新的网络需求，连接需要更快速智能、更灵活便捷、更安全可靠。数据通过多场景连接，进入云中进行分析和应用，产生的结果支持生产和决策，数据在流动的过程中完成价值创造，支撑大规模行业生产与个性化服务相结合，连接和云交织、互相渗透，云网深度融合成为趋势，这给运营商网络市场带来新的发展空间，但是，也让运营商面临前所未有的挑战。对运营商来说，这些虚拟运营商作为新晋市场参与者，既可能是挑战者，也可能是合作伙伴，这取决于运营商自身的网络建设和经营能否有效应对市场变化。云网深度融合，抓住企业客户，构建政企业务核心能力，进行差异化竞争将是运营商制胜之道。

2.4.3 社会责任

社会责任不仅是一种理念，而且是一种实践。我国三大运营商相继向公众发布社会责任报告的行为，充分体现了运营商已经意识到所处行业的特殊性，不断强化社会责任意识，积极承担社会责任，取得了积极的社会影响。

1. 积极转变经营理念

三大运营商都清晰地认识到，企业承担社会责任与追求股东利益最大化并不矛盾，通过制订社会责任规划、完善社会责任工作体系等方式，将承担社会责任提到企业战略的高度，把社会责任战略融入企业运营管理中，实现了企业社会责任战略和商业目标的有机融合。

中国移动发布的社会责任报告，从经济、社会、环境三个方面阐述了中国移动的社会责任观，明确了中国移动的社会责任观为"以天下之至诚而尽己之性、尽人之性、尽物之性"，即秉持做优秀企业公民的诚意，以诚信实践承诺，以永不自满、不断创新、超越的进取心态精益求精，追求企业与社会的和谐发展。中国电信始终坚持"做有责任心的企业公民"的价值取向，把企业发展与经济及社会发展融为一体，以诚挚的爱心回报社会，与社会各界携起手来，忠实履行社会责任，努力推动整个社会的和谐与进步。中国联通秉承"做优秀企业公民，融入社会大家庭"的理念，致力于将自身发展与更广泛的社会责任相结合，实现商业利益与社会目标的吻合。通过履行社会责任，特别是与利益相关者携手并进，共同打造适应自身和社会发展的和谐生态环境。

2. 履行国有骨干企业经济责任，促进社会财富增长

在保持企业持续稳定健康发展的同时，电信运营商为我国经济的发展作出了巨大贡献，在为社会提供丰富的产品和服务、满足广大消费者需求的同时，推动了国家经济的发展，积累了社会财富。

3. 践行企业公民责任，回报社会

近年来，我国就业市场面临挑战，促进就业、控制失业率成为重要的宏观调控目标之一。电信运营商在提供就业机会、维护社会秩序稳定、促进社会和谐发展方面起到了表率作用。中国移动庞大的客户数量给产业链上下游提供了商机，与中国移动合作的服务供应商达 1 185 家，渠道数量超过 10 000 个，有效地拉动了产业增长、促进了就业。[①]

课外作业

请思考一下，电信市场的三大变革给电信运营商带来了哪些机遇与挑战？

2.5　电信企业营销环境评价

通信企业是一个开放系统，它与周围环境之间不断进行能量、信息、物质等方面的交换。由此可知，通信企业的市场营销活动是在一定的环境里进行的，而营销环境是由许多因素组成的，每个因素都有自身的运动方式和轨迹。因此，通信企业的营销环境呈现出不规则的动态变化。通信企业必须采取措施，监视和预测周围市场营销环境的发展和变化，准确、细致地认识和把握市场营销环境，充分认识到"市场营销环境＝营销

---

① 中国移动建成全球规模最大的 5G SA 网络[EB/OL]. (2020-11-22). https://news.qq.com/rain/a/20201122A0
CTM700.

机会 + 威胁"，以便使企业审时度势、扬长避短，从而达到利用机会、化解威胁的目的，保证企业健康发展。

2.5.1　市场营销环境的特征

好的营销环境是企业生存和发展的条件。营销环境的变化既可给企业带来市场机会，也可能对企业造成严重的威胁。

营销环境具有以下六个方面特征。

1. 差异性

不同企业在适应环境方面存在差异性，主要体现在以下两个方面：一是相同企业受不同环境的影响；二是同一种环境的变化对不同企业的影响不同。这就要求通信企业根据环境的变化及自身特点，制定合适的、有针对性的营销策略。例如，不同的通信企业所掌握的技术、所面对的客户群体各不相同，各类通信企业应从自身出发，实施最适宜自身发展的营销策略。

2. 客观性

营销环境作为不以营销者意志为转移的因素，具有强制性，是一种客观存在。比如，企业不能改变人口因素、政治和法律因素、社会文化因素等。我国政府部门针对通信市场制定的相关法律政策、经济技术和社会文化环境的变化等，通信企业必须承认其客观性并采取措施，去适应这些环境因素。

3. 不可控性

影响企业市场营销环境的因素来自方方面面，有的因素表现出企业的不可控性，尤其是企业外部宏观环境因素。例如，国家针对通信市场制定的政策和法律、自然生态环境，以及一些社会文化习俗等，企业不可能随意去改变这些环境因素，只能被动地去适应。

4. 相关性

营销环境的组成因素相互影响、相互作用，共同决定着营销环境的变化。当宏观经济环境中的法律因素变化后，可能会影响一个行业竞争者加入的多少，从而带来行业竞争格局的变化。例如，打破电信行业的自然垄断，增加电信市场的有效竞争，工业和信息化部于2013年底开始向国内各类企业颁发电信行业虚拟运营商牌照，截至2020年，其用户数量已过千万。当前局面也在提示通信企业，应该进一步提供更丰富的个性化服务。

5. 多变性

营销环境是一个动态系统。构成营销环境的因素是多方面的，不同因素在不同的时空范围内不断变化，此外，相同因素在不同时间对企业的影响也是不同的。比如，随着科学技术的发展，有些因素从不可控因素转变为可控因素。因此，通信企业的营销活动必须时刻关注营销环境的变化，及时调整自己的营销策略，抓住机会、避免威胁，从而保证通信企业持续发展。

6. 有限性

营销环境是在一定时空范围内对市场营销活动有影响的各种因素。因此，对环境的分析是有时间性和空间性的，适应环境的关键在于因时因地制宜。强调通信企业对所处环境的适应，并不意味着通信企业对于环境是无能为力或束手无策的，通信企业应从积极、主动的角度出发，能动地去影响环境。例如，电信企业可以通过运用自己的经营资源，去影响或者改变消费者的偏好，从而为企业创造一个更有利的营销环境。

2.5.2　营销环境的评价方法

任何企业都面临若干威胁和市场机会。然而，并不是所有的环境威胁都有一样的严重性，也不是所有的市场机会都有同样的吸引力。企业可以利用"环境威胁矩阵图"（图 2-3）和"市场机会矩阵图"（图 2-4）来加以分析、评价。因此，当分析环境威胁和市场机会时，需要结合企业自身的情况和特点来进行。

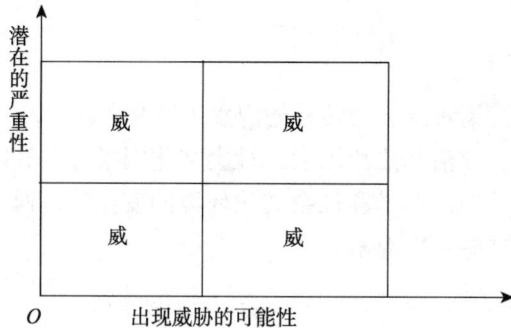

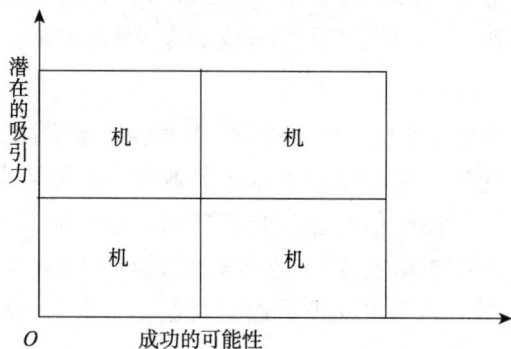

图 2-3　环境威胁矩阵图

图 2-4　市场机会矩阵图

"环境威胁矩阵图"的横轴代表"出现威胁的可能性"，箭头方向表示可能性增大；纵轴代表"潜在的严重性"，表示企业面临的困境，箭头方向表示严重性加剧。

"市场机会矩阵图"的横轴代表"成功的可能性"，纵轴代表"潜在的吸引力"，表示拓展市场的潜在能力。

这样，用上述方法来分析和评价，可能会出现四种不同的机会威胁矩阵图（图 2-5）。

图 2-5　机会威胁矩阵图

（1）理想的企业：企业处于理想的经营状态，即高机会和低威胁。

（2）冒险的企业：企业处于高机会和高威胁的状态。

（3）成熟的企业：企业处于成熟状态，即低机会和低威胁。

（4）困难的企业：企业处于困难状态，即低机会和高威胁。

2.5.3　企业对待环境的对策

1. 利用机会

当企业面临最好的市场机会时，应当利用机会。

1）抢先

市场机会的均等性和时效性决定了企业在利用机会的过程中必须抢先一步，争取主动权。在市场营销活动中，抢先利用机会包含两个方面：一是先，二是快。企业在利用市场机会的过程中，谁能"抢先"，谁就赢得了时间和空间，就赢得了主动，赢得了胜利。其他企业要利用同一市场机会，往往要付出几倍乃至几十倍的努力。

中国移动在发展 5G 方面，抓住了机会，抢先一步布局 5G。当前，中国移动的 5G 移动电话用户数已突破 10 亿，占全国 5G 用户总数的半数以上。其 5G 网络覆盖已经从城市延伸至偏远山村，真正实现了"县县通千兆、乡乡通 5G、村村通宽带"的壮举。

2）创新

市场机会的均等性决定了企业利用机会的均等，然而，自己觉察到的这些机会，别人也能觉察到。企业在利用市场机会时，一定要大胆"创新"，如果说"抢先"利用市场机会是力求做到"人无我有"，那么，"创新"就是"人有我优"。

例如，通信企业的最初营销策略都是以价格竞争为焦点，通过价格战抢占客户资源，结果却并未带来利润的大幅增长。但如果在语音和数据业务上进行整合、在业务组合上进行创新，同样会吸引家庭客户，以此提升利润增长点，可谓有创新才会有更大的发展。

3）应变

企业不可能一劳永逸地利用同一市场机会，为了在竞争中取得主动，企业必须在利用市场机会之初，就主动考虑市场机会的均等性和可变性，有预见性地提出应变对策，包括：会有哪些竞争者发现同一市场机会？它们会怎样利用这一市场机会？企业和竞争者先后利用了该市场机会之后，竞争者和本企业实力差不多、产品差不多时应该怎么办？竞争者比本企业实力强、产品好时应该怎么办？这一市场机会是否会变成环境威胁？是继续利用这一市场机会，还是寻求新的市场机会？例如，在 5G 时代要让用户从"流量忍者"向"流量行者"转化，因此，如何建立合理的资费设计机制，就变得非常重要。

2. 化解威胁

1）反抗或减轻

反抗或减轻即努力设法限制或扭转不利因素的发展。威胁总是存在的，实在无法对抗的，可以设法减轻环境威胁的严重性。例如，国家的三网融合政策将整个电信市场向广电开放，广电的加入对电信运营商是一个不小的威胁，在三网融合的试点地区，电信运营商已经纷纷加强了与 CP/SP 的合作，通过开发高质量业务与广电抗争，努力将威胁减到最低。

2）转移或改良

转移或改良即"避实击虚"，躲开环境威胁，钻对手的空子和薄弱环节；对自身产品进行改良，增强对环境威胁的防御能力。前几年，各种基于互联网的即时通信软件对电信运营商的短信及语音业务构成了一定的威胁，但是，这同时也带给运营商一个启示：它们可以利用移动互联网开发应用于手机的即时通信软件，与互联网公司争夺即时通信市场，原来被抢占的短信及通话收入转而成为更多的流量费。由此可见，威胁在一定的条件下可以转化成市场机会，化害为利。

3）利用

利用可以理解为利用机会，但此处所讲的"利用"，不是指利用"机会"，而是专指利用"威胁因素"，将威胁因素变成"机会"，"乘势利导"以便"化害为利"。在市场营销的大环境中，"威胁"与"机会"是相对的，没有绝对的利，也没有绝对的害，关键是企业如何去努力设法驾驭它们，将"威胁"转化成"机会"。要把"威胁"变成"机会"，即"利用""威胁"使之变成"机会"，在企业经营过程中是一个新课题。

4）防备

前两种对策都是针对外部环境威胁所采取的被动策略，都是解忧的措施，但解忧并不是说可以无忧。第三种策略"利用"则是一个新的思路。与"利用"有异曲同工之妙的是"防备"，这也可以认为是从另一个侧面来认识"利用"。防备对策更为主动，防患于未然。

到 2021 年年底，中国加入世界贸易组织已经 20 年了，但国外的运营商并未对中国的通信市场造成太大的影响，原因就是中国的电信运营商充分利用了我国入世时签订的电信协定所提供的缓冲期，事先做好充分准备，应对可能面临的威胁。

2.5.4　SWOT 分析

认清企业自身的优势与劣势非常关键，同时，对市场大环境的准确把握，有利于企业持续健康经营。目前，最常用 SWOT 分析法来评估企业的战略机会。SWOT 作为使用最为普遍的分析方法，得益于其广泛应用并验证其分析的有效性。S（strengths）代表企业内部优势，W（weaknesses）代表企业内部劣势，O（opportunities）代表外部机会，T（threats）代表外部威胁。SWOT较全面综合了内外各种因素，使其全面掌握企业现状，认清企业当前形势。

SWOT分析，通常可以从以下几个方面来展开。

（1）梳理企业自身所具备的优势与劣势，该类优势具有一定的持久性，可助力企业发展。

（2）洞察市场大环境，了解宏观政策，通过数据收集，分析与预估行业未来走势，收集竞争对手等信息，帮助企业厘清机遇与威胁。

（3）对内部因素优势劣势与外部因素机会威胁进行组合，内部因素搭配外部因素，形成四种组合，分别是SO与ST、WO与WT。

（4）评估四种策略哪种对企业发展更有利，选择具体组合实施。

课外作业

任选三大运营商中的一家，在大数据时代背景下对其进行SWOT分析。

案例分析

上海电信：数字时代营销环境变革与创新实践解析

在数字化浪潮与用户需求多元化的双重冲击下，电信行业面临传统业务增长乏力、用户黏性下降等挑战。以上海电信为代表的运营商，通过场景化营销、技术融合与社会价值重构，在复杂市场环境中开辟了新增长路径。其案例深度体现了营销环境（政策、经济、社会文化、技术）与企业策略的动态互动，为行业提供了创新范本。

1. 营销环境驱动转型的四大维度

1）政策与全球化推力

中国扩大至55国的240小时过境免签政策及"即买即退"离境退税政策，推动上海2025年上半年入境游客达424.8万人次（同比增38.5%）。《国务院办公厅关于进一步优化支付服务提升支付便利性的意见》明确要求提升跨境支付体验，为上海电信推出聚合支付提供政策契机。同时，数字基建政策支持传统设施升级，如上海电信改造600余个数字公话亭，集成免费通话、一键叫车、生活圈查询等功能。

2）经济与消费需求升级

"夜经济"与文旅消费爆发，催生"松弛感"需求。上海电信结合此趋势，将电话亭改造为"XXXS公路酒亭"（长乐路限时酒吧）与"XXXL行李箱亭"（淮海中路文旅入口），10天吸引超10万游客，拉动周边商户客流增长30%。县域市场同样潜力巨大，中国电信福建公司推出"数字乡村小福包"（含AI摄像头、乡镇电视），通过"年货大集"下沉服务，撬动千亿级年货市场。

3）社会文化：城市记忆与烟火气的融合

City Walk 潮流兴起，上海电信借势推出"生活里的营业厅"：在葱油饼摊用"翻面"类比流量翻倍，在菜场用"小排价格"说明套餐性价比。活动话题阅读量超 1.2 亿次，斩获虎啸奖、IAI 传鉴金奖，被评价为"以生活场景瓦解营销边界"。社区菜场成为"科技浪漫化"载体。武夷路"美好生活小剧场"微缩艺术展中，电信业务以果蔬布景呈现，吸引万人次参与、1.3 亿次社交曝光。

4）技术重构体验与效率

5G-A 与 AI 赋能体验经营：湖南电信在明星演唱会中部署"智算板方案"，通过业务感知引擎动态分配资源，直播速率提升 2.1 倍，实现 10 万人场景 0 卡顿。聚合支付技术突破跨境壁垒：翼支付境外版支持 30 国（地区）220 多个电子钱包，使泰国游客可以在浦东机场用 K Plus 钱包扫码办卡，汇率实时透明，推动"一部手机游中国"。

2. 创新营销实践：从空间重塑到全球化服务

1）社区场景渗透：菜场里的科技剧场

在武夷路菜场，上海电信将摄像头安防演示融入土豆堆砌的"山丘"，宽带测速场景嫁接于胡萝卜"赛道"，使业务价值可视化。市民感叹："柴米油盐中也能感受数字温度。"

2）跨境支付破局：首单落地的战略意义

2025 年 7 月 13 日，浦东机场首笔聚合支付交易诞生。该系统直连银联标准码，实现"外包内用"（外国电子钱包在华使用），未来将扩展至超百万商户，并整合"通信+支付+交通+消费"一站式服务。

3）营业厅角色进化：从办理点到惠民枢纽

翼支付"厅店通"赋能全国 5 000 余家营业厅：石家庄建华大街厅 1 元抽纸活动日均惠及万人；上海"55 购物节"中，1 元秒杀光明牛奶带动白领拼单迪士尼乐园年卡（直降 15%）。

上海电信的实践证明：当营销根植于城市基因、响应政策导向并以技术为杠杆，传统运营商亦可化身"城市创新策源地"。

资料来源：笔者根据相关资料整理所得。

思考题：

上海电话亭改造依赖文旅流量与短期活动热度，如何设计长期运营机制（如商户分账、会员体系）避免"昙花一现"？

本章思考题

1. 电信市场的宏观环境包括哪些因素？
2. 中国联通混合所有制改革的成功经验有哪些？
3. 什么是 SWOT 分析？如何应用于电信企业？
4. 微信营销对传统通信业务的影响是什么？
5. 如何通过"环境威胁矩阵图"评估市场风险？

即学即测

扫描此码

自学自测

第 3 章

市场机会分析

本章学习目标：

1. 理解市场机会特征及其对企业的重要性。
2. 掌握寻找市场机会的常用方法，如产品—市场矩阵法、市场细分等。
3. 学会运用寻找市场机会的新方法，如蓝海战略、长尾理论和水平营销。
4. 学会评估市场机会的价值，并制定相应的营销策略。

引导案例

中国电信的天翼云服务：从传统电信业务到云服务市场的转型

随着云计算市场的快速发展，中国电信通过推出"天翼云"服务，成功从传统电信业务向云服务市场转型。这一转型不仅抓住了云计算市场的机遇，还提升了中国电信在数字化时代的竞争力。

实践过程如下。

（1）市场机会识别与分析。中国电信通过市场调研发现，企业客户对云计算服务的需求日益增长，但市场上的云服务提供商多为互联网企业，缺乏电信运营商的网络和资源优势。中国电信决定利用自身在网络基础设施和客户资源方面的优势，推出"天翼云"服务。

（2）产品与服务创新。中国电信针对企业客户的需求，推出了包括 IaaS（基础设施即服务）、PaaS（平台即服务）和 SaaS（软件即服务）在内的多种云服务产品。通过优化网络架构和提升数据安全性能，"天翼云"服务在市场中获得了竞争优势。

（3）营销策略与市场推广。中国电信通过举办云服务峰会、发布行业白皮书和开展线上线下推广活动，提升了"天翼云"品牌的知名度。同时，中国电信还通过与行业合作伙伴建立生态联盟，拓展了云服务的应用场景和市场空间。

资料来源：马业杞.5G 时代下中国电信天翼云竞争策略研究[J/OL]. 信息系统工程，2023（11）：129-132[2025-02-26]. https://lib.cqvip.com/Qikan/Article/Detail?id = 7110851984.

"天翼云"服务的推出，使中国电信成功抓住了云计算市场的机遇，实现了从传统电信业务到云服务市场的转型。这一案例表明，电信企业必须通过市场机会分析，结合自身优势，创新产品和服务，制定有效的营销策略，才能在新的市场领域取得成功。

在市场经济下，企业处于一个机遇和挑战并存的环境中，只有主动寻找机会、把握机会，企业才可能在千变万化的市场中求生存、谋发展；否则，即使曾经无比辉煌，也是昙花一现。因此，在进行市场宏观环境分析和微观环境分析后，对市场机会的综合把握和分析是企业市场营销的起点。

3.1　市场机会特征

市场机会是市场上存在的未被满足的需求，具有吸引力。较为持久和适时的商务活动空间，最终表现在能够为消费者或客户创造价值或增加价值的产品或服务之中。评价分析市场机会，必须了解市场机会的特征。一般来说，市场机会具有以下特征。

1. 公开性

市场机会是某种客观的、现实存在的或即将发生的营销环境状况，是任何企业都可以去发现和共享的，在发现这一点上，不存在独占权，即市场机会的公开性。市场机会的公开性表明，任何企业只要善于寻找和识别，通过努力，是可以发现市场机会的，这就促使了竞争的产生。也就是说，即使是你第一个发现了这一市场机会，你也不能像申请专利一样独占这一信息，别人同样可以把握这个市场机会。

2. 时效性

市场机会随着外部环境的变化产生或消失，营销环境的发展变化越来越快，使得市场机会从产生到消失的过程十分短暂，如果企业没有在最佳时间内把握住市场机会，便可能因为其他企业的抢先发展和利用，使机会效益减少或完全丧失，市场机会的这种价值随时间而变的特点，便是市场机会的时效性。

3. 效益性

市场机会具备可以给企业带来经济效益或社会效益的特性。市场机会的效益特性意味着，企业在确定市场机会时，必须分析该机会是否能真正给企业带来效益、能带来什么样的效益以及效益的多少。

4. 理论上的平等性和实践中的不平等性

市场上机会的公开性使得任何企业都有可能发现某一市场机会并加以利用，这是市场机会理论上的平等性。但是，在实践中，市场机会却是不平等的，由于每个市场机会都会有其特定的成功条件，而各个企业自身条件和所处环境不同，因此，在利用某一市场机会时，会享有的差别利益以及能够取得的竞争优势也就有所不同，尤其是在市场尚未完善的时候，信息严重非对称；即使在市场相当完善的时候，也同样存在不平等。

理论上的平等性意味着企业在利用市场机会时充满竞争；实践中的不平等性则表明竞争结构的分布将是不平衡的。企业在分析、评价和选择市场机会时，要考虑到在市场机会的利用上存在着企业之间的激烈竞争，每个企业既要敢于参与竞争，又必须注意选择结果对本企业有利的市场机会。

案例3-1

　　JH 电信是中国电信集团有限公司旗下的县级公司。2016 年开始，JH 电信跟随中国电信脚步，启动转型升级 3.0 战略，意在打造"智能应用生态圈"。国家"十三五"规划纲要指出，要把大数据作为基础性战略资源。另外，国家也鼓励在电信行业引入竞争机制，2019 年 6 月，四家企业获得 5G 牌照，三大运营商已经是过去式了，未来，将是四大运营商，甚至五大运营商、六大运营商在电信市场上展开竞争。这些宏观的政策对于 JH 电信来说，是重大的机遇，同时，也是挑战。

　　资料来源：中国电信董事长杨杰详解转型 3.0 战略实施规划（附 PPT）[EB/OL]. (2016-07-15). https://cj.sina.com.cn/article/detail/1259228935/29617；刚刚！5G 商用牌照发给四家运营商 中国正式进入 5G 时代[EB/OL].（2019-06-06）. https://www.163.com/dy/article/EH0112FQ0511D3QS.html.

　　思考题：

　　JH 电信如何在政策支持下分一杯羹？

3.2　寻找市场机会的常用方法

　　在现代市场经济条件下，由于市场不断变化，任何产品都具有其生命周期，因此，任何企业都不可能依靠其现有产品过日子，必须开拓创新，经常寻找、发现新的市场机会。市场机会即潜在的市场，是客观上已经存在或即将形成而尚未被人们认识的市场，它需要企业运用正确的方法去寻找和发现。

　　1. 采用密集型增长策略寻找密集性市场机会

　　密集性市场机会是指一个特定市场的全部潜力尚未达到极限时，存在的市场机会。这意味着，企业采用密集型增长策略，仍可以在现有的生产、经营范围内求得发展。产品—市场发展分析矩阵，除了可用于企业战略计划中发展战略的研究之外，也被用来作为寻找和识别市场机会的主要工具。它将产品分为现有产品和新产品，市场也相应地分为现有市场和新市场，从而形成了一个有四个象限的矩阵，企业可以从这四个象限满足程度来寻找和发现市场机会。其中，Ⅰ、Ⅱ、Ⅲ象限属于密集性市场机会，如图 3-1 所示。

	现有产品	新产品
现有市场	Ⅱ. 市场渗透	Ⅰ. 产品开发
新市场	Ⅲ. 市场开发	Ⅳ. 多样化

图 3-1　产品—市场发展分析矩阵

　　对于第Ⅰ象限（现有市场，新产品）来说，产品开发指通过向现有市场提供多种改型变化产品，以满足不同顾客的需要，从而扩大销售。企业主要分析现有市场上是否有其他未被满足的需求，并开发出新产品来满足这种需求。第Ⅱ象限（现有市场、现有产品）的企业，应采取市场渗透策略，即通过采取更加积极有效的营销措施，努力在现有市场上扩大现有产品的销量，具体可以采取促成现有老客户购买更多现有产品、从竞争者手中把顾客争取过来的手段。第Ⅲ象限（新市场、现有产品）的企业，应采取市场开发策略，即通过努力开拓新市场来扩大现有产品销售量，具体可以采取挖掘潜在客户、开发其他区域新市场的手段。

2. 运用营销制度构架，系统地寻找各种新的业务机会

（1）利用产品—市场矩阵法。在企业的现有产品、现有业务领域来寻找未来发展机会。通过市场渗透，即企业采取种种措施，千方百计在现有的市场上扩大现有的产品销售，如通过削价、扩大广告宣传、改进广告语言，使现有的顾客增加购买量，并吸引其他品牌的顾客；产品开发，即企业向现有顾客提供新产品或改进的产品，包括新包装、新品牌、新品种等；多角化经营，在现有市场和现有产品以外开展新的业务，扩大生产经营范围。例如，某化妆品公司可以考虑采取一些措施，如改进广告宣传和推销、短期削价、增设网点等，在现有市场上扩大现有产品洗发水的销售，这是市场渗透。该公司可以在新地区或者国外设立新的商业网点，或利用新分销渠道、加强广告宣传等，以扩大洗发水在新地区或者国外的销售，这是市场开发。公司还可以考虑改进洗发水包装、成分，增加花色品种、规格、型号，以满足市场需求，扩大销售，这就是产品开发。最后，公司可以考虑进入服装、家用电器、家具、计算机、通信等热门行业，跨行业经营多种产品，实行多角化经营。产品—市场矩阵法是寻找市场机会的一种很有用的方法。

（2）建立或收买与目前企业业务有关的业务，寻找一体化发展机会。企业应该经常检查每一项业务，如果企业所在行业有发展前途，可将业务延伸到产、供、销各个环节，以增加销售和利润。

其具体有三种形式：①后向一体化，即收购、兼并原材料供应商，拥有或控制其市场供应系统。②前向一体化，即收购、兼并批发商、零售商，自办商业贸易公司，通过增强销售力量来求发展；将自己的产品向前延伸，从事原由用户经营的业务。③水平一体化，也就是争取对同类企业的所有权或控制权，或实行各种形式的联合经营，以扩大经营规模，取长补短，共同利用某些机会。

（3）增加对企业富有吸引力的业务，寻找多角化发展机会。如果企业所属行业缺乏有利的营销机会，而在目前业务范围以外的领域发现了好机会，企业就可以结合自身的资源优势，扬长避短，利用多角化发展机会。好机会是指吸引力大、企业也具备成功的各种业务力量。

多角化发展机会有三种形式：①同心多角化。以现有产品为中心向外扩展业务范围，发展同现有产品类似的新产品，吸引新顾客。②横向多角化。为稳定现有顾客，采用不同技术，发展同现有产品无关的新产品，满足现有顾客的多种需要。③综合多角化。发展同企业现有技术、产品或市场毫无关系的新业务，吸引新顾客。

3. 利用市场细分寻找市场机会

市场细分就是企业根据消费者需求特性，将某产品的整体市场划分为若干个消费者群（买主群）的市场分类过程。这里的每个消费者群就是一个细分市场，亦称子市场或亚市场；每一个细分市场都是由具有类似需求倾向的消费者构成的群体。通过市场细分，企业可以有效地分析和了解各个消费者群的需求满足程度与市场上的竞争状况，发现哪类消费需求已经满足、哪类满足不够、哪类尚无适销对路产品去满足；发现哪些细分市场竞争激烈、哪些较少竞争、哪些尚待开发。

满足水平低的生产部分，通常存在着极好的市场机会，不仅销售潜力大，也较少竞争者。抓住这样的市场机会，结合企业的资源状况，从中形成并确立宜于自身发展的目标市场，并以此为出发点采取相应的营销战略，就有可能迅速取得市场优势地位，提高市场占有率。

4. 从消费者的购买行为中辨别新的市场机会

消费者的购买行为具有较大程度的可诱导性。消费者在购买什么产品、何时购买、何地购买等方面有较大的选择性，容易受企业营销的影响，使购买力发生转移。消费者购买许多商品，特别是复杂的耐用消费品或新产品时，需要卖方的宣传、介绍和帮助。因此，企业需要深入研究消费者的需求和欲望，从消费者的购买行为中辨别市场机会。

营销人员在开展市场营销活动之前，必须研究消费者购买行为。通过"7O"研究法，即分析确定购买者（occupants）、购买对象（objects）、购买目的（objectives）、购买组织（organizations）、购买行为（operations）、购买时间（occasions）、购买地点（outlets），深入、细致地研究消费者的购买行为，了解不同类型消费者需要、爱好和特点，找到商机，从而发展对消费者有价值的产品和品牌，用具有吸引力和说服力的方法，将产品和品牌有效地呈现给消费者，并据此选定企业的目标市场，确定市场营销组合。

案例3-2

受到国际形势等影响，2020年四季度至2021年，我国经济整体下行压力依然较大。但与此同时，5G作为通信产业的组成部分，国家对其重视程度日益提高，并且给予充分支持。国家提出重点支持"两新一重"等政策，这对运营商渠道而言，无疑是重大的利好消息。

目前，5G终端型号丰富，覆盖高、中、低各个价格档次，许多品牌更是推出了千元平价5G手机，手机均价呈下降趋势，提升了消费者的购买意愿。同时，5G手机性能的提升和功能的丰富，能够给移动终端用户带来更好的网络体验，因此，许多用户在换机周期来临时会选择购买5G手机。

俗话说，一人不成众，独木不成林。个人的力量始终是有限的，要依靠团体的能量，才能干成大事。目前，中国的移动通信生态发展速度较快，形成了运营商、制造商及供应商等一系列完整的产业链，不仅能减小投资风险，也能促进产业更上一层楼。

5G代表的不仅仅是速度，更是一种新连接方式和崭新格局。对于移动用户来说，5G提升信息传递效率，增强和优化体验度，此外，在智慧城市的建设方面也将令人刮目相看。目前，关于5G的应用产品不断出现和升级，如可穿戴设备、物联网终端等为行业带来机遇的同时，也能更好地服务大众。

资料来源：中国 5G 终端设备行业容量及市场格局分析[EB/OL]. (2023-11-01). https://www.sohu.com/a/732794078_121807604.

思考题：

以上案例展现了哪些寻找市场机会的方法？

3.3　寻找市场机会的新方法

3.3.1　开创蓝海市场

1. 认识蓝海

韩国教授 W. 钱·金（W·Chan Kim）与美国学者勒妮·莫博涅（Renée Mauborgne）在共同创作的《蓝海战略》中，将市场分为两个部分，即红色海洋和蓝色海洋，简称红海和蓝海。红海代表现今存在的所有产业，为已知的市场空间，竞争极端激烈；蓝海则代表当今尚不存在的产业，为未知的市场空间，可以通过差异化手段得到的崭新的市场领域，企业凭借其创造力获得更快的增长和更好的利润。

红海和蓝海是可以互相转化的，红海战略关注的是在现有市场空间内如何胜过竞争对手，是市场竞争策略。而蓝海战略的核心是创新，即如何运用创新能力去创造一条新的曲线，实现自我生产的低成本和差异化，是市场创造策略。具体而言，蓝海战略就是超越传统产业，开创新的产业，即发现独特的有价值的商业定位，并通过创新（经营管理创新、营销创新、商业模式创新）改造现有体系，实现成本、消费群体、消费方式的转变，产品服务升级等诸方面的提升。

2. 开创蓝海的原则与途径

建立蓝海战略思维后，了解开创蓝海的原则与如何开创蓝海、寻找市场机会最为重要。蓝海战略共提出六项原则：四项战略制定原则——重建市场边界、注重全局而非数字、超越现有需求、遵循合理的战略顺序，以及两项战略执行原则——克服关键组织障碍、将战略执行建成战略的一部分。蓝海战略认为，重建市场边界以摆脱竞争是开拓蓝海的首要前提，亦是实施开创蓝海、寻找市场机会的有效途径。

1）重建市场边界

（1）产业维度——跨越他择产业看市场。

红海思维：人云亦云地为某个产业圈定市场边界，并一心成为其中的最优。

蓝海观点：一家企业不仅与自身产业对手竞争，而且与替代品（alternatives）或服务的产业对手竞争。

（2）战略集团维度——跨越产业内不同的战略集团看市场。

红海思维：用普遍接受的业务分类方法来审视自身的行业，并努力在其中做到最好。

蓝海观点：突破狭窄视野，考虑同一行业内的不同战略类型，弄清楚哪些因素决定顾客选择。

（3）买方群体——重新界定产业的买方群体。

红海思维：只关注单一买方，不关注最终用户。

蓝海观点：买方是由购买者、使用者和施加影响者共同组成的买方链条。

（4）产品或服务范围——跨越互补性产品和服务看市场。

红海思维：采用雷同方式为产品服务的范围进行界定。

蓝海观点：互补性产品或服务蕴含着未经发掘的需求，简单的方法是分析顾客在使用产品之前、之中、之后都有哪些需要。

（5）功能情感导向——跨越针对卖方的产业功能与情感导向。

红海思维：接受现有产业固化的功能情感导向。

蓝海观点：市场调查反馈的往往是产业教育的结果，企业挑战现有功能与情感导向能发现新空间，如果在情感层竞争，可否去除某些元素并使之功能化？反之，亦然。

（6）时间维度——跨越时间参与塑造外部潮流。

红海思维：制定战略只关注现阶段的竞争威胁。

蓝海观点：从商业角度洞悉技术与政策潮流如何改变顾客获取的价值、如何影响商业模式。

2）注重全局而非数字

蓝海战略建议绘制战略布局图，将一家企业在市场中现有战略定位以视觉形式表现出来，开启企业组织各类人员的创造性，把视线引向蓝海，战略视觉化通过以下四个步骤实现：视觉唤醒，通过绘制现时战略图，将业务项目与对手比较，看看哪些战略需要哪些改变；视觉探索，走入基层，实地探索，观察他择产品和服务的优势，总结需要剔除、创造和改变哪些元素；视觉战略展览会，绘制新的战略布局图，听取顾客（包括对手顾客）和非顾客的反馈，吸取反馈并修改；视觉沟通，将战略转变前后的轮廓印于同一张纸分发给员工，支持那些实现战略目标的项目和措施。

3）超越现有需求

通常，企业为增加自己的市场份额，努力保留和拓展现有顾客，常常导致更精微的市场细分。然而，为使蓝海规模最大化，企业需要反其道而行，不应只把视线集中于顾客，还需要关注非顾客。不要一味通过个性化和细分市场来满足顾客差异性需求，应寻找买方共同点，将非顾客置于顾客之前，将共同点置于差异点之前，将合并细分市场置于多层次细分市场之前。

非顾客可以分为三个层次。第一层次：徘徊在企业的市场边界，随时准备"换船而走"的"潜在非顾客"，这些"潜在非顾客"，在找到更好的选择前，只是最低限度地使用现有产品和服务，一旦有更好选择，就会"换船而走"。第二层次：有意回避市场的"拒绝型非顾客"，因为市场现有产品或服务不可接受或者超过他们的经济承受能力而不使用。第三层次：处于远离市场的"未探知型非顾客"，产业内的企业通常从未把这些"未探知型非顾客"定为目标顾客，这些人的需求常常被想当然地认为属于其他市场，如果企业知道自己丢弃的此类顾客数量之大，肯定大吃一惊。

4）遵循合理的战略顺序

遵循合理的战略顺序，建立强劲的商业模式，确保将蓝海创意变为战略执行，从而获得蓝海利润。合理的战略顺序可以分为买方效用、价格、成本、接受四步骤，即明确产品和服务是否具有杰出的效用，是否有令人信服的理由促使买方购买；价格是否能够为买方大众经济承受；成本目标结构能否满足目标成本需求；创意付诸实施会遇到哪些接受上的障碍，是否从一开始就解决了这些障碍。

5）克服关键组织障碍

企业经理们证明执行蓝海战略的挑战是严峻的，需要面对四重障碍：一是认知障碍，沉迷于现状的组织；二是资源障碍，执行战略需要大量资源；三是动力障碍，缺乏有干劲的员工；四是组织政治障碍，来自强大既得利益者的反对。

引爆点领导法（tipping point leadership）指出，在任何组织中，当数量达到临界规模，人们以信心和能量感染了整个组织而行动起来去实现一个创意时，根本性变化就会发生。与组织变革理论转变大众为基点不同，引爆点领导法认为，转变大众就要把力量集中于极端，也就是集中于对组织业绩有超凡影响的人、行为和活动之上，企业可以通过此方法，克服组织障碍。

6）将战略执行建成战略的一部分

执行蓝海战略，企业最终需要求助于最根本的行动基础，即组织基层员工的态度和行为，必须创造一种充满信任和忠诚的文化，来鼓舞人们认同战略。当人们被要求走出习惯范围改变工作方式时，恐慌情绪便会增长，他们会猜测这种变化背后真正的理由是什么。通过基层建立信任与忠诚，鼓舞资源合作将战略执行建成战略的一部分，需要借助"公平过程"来制定和执行战略。围绕公平过程的原则组织蓝海战略的制定，一开始就将战略执行建成战略的一部分，就能将政治游说和偏袒减到最低，使人们集中精力执行战略。

案例3-3

根据营销组合理论，企业产品要和客户解决方案对应起来，产品价格要和客户成本对应起来，要加强和客户的沟通，更深入了解客户市场需求并迎合客户的需求，以实现双方利益的最大化。2011年之前，面对FTTx（光纤到x）的建设，各大电信运营商对xPON（x无源光网络）配套的ODN（光分配网）设计大伤脑筋，因为FTTx建设模式和以往的端局市话电缆模式完全不同，完全颠覆了以往的设计方法，而电信设计院对此理解也较为肤浅，运营商对设计院的ODN设计质量和高昂的设计费用颇为不满，因此，对光通信设备厂商寄予很大的期望，而绝大部分设备商并不愿接这个麻烦事，因为工作量大、复杂，而且很可能是义务劳动。现在客户要的不仅是xPON设备，还需要配套的ODN设计，这难道不是一个市场的新机会？如果我们主动迎合，把我们的产品和服务组合起来，就是一个差异化的产品服务，是否可能开创一个蓝海市场？

面对运营商市场的非良性竞争，设备商的利润在一轮接一轮的设备集采中流失，这是一个充满危机的薄利市场。中兴通讯有必要在运营商市场之外再开辟新领域，来规避风险，让光通信产品在新市场为公司创造新的收入和利润。基于对整个国际产品市场的分析和定位，中兴通讯把政企专网市场确定为新兴战略市场，重点拓展和投入。政企市场非常广阔，电力、油田、煤炭、军队、铁路、政府、金融和大企业等多个领域，蕴藏了巨大的商机，而且，这个市场的通信价格体系尚未遭受破坏，之前，主要由思科、IBM

（国际商业机器公司）等国外厂商主导市场。公司在研发和市场资源等方面给予政企网市场特别的倾斜，成立了专门面向政企网市场的研发团队、产品市场推广团队和销售团队，投入专职人力超过 3 000 人；开发了专门针对政企网市场的产品和方案，并对光通信产品型号进行隔离，和运营商市场使用型号区分开来，以确保在政企市场上的正常利润。当时，华为和烽火等厂家对政企网市场的重视程度，远不如中兴通讯。

一分耕耘，一分回报，2012 年，政企网市场光通信产品销售额突破 70 亿元！比 2011 年增长 300%，利润增长 260%，而同期运营商市场整体利润只增长不到 20%。这证实，政企专网市场是一个真正的蓝海市场。

资料来源：中兴通讯朱永涛：开拓政企蓝海市场，与伙伴共享发展红利[EB/OL]. (2023-04-21). https://www.163.com/dy/article/I2S2204M0511DP7O.html.

思考题：

企业应如何运用蓝海战略？

3.3.2 网络时代关注长尾市场

传统的市场营销中，进行市场细分及市场机会分析时，更多地容易将注意力聚焦在客户价值高、盈利丰厚、热门产品等细分市场上。但是，随着信息技术和互联网的飞速发展，在供给"无限"的情况下，对大热门产品和利基产品（即长尾市场）相对角色的看法，似乎需要重新审视，关注长尾市场将引进一种全新视角——如何从利基市场中发现巨大商机。

1. 长尾理论

所谓长尾，实际上是统计学中幂律（Power Laws）和帕累托（Pareto）分布特征的一个口语化表达。长尾术语也广泛应用于数学上。而长尾理论则是由克里斯·安德森（Chris Anderson）首次提出的，是其 2004 年在《连线》杂志的文章中首次使用的词汇，用以描述某种经济模式。长尾术语也普遍使用于统计学中，如对财富分布或词汇应用的统计。

长尾理论的基本原理是：只要存储和流通的渠道足够大，需求不旺或销量不佳的产品所共同占据的市场份额，可以和那些少数热销产品所占据的市场份额相匹敌，甚至更大，即众多小市场汇聚成可与主流大市场相匹敌的市场能量。长尾理论颠覆了原来的20/80 原则。20/80 原则强调的是少数重要，即 20% 的人群带来了 80% 的价值，而长尾理论则强调，在后面的、那些被认为不能带来盈利的尾巴里寻找盈利点。网络的进程已经到了大规模定制时代。定制本是农业社会的生产方式。定制在工业社会中是大规模生产的反面，是"不规模"的经济，在信息社会中又重新成为高附加值的主要生产方式。定制的优点很明显：第一，物以稀为贵，定制产品经常具有较高的价值；第二，由于价值中包含的个人知识成分较高，定制产品往往处于价值链的高端；第三，由于定制产品不可比，是回避竞争。信息化改变了生产条件，使小规模生产可以取得原来只有靠大规模生产才能达到的低成本水平，甚至还可能实现更低的成本。

2. 长尾市场的本质

长尾市场看似很小，微不足道，但却能够积少成多，聚沙成塔。从这个角度说，长尾的革新并不在于发现了一个新市场，而是通过营销方式的变革来达到长尾，如互联网巨头亚马逊的销售数据中，长尾部分的商品占了销售总额的50%左右，而不是此前设想的20%，如果不覆盖长尾市场，销售收入会减少一半。

根据最适宜刺激水平理论，每个顾客都有一个特定的、相对稳定的自我感觉舒适的刺激点，该点就是顾客的最适宜刺激水平。顾客从外部环境获得刺激与他们对刺激的情感反应之间，呈现出一种倒 U 形函数关系。函数的顶点是顾客的最适宜刺激水平，当环境提供的刺激水平低于顾客的最适宜刺激水平时，个人就会寻求新奇、独特和复杂化的体验探索行为，来提高刺激水平。顾客将参与长尾市场产品获取的过程看作一种体验探索活动，他们从创新过程带给他们的那种新奇、独特和复杂的体验中，提高了刺激水平，使之更接近自己最适宜的刺激点。因此，顾客参与产品供应链的整个过程，也是顾客从中获得体验价值的过程。

3. 长尾市场需要具备的能力

1）服务单个客户的边际成本足够低，甚至趋向于零

边际成本是个经济学概念，可以简单理解为：服务一个新客户需要付出的增量成本。从这一条就能看出一家企业的经营能力有多强。任何一家企业在寻求增长的时候，除了考虑怎么做营销、做转化等问题外，也应该深入思考自己业务的边际成本是多少。获得一条客户线索、完成销售转化、完成订单履约、响应客户售后的全生命周期中，边际成本是多少？边际成本如果非常高，获得增长会非常辛苦，成本的上升会比销售额的上升更快，收入会上涨，但利润率和利润会下降。低到趋近于零的边际成本，是长尾市场的第一项核心特征。

2）足够丰富的商品库

打开长尾市场之后，客户越来越多，需求也会越来越多样。此时，企业就需要建立一个非常丰富的商品库（商品＝产品＋服务），提供海量的 SKU（库存进出计量的单位）。例如，亚马逊的图书商城里有几百万本书，客户能想到的书，99%这里都有；Google 搜索引擎检索了几百万个网页，绝大部分人的搜索都跑不出这个范围。要建立这么庞大的商品库，首先，考虑每接入一个新的商品或者品类的边际成本、维护海量 SKU 的边际成本。其次，尝试将海量的 SKU 根据客户的需求精确地推送给每个客户，并提升商品的转化率以及业务模式的成功率。很多互联网企业选择引入大量的合作商户来提供丰富的 SKU，促进平台化的模式演变。

3）多元高频的客户触达

很多企业都会为大客户提供专门的销售和服务团队，经常上门服务，即使没有需求的时候，也经常走动，以维护客户关系，拓展新的大客户也依靠"销售＋售前团队登门拜访或者组织线上会议"。对于长尾市场，显然无法通过这样的方式做客户触达。长尾市场的客户触达重点是"多元（存在多种信息传达的渠道）＋高频"。以拼多多为例，如果它直接发短信送优惠券或者推荐商品，这叫直达；帮亲友"砍一刀"，通过亲友向你传达，

这叫用户裂变或六度传播；如果传达的渠道非常多，如父母、同事、同学都向你传达"装一个拼多多"的信息，这些人群并不重叠、没有联系，但是在向你传达同样的信息，这便是多元触达的含义。

4）差异化定价

对于长尾市场来说，不同客户群能够承受的销售毛利肯定是不同的，如果都采用较高毛利的定价，那么，必然损失一些客户，毛利率会上升，但利润总额下降。比较理想的情况是对客户群做细分，对不同的细分客户群做差异化定价。差异化定价应该考虑的核心问题是：如何针对不同的目标客户群，设计差异化的商品和对应的价格，将这些信息对所有客户公布并允许其自行选择。通过这种方式，可以用标准化、基础款的商品搭配低毛利的价格，去获取价格承受力较弱的客户；用差异化、稀缺化的商品搭配高毛利的价格，去获取价格承受力较强的客户。这样，既可拿到整个长尾市场的规模，也可获得相对较高的利润。

4. 长尾市场的九大法则

1）让存货集中或分散

许多传统零售商正在利用网络平台和已有的集中仓储资源，开拓长尾市场，它们网上产品的种类远多于传统店面，因为相比把产品放在数百家商场的货架上，集中化仓储的效率要高得多。同样，也有公司将产品放在合作伙伴的仓库中，但在自家的网站上展示和出售。

这对通信产业的启示：充分利用互联网，重视发展电子商务，让存货集中或分散。小米手机就是利用网上销售，将存货集中，压缩渠道，减少渠道成本，实行低成本策略，薄利多销，得到了大众的认可，实现了利润的爆发式增长。

2）让顾客参与生产

让顾客参与生产的自我服务模式是很好的方式，企业原本需要花钱雇人做的事，用户们却很高兴免费去做。

这对通信产业的启示：在通信业务中，定制的彩铃就是让顾客参与生产很典型的例子，企业可以自行录制公司介绍等作为彩铃，让客户第一时间感受公司文化，个人也可以录制个性化彩铃，体现鲜明个性等。既然顾客愿意兴致盎然地为企业免费生产，企业更应该多鼓励这种行为，并培育出更多的长尾市场。

3）一种传播途径并不适合所有人

顾客的消费行为是多种多样的，如果只注意其中的一类顾客，就有失去其他顾客的风险。所以，长尾市场往往不会受制于任何障碍，也不会去猜测人们什么时候会需要什么样的产品，而是尽可能多地提供各种途径。

这对通信产业的启示：未来，提供多种信息服务将成为电信运营商非常重要的职能，而在各个领域的服务中，运营商一定需要借助多种渠道的力量来共同推广业务。因此，运营商为了鼓励各种增值业务的发展，应该广开合作之门，让各类 SP/CP/ASP（应用服务提供商）存活、有序发展，让市场成为"过滤器"，能存活下来的必然有自己的市场，因而，各类 SP/CP/ASP 也将形成通信业务中的"长尾产品"。

4）一种产品并不适合所有人

长尾理论指出，一种产品适合一种人，多种产品才适合多种人。

这对通信产业的启示：在通信市场中，运营商开发了越来越丰富的产品，以满足不同细分市场的需求，就是很好的证明。例如，电信运营商都有面向不同客户群的套餐体系，但这种细分客户群尚不够细分，从长尾市场的角度也许会走向客户自行设计定制套餐的方式。运营商需要提前思考如何用更多的产品组合，满足更多的差异化需求。

5）一种价格并不适合所有人

在一个空间无限的长尾市场上，可变价格可能成为一个强大的工具，有助于产品价值和市场规模的最大化。任何产品只要边际生产和销售成本接近于零，未来的定价策略将变得更加灵活，允许零售商们用更低的价格把消费者引入长尾市场中。

这对通信产业的启示：在通信产业中，同一种产品现在已经做到价格的不同，例如，不同时间（闲时、忙时）的通话资费不同，不同区域的定价也不同，越来越灵活的价格体系提醒运营商思考，如何来完善现在的计费系统。

6）分享信息

传统市场上，看起来大同小异的产品堆满货架，让人无所适从；而长尾市场上，"按畅销度排名"的功能简明清晰，让人舒适无比，两者的区别在于信息。

这对通信产业的启示：通信产业是一个客户群体庞大的市场，因此，各种客户信息也是海量的，如果从这些已经存在的信息中，通过各种数据分析、数据挖掘工具提炼出有用的信息，帮助顾客选择业务、分享信息成果，对业务的发展一定会起到推波助澜的作用。

7）考虑"和"，不要考虑"或"

相比传统市场中"或"的决策，长尾市场认为"和"的决策要容易得多。匮乏时代的特点之一就是把市场当成一个零和游戏，即任何事情都是一种"这个"或"那个"的选择。但在容量无限的数字市场中，供应全部的产品几乎是正确的策略。

这对通信产业的启示：目前，可以看到的通信产业案例是彩铃的下载，如同音乐排行榜一样，只要放上去尽可能多的彩铃曲目，总会有人下载。在电信运营商未来越来越丰富的以数字为基础的增值业务中，尽量考虑"和"，也许更有利于市场的发展。

8）让市场替你做事

在传统市场中，通信运营商必须猜测一下什么东西能够畅销。在丰饶的市场中，只需把产品放在那里，让市场自己去筛选它们。

这对通信产业的启示：在电信客户中，庞大的中低端客户群组成了一个长尾市场，对于这些大量 ARPU 值不高的客户而言，运营商可以考虑让市场自己来服务于企业，运用不增加太多成本的网络服务方式，如增强网上营业厅的销售、服务、投诉、咨询等功能。

9）理解免费的力量

数字市场最不容忽视的特征之一就是免费的可能性，免费策略已经成为最常用的网络商业模式之一：首先，用免费服务吸引大批用户；其次，说服其中的某些人升级为付费的"高级"用户，换来更高的质量和更好的性能。

这对通信产业的启示：对于通信产业，免费试用是已经被广泛利用的一种市场营销手段，并达到了很好的效果。可以考虑在更多的市场、更多的产品中尝试免费的做法。

案例3-4

德国电信（Deutsche Telekom，DT）是欧洲规模最大的电信运营商，也是一家国际化的公司。公司业务运营遍布全球 50 多个国家和地区，为 2 亿多用户提供专业的数字化服务。"T"成为德国电信集团及其全球子机构的品牌代言符号，旗下的 T-Systems 是国际上先进的 ICT（信息与通信技术）解决方案和服务提供商。在移动互联网普及之初，德国电信早已意识到开展互联网化转型的重要性，数年前已开始转变传统运营模式，与时俱进地进行调整发展。

在数据资源的利用方面，德国电信利用自身的大数据平台来提升用户对企业的忠诚度。如通过用户身份信息、投诉工单、行为偏好、家庭网等基础数据，建立用户需求体验模型、满意度模型、对产品与业务的偏好模型等，用以判断用户的离网倾向，预测可能的离网监控点，并进行间接干预，以维系企业和用户间的联系，提高用户黏性。得益于数据资源的充分挖掘，德国电信将企业的用户流失率控制在较低水平，并保持欧洲地区最大规模的用户数。

德国电信在数年前开启了"泛网项目"（Pan-Net），计划在欧洲范围内打造一个全 IP 网络。该项目将在欧洲 14 个国家（地区）建成全 IP 网络，涵盖移动终端、LTE（长期演进技术）网和固网。这种网络结构能将欧洲分散的基础架构整合成统一的基础网络架构，从而实现通过区域化的集中平台、三个数据中心节点来支撑整个欧洲数字化业务的目标。这将直接给德国电信带来诸多优势。首先，新平台将替代原有的 650 个传统平台，在保持高效服务能力的同时，大大降低企业的运营成本。其次，该项目能共享底层计算资源，形成统一的云架构服务，使企业在不同地区市场中的子公司可以方便地选择所需组件，进行定制化服务与开发。这样，原本较长的产品开发周期被缩短，新型产品和服务可以快速、敏捷地交付给用户，同时，共享的底层计算资源将使投入开发的资源成本降低。最后，"泛网项目"的部署为新型网络技术 SDN（软件定义网络）和 NFV（网络功能虚拟化）的应用奠定了基础，这将在未来继续给德国电信带来技术上的领先。

在业务融合与创新方面，德国电信通过与其他互联网内容提供商合作，有针对性地为用户提供主流视频服务。企业在承载 Netflix、YouTube、天空电视台、InsightTV 等多个平台的点播内容后，在其 IPTV 平台上向用户推出了超高清电视业务，电视内容涵盖娱乐、教育、旅游、探险等。像 Netflix 独家出品的美剧《纸牌屋》一直受到全球用户的热捧，这也间接在帮助 IPTV 平台争夺用户流量。这种开放共赢型的运营策略给德国电信带来了用户数的大幅增长，企业未来将继续向内容领域投入更多的资源。

德国电信为了保持企业的领先性，一直跟随时代步伐，进行组织结构的调整。企业很早就取消了按职能类型划分的组织结构，而是采用按用户类别划分的结构。比如，互联网部和固定网络部合成为基础网络部，移动通信部门专职服务手机用户，商业服务部与企业服务部重组融合等。这种按照用户类别来划分的组织结构，能更好地为各自对象提供专业的服务，从而提升用户体验感知，助力企业转型发展。

与企业组织结构调整同步进行的是对人员结构的调整。随着运营商间竞争的激烈化、支撑系统的集中化，德国电信一直在严格控制人工成本。2018年6月，根据德国《法兰克福汇报》，德国电信的子公司T-Systems总裁宣布了公司全面重组计划和裁员决议：将在未来3年撤销1万个工作岗位，其中，6 000个位于德国本土。德国电信为了保持竞争优势，在通过技术水平提高系统效率的同时，每年都在削减人力成本。例如，2014年，T-Systems在全球约有5.3万名员工，到2018年，T-Systems在全球约有3.7万名员工，裁员率达30.19%。

资料来源：电信运营商数字化转型实践分析——以德国电信为例[EB/OL]. (2022-06-07). https://www.iitime.com.cn/html/10201/1329951.htm.

思考题：

基于长尾理论，德国电信在转型中做了哪些举措？

3.3.3　水平营销

市场越分越细，新产品推广的成本也就越来越高，越来越多的企业感受到了营销的尴尬。在日益复杂的现代营销作用下，新产品、新品牌迅速推出，但相当比例的新产品不能避免"一出现即注定失败"的命运。在这种情况下，科特勒提出了水平营销的思想，他把原本不相关的两个因素连接在一起，构成了新的产品或功能，从而提升企业的竞争力。

1. 水平营销——告别纵向营销时代的新生存法则

水平营销是科特勒针对全球市场的激烈变化，提出的新的营销思维。水平营销是一个过程，当它被应用于现在的产品或服务时，能够产生涵盖目前未涵盖的需求、用途、情境或目标市场的创新性的新产品或新服务。因此，它是一个为创造新的类别或市场提供了很大可能性的过程。

水平营销不同于纵向营销，水平营销是横向思考，它跨越原有的产品和市场，通过原创性的理念和产品开发，激发出新的市场和利润增长点。水平营销的核心是创造性思考，科特勒称为"跳出盒子的思考"，它不同于纵向营销的逻辑思维，本质上是一种基于直觉的创造。

2. 掌握水平营销的步骤是进行水平营销的先决条件

科特勒提出的水平营销从选择产品或服务开始。在选择一种产品或服务后，开始进入水平营销的过程，这个过程可分为以下三个步骤。

（1）选择一个焦点。这里所说的焦点，指的是关注的东西，它可以是一个问题，也可以是一个事物。科特勒建议把纵向营销过程的所有板块分成三个层面，即产品层面、市场定义层面和营销组合层面，以达到配合水平营销的目的。每一个层面又有很多因素，如产品层面包括要进行水平营销的产品；市场定义层面包括功能或需求（why）、消费者和购买者（who）及用途或情境（when、where、which）；而营销组合层面并不关心这些问题，它只关心如何去销售产品。水平营销过程需要对这三个层面进行区分，并对这些因素中的某一项进行横向置换。

（2）进行横向置换以形成空白。科特勒指出了水平营销的六种横向置换的创新技巧，并分别应用到产品层面、市场定义层面和营销组合层面上。这六种技巧是替代、反转、组合、夸张、去除、换序。

（3）想方设法建立联结。以"花"为例，进行横向置换后，"花"和"永不凋谢"之间形成了空白，故需要建立一个联结，这种联结为营销提供了一个契机。

3. 水平营销过程的结果是给企业带来营销上的重大突破

水平营销是一种营销创新的理念和方法，如果在企业内部广泛推行水平营销的理念和方法，这些企业就会转变成更具创新精神的市场开拓者，并获得竞争优势。正如科特勒所说，水平营销是一个工作过程，它能够涵盖目前未涵盖的需求、用途等，通过置换、替代、联结创造出新产品、新功能和新市场。

3.4　市场机会价值的评估

1. 市场机会的价值因素

市场机会的价值可以由吸引力和可行性两部分构成。市场机会对企业的吸引力是指企业利用该市场机会可能创造的最大效益，市场机会吸引力的指标，主要通过市场需求规模、利润率及发展潜力来反映。市场需求规模表明市场机会当前所提供的待满足的市场需求总量的大小，通常用产品销售数量或销售金额来表示；利润率是指市场机会提供的市场需求中单位需求量可以给企业带来的最大效益；发展潜力反映市场机会为企业提供的市场需求规模、利润率的发展趋势及其速度情况。

市场机会的可行性是指企业将其转化为具体利益的可能性，它是由企业内部环境和企业外部环境两方面决定的。

2. 市场机会价值评估矩阵分析

确定了市场机会的吸引力与可行性，就可以综合这两个方面，对市场机会价值进行评估。按吸引力大小和可行性强弱组合，可构成市场机会价值评估矩阵，如图 3-2 所示。

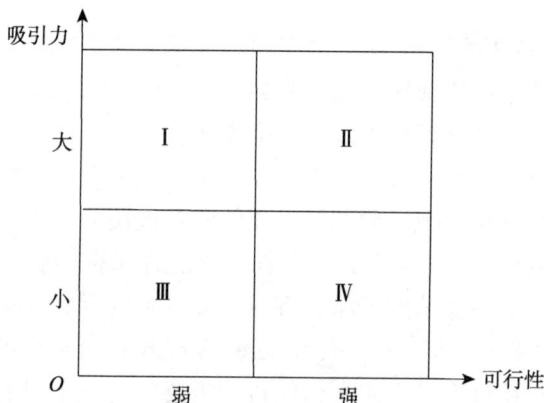

图 3-2　市场机会价值评估矩阵

区域Ⅰ为吸引力大、可行性弱的市场机会。通常该种市场机会的价值不会很大，一般企业不会将主要精力放在此类市场机会上。但是，企业应时刻注意决定其可行性强弱的内、外环境的变动情况，并做好当其可行性变强、进入区域Ⅱ时，迅速反应的准备。

区域Ⅱ为吸引力、可行性俱佳的市场机会。该类市场机会的价值最大。通常，此类市场机会既稀缺又不稳定。企业营销人员的一个重要任务，就是及时、准确地发现有哪些市场机会进入或退出该区域。

区域Ⅲ为吸引力、可行性皆差的市场机会。通常，企业不会去注意该类价值最低的市场机会。除去极特殊情况，该类市场机会不大可能直接跃居到区域Ⅱ中，它们通常会经由区域Ⅰ、Ⅳ，才能向区域Ⅱ转变。

区域Ⅳ为吸引力小、可行性强的市场机会。该类市场机会的风险低，获利能力也小，稳定型企业和实力薄弱的企业以该类市场机会作为其常规营销活动的主要目标，对该区域的市场机会，企业应注意其市场需求规模、发展速度、利润率等方面的变化情况，以便在该类市场机会进入区域Ⅱ时，立即、有效地予以把握。

3.5　增量市场与存量市场

增量市场说的是可能会被激发的潜在的市场份额。市场边界在扩散，整体量在提升，甚至可以蚕食别的类似品类的市场，整体规模在增加的市场，是一个从无到有的过程。存量市场说的是现存已被看到的确定的市场份额，竞争讲的是市场份额，常见是价值链竞争（即全面竞争每一个环节），是一个从有到优的过程。以智能手机为例，智能手机潮开始的时候，某手机品牌提出让所有人都能拥有一部智能手机的理念，此时，企业面对的就是一个增量市场，即市面上所有人都没有智能手机，如何让用户买到智能手机是关键，从无到有。随着智能手机的发展，每一个人都拥有智能手机，人们便会产生新的追求更换手机。这个时候，企业面对的就是存量市场，如何让需要换手机的用户换成自己企业的手机，从有到优是关键。

增量和存量是相对于现有客户群来讲的，公司的现有客户可以称为存量用户，通过公司的市场行为干预，把潜在客户转换为客户，可以认为是增量用户。按照彼得·德鲁克（Peter Drucker）的说法，"留住老客户，发展新客户"是企业经营的目标，其实说的就是存量市场和增量市场都要照顾。

增量市场主要通过营销和销售来实现获取客户的目标，主要体现在市场份额的增加方面。而存量市场主要围绕现有客户开展维系工作，以服务客户为目标，达到提升客户满意度的目的。目前，电信行业、银行业已经开始更进一步的存量维系工作，例如，招商银行的信用卡商城、中国联通的流量银行等拥有大量客户群的企业，通过提供原有产品或服务外的其他增值服务，达到提升 AURP（用户平均消费额值）的目的，给企业带来更多收益。

存量市场经营的一个前提应该是企业的客户群足够大，通过运营手段，能够提升客户价值和满意度。未来在存量市场中，经营将变得非常重要。以运营商为例，目前，OTT业务对于运营商的冲击已经足够大，在增量发展受阻的情况下，如果存量客户也流失，将会对企业造成严重的影响。

3.6　存量市场竞争与机会

要在增量市场中找机会，需要明白存量竞争的逻辑，强者为王，崇拜资源，又或是产品比别人好，价格比别人低。一切产品从用户价值出发，用户价值=（新体验－旧体验）－用户替换成本，其中，用户替换成本包括品牌认知、获取成本、学习成本、使用成本，包括使用过程中遇到问题得到及时帮助的便利程度。企业要撬动一个用户，依靠的工具便是用户价值，当用户价值为正时，用户才会选择放弃旧产品、转向新产品，但是因为替换成本的存在，同维度竞争时，先发优势能为企业建立很高的被替代门槛。

例如，某旧产品软件用户的旧体验为45分，另一竞争公司新产品软件用户的新体验为63分。因为旧产品公司的品牌、渠道、产品成熟度、客户服务系统都很成熟，网上随处可见用户分享、使用小技巧，所以，用户替换成本较高，为20分，此时，新产品的用户价值=新体验63分－旧体验45分－用户替换成本20分＜0分，即新产品综合体验很好，但用户几乎没有得到价值。

市场体量占有量大的企业，用户迁移成本极低，即使它是后发，同维度竞争也占据优势；相反，对于小企业来说，想要改变宿命，唯一的活路就是创新、离开存量市场，寻找增量市场；如果几个竞争者体量差不多，企业间的竞争就将演变成红海战争，会有一场漫长的拉锯战，就像曾经的打车大战、外卖大战等，终结这种同维度乱战的方式有两种：一是出现能够降维攻击的企业；二是资本意志强行合并。

案例分析

中国电信：数智国云，共谱新篇

中国电信坚定履行建设数字中国的使命责任，全面深入实施云改数转战略，坚持网是基础、云为核心，准确把握人工智能发展趋势，坚定不移地把天翼云打造成为国家云，取得一系列突破性进展和标志性成果。

在核心技术攻关方面，其建成上海、北京两大万卡智算集群，在大湾区上线全球首个商用智算昇腾超节点，实现智能算力供给质与量的双重跨越；突破了分布式云操作系统、服务器操作系统等关键技术，自主研发全栈云平台；天翼云服务器操作系统CTyunOS通过国家安全可靠测评，获得安全可靠等级"Ⅰ级"；构建"息壤"一体化智算平台，天翼云作为国家云全面迈向智能云发展的新阶段。

在推动天翼云规模发展方面，打造了全栈云产品，天翼云收入突破千亿元，市场份额稳居前列。中国电信积极推动云和AI的融合发展。自主研发国内首个全尺寸、全模态、全国产化的万亿参数"星辰"基础大模型体系，并在央企中率先开源；构建"星海"数据智能中台，形成了10万亿Tokens高质量数据集；在政务、工业、教育等领域推出

50 多个行业应用；推动 AI 手机、AI 云电脑、AI 摄像头等智能终端产品的普及、规模发展，赋能用户超 8 700 万。

中国电信不断深化改革开放，构建与云业务发展相适应的生产关系。设立云公司和云计算研究院，引入战略科学家，引进战略投资者，提升自主研发能力；持续深化政企改革，推动以云中台为枢纽的主流程改革优化，建强属地二次开发和集成交付运营队伍，推动云产品更好落地，提升客户服务水平；坚持开放共享、合作共赢的理念，面向合作伙伴、广大客户，不断加大科技、云网、数据、场景、资本等核心能力和资源的开放合作力度，打造更加开放的国云生态。

中国电信将在前期天翼云布局的优势基础上，全面拥抱人工智能，持续打造中国电信第一科技"息壤"，构建"算力、平台、数据、模型、应用"五位一体的智能云能力体系，强化安全保障，为客户提供更好的智能综合数字信息服务，带动产业链上下游共同努力推动人工智能的产业创新发展。

一是打造智能云能力体系，推动数字信息基础设施智能化升级。

二是构建"算力＋数据＋模型＋应用"的一体化服务，加快人工智能规模应用。

三是强化 AI 安全治理，构建全方位大模型动态防护体系，实现人工智能安全、可靠、可控。安全是人工智能发展的战略基石。

四是打造优质敏捷的专业化运营服务，成为客户首选、值得信赖的人工智能合作伙伴。中国电信致力于打造服务型企业，在长期服务客户中，建立了完善的解决方案提供、集成交付和持续运营的综合能力优势。

中国电信在未来将与各界合作伙伴继续聚力合作，携手共进，共谱国云新篇章。

资料来源：中国电信柯瑞文：数智国云，共谱新篇[EB/OL]. (2025-05-07). https://m.thepaper.cn/newsDetail_forward_30773184.

思考题：
中国电信采取了哪些举措，推动天翼云不断发展？

本章思考题

1. 蓝海战略的核心思想是什么？
2. 长尾理论对电信企业的启示有哪些？
3. 如何通过"产品—市场矩阵"寻找市场机会？
4. 增量市场与存量市场的区别是什么？
5. 德国电信的云业务转型策略有哪些？

即学即测

自学自测  扫描此码

第 4 章

面向市场的企业定位

本章学习目标：

1. 理解"生产观念""产品观念""推销观念"。
2. 掌握"营销观念"。
3. 了解"全方位营销"观念。

引导案例

近年来，全球通信行业经历快速变革：5G 技术商用化、物联网普及、OTT 业务冲击传统通信服务，用户需求从基础通信向数字化服务迁移。中国通信运营商（如中国移动、中国电信、中国联通）面临从"管道提供商"向"数字化服务商"转型的挑战。此前，中国通信运营商经历了从"产品中心"到"用户中心"的营销实践。

1. 传统营销阶段：产品导向（2010 年以前）

特征：以网络覆盖、通话质量、套餐资费为核心卖点，营销围绕"4P 理论"展开。

典型案例：中国移动"神州行"品牌通过价格战争夺市场份额。

挑战：同质化竞争严重，用户 ARPU 值持续下降。

2. 客户关系管理阶段（2010—2018 年）

转型驱动：4G 时代流量需求爆发，运营商推出差异化服务。

创新实践：中国电信推出"客户生命周期管理"，分阶段（入网、成长、离网）制定营销策略；通过大数据分析用户行为，定向推送流量包、视频会员等增值服务。

数据支持：2016 年行业报告显示，精准营销使客户流失率降低 12%，增值业务收入占比提升至 35%。

3. 数字化生态阶段（2019 年至今）

战略升级：以"用户数字化生活"为核心构建生态圈，营销重点转向场景化服务。

典型案例：中国移动"5G + 权益"模式：打包视频、云存储、智能家居等服务；华为"$1 + 8 + N$"。

全场景营销：通过手机，串联平板电脑、手表、智能家居设备。

技术赋能：利用 AI 客服、区块链合约、元宇宙虚拟营业厅等工具，重构用户体验。

资料来源：吕一林，陶晓波. 市场营销学[M]. 6 版. 北京：中国人民大学出版社，2019；胡春，王颂，吕亮，等. 通信市场营销学[M]，北京：人民邮电出版社，2015；郭国庆，陈凯. 市场营销学[M]. 7 版. 北京：中国人民大学出版社，2022.

企业需要经营生产产品，继而通过销售活动产生利润，这样，企业才能长久地生存下去。在不同的历史时期，生产力水平不同，科技水平不同，企业面对的社会环境、经济环境均不相同，从而是生产经营困难一点，还是销售困难一点，还是两者均困难，就会有所不同。企业面对不同的状况，对经营企业的看法与理念是不同的。也就是说，面向不同的市场，根据企业拥有的资源，企业在市场中的经营方向、企业的自我定位是不同的，持有不同经营观念的企业往往会采取不同的经营模式与销售模式。

经营观念的演变，反映了社会生产力的进步，生产力与生产关系矛盾的发展，以及市场趋势从卖方市场为主向买方市场为主的转变。随着市场经济的发展以及营销环境的变化，以美国为代表的西方发达国家的企业经营观念的演变，大致经历了五个阶段。

4.1 生产观念

19 世纪末 20 世纪初，在工业革命的推进下，西方社会的经济取得了迅猛的发展，人们的消费需求开始旺盛，而同时，由于处于工业化初期阶段，生产力和技术水平落后，生产效率低，生产成本高，市场上的产品供不应求，市场处于典型的卖方市场环境下。此时，生产环节成为制约企业发展的重要障碍。面对这样的社会及市场状况，企业普遍将经营的重心放到生产上，形成了"以生产为中心"的经营观念，简称生产观念。

生产观念认为，消费者总喜欢用途广、价格低、性能良好的商品，他们最关心的是能否得到产品，而不是关心产品的细小特征，企业不愁产品没有销路，要集中力量想方设法扩大生产，就能取得满意的销售量和利润。所以，企业管理的重点是致力于扩大生产、提高生产效率、降低生产成本、生产更多物美价廉的商品、赚取更大的利润。

有些企业在产品成本高的条件下，开始大规模地生产某一种产品，努力地降低成本，使消费者购买得起，在当时，生产观念的格言是："我能生产什么，就卖什么。"19 世纪末 20 世纪初，汽车是有钱人的奢侈品，在当时，一部车的要价为 4 000 多美元，而亨利·福特（Henry Ford）的梦想是制造出一款每个人都买得起的汽车，于是，美国的福特汽车公司率先以流水装配线大规模作业代替传统个体手工制作，将流水作业的生产方式引入汽车生产，而且，在流水线上只生产一种型号的车——黑色的 T 型车。1908 年，福特汽车公司生产了 6 000 辆 T 型车，最初售价为 850 美元，到了 1916 年，因生产效率的提高和产能的扩大，福特汽车公司卖出了 6 万辆 T 型车，价格已降至 300 美元。T 型车以其低廉的价格使汽车作为一种实用工具走入寻常百姓之家，美国亦自此成为"车轮上的国度"。

生产观念是典型的"以产定销"观念，其指导下的企业市场经营活动具有以下几个特点：①企业的重点放在产品的生产上，途径是追求高效率、大批量，产品几十年"一贯制"，产品生命周期很长；②企业面临的主要问题是市场上产品的有无以及多少，而不是消费者的需求是否能够得到满足；③企业经营管理中以生产部门为主体，仅设立一个销售部门，由销售经理直接管理，主要任务是管理销售人员。

生产观念的缺点是不重视消费者的需求，但在一定情况下，也会发挥作用。在第二次世界大战末期和战后一段时期内，生产观念在企业经营管理中颇为流行。我国在计划经济旧体制下，由于市场产品短缺，企业不愁其产品没有销路，工商企业在其经营管理中也奉行生产观念，具体表现为：工业企业集中力量发展生产，实行以产定销；商业企业集中力量抓货源，工业生产什么就收购什么，工业生产多少就收购多少。

4.2 产 品 观 念

随着工业化的发展，生产能力得以提高、生产效率得以提升、生产成本得以降低，市场供应开始不断增加，在产品供给不太紧缺或稍有宽裕的情况下，市场竞争开始激烈起来。生产环节不再是制约企业扩大规模、获取利润的瓶颈，市场竞争取代生产成为企业生存与发展的瓶颈，如何应对产能扩大导致的市场竞争，成为工业化进程中企业必须解决的问题。面对这样的市场环境，不少企业认为应该作出改变，从产品上下功夫，生产出好产品，就一定可以改善企业面临的市场竞争的状况。基于此，企业的经营重心由之前的"以生产为中心"转变为"以产品为中心"，产生了"以产品为中心"的经营观念，简称产品观念。

产品观念认为，生产者只要注意提高产品质量，致力于生产优质产品，并不断地改进产品，提高产品质量、完善产品品种、增加产品功能，使之日臻完善，就一定会产生良好的市场反应；消费者会欢迎质量最优、性能最好和功能最多的产品；消费者欣赏精心制作的产品，他们能够鉴别产品的质量和功能，并且愿意出较多的钱买质量上乘的产品，生产者无须花大力气开展推销活动。

例如，20世纪20年代后期，通用汽车公司提出"汽车形式多样化"，通过开发新产品、增加汽车款式和颜色、给汽车增加新功能，来与福特汽车公司的单一产品经营模式相抗衡。1923年，通用汽车公司的市场占有率仅12%，远远低于福特汽车公司；1926年，T型车销量陡降，1927年，福特汽车公司不得不停止生产T型车，改为生产A型车。同时，在20世纪20年代后期，消费者开始追求个性化，在福特汽车公司改产期间，通用汽车公司占领了福特汽车公司的大量市场，到1928年，其市场占有率达到了30%，超过福特汽车公司；1956年，其市场占有率更是达到53%，成为美国最大的汽车公司。

产品观念也是"以产定销"的观念，其指导下的企业市场经营活动，表现为"二不主义"：一不注重市场需求，从注重企业自身技术条件出发，向市场提供质量优异、功能完善、品种丰富的产品；二不注重产品销售，只注重产品生产。

秉持产品观念的企业在经营过程中，会造成一个结果——营销近视症，从技术出发，从产品出发，过度重视产品而忽视顾客需求。它们忘记考虑：到底是谁眼中的好产品才算是好产品？质量是不是越高越好？有的时候，即便企业的产品质量优异、功能完善、品种丰富，也会由于与消费者实际需要差距过大而导致企业陷入销售困境。产品导向的经营与销售模式虽然能够在一定程度上帮助企业减少销售困难，但并没有从根本上改变市场供应过多、产能过剩所导致的市场竞争激烈的现实，难以真正帮助企业实现有市场价值的产品差异化。

4.3　推　销　观　念

第一次世界大战结束后，从 20 世纪 20 年代末到 50 年代，西方资本主义市场发生了巨大变化，市场商品供应量急剧增加，而消费者具有货币支付能力的需求下降，许多商品出现供过于求的"买方市场"，市场竞争加剧，特别是 1929—1933 年资本主义经济大危机，使产品的实现变得十分困难。所以，产品的推销问题成为企业生存、发展的关键问题。在这种背景下，许多企业把主要的精力转向产品的推销，致力于销售技术和广告宣传，以便大量销售产品，压倒竞争对手。企业经营活动的中心由之前的"以生产为中心""以产品为中心"转变为"以推销为中心"，产生了"以推销为中心"的经营理念，简称推销观念。

推销观念认为，在市场商品供过于求的情况下，消费者通常表现出一种购买惰性或者抗衡心理，企业如果不采取一定的推销策略与技巧，寻找潜在顾客，说服和诱导顾客，而听任消费者自然的话，他们是不会足量购买企业的产品的。因此，企业必须采取进取型的推销策略和促销努力，使用各种推销技巧，甚至用高压式的方法说服消费者接受并购买更多的产品。在这种观念下，企业十分注意运用推销术和广告术，向现实买主和潜在买主大肆兜售产品，以期压倒竞争者，提高市场占有率，取得较为丰厚的利润。

推销观念的格言是："我们卖什么，人们就买什么。"美国皮尔斯堡面粉公司成立于 1869 年。从成立到 20 世纪 20 年代，这家公司提出"本公司旨在制造面粉"的口号。因为在那个年代，人们的消费水平很低，面粉公司无须太多宣传，只要保持面粉质量，降低成本与售价，销量就会大增，利润也会增加，而不必研究市场需求特点和推销方法。1930 年左右，美国皮尔斯堡面粉公司发现，在推销公司产品的中间商中，有的已经开始从其他的厂家进货，竞争加剧，导致公司的销量开始下降。美国皮尔斯堡面粉公司为扭转这一局面，第一次在公司内部成立商情调研部门，并选派大量推销员扩大销售量，同时，把口号变为"本公司旨在推销面粉"，更加注意推销技巧，进行大量广告宣传，甚至开始硬性兜售。

推销观念把立足点放在产品生产出来以后，如何尽快地卖出去，所以，推销观念在本质上仍然是"以产定销"。推销观念在市场营销中具有以下特点：①产品不变，加强了推销工作。②开始关心消费者，但其出发点是如何诱导顾客购买，而不是满足其需求。同时，售后信息反馈较差。③企业设置独立的销售部门，但仍处于从属地位。

推销观念可以在短期内缓解销售困难的问题，但是，并不能解决长期的销售困难的问题。这是因为，一方面，在诸多的推销术和广告术的攻势下，消费者可能会大量购买暂时用不到或用不完的商品，从而延缓他们再次购买的时间；甚至在高压推销的攻势下，某些消费者"一朝被蛇咬，十年怕井绳"，见到推销躲避不及，也降低了推销术的效果；另一方面，消费者习惯了更多折扣、更多推销方式后，会产生更多的期待，因而企业会不得不再次给予更多的销售折扣，如此循环，必将导致企业即使把产品销售出去了，也会因销售成本巨大而出现经营困难甚至亏损的局面。

4.4 营 销 观 念

第二次世界大战以后，随着第三次科技革命的出现，资本主义生产力迅速发展，产品数量剧增，产品花色、品种日益多样化，市场变为名副其实的供过于求，卖主之间竞争激烈，买方处于优势地位的"买方市场"。同时，随着经济的发展，销售者的收入水平和文化、生活水平迅速提高，他们对商品和劳务的要求越来越高，喜欢赶时髦、尚新奇、求便利，顾客对产品的挑剔性也越来越强。在这种市场环境下，"以推销为中心"的经营理念显然已经不能继续下去，企业为了更好地、持续地经营与销售产品，开始将目光投向研究消费者需求，通过满足消费者需求来达到自身的目的，于是，"以消费者需求为中心"的经营理念应运而生，简称营销观念。

营销观念认为，消费者的需求已经成为市场营销活动的核心问题，消费者需要什么产品，企业就应当生产、销售什么产品。企业要实现自身的发展目标，关键在于正确确定目标市场的需要和欲望，并且比竞争对手更有效、更有力地传送目标市场所期望满足的东西。企业的主要任务不再是单纯追求销售量的短期增长，而是一切活动都以消费者的需求为中心。其考虑问题的逻辑顺序是从市场上的消费需求出发，要十分重视市场调研，通过调查研究，了解消费者的现实需求，预测其潜在需求，在消费需求的动态变化中，不断发现那些尚未得到满足的市场需求，并集中企业一切资源和力量，千方百计地去适应和满足这种需求，在顾客的满意之中不断扩大市场销售，占领市场，长久地获取较为丰厚的利润。

营销观念的格言是："顾客需要什么，我们就生产什么。"在这种观念指导下，许多企业家喊出了"顾客至上""顾客就是上帝"的口号。以汽车为例，20 世纪 50 年代，消费者开始喜好外形小巧的汽车，于是，大众汽车公司和日本企业留意到消费者的需求，并抢先占领了这个新市场；20 世纪 60 年代，由于西方国家面临严重的环境污染问题，人们对于汽车开始关注废气排放和安全的问题，于是，车企开始关注汽车设计，更注重废气控制并配备了安全带；20 世纪 70 年代，随着石油价格上升，以日本汽车为代表的便宜、省油的汽车开始在市场中占据有利地位；20 世纪 80 年代，消费者更加注重汽车质量，更多的汽车公司开始将质量更好的汽车投入市场。

任何企业要真正树立营销观念，都是一项十分艰巨的工作，因为营销观念的推行是人们思维方式、经营哲学的一次大飞跃，同时，引起企业的组织机构等一系列新变化。营销观念具有如下特点：① 改变企业的经营程序和方法，以消费者需求为中心与出发点，强调细分市场，满足目标市场顾客的需求与欲望。②运用市场营销组合手段，即产品、价格、分销及促进销售的综合运用，追求全面满足消费者需求。③刺激新产品开发，以多种多样的产品满足消费者的需求，同时，强调市场信息沟通、分销渠道、促销策略的作用，从整体策略上进行有效经营。④通过满足消费者需求，实现企业的盈利目标。⑤在企业中建立营销决策中心，市场营销部门成为指挥和协调整个企业经营活动的中心。

在营销观念指导下，企业从以生产者为主转向以消费者为主，企业市场经营活动发生了质的变化，从"以产定销"转向"以销定产"，市场从企业市场活动的终点转变为企业市场活动的始点，这标志着传统市场营销学向现代市场营销学的转变。

20世纪50年代前的生产观念、产品观念和推销观念的实质都是"以产定销"，称为市场营销的旧观念；20世纪50年代后的营销观念的实质是"以销定产"，称为市场营销的新观念。新、旧营销观念由于产生的历史条件不同，因而，也有着不同的特点，主要表现在以下几个方面。

1. 营销活动的出发点不同

实行旧观念的企业，以产品为出发点，即先发展适当产品，再采取一定的推销手段，使产品从生产领域转向流通领域，最后转向消费领域。实行新观念的企业，从市场出发，也就是从消费者的需要出发，首先，进行市场调研，了解消费者需求；其次，组织产品设计，使生产既满足顾客需求，又能使产品适销对路获取利润，把企业的规划程序整个颠倒过来。新观念的理论基础认为，实现企业营销目标，必须满足消费者的某种需求，而不是事先确定提供某一特定的商品或服务。

2. 营销活动的重点不同

旧观念以产品为主，企业一切工作的出发点是产品，重点是产品的生产和效率的提高。新观念以顾客需求为重点，企业计划的出发点是顾客的需求，发现需求以及满足需求，成为新观念指导下企业市场营销的主要任务。

3. 营销活动的手段不同

旧观念把销售只作为一般的推销手段，认为销售仅是一种业务活动，所以，企业重生产、轻流通，商业部门重收购、轻销售。新观念指导的企业市场营销认为，为了实现企业的目标，必须加强市场调查和预测，运用整体营销手段，发挥市场机制的作用，满足顾客的需求。

总之，旧观念以产品为中心加强推销，新观念以消费者需求为中心实施整体营销手段。

4. 营销活动的目标不同

旧观念指导下的企业营销，着眼于每次交易活动，急功近利，缺乏长远打算。新观念指导下的企业市场营销活动，从市场整体出发，不仅考虑顾客的现实需求，而且注重顾客的潜在需求；不仅占领已有市场，而且重视开拓新市场。新观念指导下的企业市场营销活动，从战略高度出发，寻找真正满足顾客需求的有效途径，追求利润的长期最大化。

总之，企业实施不同的市场营销观念，市场营销的出发点、重点、手段和目标都有不同的特点，新、旧营销观念对照如表4-1所示。

表 4-1　新、旧营销观念对照

	营销观念	营销顺序	重点	手段	目标
旧观念	生产观念	产品—市场	产品	生产作业效率	销售量、利润
	产品观念	产品—市场	产品	产品质量、功能	销售量、利润
	销售观念	产品—市场	产品	销售与推广	销售量、利润
新观念	市场营销观念	市场—产品	顾客需求	整体市场营销	通过满足需求获取利润
	社会市场营销观念	市场—产品	顾客需求、社会福利	整体市场营销	通过满足需求，增进社会福利，企业获得效益

4.5　全方位营销观念

20 世纪 90 年代以来，美国经济出现了第二次世界大战后罕见的、持续性的、高速度增长，就业人数不断增加，失业率稳步下降，物价增幅保持在较低水平，政府过去长期面临的通货膨胀压力得以消除、出口贸易增长势头强劲、联邦财政赤字逐年减少等，这种经济现象被人们表述为"新经济"。不仅美国如此，西欧经济也呈现出类似的迹象。同时，"新经济"在亚洲也露出曙光。人们普遍认为"新经济"的主要动力是信息技术革命和经济全球化浪潮。新经济的出现，改变了旧经济的逻辑。旧经济的逻辑是以制造业的管理为基础的，而新经济的逻辑是立足于信息和信息管理的。

由此，新经济要求企业在业务和营销思维上也作出转变。科特勒认为，互联网、全球化和超竞争正急剧地重塑市场，并改变企业运作方式，传统营销方法需要被解构、重新定义与扩展，以反映这一情况。2003 年，他出版了新作《营销动向：利润、增长和更新的新方法》，中文版为《科特勒营销新论》，他在书中打破自己创立、传播并带来国际声誉的经典范式，提出了营销的新范式，即"全方位营销"的动态概念。全方位营销观念指企业针对个别客户的需求，整合企业的全面关系网络，通过掌握客户占有率、客户忠诚度和客户终身价值，来实现获利性的成长。

全方位营销观念是在推销观念、营销观念的基础上演化而来的。如果说推销观念立足于企业的现有资源（产品），是以资源为重心的，营销观念立足于满足客户的能力（营销组合），是以能力为重心的，那么，全方位营销观念则是立足于企业的全面关系（顾客、企业和协力厂商的关系），以全面关系为重心。全方位营销是指从一个广阔、整合的视角，在对各种营销活动的广度和相互依赖性有清楚认识的情况下，对营销项目、过程和活动的开发、设计和执行。三种营销观念的区别如表 4-2 所示。

表 4-2　三种营销观念的区别

名称	起点	重心	手段	结果
推销观念	工厂	产品	推销和促销	通过销量取得利润
营销观念	客户的不同需求	适当的产品服务和营销组合	市场细分，选择目标市场和市场定位	通过满足客户需求取得利润
全方位营销观念	个别客户的需求	客户价值，企业的核心能力和合作网络	资料库管理、可联结协力厂商的价值链整合	通过掌握客户占有率、客户忠诚度和客户终身价值，来达到获利性的成长

全方位营销的出现，具有重要的理论和实践意义，但它也有不完善之处。全方位营销属新生事物，其理论体系比较粗糙，脉络还不够清晰；操作层面的管理理论尚没有建立；旧、新范式如何过渡、如何并行不悖也没有说明，营销新范式的实践效果还缺乏实践检验等。因此，要理性地对待营销新范式，它可能只是一种方向，大部分企业还做不到或不能完全做到。

全方位营销由关系营销、内部营销、整合营销、绩效营销（performance marketing）四大部分组成。

4.5.1 关系营销

关系营销是从"大市场营销"概念衍生、发展而来的。在传统的市场营销理论中，当企业在国际市场营销中面临各种贸易壁垒和舆论障碍时，其暗含的假设是听天由命、无所作为。要打开国内封闭的市场，企业除了需要运用产品、价格、分销及促销四大营销策略外，还必须有效运用政治权力和公共关系这两种营销工具。1984年，科特勒提出了"大市场营销"概念，目的在于解决国际市场的进入壁垒问题。现代信息技术的发展为各种营销伙伴关系的建立、维护和发展提供了低成本、高效率的沟通工具，它提供了关系营销所必需的基本技术条件。在上述诸因素的作用下，关系营销自20世纪80年代后期得到了迅速的发展。

关系营销致力于与主要顾客建立相互满意且长期的关系，以获得和维持企业业务。关系营销的四大主要成员是顾客、雇员、合作伙伴（渠道、供应商、经销商和代理商）和财务圈（股东、投资者、分析师）。营销人员必须在这些成员中创造财富并平衡利益相关者的回报。关系营销的最终结果是形成一项独特的公司资产——营销网络，由公司及其利益相关者组成。其不仅要关注客户关系管理，还要关注合作伙伴关系。发现正当需求，满足需求并保证顾客满意——营造顾客忠诚，构成了关系营销中的三部曲。

4.5.2 内部营销

1981年，瑞典经济学院的克里斯琴·格罗路斯（Christian Grönroos）发表了论述"内部营销"概念的论文。他认为，公司设置了强有力的营销部门，并不意味着这家公司实施了营销导向；公司实施营销导向的关键问题，是要培养公司经理和雇员接受以顾客为导向的观念，而这一工作，比为顾客开发有吸引力的产品和服务更为棘手。在此基础上，科特勒进一步提出了"营销化"的理论，指出要使公司营销化，就是要在公司里创造一种营销文化，即培养和训练公司员工以满足顾客需求作为宗旨与准则，并逐步在意识和行为上产生认同感。20世纪80年代，"营销文化""企业文化"成为世界各国理论界和企业界研究的热点问题。

内部营销理论认为，满意的员工产生满意的客户，要想赢得客户满意，首先要让员工满意，只有满意的员工才可能以更高的效率和效益，为外部客户提供更加优质的服务，并最终使外部客户感到满意。满意的员工产生满意的客户，是内部营销的基本前提。内部营销的对象是企业内部员工，内部营销是成功地雇用、训练和尽可能激励员工，以便他们很好地为顾客服务。其包括的内容为服务人员的训练、服务人员的处置权、服务人员的义务和职责、服务人员的激励、服务人员的仪表、服务人员的交际能力、服务人员的服务态度等，目的是开发员工的服务理念和客户意识，以实现企业外部客户的满意，从而获得企业竞争优势。

传统的营销理论与实践，都趋向于关注企业外部的客户和市场，强调吸引和留住客户以获取利益。但这种建立在客户满意基础上的吸引和维系，同时，也依赖于企业内部因素的协同与配合。在有限的资源投入下，如何使营销措施发挥出更好的效率与效益，为企业创造更大的竞争优势，内部营销理论无疑提供了新的视角：没有积极的、持续的内部营销努力，交互营销对客户的作用将会下降，服务质量将会恶化，客户将会流失，对利润将产生消极的影响。从这个意义上讲，内部营销是成功实施外部营销的先决条件。

4.5.3 整合营销

整合营销最初是以整合营销传播（integrated marketing communication，IMC）形式出现的。20 世纪后期，市场的多元化、复杂化程度提高，信息传播手段的多样化局面出现，大众传媒的效应开始出现递减。长期、单纯地使用一两种传播工具和传播手段，已经无法使企业的营销目标顺利实现，所以，企业必须综合分析市场顾客和受众的差异，分析各种传播手段和传播方式的适用性与局限性，进而对各种传播要素加以有机整合，有的放矢地开展营销传播，才能保证企业的营销目标顺利实现。1991 年，唐·舒尔茨（Don Schultz）提出了"整合营销传播"的新概念，认为整合营销传播的核心思想，是以整合企业内外部所有资源为手段，再造企业的生产行为与市场行为，充分调动一切积极因素，与顾客进行多方面的接触，并通过接触点，向消费者传播一致的、清晰的企业形象。

随后，整合营销传播开始扩展为整合营销。1995 年，舒尔茨首次提出了"整合营销"概念，他给整合营销下了一个简单的定义：整合营销就是"根据企业的战略，并支配企业各种资源以实现企业目标"。科特勒在《营销管理》一书中从实用主义角度，揭示整合营销实施的方式，即企业里所有部门都为了顾客利益而共同工作。整合营销包括两个层次的内容：一是不同营销功能——销售、广告、产品管理、售后服务、市场调研等必须协调；二是营销部门与企业其他部门，如生产部门、研究开发部门等职能部门之间的协同。

整合营销是社会经济高速发展的产物，它从 USP（独特销售主张）、定位等传统的世界性营销理论演变而来，是在营销手段和方式越来越对企业产生重要影响的背景下，受到关注和重视的。尤其是互联网大潮的影响下，企业营销手段更加多样化，而对营销工具的整合，也成为企业面对市场竞争的一种必然选择。

4.5.4 绩效营销

绩效营销作为一个交叉学科领域，强调营销与会计、财务、金融的融合，强调从关注短期利益转向关注营销带来的长期价值，不再以单一的销售收入作为监测营销效果的指标，要关注市场份额、顾客流失率、顾客满意度、产品质量和其他指标，要理解营销活动和项目给企业与社会带来的财务及非财务回报。

从狭义的角度来讲，对绩效营销最直观的理解是企业从注重绩效的角度开展营销活动或提升营销能力，这里的绩效是指狭义的财务绩效。广义的绩效营销是指营销者更加关注营销活动及其投入带来的商业回报，并更广泛地关注营销对法律、伦理、社会和环境的影响和效应。

绩效营销可以帮助企业准确地定量评估营销活动的绩效，从而大幅度减少营销浪费，将营销资源集中在最能提高营销绩效的营销活动中；可以用科学的手段将营销风险降到最低，使营销投入获得最大的绩效回报；将年度营销目标转化为一系列可以测量的具体指标，进而通过对具体营销活动指标的设计和控制，来保证每个营销活动的有效性，以及对年度营销目标的贡献性和可测量性；发掘能够最有效提高营销绩效的关键驱动因素，进而科学、有效地规划营销策略和营销活动；建立超越竞争对手的渠道关系和顾客关系，获得超越竞争对手的营销绩效。

案例分析

中国广电"差异化突围"的社会化营销实践

案例背景：破局者入场的挑战与机遇

2022年6月，中国广电以"第四大运营商"身份正式推出5G商用服务（192号段），标志着国内通信市场"三足鼎立"格局被打破。然而，截至2022年底，中国移动、电信、联通已占据95%以上移动用户份额，广电面临"零基础"竞争困境：用户认知壁垒：超70%消费者不知广电提供移动通信服务（赛迪顾问2022年调研）；网络覆盖短板：5G基站数量仅为移动的1/8（工业和信息化部2023年数据）；产品同质化：传统"流量+语音"套餐难以撬动用户转网。

基于此，中国广电提出"不做跟随者，做价值创造者"的营销理念，依托广电系独有的700 MHz黄金频段（覆盖广、穿透强）与内容生态资源，以社会化营销与精准分层策略实现破局。

策略与行动：从需求分层到生态共创

1. 精准需求分层：破解用户转化难题

（1）银发经济挖掘。针对60岁以上用户触网痛点，推出"广电慧家"普惠套餐（58元/月含100 G流量＋300分钟通话＋4K电视＋宽带），简化操作界面，配备24小时人工客服专线。截至2023年12月，该套餐用户达820万，占整体用户的35.7%（来源：中国广电2023年报）。

（2）Z世代圈层渗透。联合哔哩哔哩网站、小红书推出"192元潮玩卡"，包含哔哩哔哩网站年度大会员、云游戏加速包、短视频定向免流等权益，发起"#我的192潮生活"话题挑战赛，吸引用户上传5G应用创意视频，活动曝光量超2.3亿次，带动潮玩卡用户突破400万。

2. 社会价值嵌入：打造"国家队"品牌心智

（1）红色文旅数字化。与文化和旅游部共建"5G＋红色记忆"项目，在延安、井冈山等30个革命老区部署广电专属基站，推出AR（增强现实）实景导览、AI互动党课等服务。2023年国庆期间，相关景区游客扫码使用率达62%，获《人民日报》头版报道。

（2）教育普惠行动。启动"广电助学计划"，向中西部2 000所乡村学校捐赠5G教育终端[含 VR（虚拟现实）课堂设备]及每月 100 G 定向流量包，同步开设"名师云课堂"，覆盖学生超 50 万人。该项目入选 2023 年联合国教科文组织"数字包容"最佳实践案例。

3. 生态跨界融合：构建"内容+连接"护城河

（1）车联网场景突破。基于 700 MHz 频段低时延特性，与比亚迪、蔚来等车企合作开发"广电星联"车联网平台，提供 4K 级车载直播、高精度导航及 OTA（空中下载技术）升级服务，2023 年 9 月上线后，已搭载于 12 款新能源车型，用户日均使用时长 47 分钟。

（2）元宇宙内容试验。在杭州亚运会期间，推出"5G＋元宇宙观赛"应用，用户可通过广电 5G 网络佩戴 VR 设备实时切换多视角观赛，并生成个人虚拟形象互动，单日峰值用户达 68 万（来源：亚组委技术报告）。

成果与行业影响：取得差异化战略的阶段性胜利

截至 2023 年 12 月，中国广电 5G 用户数突破 2 300 万，市场份额升至 3.2%，成为年度增长最快的运营商（C114 通信网数据）。其关键指标表现为以下几点。

（1）用户结构优化。家庭用户 ARPU 值达 89 元，同比提升 18%。

（2）社会效益凸显。社会责任发展指数达 85.6 分，位列行业前三。

（3）生态协同增效。跨界合作带来 12.7 亿元衍生收入（车联网、内容版权等）。

行业启示

广电案例证明，在高度饱和市场中，"社会价值创造+精准需求响应"的营销组合可打破同质化困局，其 700 MHz 频段与内容资源的差异化整合，为 6G（第六代移动通信技术）时代"通信+垂直行业"营销模式提供了前瞻样本。

资料来源：

广州广电.2023 年年度报告[R]. 2024.

工信部信息通信研究院. 中国 5G 发展和经济社会影响白皮书[R]. 2023.

中国广电全业务运营体系成形：5G 用户已突破 2300 万[EB/OL]. (2024-02-21). https://www.c114.com.cn/news/22/c23231.html.

亚组委技术局. 杭州亚运会数字技术应用总结[R]. 2023.

思考题：

1. 中国广电的营销策略如何体现"社会营销观念"与"市场观念"的融合？

2. 思考并陈述案例中生态营销（车联网）的相关内容。

本章思考题

1. 简述企业营销观念的主要发展阶段，并分析不同阶段的核心区别及背后的社会经济原因。

2. 传统营销观念（如推销观念）与现代营销观念（如顾客导向）在策略和目标上有何本质区别？请结合实例说明。

3. 企业如何在盈利目标与社会责任之间实现平衡？请以社会营销观念为例，分析一家企业的实践案例。

4. 通信企业如何通过"以客户为中心"的营销观念提升竞争力？结合实例说明。

5. 数字化技术（如大数据、社交媒体）如何颠覆传统营销观念？企业可能面临哪些新挑战？

即学即测

第 5 章

电信市场营销信息收集与营销调研

本章学习目标：

1. 了解市场营销信息系统。
2. 了解电信市场营销需求预测方法。
3. 了解电信营销调研的过程。

引导案例

英国电信确认 3G 关闭计划

英国电信(BT)2021 年 7 月发布了英国有史以来最具雄心和最完整的网络愿景计划，该运营商承诺，2028 年实现全英范围内的 5G 网络覆盖，并扩大网络融合，同时，BT 透露了其 2G 和 3G 网络关停计划。

英国电信消费者公司的首席执行官 Marc Allera 表示，根据市场调查，尽管仍有相当一部分消费者还没有使用 4G 网络，更不用说 5G 网络了，但今年（2021 年）3 月，只有不到 3%的数据和 25%的语音流量是通过 3G 网络传输的。相比之下，自最新一代支持 5G 网络的 iPhone 发布以来，5G 流量已经翻了两番。英国电信现有的 5G 网络覆盖了英国 160 个城镇。有报告称，到 2028 年，英国移动运营商 EE 的 5G 网络将覆盖英国 90%的地区，其余地区将使用"可请求的"5G 替代网络覆盖。

Marc Allera 补充说，随着 EE（英国电信旗下移动通信运营商品牌）进入 5G 时代，"现在是时候告别我们传统的 2G 和 3G 网络了"。EE 指出，2G 和 3G 网络上的网络流量持续下降，并表示该公司是英国第一家设定了在 2023 年这个时间框架内终止 3G 服务的运营商，2G 网络也面临同样的命运。"通过淘汰这些网络，我们能够降低整体网络的复杂性，同时，可以释放资源，之后，我们可以将这些宝贵的频谱资源重新用于 4G 和 5G。"Marc Allera 说。

资料来源：英国宣布明年底前关闭全国 3G 业务，多家运营商陆续开始关停基站[EB/OL]. (2024-01-09). https://baijiahao.baidu.com/s?id=1787594209185211635&wfr=spider&for=pc.

5.1　现代市场营销信息系统

市场营销是个人与群体通过创造并向他人交换产品和价值，以满足消费者需求和欲望的一个社会管理过程。现代市场营销是企业整体营销战略的一个组成部分，是为实现企业总体经营目标所进行的、以互联网为基本手段营造网上经营环境的各种活动，它是一种"以消费者需求为中心，以市场为出发点"的经营指导思想。

现如今，诸多企业的营销已经从注重内部管理的时代转变到了致力于应对外部环境变化的时代。在这种转换下，营销课题应该是一种战略性课题，要在环境和竞争结构的变化下，解决营销战略如何创新的问题。为此，企业的营销信息至关重要，要求企业建立便于战略性课题实现的营销信息系统。与此同时，为了更好地应对外部市场环境的变化，企业营销人员要提高识别市场重大变化的能力，一是要掌握收集信息的专业方法；二是要花费更多的时间与顾客互动，并观察竞争对手和其他企业的外部情况，企业要开发能够详细、丰富地提供有关消费者信息的营销信息系统。

5.1.1　市场营销信息

信息是事物发生、发展而发出的信号，所有的市场营销活动都以信息为基础而展开，经营者进行的决策也是基于各种信息，而且，经营决策水平越高，外部信息和对将来的预测信息就越重要。营销信息即市场营销信息，是指一定时间和条件下，与企业的市场营销有关的各种事物的存在方式、运行状态及其对接收者效用的综合反映，是与营销活动相关的各种消息、情报、数据、资料经过处理形成的营销决策依据。它一般通过语言、文字、数据、符号等表现出来。企业为了适应市场环境的变化，打开产品的销路，取得良好的经济效益，越来越重视市场信息的作用。

然而，在这个"信息爆炸"的时代，市场中的信息好坏并存，为了降低管理决策的不确定性和风险，决策者需要提高分辨、处理和整合信息的能力，以不被无效信息所湮没。通常来说，营销信息与一般的消息、数据、资料是有区别的。一般的消息、数据、资料，是反映人类社会或自然界有关方面可考察的事实和证据，不一定与决策相联系。而信息只有与决策联系才有意义，信息属于消息、数据和资料，但它不是一般的消息、数据和资料，它存在的目的就是降低风险的不确定性。

市场营销信息具有诸多特征，市场信息随时都会发生变化，具有很强的不确定性，市场信息的来源种类多样并且收集和分析过程复杂，难以科学控制，具有多样性和复杂性。除此之外，营销信息还具有分散性、时效性、可存储性、系统性等特征。其中，最突出的是时效性，一条市场营销信息可以价值千金，错过了时机就可能一文不值。

除了帮助降低决策不确定性和风险性之外，营销信息还拥有许多其他功能。

（1）市场营销信息是企业经济决策的前提和基础。企业营销过程中，无论是对于企业的营销目标、发展方向等战略问题的决策，还是对于企业的产品、定价、销售措施等战术问题的决策，都必须在准确地获得市场营销信息的基础上，才可能得到正确的结果。

（2）市场营销信息是制订企业营销计划的依据。企业在市场营销中，必须根据市场需求的变化，在营销决策的基础上，制订具体的营销计划，以确定实现营销目标的具体措施和途径。不了解市场信息，就无法制订符合实际需要的计划。

（3）市场营销信息是实现营销控制的必要条件。营销控制，是指按既定的营销目标，对企业的营销活动进行监督、检查，以保证营销目标实现的管理活动。由于市场环境不断变化，企业在营销活动中必须随时注意市场的变化，进行信息反馈，以此为依据来修订营销计划，对企业的营销活动进行有效控制，使企业的营销活动能按预期目标进行。

（4）市场营销信息是进行内、外协调的依据。企业营销活动中，要不断地收集市场营销信息，根据市场和自身情况变化，来协调内部条件、外部条件和企业营销目标之间的关系，使企业营销系统与外部环境、内部要素始终保持协调一致。

5.1.2　市场营销信息系统概述

市场营销信息系统（marketing information system，MIS）是一个由人员、机器设备和计算机程序所组成的、相互作用的复合系统，它连续、有序地收集、挑选、分析、评估和分配恰当的、及时的和准确的市场营销信息，为企业营销管理人员制订、改进、执行和控制营销计划提供依据。许多公司置身于丰富的信息当

案例 5.1　中国电信市场发展现状信息

中，但不懂如何去处理和利用。因此，公司应该建立有效的营销信息系统，帮管理人员作出更好的营销决策。

图 5-1 显示了市场营销信息系统的主要构成。

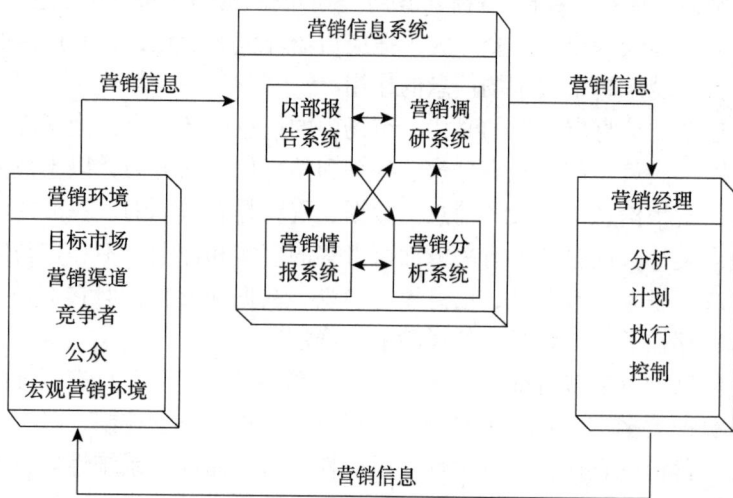

图 5-1　市场营销信息系统的主要构成

由图 5-1 可见，企业的市场营销信息系统是一个完整的有关信息、数据的传递与反馈的全过程，首先，对环境（包括宏观环境和微观环境）进行研究、分析，从而得出各种相关信息；其次，从这些相关信息中提取精华，对之进行收集、处理与加工；最后，

由市场营销管理人员对这些收集、加工、整理后的信息进行分析与归类，并据此来制订合理的计划，从而执行和控制。可将执行的结果再一次反馈到环境信息上，就这样，循环往复，使得企业的生产、运营形成一个完备的有机整体。

市场营销信息系统作为一种信息的收集、管理、提供机构，承担着以下职能。

1. 数据资料的收集

这实际上包括两种情况：一是作为一种常规性工作，经常收集相关的数据资料，以便需要时调用。二是在特殊需要时的收集。例如，市场营销管理者明确问题的所在后，信息担当者就要进行确认，信息库是否输入与其问题有关的信息。如果找不到适合的信息，就要决定是否花成本收集。如果认为不值得花成本，就只好利用现有信息进行市场营销决策。相反，如果认为有必要花成本收集新的信息，那就开始在企业内外收集其数据资料，并将其输入数据资料库。

2. 数据资料的处理

收集、输入数据资料库的都是未加工的原始数据资料，需要对其进行整理、编辑、建档等处理。

3. 数据资料的分析和评价

数据资料要成为某种决策或特定目的的有价值的信息，还必须用科学方法并结合经验和悟性，对其进行统计分析和评价。

4. 储存和检索

储存和检索至少应包括两个层次：其一是原始数据资料的储存和检索；其二是经加工，即统计分析和评价后的、作为某种决策信息的储存和检索，并要做成报告等一定的表现形式，以便提供或随时准备提供给市场营销管理者和经营者。

5. 信息的传递

作为一种日常性工作，将有关市场营销信息及时提供给市场营销管理者和经营者，或者根据其需要，随时向市场营销管理者和经营者提供某种特定的信息。

5.1.3　市场营销信息系统的子系统

根据对市场营销信息系统的要求与市场营销信息系统收集、处理和利用各种资料的范围，其基本框架一般由四个子系统构成。

1. 内部报告系统

内部报告的主要任务是由企业内部的财务、生产、销售等部门定期提供控制企业全部营销活动所需的信息，包括订货、销售、库存、生产进度、成本、现金流量、应收应付账款及盈亏等方面的信息。企业营销管理人员通过分析这些信息，比较各种指标的计划和实际执行情况，可以及时发现企业的市场机会和存在的问题。企业的内部报告系统的关键是如何提高这一循环系统的运行效率，并使整个内部报告系统能够迅速、准确、可靠地向企业的营销决策者提供各种有用的信息。

2. 市场营销情报系统

企业的市场营销情报系统是指企业营销人员取得外部市场营销环境中的有关资料的程序或来源。该系统的任务是提供外界市场环境所产生的有关动态的信息。企业通过市场营销情报系统，可能从各种途径取得市场情报信息，如查阅各种商业报刊、文件，网上下载；直接与顾客、供应者、经销商交谈；与企业内部有关人员交换信息；雇用专家收集有关的市场信息；向情报商购买市场信息等。系统要求采取正规的程序提高情报的质量和数量，必须训练和鼓励营销人员收集情报，鼓励中间商及合作者互通情报，购买信息机构的情报，参加各种贸易展览会等。

3. 市场营销研究系统

市场营销研究系统是完成企业所面临的明确、具体的市场营销情况的研究工作程序或方法的总体。其任务是：针对确定的市场营销问题，收集、分析和评价有关的信息资料，并对研究结果提出正式报告，供决策者有针对性地用于解决特定问题，以减少由主观判断可能造成的决策失误。各企业所面临的问题不同，需要进行市场研究的内容也不同。根据国外对企业市场营销研究的调查，发现主要有市场特性的确定、市场需求潜量的测量、市场占有率分析、销售分析、企业趋势研究、竞争产品研究、短期预测、新产品接受性和潜力研究、长期预测、定价研究等项内容，企业研究得比较普遍。

4. 市场营销分析系统

市场营销分析系统是指一组用来分析市场资料和解决复杂的市场问题的技术和技巧。这个系统由统计分析模型和市场营销模型两个部分组成，第一部分是借助各种统计方法，对所输入的市场信息进行分析的统计库；第二部分是专门用于协助企业决策者选择最佳的市场营销策略的模型库。

5.1.4　电信市场营销信息系统的建立

中国电信集团公司成立于 2002 年，是我国特大型国有通信企业。中国电信作为中国主体电信企业和最大的基础网络运营商，拥有世界第一大固定电话网络，覆盖全国城乡，通达世界各地，成员单位包括遍布全国（不含台湾）的 33 个省级企业，在全国（不含台湾）范围内经营电信业务。2011 年 3 月 31 日，中国电信天翼移动用户破亿，成为全球最大 CDMA 网络运营商。

电信市场是电信产品或服务的现实客户和潜在客户需求的总和。电信市场包含三个主要因素，即对某种电信产品有需求的客户、为满足这种需求的购买能力和购买欲望。

电信市场营销是指在不断变化的市场环境中，电信企业为满足消费需求，实现企业目标，创造使电信客户满意的通信产品和服务，并使电信客户享受到通信有益效用的一切经营活动的过程。市场营销信息系统是电信企业收集、处理并利用相关环境数据的工具，此系统负责以各种方式，从企业的内部和外部收集市场数据、生成各种产品、价格、广告与人员推销、分销与实体分配等方面的市场信息，为管理者提供决策支持。对电信企业而言，建立一个有效的市场营销信息系统是相当重要的，掌握合理、及时、有效的、各种形式的信息，是构建信息系统的准则。因而，有效的电信市场营销信息系统由处理子系统和执行子系统两部分构成，而环境属于市场营销信息系统的外在因素，也是建立市场营销信息系统的前提。电信企业市场营销的相关环境包括宏观环境和微观环境，它们十分广泛，而且经常发生变化，所以，企业在制定决策时，必须明确哪些范围内的环境最值得研究，以制定有效的市场营销信息系统。

1. 电信市场环境分析

一般来说，企业的市场营销环境可分为宏观环境和微观环境。宏观环境是指影响企业营销活动的巨大社会力量，包括人口、经济、政治和法律、科技、自然及社会文化等多方面的因素。微观环境是指直接影响和制约企业营销活动的条件与因素，包括供应者、竞争对手、营销中介、顾客、企业内部各部门等。纵观电信市场营销环境各因素影响，经济环境的影响是主要的，所以，首先，分析经济环境在改革开放以来发生的重大变化，主要体现在以下几方面：一是我国经济的买方市场和开放经济已经全面形成，宏观经济稳定发展；二是市场环境和市场竞争主体发生很大变化；三是产业结构正在向深度和广度发展，国内具有强大的内需，信息化快速发展；四是市场经济规律作用越来越大。这些经济环境的变化，使电信企业清醒地认识到电信企业应是发展与改革并进、机遇与挑战并存。其次，从居民消费支出结构看，在城镇居民消费支出中，娱乐、教育、文化支出约占15%，成为仅次于食品消费的第二大支出。用户对娱乐性文化需求的增加，将有效降低移动互联网的推广门槛。

除此之外，从技术环境上看，投入商用的5G网络将进一步拓展现有4G平台上的多种增值服务，5G宽带资源的丰富将为基于视频的各类移动互联网平台提供更好的技术支持；并且，中国在移动通信领域的研发实力已跃居全球前列，本土设备商的崛起为中国移动通信市场的发展提供了技术保障，基于移动互联网应用的平台开发和普及，成为推动手机第三方应用快速发展的引擎。

微观环境上，首先，供应商所提供的移动通信设备的好坏，直接影响到移动通信服务质量，而设备的价格、维护成本的高低则直接影响通信企业的投资回收期，进而影响移动通信服务成本价格和利润。其次，顾客是电信企业的目标市场，是电信企业服务对象，也是企业市场营销活动的出发点和归宿。企业的一切营销活动都应以满足顾客的需要为中心，影响电信顾客的主要因素包括消费者偏好、价格预期和相关电信产品购买量。

无论是宏观环境还是微观环境，它们一起构成了电信市场营销信息系统的主要数据来源，对其建立产生巨大影响，电信企业在进行市场营销信息系统的构建之前，必须多途径、多角度地对两种环境内的信息进行全方位的收集，以便为成功的市场营销信息系统的构建作出有力的铺垫。

2. 收集、处理子系统

电信企业市场营销信息系统是以电信企业对市场各组合要素的分析为基础而建立的研究方法，是围绕将产品从生产者销售至用户手中的整个过程所开展的各项活动。收集、处理子系统是整个系统运作的首要环节，其主要任务是将大量相关的信息从系统外采集入市场营销信息系统，以进一步加工处理，包括内部报告子系统、市场营销情报子系统、市场营销调查子系统和市场营销分析子系统。

（1）内部报告子系统。该子系统主要是收集来自电信企业内部各项活动的数据及外部环境的数据，建立各种相应的数据库。其主要工作任务是向管理人员提供有关销售、成本、存货、现金流程、应收账款等各种反映企业现状的信息，故在此系统中应建立相应的订单文件、账单文件、销货文件等分数据库系统。市场营销管理人员必须以产品、地区、推销员为基础进行分类，并深入分析有关目前与过去销售及成本的信息；这些信息都应从用户管理模块数据库系统中提取，并可根据用户模块系统中的信息，对用户进行评价，再根据评价结果，修改用户文件中的级别。此外，还可从销货管理模块中读出发票文件，产生销货文件，从而作出各种销售统计报告。因而，内部报告子系统在电信市场营销信息系统的构建中，其主要作用是对信息进行储存，进而加以叙述，可便于企业管理人员在适当的时候进行信息检索。

（2）市场营销情报子系统。此子系统是用于向管理人员提供外部环境的"变化资料"，以便提醒管理者注意电信市场发展的新趋势，促使他们了解新技术及竞争者的动态。该子系统的输入数据主要来自环境，这些数据的使用是面向未来的，其数据的来源主要有：①市场开发方面的情报，即各子市场（按一定条件将用户划分成的用户群）的布局、规模、发展变化趋势等；②竞争者方面的情报，即包括国内外同行业的规模、地理位置、技术现状、新服务产品开发、设备更新等；③用户方面的情报，包括最终用户使用产品的目的，使用环境和使用条件，对电信服务产品功能、安全性、实用性等方面的要求等；④新产品开发的情报，如 5G 服务产品的诞生。这些数据的收集，首先，依靠电信企业自身来建立并整理出各种普查数据；其次，收集并汇总各企业的统计数据；最后，进行多方面的市场研究。企业在构建此子系统时，必须保持高度警觉，注重外界传播和与外界的沟通、交流，促使此子系统顺利建成。

（3）市场营销调查子系统。市场营销调查主要是针对电信用户有计划进行的情报活动，它是电信企业针对营销活动中反映的问题，自觉地、有计划地、集中地收集有关资料，取得数据，其目的在于，了解用户特别是潜在用户移动通信方面的需求，从而寻求发现新的电信服务产品组合，同时，通过对资料、数据进行营销分析，找出问题的成因，指导电信企业改进经营管理。所以，其主要任务是收集、评估、传递管理人员在制定决策时所必需的各种信息，其主要功能侧重于对各种数据资料、信息进行评定和审核。而以上诸多信息的获取，必须通过各种调查方法，通常采用的调查方法有询问调查法（包括走访和信访、电话调查）、观察法和实验法等。无论是何种调查方法，都要设计调查表，力图使调查结果具有可使用性、数据具有可靠性、调查资料具有可分析性。电信企业的管理人员在此子系统中，须请求市场研究部门从事市场调查、消费者偏好测验、销售研究、广告评估等工作。市场研究部门的工作侧重于对问题的解决，即针对某一特定问题正式收集原始数据并加以分析、研究，写成报告供最高管理层参考。

（4）市场营销分析子系统。该子系统是电信市场营销信息系统构建的核心，是对电信市场情报进行分析与预测的重要模块。该子系统的主要任务是从改善经营或取得最佳经营效益的目的出发，通过对信息的深加工，分析各种模型，帮助市场营销管理人员分析复杂的市场营销问题。该子系统主要包括一些先进的统计程序和模型，借助这些程序和模型，可以从信息中发掘更精确的调查结果。可见，该子系统的运行机制主要是决策各项信息与任务，对前三种子系统的结果进行重组合、再分析，以便作出更精确的决策。

3. 执行子系统

执行是使数据转变为效益的必要手段，管理层在对环境因素与收集、处理子系统进行分析后，就拥有了一份较完整的企业营销的信息网络系统，要发挥信息网络系统的作用，必须通过执行子系统，将收集、处理子系统中的各项有用信息与数据运用于计划与决策活动中，因而，管理层就应据此确定各种有用的信息，帮助其从事计划与决策活动。而这些需依靠以上的信息系统，制定各种执行子系统，对企业制订详细计划并控制执行。

执行子系统主要包括产品子系统、分销渠道子系统、促销子系统和市场组合子系统。这些子系统都是基于收集、处理子系统，经过决策者的分析、判断，制订的计划和方案。

（1）产品子系统。产品子系统是依据市场情报子系统的信息，对新的电信服务产品的开发方案、销售分析报告、产品解除报告等进行综合整理而制定的系统。该系统的主要功能是制订原产品的制作方案和新产品的开发方案，以使产品不断迭代创新，使消费者对此产品具有好感，并保持新鲜感。

（2）分销渠道子系统和促销子系统。分销渠道子系统和促销子系统都是决策者在分析收集、处理子系统后，制定的正确分销渠道和有效的促销方案，如采用定位营销、互补营销、攻心营销和网络营销等多途径的市场营销方式，以实现电信产品的高销量，从而使企业获取较高的利润。

（3）市场组合子系统。市场组合子系统是决策者根据市场调查、市场情报和市场预测数据等，综合分析市场营销因素各种可能的组合，得出每个特定时期、特定市场、销售特定产品具有最佳效果的组合策略，并由此制订企业的销售计划，合理地实现产品的全方位销售，达到投入与产出的均衡化，进而实现利润最大化。

由此可见，该子系统主要属于管理者的决策阶段，是一个有效的电信市场营销信息系统建设的最后阶段，也是市场营销的管理人员在对收集、处理子系统和环境因素进行分析后，制定的适合企业市场营销的合理营销方案与策略，是整个系统建设的关键一环。因而，只有在环境因素考虑齐全的前提下，再加上收集、处理子系统和执行子系统两者的有机结合，才能促使电信企业的市场营销信息系统建设得完整与稳固。

案例 5.2　华为信息战略：营销的大数据管理系统

5.2　电信市场预测和需求测量

5.2.1　市场需求的测量

市场需求对产品价格、产品改进、促销和分销等一般都表现出某种程度的弹性。因此，预测市场需求必须掌握产品价格、产品特征以及营销预算等的假设。可以用营销力量来描述企业所有刺激市场需求的活动。市场营销力量可分为四个层次，如图 5-2 所示。

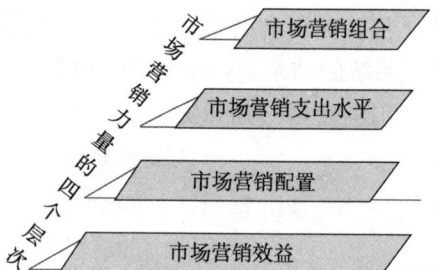

图 5-2　市场营销力量的四个层次

认识市场需求概念的关键，在于认清市场需求不是一个固定的数值，而是一个函数，即市场需求受上述诸因素的影响。因此，市场需求也被称为市场需求函数或市场反应函数，市场需求函数并不是随时间变化而变化的需求曲线，即它并不直接反映时间与市场需求的关系。市场需求曲线只表示当前市场营销力量与当前需求的关系，如图 5-3 所示。

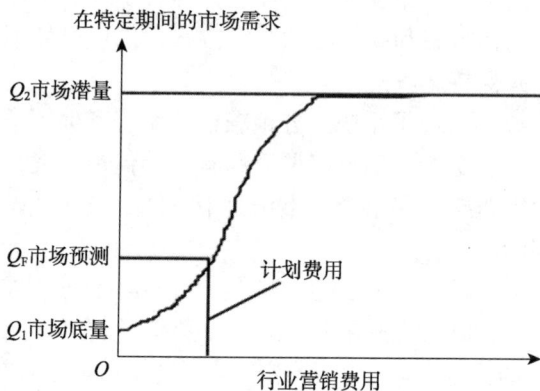

图 5-3　市场需求函数

行业营销费用可以有不同的水平，但是在一定的营销环境下，考虑到企业资源及发展目标，行业营销费用的水平又都必须是有计划的。同计划的营销费用相对应的市场需求就称为市场预测。这就是说，市场预测表示在一定的营销环境和营销费用下所估计的市场需求。

市场预测是估计的市场需求，但它不是最大的市场需求。最大的市场需求是指对应于最高营销费用的市场需求，这时，进一步扩大营销力量，不会刺激产生更大的需求。市场潜量是指在一定的营销环境条件下，当行业营销费用逐渐增高时，市场需求达到的极限值。我们知道，营销环境变化深刻地影响着市场需求的规模、结构及时间等，也深刻地影响着市场潜量。例如，对于某种产品来说，市场潜量在经济繁荣期就比在衰退期要高。这种关系可以表示为图 5-4。企业一般无法改变市场需求曲线的位置，因为这是由营销环境决定的，企业只能根据营销费用水平，确定市场预测在函数曲线上的位置。

拓展阅读 5.1　市场潜量计算与预测方法

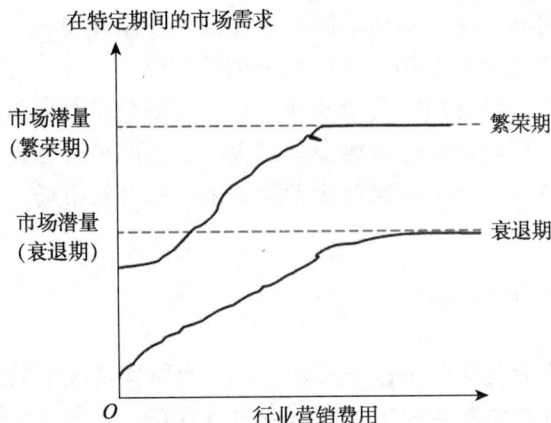

图 5-4 市场需求作为行业营销费用的函数

电信市场需求的测量内容广泛，可以划分为产品层次、空间层次和时间层次三种类型，其中，产品层次必须落实到空间层次上，而产品层次和空间层次都要受到时间层次的制约，如图 5-5 所示。

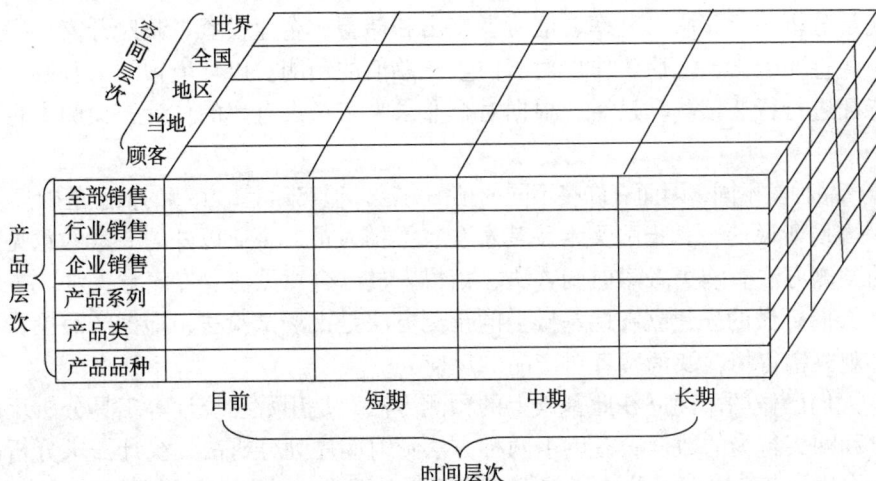

图 5-5 产品层次、空间层次和时间层次

电信公司可以根据 6 种不同的产品层次、5 种不同的空间层次和 4 种不同的时间层次来实行 90 种不同类型的需求预估。每个需求测量都有一个具体的目的。电信公司可能会操作短期预测，作为原材料采购、生产规划及安排短期融资的参考。市场可分为以下类型。

（1）潜在市场。潜在市场是指对市场提供的商品有某种程度兴趣的消费群体。然而，消费者的兴趣并不足以定义一个市场。潜在市场必须具有足够的收入且能够购买到这项产品。

（2）有效市场。有效市场是指对市场提供的产品有兴趣、有足够收入，又可以购买到特定供应物的消费群体。公司或政府机构也许会对某一群体加以限制。

（3）目标市场。目标市场是指在合格的有效市场中，公司决定从事经营的那部分市场。如部分电信企业将其办卡营销活动侧重于在大学校园开展。

（4）渗透市场。渗透市场是指公司产品的消费群体。

上述这些市场定义，是有用的营销规划工具。如果公司对目前的销售不满意，它可以考虑采取数种行动：可以从目标市场中尝试吸引更多的消费者，可以降低潜在购买者的资格要求，可以通过建立更多的渠道或者降价来扩张有效市场，可以在消费者心中进行重新定位。

5.2.2　当前需求预测方法

需求预测是一项十分复杂的工作。实际上，只有特殊情况下的少数几种产品的预测较为简单，如未来需求趋势相当稳定、没有竞争者存在、竞争条件比较稳定等。在大多数情况下，企业经营的市场环境是在不断变化的，由于这种变化，总的市场需求也是变化的、不稳定的。需求越不稳定，越需要精确地预测。这时，准确地预测市场需求就成为企业成功的关键，因为任何错误的预测都可能导致库存积压或存货不足，从而引起销售额下降，以致销售中断等不良后果的发生。

电信企业需求预测一般经过三个阶段，即环境预测、行业预测和企业销售预测。环境预测就是分析通货膨胀、利率、消费者支出和储蓄、企业投资、政府开支、净出口以及其他一些重要因素，之后，作出对国内生产总值的预测。以环境预测为基础，结合其他环境特征进行行业预测。最后，根据对企业未来市场占有率的估计，预测本企业的销售额。

由于产品种类不同，因而有许多不同的预测方法。但实际上，预测的信息基础只有三种。

（1）人们所说的。其指购买者及其亲友、推销人员、企业以外的专家的意见。在此基础上的预测方法有购买者意向调查法、销售人员综合意见法、专家意见法。

（2）人们要做的。建立在此基础上的预测方法是市场试验法，即把产品投入市场进行试验，观察销售情况及消费者对产品的反应。

（3）人们已做的。建立在此基础上的预测方法，是用数理统计等工具分析反映过去销售情况和购买行为的数据，有以下两种方法：时间序列分析法，统计需求分析法。

具体来说，考察当期电信市场需求，营销总监要先估计总市场潜量、区域市场潜量、总产业销售额和市场份额。总市场潜量是在一定时期内，在既定的产业营销投入及环境条件下，产业内所有公司所能达到的最大销售额。通常估计总市场潜量的方法是潜在购买者数量乘以每一购买者平均购买的数量，再乘以价格。

因为公司需要在其最佳的销售区域、最优地分配营销预算，所以需要估计不同城市的市场潜量。有以下两种估计方法：一种是市场建立法，必须确认该产品在每个城市的所有潜在购买者，估计潜在购买量；另一种是多因素指数法，因为电信市场顾客如此之多，无法一一列出，所以通常会使用一种直接指数进行估计，如电信公司可以假设某电信服务业务的市场潜量直接与人口有关。

除了估计总市场潜量和区域市场潜量外，公司还需要知道在市场上实际发生的产业销售额，这意味着，公司必须确认其竞争

拓展阅读 5.2　麦德龙客户需求分析体系

对手并估计其销售额。

5.2.3　未来需求预测方法

电信市场需求预测，就是在市场调研和市场分析的基础上，运用逻辑和数学方法，预先对电信市场需求未来的发展变化趋势作出描述和量的估计。

一般来说，电信市场未来需求预测需要按照以下七个程序进行：①明确预测目的；②调研收集资料；③选择适当的预测方法；④建立预测模型；⑤进行实际预测；⑥分析预测误差；⑦确定预测值，提出预测报告。

电信市场需要的预测，分为定性预测法和定量预测法两种。

1. 定性预测法

定性预测法是从事物的质的方面去分析判断，对市场需求未来发展趋势变化进行推算的方法。定性预测法主要包括以下三种。

（1）综合意见法。综合意见法是由预测人员召集企业的管理者和营销人员，让他们根据已收集的信息资料和个人的经验，对未来市场作出判断预测，最后，组织者把所有预测方案集中起来，用平均数的方法进行综合处理，并根据实际情况加以修正，确定预测结果的方法。

（2）专家意见法。专家意见法是依靠专家的知识、经验和分析判断能力，对过去发生的事件和历史信息资料进行综合分析，从而对未来的发展作出判断预测的方法。专家意见法包括专家会议法和专家小组法两种。

（3）类比法。类比法是利用两种事物发生的时间差异和形式上的相同或相似，借用先前的、同类的、相似的事物的有关参数来进行预测的方法。

2. 定量预测法

定量预测法是依据大量的数据资料，运用统计分析和数学方法，建立预测模型，描述客户需求未来发展变化规律，据此作出预测值的估计的方法。定量预测法可以分为时间序列分析法和因果分析法。

1）时间序列分析法

时间序列分析法以历史的时间序列数据为基础，运用一定的数学方法，寻找数据变动规律，来预测市场未来的发展变化趋势的方法。其常用方法如下。

（1）算术平均法。算术平均法是以一定历史时期销售量的平均值作为预测值的方法。

$$\overline{X} = \frac{\sum X_i}{n} = \frac{X_1 + X_2 + X_3 + \cdots + X_n}{n}$$

式中：$\overline{X}$ 为预测值；X 为观察期资料；n 为资料期数。

（2）加权平均法。加权平均法就是在求平均数时，根据观察期各资料重要性的不同，分别给予不同的权数后，加以平均的方法。

（3）移动平均法。移动平均法是将历史数据由远而近、按一定跨越期逐期移动，求出每一个跨越期的平均值，由计算出的每期移动平均数重新构成一个新的时间序列，将接近预测期的最后一个移动平均值作为确定预测值的依据的方法。移动平均法包括一次移动平均法和二次移动平均法。

①一次移动平均法：

$$预测值=最后一期移动平均数+期数×平均趋势变动值$$

②二次移动平均法：

$$M_i = \frac{M_i + M_{i-1} + M_{i-2} + \cdots + M_{i-n+1}}{n}$$

（4）指数平滑法。指数平滑法是对移动平均法的改进，它把全部历史数据由近至远给予递减权数，求加权平均值。指数平滑法包括一次指数平滑法和二次指数平滑法。

$$S_t^{(1)} = aX_{t-1} + (1-a)S_{t-1}^{(1)} \qquad S_t^{(2)} = aS_{t-1}^{(1)} + (1-a)S_{t-1}^{(2)}$$

（5）趋势延伸法。趋势延伸法又称趋势外推法，是根据市场发展的连续资料，寻求市场发展与时间之间的长期趋势变动规律，用恰当的方法，找出长期变动趋势增长规律的函数表达式，据此预测市场未来发展的可能水平的方法。

$$Y_t = a + bt$$

式中，Y_t 为第 t 期 Y 的预测值；t 为自变量，代表时间序列的时间；a 为趋势直线的 y 轴截距点；b 为趋势直线的斜率。

2）因果分析法

因果分析法也称结构关系分析法，它是通过分析市场变化的原因，找出原因同结果之间的联系，建立预测模型，并据此预测市场未来的发展变化趋势及可能水平的方法。因果分析法的主要工具是回归分析技术，因此，又称其为回归分析预测方法。一元线性回归描述的是一个自变量与一个因变量的相互关系。回归直线方程表达式为

$$Y = aX + b$$

式中：Y 为因变量；X 为自变量；a、b 为回归系数。

5.3 电信市场营销调研

市场营销调研是针对企业特定的营销问题，采用科学的研究方法，系统地、客观地收集、整理、分析、解释和沟通有关市场营销各方面的信息，为营销管理者制定、评估和改进营销决策提供依据。

市场营销调研可为企业发现市场机会提供依据。市场情况瞬息万变，环境变化难以预测。一些新的产品会流行起来，而另一些产品则会退出市场。激烈的竞争给企业进入市场带来困难，同时也为企业创造许多机遇。通过市场营销调研，可以确定产品的潜在市场需求和销售量的大小，了解顾客的意见、态度、消费倾向、购买行为等，据此进行市场细分，进而确定其目标市场，分析市场的销售形势和竞争态势，作为发现市场机会、确定企业发展方向的依据。

案例 5.3 宝洁公司的"全面调研"

市场营销调研是企业产品更新换代的依据。科学技术的日新月异，顾客需求的千变

万化，致使市场的竞争日趋激烈，新产品层出不穷，产品更新换代的速度越来越快。通过市场营销调研，企业可以发现产品目前处于产品生命周期的哪个阶段，以便适时调整营销策略，对是否要进行产品的更新换代作出决策。

5.3.1 电信市场营销调研范围

电信市场营销调研是电信企业自己组织或委托社会调查公司系统地设计、收集、分析和提供数据资料，以及提出与公司面临的特定营销状况有关的调查研究结果。

按调研的目的和功能，市场调研可分为探索性调研、描述性调研和因果性调研。

探索性调研是在情况不明了的条件下，为了找出问题的症结和明确进一步深入调查的具体内容及重点而进行的一种非正式的试探性调查。这种调查一般不用拟订严密的方案，调查面广而不深。这种调查特别有助于把一个大而模糊的问题表述为小而准确的问题，并识别需要进一步调查的信息。例如，近几个月电信企业的离网率不断升高，电信企业无法一一查明原因，就可以用探索性调研来查明原因。

描述性调研是为描述市场状况而经过周密计划的正式、全面的调查，它比探索性调研更深入、更仔细。这种调研一般需要在事前拟订调查计划，并在事后写出调查报告。描述性调研是寻求对"谁""什么时候""什么事情""什么地点"这样一些问题的答案。它可以描述不同消费者群体在需要、态度、行为等方面的差异。例如，消费者对电信产品的使用量、消费者对各品牌的偏好等，这些需要通过描述性调研来收集资料，以便为电信企业提供重要的决策信息。

因果性调研是调查一个因素的改变是否引起另一个因素改变的研究活动，目的是识别变量之间的因果关系。例如，影响某个城市电话普及率的主要因素是什么、与地区生产总值关系如何等，这就是因果性调研所要回答的问题。

"没有调查，没有发言权"已经成为经营者的共识。而划分市场调研类型、明确调研内容范围、了解市场变化等，就能掌握准确、可靠的信息，为电信企业营销决策提供依据。一般来说，电信市场营销调研的范围包括以下几方面内容。

1. 市场环境调研

市场环境调研主要有以下内容。

（1）经济环境调研。经济环境调研包括人口及增长情况、国内生产总值、国民收入总值、居民的收入水平、消费水平、消费结构、物价水平、物价指数、能源和资源状况等。

（2）政治环境调研。政治环境调研主要包括国家的有关政策、法律及规章制度等。

（3）社会文化环境调研。社会文化环境调研包括受教育程度、文化水平、职业结构、科学技术发展水平等。

2. 电信市场需求调研

电信市场需求调研包括：现有客户和潜在客户需求量调研；不同的细分市场对某产品的需求调研；电信企业产品的市场占有率，哪些细分市场对电信企业最有利及市场需求变化趋势的调研。

3. 客户调研

从市场角度讲，客户的需求是电信企业活动的中心和出发点，决定着电信企业的命运。因此，对客户需求的调研就成为市场调查研究的一项重要内容。对客户的市场调研的主要内容包括以下几点。

（1）客户的数量、结构、分布，及其购买动机、购买行动和购买程序如何。

（2）客户的购买习惯和使用情况。

（3）购买者和使用者是什么样的关系。

（4）客户对电信服务水平的要求，对价格的承受能力，对电信企业的满意程度和信任程度。

（5）新产品进入市场，哪些客户最先购买，其原因是什么。

（6）潜在客户的特点，购买力投向等。

4. 电信产品调研

电信产品调研包括以下几个方面。

（1）客户对电信产品在功能、服务质量、服务水平和价格方面的评价、意见、要求等。

（2）客户对各种电信产品，特别是新产品的了解程度。

（3）产品处于生命周期哪一阶段，何时投放新产品，何时淘汰老产品。

（4）产品的品牌、商标。

（5）电信产品的售前、售后服务。

（6）各种促销活动对电信产品发展产生的影响。

5. 电信产品价格调研

电信产品价格调研包括以下几个方面。

（1）影响价格的因素。

（2）市场供求情况的变化。

（3）产品市场需求弹性的大小。

（4）新产品定价策略。

（5）替代产品价格的高低。

6. 电信分销渠道调研

电信分销渠道调研主要包括以下几个方面。

（1）电信企业现有的分销渠道是否适应市场需求，能否满足客户需求。

（2）分销渠道是否畅通，布局是否合理。

（3）分销商的经营实力、推销手段、销售业绩如何。

（4）分销商对开拓电信新市场有何见解、对电信企业有何要求。

7. 促进销售调研

促进销售调研包括以下几个方面。

（1）电信广告的调研，包括广告信息、广告媒体、广告时间和广告效果的调研。

（2）电信产品营销队伍的规模及素质的调研。

（3）电信企业与媒体关系、员工满意度的调研。

8. 市场竞争情况调研

市场竞争情况调研包括：竞争产品的特性、市场占有率、覆盖率；竞争对手的优势和劣势、长处与短处；竞争对手的市场营销组合策略；新产品、新技术开发情况和售后服务情况；竞争对手实力等。

以上各项内容，是从电信市场调研的一般情况来讲的。各个企业市场环境不同，所遇到的问题不同，因而，所要调研的内容也不同。电信企业应根据自己的具体情况，有针对性地确定其市场调研的内容，并组织力量把调研工作做好。

5.3.2　电信市场营销调研过程

市场调研是一项复杂而艰巨的工作，调研人员必须在大量的、杂乱的信息中收集、整理和加工有用的信息。因此，调研人员只有采用严密的调研步骤和设计市场调查问卷，才能提高工作效率、实现调查目标。

从确定调研目的到提出调研报告，一般要经历三个阶段：调研准备阶段、正式调研阶段和结果处理阶段。

1. 调研准备阶段

这一阶段是调研工作的开始，为了保证市场调研的顺利开展和调研质量，必须充分地做好一切准备工作。其具体工作步骤如下。

（1）确定调研主题。调研人员通过对电信企业内部各种业务的原始记录、统计资料、报表等的分析，比较企业过去和现在的情况，以确定调研主题。

（2）拟订市场调研计划。调研计划是市场调研的行动纲领，具体应包括调研目的、调研对象、调研方法、调研时间和进度以及调研预算等内容。

（3）培训调研人员。对调研人员进行培训，使调研人员理解调研计划、掌握调研技术等相关知识。

（4）非正式调研，也称试探性调研。调研人员根据调研主题，在小范围内做一些试探性调研，如走访有关专家、中间商、客户和有关的营销人员，征求他们对这些问题的意见。

经过调研准备阶段，假如可以找出问题产生的原因，提出改进方案，那么就可以省略以后的几个步骤。但大部分问题不可能通过调研准备阶段就得到解决，常常需要进一步深入调查。

2. 正式调研阶段

这个阶段是整个市场调研过程中最关键的阶段，对调研工作能否满足准确、及时、完整等基本要求有直接影响。其具体工作步骤如下。

1）决定收集资料的来源和方法

资料可分为原始资料和现成资料。收集资料的方法有询问法、观察法和实验法。

原始资料也称第一手资料，是调查人员通过现场实地调查所收集的信息。现成资料也称第二手资料，是他人或其他单位取得的、已经积累起来的信息。

第一手资料针对性强、适用性好，但是时间长、成本高，对调查人员的素质要求高。第二手资料获取的成本低、时间短，容易获得，但是适用性较差，收集时要注意资料的真实性和可靠性。一般来说，从以下渠道收集第二手资料较为可靠：①企业的内部资料，包括资产负债表、利润表、业务收入表等；②政府权威机构的定期刊物，包括各种统计年鉴、统计报告、调查报告等；③电信行业相关协会的报告、定期刊物及上市公司报告，以及专业的市场咨询公司，如"北京零点研究集团""华南国际市场研究公司""上海尼尔森市场研究公司""央视市场研究股份有限公司"等的研究报告。

当今，互联网的发展为电信企业收集第二手资料提供很大的方便，电信企业可以通过百度、Google 等通用搜索引擎及其他专业网站，如"通信网"等，获得信息。但在收集资料时，一定要考证其真实性和可靠性。

2）设计调查表格

设计既要具有科学性，又要具有艺术性。调查表格的文字要简练、易懂。

3）抽样设计

在市场调查中多采用抽样设计，即从调查对象中抽取一定数量的单位（即样本）进行调查，然后推算总体状况。

4）实地调查

实地调查是调查人员按计划规定的地点及方法，具体地收集有关资料，不仅要收集第二手资料，而且要收集第一手资料。实地调查的质量，取决于调查人员的素质、责任心和组织管理的科学性。

在正式调研阶段有一个重要过程，就是设计调查问卷，问卷也称调查表，它是市场调查中最重要的一种工具。它由一系列的问题组成，其设计的目的是通过被调查者的回答获得所需信息。

问卷设计是市场调查的重要一环，问卷设计得科学与否，对调查结果影响很大。调查人员不能闭门造车，应先经过试调查，测试问卷的信用度与效用度，并找出问卷中存在的问题，再修改成正式问卷。

1）问卷的基本结构

（1）问卷说明。问卷说明主要说明调查的机构、为什么做这个调查、问卷如何填写等。

（2）调查的主题。调查的主题这一部分是整个调查的重心，也是调查目的的集中体现。它由一个个具体的问题组合而成。

（3）被调查者的个人资料。被调查者的个人资料通常要求填写被调查者的性别、年龄、受教育程度、职业、收入水平等。

2）问题的类型

问题是问卷的核心部分，它在很大程度上决定了问卷的回收率、有效率和答案的准确率。问题的类型主要分为以下几种。

（1）自由回答题。自由回答题即所提问题可由被调查者自由回答，不做任何限制，问卷上没有拟定好的答案。这类题的优点是可使被调查者尽量发表自己的意见，收集到一些为调查者所忽略的答案；其缺点是答案较多且各不相同，对资料的整理分类和分析工作造成很大困难。

（2）是非题。是非题即问题只提供正、反两个答案，非此即彼。

（3）单项选择题。单项选择题即一个问题有两个以上的答案供选择，只选其中一项作为回答。

（4）多项选择题。多项选择题即一个问题有两个或两个以上答案供选择，可任选其中一项或几项。

（5）程度评定题。程度评定题要求被调查者表示对某个问题的态度和认识程度。

3）问卷设计应注意的事项

一份完美的问卷应做到：能正确反映调查目的，问题具体，重点突出；能激发被调查者兴趣；能正确记录和反映被调查者回答的事实，提供准确的情报，便于事后统计和整理。

（1）问卷上所列的问题应该都是必要的，可要可不要的问题，不要列入。

（2）问题是被调查者有能力回答的，尽量避免被调查者不了解或难以答复的问题。问题的数量要适中，回答全部问题所用的时间最好不超过半小时。例如，"您每月的支出是如何分配的？"问题太抽象，被调查者难以答复。

（3）问卷上所拟答案要有穷尽性，避免重复和交叉。问卷上拟定的答案要编号。

（4）注意询问语句的措辞和语气，问题要提得简洁、明了、具体，应使用通俗易懂的词汇，尽量避免使用专业术语。例如，调查移动客户手机制式的情况时，"您使用的是GSM手机还是CDMA手机？",问题不够通俗,可以改成"您手机号码的前三位是否189、133",这样就通俗易懂了。

（5）要明确问题的界限与范围，问句的字义（词义）要清楚，避免文字理解上的误解，影响调查结果。

案例 5.4 电信公司关于 4G 业务调查问卷

（6）避免使用引导性或暗示性的问题。例如，"手机游戏是您常使用的一项移动数据业务吗？"这样的问句可能会使被调查对象倾向于对手机游戏接受程度有利，造成偏差。获得这个信息的一种更合适的问法应该是："您常使用的移动数据业务是什么？"然后，给出各种备选答案。

（7）注意问题排列顺序。通常，第一个问题必须有趣且容易答复；重要问题放在重要地方；容易的问题放在前面，慢慢引入比较难答的问题；问题要一气呵成，且应注意问题前后连贯性，不要让被调查者的情感或思绪中断；私人问题和易引起对方困扰的问题，应最后提出。

3. 结果处理阶段

这个阶段是调研工作的最后一环，调研人员通过整理分析资料，阐述调查结论。其具体工作步骤如下。

1）整理分析资料

整理分析资料是对所收集的资料进行"去粗取精、去伪存真、由此及彼、由表及里"的处理，以保证资料的系统、完整和真实可靠；然后，对资料分类，进行统计计算，将统计结果制成各种图表，为做进一步的分析提供依据；最后，选用经过整理的资料和统计结果，经过全面、系统的分析，得出研究结论，并针对决策内容提出建议。

2）提交调研报告

调研报告是对调研成果的总结和调研结论的说明，报告应紧扣调研主题、简明扼要、突出重点、讲求实用。调研报告的内容主要包括调研的目的、范围和调研方法的简要说明、调研结果分析、得出的结论性意见、调研的误差和局限性说明，以及供决策者参考的对策建议等，并尽可能附上图表，便于决策者在最短的时间内对整个报告有一个概括的了解。

3）总结经验教训

提出报告后，调查人员还应追踪了解调研报告是否被重视和采纳、采纳的程度和采纳后的实际效果，以便积累经验和教训，不断改进和提高市场调研的水平。

撰写调研报告时，需要注意一些问题，以便撰写出更完整、准确的报告。

（1）实事求是。市场调研是为了揭示事情的真相，因此，必须客观、真实，用真实的数字来说话。市场调研报告必须基于真实的数字进行客观、科学的分析，做到真实、可靠、准确。注意资料信息的全面性，避免结论和建议的片面性，不能有任何虚假信息和内容。

（2）针对性强。市场调研报告应该重点突出调研目标的完成和实现情况。一份高质量的调研报告是系统的、全面的，撰写调研报告时，切忌面面俱到、事无巨细地进行分析，要对信息资料进行严格的分类和筛选，根据市场的变化和消费者的需求，对信息资料进行有针对性的分析研究，概括出调研结果，提炼出报告的主题。

（3）篇幅适当。调研报告的长度要按实际需要来确定，要避免为了追求报告的厚度而增加一些无关痛痒的文字。调研报告的价值需要以质量和有效性来衡量，而非报告的长度。因此，调研篇幅长短、内容取舍、详略等，需根据实际需要来确定。

（4）文字简练、层次鲜明。市场调研报告的文字要简练、语言要简洁、层次要鲜明、中心内容要突出，尽可能使用图表，以便决策者在最短时间内了解报告。

案例分析

当 5G 遇上上海滩：一场刷爆朋友圈的城市通信变革

在 5G 普及的关键时期，中国电信上海公司面临不小的挑战。上海作为国际化大都市，通信市场竞争异常激烈，各大运营商都在争夺 5G 用户。而且，当时很多市民对 5G 的了解并不多，不知道 5G 能给自己的生活带来什么改变。为了让更多人认识和使用 5G，中国电信上海公司决定策划一场别开生面的营销活动，打造属于上海的"5G 之城"。

为了让营销活动更贴合用户需求，中国电信上海公司做了大量的市场调研。工作人员通过线上问卷的方式，向不同年龄、职业的 2 000 多位上海市民发放问卷，询问他们对 5G 的看法和期待。结果发现，年轻人特别希望能用 5G 玩高画质的云游戏，而叔叔阿姨们则更关注 5G 在远程看病、监控家里等方面的应用。同时，公司还研究了竞争对手的营销策略，发现其他运营商大多是通过降价、送流量等方式推广 5G，但这些方法比较常规，很难让人眼前一亮。此外，调研团队还和城市规划专家一起分析了上海各个热门区域的人流量和人群特点，最终，锁定了新天地、东岸滨江等 12 个核心地段，准备在这些地方开展活动。

为了让 5G 真正融入上海市民的生活，中国电信上海公司开展了一系列创意营销活动。公司邀请了一群充满创意的年轻艺术家，在上海新天地、东岸滨江等热门区域，围绕 5G 主题打造了 32 件独具个性的艺术作品。在新天地，艺术家将 5G 信号图标与传统福禄寿形象巧妙融合，创作出充满海派风情的涂鸦墙，吸引众多路人驻足拍照；在东岸滨江，一座能实时显示 5G 网络速度的雕塑，以十足的科技感成为江边独特风景。这些艺术作品不仅成为城市新地标，也让市民在欣赏艺术的过程中，对 5G 有了直观的认识。

同时，公司拍摄了名为《侬好，生活！》的系列微纪录片，聚焦不同职业人群，讲述 5G 如何改变他们的生活。其中，电竞选手借助 5G 超低延迟顺利参与国际赛事，社区医生利用 5G 远程诊断系统及时救助患者等真实故事，通过抖音、哔哩哔哩网站等平台传播后，迅速引发网友共鸣，播放量轻松突破 1 亿次。

公司还进行线上线下联动，全面调动市民参与热情。线上，在微博发起话题挑战赛，在抖音推出 5G 主题特效滤镜；线下，在商圈设置 5G 体验舱，供市民现场体验云游戏、VR 观影等精彩内容，并且推出"寻找 5G 艺术打卡点"活动，市民只要将打卡照片分享至社交平台，就能获得 5G 流量礼包。一时间，这场 5G 活动成为上海街头巷尾热议的焦点，大家纷纷参与打卡互动。

这场精心策划的营销活动收获了极佳的效果，一举斩获 12 项广告营销界大奖，包括 TMA 移动营销大奖"年度最具移动营销领导力品牌"、虎啸奖"全场大奖"等重要奖项。更显著的是，活动极大提升了中国电信在上海的品牌知名度与好感度。调查数据显示，活动结束后，上海市民对中国电信 5G 的认知度从 42% 飙升至 78%，对中国电信品牌的喜爱度也增加了近三成。在业务发展上，活动期间，中国电信上海公司 5G 套餐新增用户超 210 万，较上一年增长 153%；5G 网络基本实现上海全域覆盖，家庭宽带 5G 融合套餐使用率提升至 38%。这场活动不仅助力中国电信在 5G 市场站稳脚跟，更推动 5G 深度融入上海市民的日常生活。

资料来源：中国电信上海公司的"5G 之城"项目横扫 12 项广告营销界大奖[EB/OL]. (2021-06-04). https://m. thepaper.cn/newsDetail_forward_12986556.

思考题：

如果你是其他城市的电信运营商，会如何结合本地特色，开展类似的 5G 营销活动呢？

本章思考题

1. 结合英国电信的案例，分析市场信息收集和需求预测对企业战略决策的影响。

2. 简述市场营销信息的特征及其对企业营销决策的影响。

3. 如果你是电信企业的营销人员，你会如何利用市场营销情报系统获取竞争对手推出新服务的信息？

4. 电信市场营销信息系统的四个子系统（内部报告系统、市场营销情报系统、市场营销研究系统、市场营销分析系统）之间是如何协作的？请举例说明。

5. 请举例说明电信市场营销调研中的探索性调研、描述性调研和因果性调研分别适用于哪些场景。

即学即测

自学自测  扫描此码

第6章

电信顾客价值与顾客满意

本章学习目标：

1. 了解什么是顾客价值、顾客满意、顾客忠诚、顾客满意陷阱和客户关系管理，对它们有一个全面、清晰的认知。

2. 了解电信顾客价值的含义、计算和提升策略。

3. 熟悉和掌握顾客满意与顾客忠诚的关系。

4. 掌握顾客满意陷阱的成因和相关模型。

5. 了解5G时代下客户关系的新特征及管理新策略。

引导案例

中国电信咸宁通山黄沙支局：服务驱动型顾客价值提升

在当前高度同质化竞争的电信市场环境下，顾客价值的深度挖掘与持续提升已成为企业构建核心竞争力的关键要素。中国电信咸宁通山黄沙支局通过创新服务模式，成功实现顾客价值与企业效益的协同增长，为电信行业顾客价值管理提供了典型实践样本。

2023年，面对日益激烈的市场竞争与艰巨的业务发展目标，黄沙支局管理层确立"以服务促价值、以口碑拓市场"的发展战略。在该战略指导下，支局于3月启动"老用户价值深耕计划"，通过系统化的服务升级举措，推动顾客价值的阶梯式增长。

在执行过程中，支局服务团队在毛杨村石马小组开展服务时，发现某电信老用户存在网络体验优化空间。专业技术人员运用专业检测设备对用户网络环境进行全面诊断，通过科学调整路由器布局、规范线路敷设等技术手段，显著提升网络传输速率。此次服务不仅解决了用户的实际需求，更激发了老用户的主动传播行为，成功吸引其邻居——经营小卖部的老年夫妇关注电信业务。

支局服务人员敏锐捕捉市场机会，对经营小卖部夫妇的通信消费数据进行专业分析，运用话费比算模型精准匹配其通信需求，推荐包含视频监控、千兆宽带、智慧养老服务等功能的666——129元通信礼包。该方案在满足客户多元化需求的同时，实现家庭通信成本优化，成功促成业务转化。业务办理过程中，支局践行"客户需求即时响应"原则，当日完成安装调试及功能培训，确保服务的完整性与专业性。

此次服务的成功实施，产生了显著的示范效应，吸引周边用户主动咨询业务。面对其中一位因工作原因急需安装的客户，支局启动应急服务机制，打破常规服务流程，实现"当日受理、即时安装、现场交付"的全流程服务，展现高效服务能力。通过上述服务创新实践，黄沙支局在 2023 年 1—2 月取得显著经营成效：累计实现业务收入 77.1 万元，同比增长 1.2 万元；666 通信礼包成功推广 152 户；129 元及以上高价值套餐净增 286 户，总量达 2 095 户；移动业务用户数同比增长 107 户，宽带业务增长 12 户，高价值业务套餐增长 25.2 套。

案例充分表明，在电信市场营销中，通过构建系统化服务体系，实施精准化顾客需求管理，能够有效提升客户感知价值，促进顾客价值的持续增长。同时，优质服务所形成的口碑效应，可进一步拓展顾客群体，实现顾客价值的链式增长，为企业带来显著的经济效益与品牌价值提升。

资料来源：贴心服务吸来新客户——记中国电信咸宁通山黄沙支局长张高亮[EB/OL]. (2023-12-19). http://www.xnnews.com.cn/ztbd/qtzt/2020njnwllgtkyww/202312/t20231219_3406003.shtml.

6.1　电信顾客价值

6.1.1　顾客价值

顾客价值的研究起步于 20 世纪 80 年代，美国管理学者 Zeithaml（1988）提出顾客感知价值（CPV）理论，认为顾客感知价值是通过权衡产品或服务付出的成本与顾客所感知的利得，而获得对产品或服务效用的整体评价。自 20 世纪 90 年代开始，顾客价值逐渐成为管理界和企业界关注与研究的重点，在营销学者的研究中，一直将顾客价值视为企业竞争优势的新来源。顾客价值之所以被认为是企业竞争优势的来源，是因为许多学者在研究中发现，优秀的顾客价值能够更好地满足顾客的需求；提升顾客价值能够帮助企业提高顾客满意度，进而提高企业的盈利能力，最终获得竞争优势。在营销理论界，所有的企业价值活动都是以顾客为中心，满足顾客需求是企业生产经营的根本目的。国内的研究学者对于顾客价值以及顾客满意度也进行了深入的探讨，在研究科特勒持续营销体系的基础上，构建了基于顾客价值战略的顾客满意度以及企业竞争优势提升模型，如图 6-1 所示。

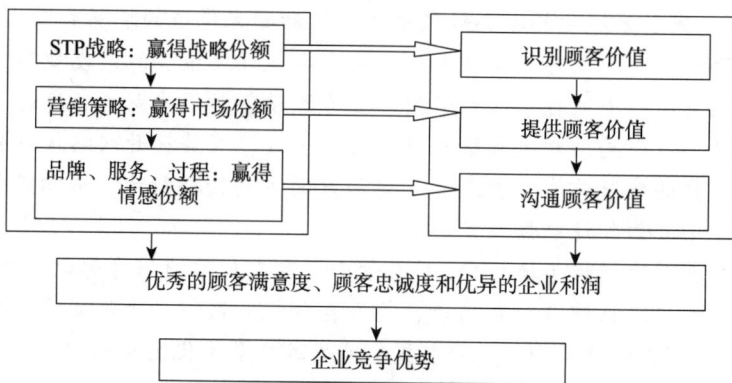

图 6-1　基于顾客价值战略的顾客满意度以及企业竞争优势提升模型

顾客价值的特征如下。

（1）个体差异性。由于不同顾客存在不同的文化水平、地域环境和需求偏好，因此对于相同产品或者服务感受到的价值和主观感受不同，顾客价值也就因人而异甚至因地而异。也就是说，企业要了解顾客的切实需求，就必须深入考虑顾客所处的自然环境和社会环境，了解顾客对产品或服务的主观心理感受，才能向顾客传递切合实际的价值。

（2）层次性。Woodruff教授提出顾客价值是有层次之分的，在其研究中，将顾客价值从上到下划分为基于目标的满意、基于成效的满意、基于本质的满意三个层次。一般情况下，这三个不同层次的价值会导致顾客不同程度的满意度。顾客价值的多层次性，引导企业更好地把握目标客户最高层次的价值目标，对顾客价值追根溯源。

（3）主观性。顾客价值有格外大的主观性，是买方对产品（服务）主观判断感受到的结果。顾客价值易受环境及个体差异的影响，是造成顾客价值相对主观的关键原因。

（4）动态性。顾客价值是动态变化的，在很大程度上是由主观性和层次性决定的。顾客价值的动态变化突出显现在以下方面：首先，时变性。顾客价值随消费时间、所处的购买阶段的改变而改变，时间的流逝会让产品/服务的价值逐渐削弱或显现。其次，情境性。越来越多的事实解释，顾客价值具有格外明显的情境依赖。最后，触发事件。在买卖双方互动过程中会出现一些特殊事件，称为触发事件。

从顾客价值研究的发展历程来看，各位学者对顾客价值的定义有着不同的观点，但从价值的感受主客体的角度来看，顾客价值的研究主要从三个不同的角度展开：一是企业为顾客提供的价值，即从顾客的角度来感知企业提供产品和服务的价值；二是顾客为企业提供的价值，即从企业角度出发，根据顾客消费行为和消费特征等变量，测度出顾客能够为企业创造的价值，该顾客价值衡量了顾客对于企业的相对重要性，是企业进行差异化决策的重要标准；三是企业和顾客互为价值感受主体和价值感受客体的顾客价值研究，称为顾客价值交换研究。

顾客价值意味着消费者对产品质量的满意和再次购买的可能性。在经济全球化和大数据时代的浪潮中，激烈的国内外市场竞争就要求企业以顾客需求为导向来组织产品开发、生产、销售等各项工作，谁能做到超越竞争，为顾客创造更多的价值，谁就能在激烈的角逐中获胜。图6-2说明了总顾客价值、总顾客成本和顾客感知价值三者关系的模

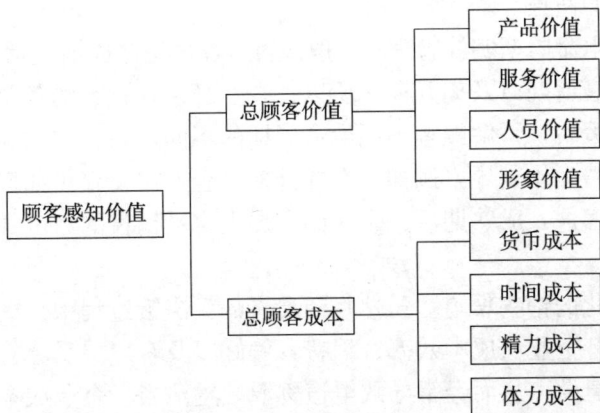

图 6-2　顾客感知价值模型

型以及顾客感知价值的影响和决定因素，总顾客价值实质上是顾客认定的价值，总顾客成本决定顾客购买的可能性。总顾客价值和总顾客成本的差值就是顾客感知价值，从企业的角度来说，企业又把它称作顾客让渡价值，即企业让出给顾客的价值，但是，最近这些年，企业都改称其为顾客感知价值。

6.1.2　顾客价值管理

顾客价值管理是客户关系管理成功应用的基础和核心。顾客价值管理就是企业根据顾客交易的历史数据，对客户生命周期价值进行比较和分析，发现最有价值的当前顾客和潜在顾客，通过满足其对服务的个性化需求，提高顾客的忠诚度和保有率。其根本目的是使企业的经营理念、能力、过程及组织结构与顾客感知的价值因素相适应，来向顾客传递最大化的价值。

顾客价值管理将顾客价值分为既成价值、潜在价值和影响价值，其作用在于满足不同价值顾客的个性化需求，提高顾客的忠诚度和保有率，实现顾客价值持续贡献，从而全面提升企业盈利能力。在研究企业顾客的既成价值时，由于顾客与企业的这种关系会保持一段时间，在该过程中，顾客对企业的价值的体现除了利润的增加、成本的节约，还有另一个重要贡献，就是顾客的既成影响价值。潜在价值是指如果顾客得到保持，顾客将在未来进行的增量购买，将给企业带来的价值。潜在价值主要考虑两个因素：企业与顾客可能的持续交易时间和顾客在交易期内未来每年可能为企业提供的利润。当顾客高度满意时，带来的效应不仅是自己会持续购买公司产品，而且通过他们的指引或者参考，还能影响其他顾客前来进行购买，其中所产生的价值称为影响价值。

完整的顾客价值管理包括三个步骤：①所需数据采集。②顾客价值分析，判断顾客的不同价值和等级。③决策，根据不同顾客价值来决定各个方面应该采取的措施。顾客价值管理的要点有以下几个。

（1）对顾客摒弃"普惠制管理和服务"。企业必须坚决摒弃"普惠制管理和服务"，应当选择和锁定自己特定的细分市场，然后，基于细分市场顾客的喜好和需求，有针对性地研发产品或服务组合，同时，针对产品或服务组合，不断进行市场反应测试，直到取得稳定、高利润的回报。

（2）按照客户生命周期实施管理。一般而言，客户生命周期包括五个阶段：获取期、提升期、成熟期、衰退期以及离开期。所以，企业必须在顾客的各个生命周期阶段，考虑实施不同的营销策略。了解顾客不同生命周期的不同需求，在相当程度上有助于公司实现营销和销售的精确化制导。例如，在提升期，企业需要聚焦如何将现有顾客培养成高价值顾客；当顾客进入成熟期后，企业则要加大交叉销售的力度并着手培养顾客对企业的忠诚度等。

（3）建设差异化的销售渠道。虽然在消费者购买决策过程中，渠道所具有的影响力日益上升，但很少有企业从成本效率、消费者偏好以及客户关系建立能力等维度出发，进行渠道差异化的建设，从而经常导致渠道资源处置不当、企业成本结构受损、顾客感受削弱。通信企业在这方面堪为学习榜样，它们根据顾客行为与实际需求，建立差异化的销售渠道，然后，针对不同的渠道提供不同等级的资源配置支持。

（4）内部作业流程与顾客的价值取向（即购买力与消费习惯）相匹配。只有使企业的内部作业流程与顾客的价值取向高度契合，才能使企业获得更高的顾客满意度，进而使自己在营销和顾客服务上的投资物超所值，否则，必然导致企业销售成本增加，顾客满意度下降。

（5）将呼叫中心（call center）视为营销和销售中心。如果在适当的时间为呼叫中心的业务人员提供适当的信息，企业完全可以在与顾客的互动中达成"双赢"——在提升顾客满意度的同时，为企业创造丰厚的收益。

顾客价值管理的意义可以概括为两个方面：一方面是创造价值。企业为客户创造价值是自身价值实现的前提，并应该将其传递给顾客。为顾客创造并传递的价值，以顾客让渡价值来表示，它是顾客获取的总价和花费的总成本之差。另一方面是获取价值。企业是以盈利为目的的组织，其最终目的是实现自身价值的最大化。因此，在为顾客创造价值的基础上，让自身获取价值是企业顾客价值管理的根本任务和意义所在。在顾客价值管理中，企业获得的最大价值是关系价值，即建立和维持、稳定顾客长期关系，能给企业带来的价值。关系价值既包括经济价值，又包括社会价值。经济价值主要包括：维持老顾客比吸引新顾客少得多的成本，沿着顾客价值链向前或向后进行关系营销、获得的价值等。社会价值主要指从稳定的长期顾客关系中获得包括满意顾客的口碑效应和信息传播。

6.1.3 RFM 模型

顾客价值的分析模型有 RFM 模型、CLV（customer lifetime value，客户生命周期价值）模型、顾客社交价值模型、CV-PV 模型等，在众多顾客价值分析模型中，应用最广泛的是 RFM 模型。根据美国数据库营销研究所 Arthur Hughes 的研究，顾客数据库中有三个神奇的要素，这三个要素构成了数据分析最好的指标：顾客的最近一次消费（recency）、消费频率（frequency）以及消费金额（monetary），该研究模型被称为 RFM 模型。在实际操作中，可以定义 R 为固定时间内，顾客最近一次交易日期，与时间段终点越近越好；F 为固定时间内顾客交易的次数，次数越多越好；M 为一段时间内顾客的交易度量（如金额、利润、利润率等），越大越好。

RFM 分析是客户关系分析中一种简单、实用的方法，它将最近一次消费、消费频率、消费金额这三个要素构成数据分析最好的指标，衡量顾客价值和顾客创利能力。RFM 分析也就是通过这个三个指标对顾客进行观察和分类，针对不同特征的顾客，实施相应的营销策略。最近一次消费、消费频率、消费金额是测算消费者价值最重要，也是最容易的方法，这充分地表现了这三个指标对营销活动的指导意义，而其中最近一次消费是最有力的预测指标。RFM 模型是衡量当前用户价值和顾客潜在价值的重要工具和手段。其中，R 值能够判断用户的活跃程度，F 值能够判断用户的忠诚程度，M 值能够判断用户对于平台的贡献价值，即重要程度，可以从中将用户活跃度、忠诚度和消费能力评估出来，如图 6-3 所示。

$$R \quad\quad F \quad\quad M$$

（活跃度） （忠诚度） （消费能力）

案例：

R	F	M
0：<30天	0：1次	0：<200元
1：30~59天	1：2次	1：200~399元
2：60~89天	2：3次	2：400~599元
3：90~180天	3：4次	3：600~900元
4：>180天	4：>4次	4：>900元

图 6-3　RFM 评估用户活跃度、忠诚度和消费能力

用 RFM 方法进行顾客分层的步骤如下。

（1）给定 RFM 的各项分值的评分标准。R 值：最近一次消费越近，得分越高，最高 5 分，最低 1 分。F 值：消费频率越高，得分越高，最高 5 分，最低 1 分。M 值：消费金额越高，得分越高，最高 5 分，最低 1 分。

（2）设定分类标准。根据 RFM 的分值对顾客进行分类，用户划分详情以及相应的运营策略如表 6-1 所示。

表 6-1　用户划分详情以及相应的运营策略

顾客类型	R 值	F 值	M 值	相应的运营策略
重要价值顾客	高	高	高	优质服务、重点保持
重要发展顾客	高	低	高	重点提升消费频次，跃入重要价值顾客
重要召回顾客	低	高	高	有段时间未消费，提醒其消费
重要挽留顾客	低	低	高	流失风险较大，采取措施，如优惠券召回
一般价值顾客	高	高	低	提升消费金额，然后跃入重要价值顾客
一般发展顾客	高	低	低	新用户，提升消费频次
一般召回顾客	低	高	低	提醒消费，一般维持用户
一般挽留顾客	低	低	低	流失风险大，采取措施，如优惠券召回

（3）数据抽取及处理。对数据进行预处理，然后从数据库中抽取所要分析时间段内的顾客详细数据，抽取字段为：最近用户 ID（身份标识号）、最近下单日期、消费次数以及消费金额。将最近下单日期和今日日期差值处理后，得到 R 值。

（4）模型构建。根据评分标准，给每个 R 值、F 值以及 M 值打上分，并分别求出 R 值、F 值以及 M 值的平均得分。根据评分，对顾客进行等级划分。

RFM 模型应用广泛，适用于生产多种商品的企业、加油站、旅行保险、运输、快递等行业，目前，已经形成了一套固定的、操作简单的程序化方法。RFM 模型为企业进行个性化沟通和服务，提供了一个顾客的全部轮廓，同时，随着顾客与企业交易时间的增长，模型对顾客长期价值的评估精准度逐渐提高，从而为企业更多的营销决策提供支持。但是，在顾客价值评价领域，RFM 模型并不能产生好的效果，一方面，RFM 模型的主要作用不是进行顾客价值评价，是预测顾客未来交易的可能性，从而提高顾客的交易次数；另一方面，RFM 模型是针对直销行业特点设计的，在通信行业等其他行业中的应用效果很难判断。

6.1.4 客户分层

互联网在人们生活中的渗透率越来越高,任何一款产品获取新客户的成本都在不断增加,随之而来的是老客户的流失成本不断增加,所以,企业不得不重视对老客户的运营。这时,搭建一套成熟的客户运营体系势在必行。在所有的互联网产品中,每个客户都会扮演不同的角色、发生不同的行为。所以,在搭建客户运营体系时,主要是基于客户的角色和行为的不同,做客户分层。通过客户分层,可以区分高价值客户及低价值客户,也可以了解到哪些客户正在活跃,又有哪些正在流失。这也是日常所说的精细化运营的前提,只有做好客户分层,才能针对不同层级的客户,制定相应的运营策略,才能做到精细化。客户分层的目的是帮助企业实现精细化运营,将有限的营销资源合理化分配,同时降低运营成本和扩大运营效果。

客户分层有很多不同的方法,有基于人口统计特征的客户分层方法,如按年龄、性别、职业、地理位置等划分;有基于客户行为的客户分层方法,如消费额度、消费倾向、RFM 模型;有基于顾客价值的客户分层方法,如 ABC 分类方法、金字塔客户分类模型、基于客户生命周期的客户细分方法、三维顾客价值细分模型;还有基于客户兴趣偏好的方法等。

从客户分层方法的提出到方案的最终落地,这是一项长期的系统性工程,需要有具体、清晰的路径以确保客户分层的有效实施。其具体包括以下五个步骤。

(1)界定分层的客户主体。客户是银行一切经营活动的中心,商业银行进行客户分层,首先要明确分层的客户主体。在具体实操过程中,商业银行可以根据战略规划与导向,界定分层的客户主体,以产品和业务为依托,对客户群进行精准定位。

(2)明确客户细分的基础维度及其具体变量。综合业内客户分层的常用方法,结合银行自身实际情况,同时,根据选定客户群体的特征,明确客户细分的基础维度并挑选相应的衡量指标。维度筛选要坚持以下两个标准:一是指标能否在客户获取和经营的关键层面体现明显的差异性;二是保证在应用层面能够易于沟通、便于使用。

(3)客户初步细分及归并。根据选定的细分维度对客户进行初步细分,并根据细分结果,按需分类、归并。对具有相似需求的客户群体进行归并,主要考虑因素包括客户所处生命阶段、客户的收入水平、客户价值以及客户的产品需求等。

(4)客户画像描摹。通过分层数据的归纳分析,对每一类客户开展研究,细分客户的习性,完成客户画像描摹。针对不同层次的客户群体进行特征识别,对客户的分布、偏好,进行初步分析和洞察。

(5)客户战略归集与评估。从价值性和可行性两个方面,对客户分层进行战略归集与评估,识别未来客户发展的重点目标客户群。

各个层次用户的分布情况,大体呈现"二八"分布法则。每个层次的用户特征不同,因此,对每个层次的用户采取定制化运营策略。重要价值客户相对来说,是比较优质的用户,需要保持现有状态。这类客户也是企业追求的客户,也就是说,企业希望尽可能多的用户最终都能转化成此形态的用户,即理想化目标:所有的用户都能成为重要价值用户。围绕这一目标,可以查看各个层次的用户与这一目标差距在哪里,频次不够,提频次；活跃度不够，去唤醒用户；消费金额不够，去刺激消费。当然，这只是理想化目标，可以参考这一思路去依据实际情况制定各个层次用户的运营策略，最终实现精细化运营。

6.1.5 客户生命周期管理

作为企业的重要资源，客户具有价值和生命周期。客户生命周期理论也称客户关系生命周期理论，是从企业与客户建立业务关系到完全终止关系的全过程，是客户关系水平随时间变化的发展轨迹，它动态地描述了客户关系在不同阶段的总体特征。在生命周期上客户关系的发展是分阶段的，客户关系的阶段划分是研究客户生命周期的基础。目前，这方面已有较多的研究，最常见的是四阶段的划分，有学者提出了买卖关系发展的五阶段模型，也有学者将客户生命周期划分为六阶段，还有学者根据不同的行业进行具体的阶段划分。下面主要研究了四阶段的客户生命周期不同阶段的特点。

（1）考察期。考察期是客户与企业相互试探和尝试的时期。在这一时期，客户和企业相互不了解，因此，需要通过考察和测试来评估对方的潜在价值并考虑是否要与对方建立长期关系。客户考察企业的方式是购买和体验企业的产品或服务，对企业的产品或服务质量、价格和信誉等方面进行评估，判断是否满足自己的需求；企业主要考察客户的诚意、消费水平和消费习惯。此时，企业对客户的投入大于企业从客户处获取的利润，给企业带来的价值低。

（2）形成期。形成期是客户与企业关系的快速发展时期。进入这一时期，说明客户和企业已经建立一定的信任，形成了一定的依赖关系。在这一时期，客户和企业相互有了更深的了解，相互给对方带来的价值日趋增多，相互的信任和依赖也日益增加。企业在这一时期对关系的投入主要是发展投入，比考察期的成本要低一些，主要目的是维系和促进与客户的关系，提高客户的满意度和忠诚度。此时，客户可以给企业带来较高的收益，且高于企业对客户的投入，对企业有一定的贡献。

（3）稳定期。稳定期是企业与客户关系发展的巅峰时期。在这一时期，客户和企业对对方提供的价值高度满意，双方发生了大量的交易，同时，为长期维持稳定期，双方都做了大量的投入。此时，是客户在整个周期中给企业带来的价值最高的时期，收益远远高于投入，企业收益很可观。

（4）退化期。退化期是企业与客户关系发生水平逆转的时期。关系的退化可能发生在任何一段时期，不一定总是发生在稳定期之后。此时，客户对企业的满意度较低，给企业带来的利润快速下降，对企业贡献较小。

国内外针对客户生命周期的相关模型很多，比较有代表意义的有客户生命周期价值基础模型和 Berger&Nasr 模型，后者是前者的扩展，基于 CLV 模型对成本以及收入变化的影响进行思考，同时，将客户保持率参数引入模型中，CLV 基础模型是其他模型演变的基础。客户生命周期价值用来衡量一个客户（用户）在一段时期内对企业有多大价值，也称为终身价值（lifetime value，LTV）。每个客户的价值都由三部分构成：历史价值、当前价值和潜在价值。其中，历史价值是指到目前为止已经实现了的顾客价值。当前价值是指如果顾客当前行为模式不发生改变的话，将来会给公司带来的顾客价值。潜在价值，是指公司通过有效的交叉销售调动顾客购买积极性，或促使顾客向别人推荐产品和服务等，从而可能增加的顾客价值。

综上所述，管理整个客户生命周期，能帮助公司更好地维系和提升客户关系，从而获得更大的价值。

6.1.6 电信顾客价值的含义与特点

电信顾客与运营商之间的关系是通过协议连接起来的，协议持续的时间就是电信客户生命周期，电信顾客价值就是在整个客户生命周期内，电信顾客给运营商带来的利润。

电信行业是技术密集型行业，是国民经济的基础行业、战略行业和先导性行业，也是我国信息化程度和信息化技术水平最高的行业之一，与一般行业相比，拥有复杂的消费特征，使得电信顾客的界定、电信客户生命周期和电信顾客价值也具有独特性。将电信顾客视为企业的一项重要资源，即顾客资源，那么，电信顾客价值就是顾客资源给企业带来的货币和非货币的利益贡献。换句话说，电信顾客价值是在特定的管理情境中，企业决策者所感受到的顾客目前所带来的以及未来可能创造的净现金流的总体能力。众多学者分别利用模糊 AHP/DEA（层次分析法/数据包络分析）、决策树法、贝叶斯网络法、数据挖掘等方法，分析电信顾客价值的特征和影响因素。总体上看，电信顾客价值具有如下特点。

（1）长期持续性。根据 6.1.5 节的分析，电信企业和顾客之间往往建立了长期的契约式服务关系，并且，由于顾客转网具有高成本的特点，因此，对于电信企业来说，顾客是一种持续的资源，电信顾客价值也要从整体生命周期的视角分析，相比一般行业，电信顾客的潜在价值对于企业具有更复杂和深远的意义。

（2）非货币性。某些电信企业往往采用顾客积分法评价顾客价值，如将顾客分为高级 VIP（贵宾）、VIP 和普通顾客等，并进行差异化的顾客关系管理。然而，通过消费或套餐水平生成的积分结果，没有考虑到顾客的间接价值和消费趋势，不能准确地描述顾客的需求变化、消费偏好以及购买动机等行为特征。正是非货币性的顾客价值，很大程度上决定了顾客未来的净现金流能力。

（3）成本差异性。电信企业评价顾客价值的另一传统方式是通过 ARPU 值，即单位月均收入（average revenue per user）。然而，该方法仅考虑到顾客创造的利润和收入，忽略了企业为之投入相应的运营费用和营销费用，无法真实地反映顾客为企业实际贡献的净现金流。对于不同的业务而言，电信企业的业务提供成本和服务成本具有差异性，顾客价值与其呈反向的变化趋势。另外，对于不同的顾客，也存在成本的差异，如新、老顾客相比，由于老顾客对业务产品更加熟悉，其消耗的营销成本、服务成本更低。

（4）不确定性。这一点体现在：电信顾客价值的评价结果是受多项外在因素影响的。例如，不同的考察时间点带来的差异；企业内部决策者对顾客价值的主观感知也存在差异，如对当前价值和潜在价值相对重要程度的评估。另外，经济形势、市场环境、竞争状况以及内部的发展阶段等情境因素，也会导致评价结果的差异性。

（5）口碑价值突出。移动互联网的飞速发展，不仅使信息传播的速度大幅提高，而且极大地丰富了顾客获取信息的方式和渠道，从而使企业的口碑传播成为品牌推广的重要方式。当然，口碑效应具有两面性，如何通过打造积极的顾客口碑，提升顾客忠诚度和满意度，是每个企业都需要考虑的。尤其对于电信企业而言，由于电信产品具有虚拟性、抽象性和经验性等特点，顾客对电信运营商的可感知差异逐渐弱化，通过培养顾客口碑价值，可以很大程度地减少营销推广成本，进而提升企业效益。

6.1.7 电信顾客价值的计算

关于顾客价值的研究文献，主要采用客户生命周期价值模型来分析顾客价值，研究者和实践者使用不同的方法建模和估算顾客价值，拓展阅读 6.1 就介绍了三种常见的顾客价值计算方法。

电信顾客价值评价是一个复杂的系统性问题，涉及成本分析、客户生命周期测算等，与多种价值模型和指标项目相关联，并且，需要和实际应用情境相结合，配合相应的信息系统，实现智能化、信息化和可操作的顾客价值评价和顾客关系管理等。要通过 CLV 模型真正实现对个体顾客价值的计算，存在现实的困难。因此，越来越多的学者开始以 CLV 模型的三维指标作为理论依据，构建电信顾客价值评价指标体系，将客户生命周期价值的计算转化为

拓展阅读 6.1　CLV 计算方法

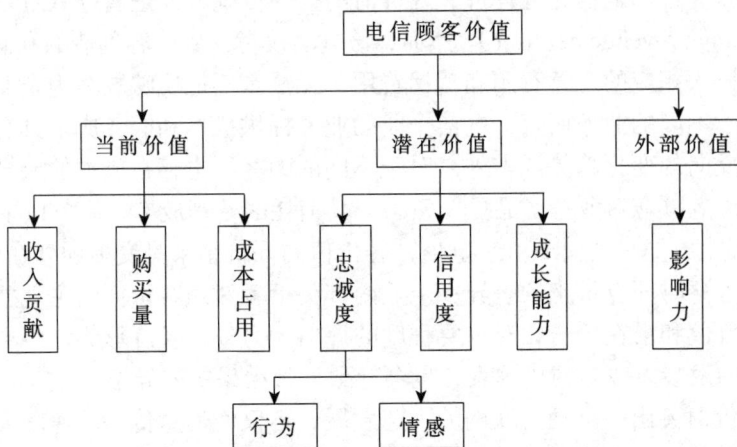

一系列评价指标的打分，从而间接地实现对客户生命周期价值的计算。电信顾客价值评价是一个多维度、多层次的全方位评价系统，通过从货币因素和非货币因素两个角度研究电信顾客价值的特点，可以发现，电信顾客价值涉及当前价值、潜在价值和外部价值三个维度，当前价值的重点是顾客目前创造的价值，主要体现为货币因素，可以通过收入和成本两个层面进行推演。潜在价值的重点在于顾客价值在整个生命周期的延伸，反映了顾客为企业创造的价值是否是可持续的，以此作为企业顾客关系管理和投入的重要决策依据。而外部价值体现在通过电信业务本身的网络性和顾客主动的口碑传播，给企业带来的隐性营销和无形收益。当前价值、潜在价值和外部价值三个基本维度构成了电信顾客价值评价指标体系，以求对电信顾客价值进行全面、多维度和多层次的科学评价，有效避免了单一指标造成评价结果的随机性和粗糙性，如图 6-4 所示。

图 6-4　电信顾客价值评价指标体系

该评价体系符合指标体系构建的全面性、可行性等各项原则，并且，与电信行业的特点和顾客的消费特征深度结合，使该模型更具实用价值，可作为电信企业进行差异化产品设计和精细化营销的决策依据。

电信运营商在计算顾客价值的时候，一般分为四步走。

（1）获取各项顾客价值特征指标的数据，并对数据进行预处理。

（2）构建电信顾客价值决策表。随机选取合适的训练顾客数据集，用于模型的主动学习，通过邀请领域专家、专家打分和 AHP 分析法，计算顾客价值三个维度的指标权重，根据客户对象的各个已知指标值，设定不同价值评估指标的取值区间，给定取值公式，并为不同区间制定相应的分值范围，根据公司以往的经验习惯，可以采用十分制，也可以采用百分制。

（3）计算每个指标的取值。通过映射或者函数计算的方式，计算出电信运营商顾客在每个顾客价值评估指标下的取值，即当前价值、潜在价值和外部价值。

（4）加权求和。在第三步计算出各个指标取值的基础上，按照一定权重进行加权求和，最终，计算出顾客的总价值。

6.1.8 电信顾客价值提升策略

企业提升竞争力、增加利润的目标，是通过不断提升顾客价值来实现的，所以，如何不断提升顾客价值就成为各大运营商研究的热点。从上述电信顾客价值的计算来看，应不断增加顾客价值的三个指标得分，来实现总顾客价值的提升。

从当前价值来看，要提高顾客的收入贡献和购买量，降低成本占用。从潜在价值来看，要提高顾客的忠诚度、信用度和成长能力。从外部价值来看，就是要提升顾客的影响力。也有很多学者从电信客户生命周期不同阶段来对电信顾客价值提升提出建议。所以，从价值指标体系和生命周期阶段方面，具体提出以下电信顾客价值提升策略。

（1）提升成本效率。全面梳理当前的营销方案，尤其是补贴用户和补贴渠道的资源投入方案，评估成本效益低的产品，让有限的资源向效益更好的产品倾斜，选择最优的营销方案。努力提升自身技术水平，改善软硬件设施，降低提供产品和服务的成本。

（2）做好顾客细分。因为有的顾客价值指标，运营商无法改变，所以，企业就要有针对性地选择目标顾客，对顾客进行细分，不同顾客采取不同的营销策略，使低价值顾客更有利可图或抛弃他们、更好地服务于高价值顾客。这可以提高顾客收入贡献、购买量，也使整体顾客的信用度、成长能力和影响力有所提高。

（3）吸引新的顾客。公司为了扩大利润和销售，就需要花费大量的时间和资源去寻找新的顾客。为了达到这个目的，公司要制作广告并在媒体上播放，以吸引潜在的新顾客；公司要给潜在的新顾客直接发送电子邮件或打电话；公司要安排销售人员参加贸易展示会，在那里找到新的买家；公司还要从经销商处购买顾客名单等。加大渠道分销和宣传、促销力度，顾客识别期的工作重点是提升顾客现实价值，主要的工作是提升顾客的购买量、降低服务成本。

（4）提升顾客发展潜力。加大增值业务的推广力度，应大力提升互联网应用收入，实现顾客价值再创造，提升整体顾客价值。要以推广融合产品为着力点，提升产品融合程度，增加顾客选择。

（5）优化基础服务功能，增加登录分享类活动。顾客关系发展期的主要工作任务是降低服务成本，解决顾客办理业务体验差的问题。

（6）建立顾客忠诚。提升社交营销能力，开展跨界合作营销；推送针对性优惠，通过周边产品捆绑顾客；多与顾客互动；开发顾客忠诚计划；建立结构性联系等。在顾客关系稳定期是为了维系顾客的关系，提升顾客的忠诚度，增加活动类型，妥善处理顾客投诉问题，提升顾客的重复购买率，让其持续在平台办理业务及消费。

案例6-1

代顿-哈德森是如何找到最有价值顾客的

美国代顿-哈德森连锁百货公司是世界上最大的几家零售商之一，也是世界500强之一。自20世纪80年代末开始，代顿-哈德森公司受到了一些能够给购买者提供更多样化选择的、以低价折扣闻名的零售店的威胁。这家公司不得不开始采取措施应对挑战，以加强与顾客之间的联系，提高顾客忠诚度。

为此，该公司采取的第一个措施就是跟踪研究流动的顾客。通过投资、建立一个顾客数据库，代顿-哈德森公司掌握了400万消费者的基本信息和他们的消费习惯，并通过某段时限内的消费额累计，得出了一个令人惊奇的事实：有2.5%的顾客消费额占到了公司总销售额的33%。在明确了最需要自己特别研究和关注的那2.5%的顾客后，代顿-哈德森公司制订旨在提高重点顾客忠诚度的针对性计划。

资料来源：弱势品牌如何做营销：捕获最有价值的顾客[EB/OL]. (2017-01-03). https://zhidao.baidu.com/question/245014533907749644.html.

思考题：

企业应该如何找到最有价值的顾客？

通过案例6-1可以看出，建立并分析顾客数据库，可以提炼出最有价值的顾客。

（7）减少顾客流失。顾客关系衰退期的顾客忠诚度较低，而且，有退出平台的趋势，加强数据分析，建设预警系统。然后，采用挽留措施，比如，客服对顾客进行挽留，了解客户不满意的地方并进行改进，提高顾客满意度。

（8）赢回失去的顾客。通常将流失的顾客重新吸引回来比寻找新的顾客更容易，因为公司掌握了很多之前的数据，可以对顾客进行很多分析和挽留。对流失顾客做问卷调查；顾客关系离网期主要的工作任务是跟进顾客的状态，主要赢回那些高价值的顾客。

6.2 顾客满意与顾客忠诚

6.2.1 顾客满意

顾客满意（customer satisfaction）的观点，由美国学者理查德·卡多佐（Richard

Cardozo）于 1965 年第一次带入销售的领域，经过几十年的研究，已取得长足进展。目前，在理论界，对于顾客满意的定义主要有两种提法：一种提法指出，人们认为顾客满意是"消费者对在购买前形成的产品预期质量与消费后的实际感知质量两者之间存在的差距的心理评价"，这是从过程角度来定义顾客满意，在该观点下，顾客满意是顾客对产品或者服务的一种评价。另一种提法则指出，顾客满意为"购买者在经过对产品或服务的可感知的绩效（或结果）与自身的期望值对比后，所形成的满足或失望的心理感觉状态"，这是从状态角度来定义顾客满意。

顾客满意是一种心理活动，顾客通过对某个产品或服务的可感知的效果或结果（perceived performance）与他的期望值（expectation）相比较后，所形成的愉悦或失望的感觉状态。顾客对所获产品和服务的满意程度可以用"期望满足理论"来说明。这种理论认为，顾客对产品和服务的满意程度取决于其对产品的预期（E）和产品在使用过程中的实际绩效（P）之间的差距。如果 $E=P$，则消费者是满意的；如果 $P>E$，则顾客实际感知的效果超过其预期，因此他会高度满意；如果 $E>P$，说明顾客的预期没有得到完全满足，则顾客是不满意的。需要注意的是，如果 P 远远大于 E，顾客也可能会产生不满意，因为顾客通常相信"世界上没有免费的午餐"，在他享受高绩效的同时，他也一定需要付出高成本。顾客满意度是对顾客满意作出的定量描述，可简要定义为：顾客对企业产品和服务的实际感受与期望值比较的程度。

顾客满意理论将顾客满意分为并列的五个层次和递进的三个层次。顾客满意并列的五个层次为：①理念满意，企业理念如企业经营方针、经营策略、企业价值观念以及企业精神等给顾客带来的心理满足状态；②行为满意，顾客对企业运营状态如企业行为机制及模式等方面的心理满足状态；③视听满意，顾客对企业视觉及听觉方面的外在形象的满意程度，企业的视觉形象包括企业标志、商标字体、标志颜色等方面，企业的听觉形象包括企业名称、产品名称、企业标语、广告宣传语等；④产品满意，顾客对于企业产品的满意情况，包括产品品质、生产时间、产品数量、产品设计、包装外观、产品品位、产品价格等；⑤服务满意，顾客对于企业服务，如服务保证体系、服务完整性、服务方便性等方面的满意情况。 顾客满意递进的三个层次为：①物质满意层，顾客对产品或服务的功能、质量、品类、价格等产品或服务整体情况的满意状况；②精神满意层，顾客对企业产品或服务为其带来愉悦体验、精神享受、自我实现以及身份转变等方面的满意状况，主要是对消费过程中的环境、服务、服务人员的态度、产品或服务的有形展示；③社会满意层，顾客在消费过程中感受到符合社会道德观念、社会利益等方面的满意状况。

在当前市场竞争环境下，顾客满意是企业获得市场竞争优势的关键所在。首先，企业产品或服务在实现顾客满意的情况下，能够增强顾客的购买意愿，有助于顾客的重复购买行为；其次，具有高顾客满意度的消费者倾向于宣传企业的产品或品牌，形成良好的消费者口碑，起到良好的宣传效果和树立良好的企业形象，从而吸引更多消费群体；再次，顾客满意往往有助于培养顾客的忠诚度，有助于企业维持稳定、牢固的顾客群体，增强企业在市场中的地位和优势；最后，在顾客满意的情况下，企业能够实现更多的产品或服务附加价值，从而扩大企业的收益，有助于企业营业收入和利润的增长。

6.2.2 顾客忠诚

对顾客忠诚的定义，归纳起来主要有两种基本方法：行为方法和态度方法。从行为角度看，顾客忠诚被定义为对产品或服务重复购买的一种行为；从态度角度来看，顾客忠诚视为对产品或服务的一种偏好和依赖。所以，顾客忠诚是指顾客对企业产品或服务的依赖和认可，是坚持长期购买和使用该企业产品或服务所

拓展阅读 6.2　宜家客户满意与忠诚计划案例分析

表现出的在思想和情感上的一种高度信任和忠诚的程度，是顾客对企业产品在长期竞争中所表现出的优势的综合评价。顾客忠诚度指顾客忠诚的程度，是一个量化概念。顾客忠诚度是指由于质量、价格、服务等诸多因素的影响，顾客对某一企业的产品或服务产生感情，形成偏爱并长期重复购买该企业产品或服务的程度。Oliver（1999）明确了顾客忠诚的形成有四个阶段：认知忠诚阶段、情感忠诚阶段、态度忠诚阶段、行为忠诚阶段。

顾客忠诚是分层次的，图 6-5 所示为顾客忠诚金字塔。最底层是顾客对企业没有丝毫忠诚感。他们对企业漠不关心，仅凭价格、方便性等因素购买。第二层是顾客对企业的产品或服务感到满意或是习惯，他们的购买行为受到习惯力量的驱使。一方面，他们没有时间和精力去选择其他企业的产品或服务；另一方面，转换企业可能会使他们付出转移成本。第三层是顾客对某一企业产生了偏好情绪，这种偏好是建立在与其他竞争企业相比较的基础之上的。这种偏好的产生与企业形象、企业产品和服务体现的高质量以及顾客的消费经验等因素相关，从而使顾客与企业之间有了感情联系。最上层是顾客忠诚的最高级阶段。顾客对企业的产品或服务忠贞不贰，并持有强烈的偏好与情感寄托。顾客对企业的这种高度忠诚，成为企业利润的真正源泉。

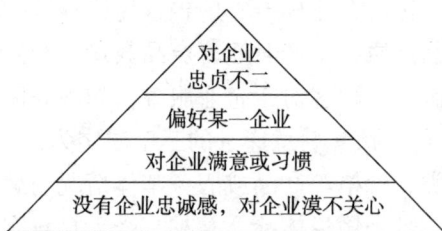

图 6-5　顾客忠诚金字塔

顾客忠诚具有不同的类型，并非所有的忠诚都是最好的，企业要关注真正有价值的忠诚顾客。一般来讲，顾客忠诚可以分为五种类型。

（1）垄断性忠诚。顾客没有或者只有很少的选择权，这种忠诚不是自愿的，而是被迫的；从理论上讲，只要有可能，他们就会选择其他的供应商。

（2）高转移成本的忠诚。一些更换供应商的高成本以及各种后遗因素，使顾客一般不会轻易更换供应商；一旦转移成本达到他们的期望值，他们会毫不犹豫地选择其他供应商。

（3）刺激性忠诚。很有意思的一点是，这个刺激性忠诚被过分地强调了，如商务飞

行的里程奖励、信用卡的消费积分等。不过，这些对不是用自己的钱、在哪里花都一样的顾客有一定的效果，而不是对大部分顾客有效。

（4）习惯性忠诚。习惯意味着节约时间，当人们习惯了一件事情的时候，可能不会去考虑它的合理性和成本，是属于一种潜意识的第一选择、不需要思考就去购买的习惯性忠诚。

（5）情感性忠诚。如果说情感是一种价值观认同的话，那么，情感性忠诚则来源于一种情感，是一种牢固的忠诚。

6.2.3 顾客满意与顾客忠诚的关系

顾客忠诚是由顾客价值、顾客满意、关系信任以及转换成本所共同驱动的，顾客价值的高低、顾客满意度的高低、顾客关系信任的程度以及顾客转移到竞争对手或者替代品的成本的高低，都会影响到顾客的忠诚度。顾客忠诚度其实是建立在顾客满意度基础上的。

（1）顾客满意不等于顾客忠诚。顾客满意是顾客希望重复购买产品或服务的一种心理倾向，顾客忠诚实际上是一种顾客购买行为的持续性。前者对于企业来说，其本身并不产生直接的价值，而后者对企业来说则具有非常大的价值。

（2）满意度是忠诚度的必要条件。一般来说，只有当顾客对企业的满意度达到一定水平时，顾客才会忠诚于企业产品或服务，但顾客满意度的提高，不一定都能提高客户的忠诚度。

（3）顾客忠诚是顾客满意的升华。对于大多数企业来说，顾客忠诚才是更重要的，才是企业管理者更加需要关注的。企业应该在提升顾客满意度的基础上，逐步培育顾客的忠诚度。

（4）顾客忠诚比顾客满意更有价值。顾客的满意度和他们的实际购买行为之间不一定有直接的联系。满意的顾客并不一定能保证他们始终会对企业忠诚，也并不一定会重复购买而给企业带来价值。

如图6-6所示，虚线左上方表示低度竞争区，虚线右下方表示高度竞争区，曲线1和曲线2分别表示高度竞争的行业和低度竞争的行业中顾客满意度与顾客忠诚可能性的关系。如曲线1所示，在高度竞争的行业中，完全满意的顾客远比满意的顾客忠诚。在曲线1右端（顾客满意度评分5），只要顾客满意度稍稍下降一点，顾客忠诚的可能性就会急剧下降。这表明，要培育顾客忠诚，企业必须尽力使顾客满意。在低度竞争的行业中，曲线2描述的情况似乎表明顾客满意度对顾客忠诚度的影响较小。但这是一种假象，限制竞争的障碍消除之后，曲线2很快就会变得和曲线1一样，因为在低度竞争情况下，顾客的选择空间有限，即使不满意，他们往往也会出于无奈而继续使用本企业的产品和服务，表现为一种虚假忠诚。随着专有知识的扩散、规模效应的缩小、分销渠道的分享、常客奖励的普及等，顾客的不忠诚就会通过顾客大量流失表现出来。因此，处于低度竞争情况下的企业应居安思危，努力提高顾客满意度，否则，一旦竞争加剧，顾客大量离去，企业就会陷入困境。

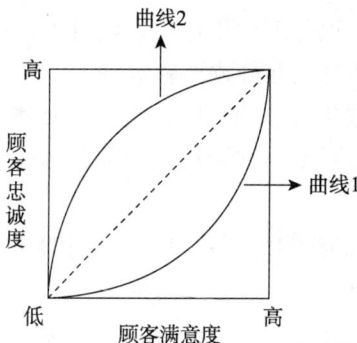

图 6-6   顾客满意度与顾客忠诚度的关系

上面的分析表明，顾客满意和顾客忠诚之间并不总是强正相关关系。但有一点毋庸置疑，那就是无论是在高度竞争的行业还是在低度竞争的行业，顾客的高度满意都是形成顾客忠诚感的必要条件，而顾客忠诚感对顾客的行为无疑会产生巨大的影响。

6.2.4   监测顾客满意度

专业满意度调查机构认为，测量顾客满意度的过程就是顾客满意度调查。它可以找出那些与顾客满意或不满意直接有关的关键因素，根据顾客对这些因素的看法而测量出统计数据，进而得到综合的顾客满意度指标。它也是近年来市场营销调研行业中发展最快、应用最广泛的调查技术。有许多监测顾客满意度的方法，列举如下。

1. 设立投诉与建议系统

以顾客为中心的企业，应当方便顾客传递他们的建议和投诉，设立投诉与建议系统，搜集顾客的意见和建议。一些以顾客为中心的企业，像宝洁、松下、夏普等都建立了一种称为"顾客热线"的免费电话，从而最大限度地方便顾客咨询、建议或者投诉。这些信息流有助于企业更迅速地解决问题，并为这些企业提供很多开发新产品的创意。

2. 定期进行顾客满意度量表调查

不是所有不满意的顾客都会去投诉，因此，企业不能用投诉程度来衡量顾客满意度，应该通过开展周期性的调查，获得有关顾客满意的直接衡量指标。企业可以通过电话或者信件等方式，向购买者询问他们的满意度是多少。在这些询问顾客满意度的测试中，调查问卷或测试量表一般从以下两方面进行设计：一方面，列出所有可能影响顾客满意的因素，然后按照重要程度由最重要到最不重要排列，最后选出企业最关心的几个因素，让受访者帮助判断这些因素的重要程度；另一方面，就所选要评价的重要因素让受访者作出评价，一般以五项量表等级的居多，如高度满意、一般满意、无意见、有些不满意、极不满意。

3. 神秘人购物

另一种了解顾客满意度的有效方法是，雇用一些人员装作潜在购买者，以报告他们在购买企业产品和竞争者产品的过程中所发现的优点和缺陷。这些神秘购物者甚至可以故意找些麻烦以考查企业的销售人员能否将事情处理好。管理者本人也应该不时地到企业和竞争者那里从事购物活动，体验一下被当作顾客的经历，以顾客的身份向自己的企业打电话并提出各种问题和抱怨，看看企业职员是如何处理这些问题的。

情境故事

割草男孩的故事

一个替人割草的男孩打电话给一位陈太太说："您需不需要割草？"陈太太回答说："不需要了，我已有了割草工。"男孩又说："我会帮您拔掉花丛中的杂草。"陈太太回答："我的割草工也做了。"男孩又说："我会帮您把草与走道的四周割齐。"陈太太说："我请的那人也已做了，谢谢你，我不需要新的割草工人。"男孩便挂了电话。此时，男孩的室友问他："你不是就在陈太太那儿割草打工吗？为什么要打这电话？"男孩说："我只是想知道我做得有多好！"

4. 顾客流失分析

除了定期进行顾客满意度调查外，企业还需要监测顾客流失率，并且，与停止购买企业产品或者是转向其他供应商的顾客进行接触，了解顾客流失的原因。从事"退出调查"和控制"顾客流失率"是十分重要的，因为顾客流失率上升，就表明企业在使顾客满意方面不尽如人意。

6.2.5　提升顾客满意度的方法

要达到顾客满意的目的，真正使顾客对所购商品和服务满意，期待顾客能够在未来继续购买，企业必须切实可行地制定和实施一些策略来提升顾客满意度。

1. 建立顾客满意的理念

顾客满意是通过一些可使用的技术和工具，获得顾客对企业当前经营状况的各类反馈信息，并以此明确企业的下一步经营目标与方向，同时，制订具体可测量的操作、实施计划，达到经营目的。因此，要建立顾客满意测评指标体系，了解顾客的期望和要求。同时，有效地测评顾客的满意度。为提高顾客的满意度，有必要建立一种以顾客为导向的企业文化，使企业的每一位员工真正树立"顾客至上，顾客永远是对的，一切为了顾客"等营销观念，充分认识顾客满意的重要性。

2. 树立企业良好的市场形象

企业形象是企业被公众感知后，形成的综合印象。产品和服务是构成企业形象的主要因素，还有一些因素不是顾客直接需要的，但却影响顾客的购买行为，如企业的购物环境、服务态度、承诺保证、品牌知名度、号召力等。这就要求企业做到：理念满意，即企业的经营理念带给顾客的心理满足状态；行为满意，即企业的全部运行状况带给顾客的心理满足状态；视听满意，即企业具有可视性和可听性的外在形象带给顾客的心理满足状态。

3. 提供顾客满意的产品和服务

提供顾客满意的产品和服务，企业要想赢得市场，就要将对顾客的重视体现在研究、开发和生产能满足顾客需要的产品和服务上，在同样条件下，使自己的产品和服务比竞争者更有特色。企业如果率先体察到顾客的困难，准确捕捉到这类市场信息，并及时地提供排忧解难的产品或服务，那么，这种产品或服务肯定会赢得消费者的欢迎。只有不断发掘顾客的潜在需求，积极为顾客创造价值，不断超越顾客的期望，企业才有机会长期发展。

4. 加强顾客沟通与顾客关怀

加强与顾客的联系和沟通，与顾客建立良好的关系，形成情感上的交融。企业要完善沟通组织、人员、制度，保证渠道畅通、反应快速。企业要定期开展顾客关怀活动，关注顾客感受，并建立顾客数据库。有许多被公认的优秀的企业（如亚马逊公司）都尽可能收集日常与顾客间的联络信息，了解顾客关系中的哪个环节出现了问题，找出问题的根源并系统地依据事实，进行解决。

5. 加强顾客服务人员的培训，确保顾客满意度

消费者对服务的要求越来越高，因此，企业要把服务当成品牌附加值的核心部分。面对顾客最直接的就是服务人员，服务人员的素质要高，在整个接待过程中要让顾客去了解产品、喜欢产品、购买产品，要以实际信誉赢得顾客，实实在在地为顾客服务。所以，企业必须加强宣传，使员工明白，顾客满意对公司、对个人的意义；要训练员工提高顾客满意度的技能，提高他们为顾客服务的能力；要制定相关的制度，奖励先进，保证为顾客服务体系的建立与完善。所以，企业要首先培养忠实的员工，然后，忠实的员工才能创造忠实的顾客，从而提高顾客满意度。

6. 建立科学、合理的顾客投诉体系

顾客投诉对企业来说是一件深感头痛的事情，但也是宝贵的产品信息资源。因此，企业应善待顾客的投诉，并借此发现自己产品和服务的不足之处，找准问题的关键。企业应为顾客投诉和提议提供方便，通过这些信息了解顾客是否满意，获得改进商品和服务的创意。企业还应通过专门调查的方法，去了解顾客满意与否，要准确把握顾客不满意的原因，提供鼓励顾客表达不满意信息的通道，对顾客的抱怨不能听之任之，必须迅速作出反应。

要达到顾客的满意，企业必须从经营起点开始，确保每一个环节、每一类顾客的满意。并以此实现自己的经营目标，而且顾客满意对企业而言，它主要体现的是一种经营、管理、运作的思维模式，从战略角度指导企业不偏离方向，并有效地利用、分配各项资源，争取最大投资回报。

6.3 顾客满意陷阱

6.3.1 顾客满意陷阱的概念

顾客满意陷阱，最早是由克里斯托弗·哈特（Christopher Hart）和迈克尔·约翰逊（Michael Johnson）在对顾客满意与顾客忠诚之间的关系研究中发现的。他们通过对施

乐公司的实证研究发现，顾客满意与顾客忠诚之间是正相关关系，但却不一定是线性相关，这里存在所谓"质量不敏感区"（zone of indifference），在质量不敏感区内，顾客满意与顾客忠诚关系曲线上出现一段较为平缓的线段，即顾客的满意水平的提高并没有使顾客忠诚度得到相应的提高。后来，有些学者将这一顾客满意无法引致顾客忠诚的现象称为顾客满意陷阱。顾客满意陷阱的存在，说明那些宣称基本满意和满意的顾客的忠诚度与重购率都是很低的，只有那些非常满意的顾客，才表现出极高的重购率，并乐于为企业传播好的口碑。

6.3.2 顾客满意陷阱的成因

顾客满意陷阱是如何形成的呢？

1. 基本期望与潜在期望

顾客的期望包含两部分：基本期望和潜在期望。基本期望是顾客认为自己理所应当从产品和服务中得到满足的基本的需要，如果这些产品和服务没有满足顾客的基本需求，顾客就会很不满意；而满足了这些基本需求，顾客也不会表现出特别满意，因为他们认为这是产品和服务理应具备的质量。潜在期望是超出了基本期望、顾客却并未意识到而又确确实实存在的需求。比如，顾客在购买或消费产品或者服务时，有受欢迎的需求、及时和有序服务的需求、感觉舒适的需求、被尊重的需求、被帮助的需求、受重视的需求、被识别和被记住的需求、被信任的需求、安全和隐私的需求等。

顾客在对商品与服务的消费过程中，获得了意想不到的超值的价值，不只是买到了称心如意的商品，而且，在购买与消费的过程中，受到了欢迎、尊重与信任，感觉非常舒适，满足了自己的潜在期望，等到下一次需要购买或者消费时，为了再一次体验到这种舒适的感觉，往往会选择同一品牌。这样，多次的重复购买，多次的心理愉悦，形成了对产品或服务的信任和依赖，由此，产生顾客忠诚。

2. 难以逾越的高度——忠诚度

平均忠诚度是一个行业对于产品或服务品质基本的衡量指标，是指提供行业平均水平的产品或服务所激发的顾客忠诚。

当基本期望的满意水平累积到了一定的程度，顾客忠诚度产生，并且，随着满意水平的提高而逐渐提高。但是，当顾客忠诚度提高到平均忠诚度的附近，无论企业采取何种方法与措施来提高顾客的满意度，顾客忠诚度都不会有什么大的变化，即不会逾越平均忠诚度。原因是顾客认为，产品或服务所具备的这些价值或品质是自己应该得到的，企业的产品或服务只是达到了本行业的平均水平，并没有很特别的吸引力，顾客也没有得到额外的超值的价值或感受。因此，顾客虽然难以作出差评，却缺乏再次消费的热情。

3. 关注潜在期望

顾客满意陷阱产生的原因，就是关注潜在期望。顾客的基本期望与潜在期望就像冰山，基本期望是水面上能看到的部分，潜在期望则藏在水下，需要分析与发掘。顾客首先要求能够满足基本期望，否则，就会不满意。当顾客的基本期望得到了极大的满足，顾客忠诚度曲线接近平均忠诚度那条虚线的时候，顾客会衡量自己消费不同品牌之后的感受，哪种产品与服务会更加舒适。如果这个时候，企业仍致力于满足顾客的基本期望，即只注重提高产品和服务的基本品质，却不去关心顾客的情感需求与心理满足，这就造成了顾客满意陷阱：满意度在提高，忠诚度却没有上升，或上升的幅度非常小；顾客对从不同企业得到的产品或服务都比较满意，却没有特别吸引他们的独特而舒适的感觉，从而难以成为回头客。

6.3.3 双因素模型

双因素理论（Two Factor Theory）亦称"激励—保健理论"，是美国心理学家弗雷德里克·赫茨伯格（Frederick Herzberg）于 1959 年提出的。赫茨伯格的理论认为：满意和不满意并非共存于单一的连续体中，而是截然分开的；该理论通过考察一群会计师和工程师的员工满意度与生产效率的关系，发现日常工作中员工的满意度分为两种，一种是保健因素，另一种是激励因素。保健因素和环境有关，得不到满足，就会产生不满，得到了满足，也不能对员工起到激励作用；激励因素和工作本身有关，得不到满足，不会产生不满，得到了满足，就能起到激励作用。

保健因素是指造成员工不满的因素。保健因素不能得到改善，则易使员工产生不满情绪、消极怠工，甚至引起罢工等对抗行为；但在保健因素得到一定程度改善以后，无论再如何进行改善的努力，往往也很难使员工感到满意，因此，也就难以再由此激发员工的工作积极性。工资报酬、工作条件、企业政策、行政管理、劳动保护、领导水平、福利待遇、安全措施、人际关系等都是保健因素。这些因素均属于工作环境和工作关系方面的因素，皆为维护员工心理健全和不受挫折的必要条件，它们不能直接起激励员工的作用，但却有预防性。

激励因素是指能让员工感到满意的因素。激励因素的改善而使员工感到满意的结果，能够极大地激发员工工作的热情、提高劳动生产效率。

赫茨伯格双因素理论的核心在于"只有激励因素才能够给人们带来满意感，而保健因素只能消除人们的不满，但不会带来满意感"这一论断，因此，如何认定与分析激励因素和保健因素并"因材施政"，这才是关键。所以，将赫茨伯格双因素理论运用于管理，首先，对存在的各因素进行质的分析与划分，明确或创造出保健因素与激励因素两部分；其次，进行量的分析与划分，既保障保健因素的基本满足程度，又尽量地加大激励因素的成分，从而最大限度地激发员工工作的积极主动性。

6.3.4 卡诺模型

卡诺模型（KANO 模型）是由日本学者狩野纪昭（Noriaki Kano）在赫茨伯格的双因素理论的影响下，于 1984 年提出的，他定义了三种类型的顾客需求——基本型、期望型、兴奋型，这三种需求根据绩效指标分类，就是基本因素、绩效因素和激励因素。

基本型需求是顾客认为产品或服务必不可少的功能和特征，这是顾客满意的基本因素。当产品和服务的属性以及功能能够满足顾客的基本需求，对于顾客满意度提高的影响不大，但是，一旦产品或者服务不能满足顾客的需求，顾客将会很不满意，甚至产生抱怨，对于企业的发展影响是很大的。

顾客的期望需求要求企业所提供的产品或者服务是比较优质的，它们可以不是必不可少的产品属性，顾客的期望需求可以算作一种绩效因素。通过相关的研究，人们发现，顾客需求是所有顾客所希望得到的，但是，对于一般顾客来讲，他们对于自己的期望需求是什么都不是很清楚。通过市场调查，顾客所关注和渴望的需求通常是期望型需求。相关研究显示，期望型需求与顾客满意度呈现出线性相关的关系，产品能够实现的期望型需求越多，顾客就会越满意；当产品中不包含或者包含非常少的期望型需求时，顾客就会产生不满意。

兴奋型需求在顾客激励方面，属于一种激励因素，它能够提供给消费者一些完全超过预期的产品或服务行为，从而使顾客产生惊喜。当其特性不是太充足，并且，这些特性无关紧要的时候，即顾客会认为无所谓；但是，当企业提供了令顾客兴奋的产品或者服务时，顾客就会对产品或服务极为满意，从而有效地提高顾客的满意度和顾客的忠诚度。

6.4 电信客户关系管理

6.4.1 客户关系管理

关于 CRM（客户关系管理）的定义，不同的研究机构有着不同的表述：最早提出该概念的 Gartner Group 认为，所谓客户关系管理，就是为企业提供全方位的管理视角，赋予企业更完善的客户交流能力、最大化客户的收益率。IBM 认为，CRM 通过提高产品性能，增强顾客服务，提高顾客交付价值和顾客满意度，与客户建立起长期、稳定、相互信任的密切关系，从而为企业吸引新客户、维系老客户，提高效益和竞争优势。SAP 公司认为，CRM 系统的核心是对客户数据的管理，客户数据库是企业重要的数据中心，记录企业在市场营销与销售过程中和客户发生的各种交互行为，以及各类有关活动的状态，提供各类数据模型，为后期的分析和决策提供支持。

总结以上经典的 CRM 概念，可将 CRM 定义为：客户关系管理是指企业为提高核心竞争力，利用相应的信息技术以及互联网技术，协调企业与顾客间在销售、营销和服务上的交互，从而改善其管理方式，通过对以"客户为中心"的业务流程的重要组合和设计，形成一个自动化的解决方案，以提高客户的忠诚度，最终，实现业务操作效率的提高和利润的增长。

无论如何定义 CRM，"以客户为中心"将是 CRM 的核心所在。CRM 通过满足客户个性化的需要、提高顾客忠诚度，实现缩短销售周期、降低销售成本、增加收入、拓展市场，全面提升企业盈利能力和竞争能力的目标。任何企业实施客户关系管理的初衷都是为顾客创造更大的价值，即实现顾客与企业的"双赢"。

6.4.2 电信客户关系管理系统

中国电信集团有限公司的各种业务开展都与客户的服务息息相关，客户服务与客户信息共享是中国电信集团有限公司整个营销战略中的一个重要组成部分，在公司的整体运营中，起着至关重要的作用。电信客户关系管理系统建设目标就是建立统一的客户信息系统平台，为客户提供综合、统一的企业界面，采用先进的数据仓库及数据挖掘工具等决策分析技术，发现潜在的用户信息和销售机会，为客户提供个性化服务，并且，专门针对客户业务建立一个业务管理支撑系统，将面向客户的市场营销、服务管理工作系统化、专业化和策略化，对客户的特定要求提供个性化的、优质的售前、售中及售后服务。总而言之，CRM 系统建设主要是用来解决以上所面临的各种与客户相关的问题，CRM系统的成功实施会给企业带来更大的竞争优势和利润空间。

中国电信集团有限公司 CRM 系统的组织结构采用总部 CRM 系统，省、自治区、直辖市级 CRM 系统，地市级 CRM 系统三级模式。

中国电信集团有限公司总部 CRM 系统是指在公司总部范围内的 CRM 系统应用，是整个中国电信集团有限公司 CRM 系统应用的最高级 CRM 系统。总部 CRM 系统的主要功能是建立总部客户关系管理系统平台，从而在公司总部范围之内对客户及相关信息进行管理和分析，为中国电信集团有限公司总部的企业决策提供必要依据，并负责总部客户服务中心和各省、自治区、直辖市分公司客户服务中心之间的数据传递和交换。

各省、自治区、直辖市级 CRM 系统是指在各省分公司、自治区分公司、直辖市分公司范围之内的 CRM 系统应用。省、自治区、直辖市级 CRM 系统主要功能是建立省、自治区、直辖市级客户关系管理系统平台，从而在省分公司、自治区分公司、直辖市分公司范围之内对客户及相关信息进行管理和分析，为省分公司、自治区分公司、直辖市分公司企业决策提供必要依据，并负责收集、管理、协调下级的各种与客户相关的信息，向上级汇报客户的发展情况以及各种与客户相关的数据信息。

地市级 CRM 系统指在地市级范围之内的 CRM 系统应用，是整个 CRM 系统应用的最低级 CRM 系统。地市级 CRM 系统的主要功能是建立地市级客户关系管理系统平台，从而在其范围之内对客户及相关信息进行管理和分析，为地市级公司企业决策提供必要依据。这一级的电信分公司直接面对客户，直接受理客户的各种业务，是客户的直接接触面，是 CRM 系统应用的基础实现单位。

CRM 系统的成功实施，需要一套科学的管理制度与机制来配合，也需要管理人员对系统反复修改，并定期对项目进行评审，系统实施过程中碰到的各种难题与问题要积极修正，让系统在企业能够得到更为深入的应用，在企业各分公司、各项目中持续推广与应用。这样，一套 CRM 系统才能够成功地实施起来。

6.4.3　5G 时代下客户关系新特征

在 5G 时代下，客户关系管理呈现出几个新的特征：一是客户需求更为多样化。由于对 5G 服务的期望不同，每一个客户都具有一定的个性化需求，这一点在以往简单的移动通信应用中尚不明显，但在倡导"万物互联"、应用"个性化"的 5G 背景中，运营商将突出地面对客户群体更为多元、个性化需求更为分散的管理难点，相对简单的服务模式将会受到冲击。二是网络服务要求更高。客户对于 5G 应用的要求，是达成移动通信网以及互联网应用的高效结合，将其应用于如小型电视、视频系统以及物联网控制系统等。这种功能方面的兼容性，会让 5G 用户对网络条件和服务质量有更高的要求。这就需要运营商在其网络覆盖质量、信息内容的全面性、精确度等方面达到新的高度。三是客户对效率的要求更高。

6.4.4 客户关系管理新策略

5G 时代将是全新的时代，造成的数据量将更大，大数据在商业自然环境之中的经营会越来越普遍，大数据营销也会越来越普及，对客户关系管理提出了新的要求。

1. 形成以客户为中心的服务理念

需要在企业上下推广关于客户关系管理的经营观念，让全体公司员工充分了解在 5G 时代加强与客户关系的意义，让各个部门、各个岗位的员工都形成以客户为服务中心的工作方式。在工作中，立足于公司客户的技术需求，做到处处从客户的利益着想，不断改进与客户的日常交流，从而形成企业与客户长期稳定的充分互动。由于 5G 是具有系统性特征的工程，所以，在进行客户关系管理的过程中，需要做好整体的工作规划，在一个明确的方案指引下，做好客户关系管理方面的各项细节，从而为客户与企业关系的可持续化以及规范化奠定基础。

2. 提高效率

提高提供服务的技术手段效率，例如，利用互联网、移动终端、人工智能等技术，提高沟通效率。提高服务模式效率，根据客户的群体特征及需求，设计高效率服务模式，包括服务标准、服务载体、服务传递等。提高组织效率，如组织扁平化，打破科层制，打破部门界限，绕过原来的中间管理层次，直接面对顾客和向公司总体目标负责。

3. 完善大数据营销，提高企业价值

大数据促使企业重新思考顾客和产品的关联，开展大限度的优化定价，进而提高企业盈利能力；企业应用数据统计分析和大数据挖掘，获得顾客大量多方面的信息，有目的地策划大量的营销活动；数据分析能够完善客户关系，培养顾客满意度，得到更高的客户参与性，让企业的营销计划和方案更成功；大数据让企业对自身的每一个商业服务突破点都有更精确的了解，能够运用地域分析来优化营销策略及市场推广方案。

4. 完善客户体验管理应用

企业进行客户关系管理的重要前提，就是科学、完善的信息平台。首先，不同的客户群体都会提出其富于个性化的需求，所以，企业要切实加强客户信息服务的各个工作环节，如对相关信息所做的收集、整理以及开发、应用等。同时，在对信息资料充分利用的前提下，借助先进技术进行分析、处理，根据企业客户的各项需求进行梳理、细分，全面了解市场对公司 5G 业务的反应。其次，公司 5G 业务的推进要与客户的反馈相结合，特别是做好诸如消费分析、消费挖掘等方面的关联工作，充分提高企业对市场的适应能力和面向客户的服务能力，从而打造更为稳定的客户关系，培育稳定的信息消费群体和忠诚客户。再次，充分地落实智能管道等技术方式的运营应用。通过分析客户的信息消费行为，更精准地将相关资源及时对客户进行推荐。

5. 增强功能的兼容性

在 5G 时代，企业可以通过相关技术和信息系统，建设更富于兼容性的综合集成平台，让此前的"三网"更充分地渗透、融合。随着"三网"互相渗透发展，此前相对割裂的客户愈益集中到共同平台上来，一方面，这对既有的企业盈利模式形成一定的冲击；另一方面，在精准了解 5G 客户各自的个性化需求的基础上，企业可以在一个更大的平台上充分满足客户的信息需求。

案例分析

胖 东 来

胖东来商贸集团公司是河南省四方联采成员之一，是河南商界具有知名度、美誉度的商业零售企业巨头，总部位于许昌市，创建于1995年3月，旗下涵盖专业百货、电器、超市。胖东来百货在许昌市、新乡市等城市拥有30多家连锁店、7 000多名员工，生意异常红火，平常一天的客流量与很多零售企业店庆时的客流一样多。零售界有句话是，中国超市只分两种：胖东来和其他超市。

胖东来的商品陈列，完全可以媲美一线城市的各种精品超市，选品不仅优质、齐全，性价比也非常高。只要进入胖东来，你所有的需求都会得到满足。像一般超市都有购物车和购物篮，胖东来不仅有，而且有七种不同款型的购物车，每种车的用法还会标注，顾客各取所需。老年人专用款购物车，不仅自带可供休息的板凳，还有放大镜，方便老人查阅商品。如果购物车上的放大镜用起来不方便，老年人经常逛的调料处也有放大镜。在冷冻食品货架边放置着贴心的手套。有容易腐坏需要冷冻的食品，配有专门的取冰处。欠费了或者没带手机，还有免费电话可以用。购买电器的顾客会赠送一个票据储存袋，以防顾客的票据丢失。超市里设有干净整洁的母婴室、洗手间、无障碍卫生间、儿童卫生间和专门的吸烟室。商场门口有宠物寄存柜，有免费的宠物粮和水。据说，一个商场的清洁工就多达500名，夸张到清洁工用木屑清洁超市地板、用扇子扇干，保证无水渍，防止有人滑倒。

胖东来还有一大特色，即随处可见的提示牌，上面的内容详尽得堪称"魔鬼"。卖保温杯有保温杯的正确用法。食物该怎么吃、每次吃多少、怎么吃不行、吃后要注意什么、东西怎么用，该注意的所有事项，堪比生活小百科。就连卖个香蕉，都专门配上了色卡，告诉你哪个颜色的味道最好吃。卖个内衣，还会把微生物专家的建议放在旁边。如果超市觉得西瓜还未熟透，直接围上绳立个牌，劝你别买，更是它的常规操作。就是这样的点滴，让顾客喜欢来，不仅可以满足购物的需求，也可以学习生活知识。

除此之外，这里的服务简直堪称"变态"。称重人员称重时，会帮你盯着买的菜够不够新鲜，会提醒你买的土豆有疤，可以换一个；鸡蛋自己摔碎了，服务员会强烈要求给你换了；担心水果不好吃，直接扒开尝。甚至在电玩城玩抓娃娃机，只要你举手示意一下，就有工作人员来帮你摆好，让你方便抓。还有100多项免费服务，免费存车、打气、提供修车工具、维修、干洗等，很多服务，哪怕不消费，也可以享受。

胖东来还实行缺货登记，有求必应，就算从竞争对手那买来，也不能让顾客失望。

凡是顾客在胖东来有买不到的商品或者紧急需要，可以拨打急购热线。胖东来负责在全国进行信息查询，尽快采购货品。

买到东西不满意也没关系，早在1999年，胖东来就提出了"不满意就退货"的特色服务，哪怕没有小票也可以免费退换货，而且可以上门办理。果盘吃得就剩一块了说不好吃，直接退；买了玩具不喜欢，可以上门退货，甚至赠送，真正做到"无理由退货、无条件退货"。七日内商品调过价的，顾客可以找超市退差价。曾经，国际金价暴跌，在胖东来购买黄金饰品的顾客就享受这个政策，纷纷前来补领差价。

还有，可以见到这样的曝光台，你投诉了我，我还要奖励你500元投诉奖。必须承认，零售行业，极致服务永远是王道，无可挑剔的细节，贴心到"变态"的服务，这样的胖东来，难怪顾客都被惯坏了。

最厉害的是，胖东来不光对顾客好到"变态"，对员工也好到极致！胖东来一直流行着一个故事：在生鲜区卖水果很脏的地方，两个阿姨，一个跪在地板上拿着毛巾擦地，一个拿着扇子扇干，两个人说说笑笑、高高兴兴。问：是老板要求你们跪在地板上擦地的吗？她们回答说不是。那是为什么呢？她们说这样擦得干净。

于东来说过："你给你员工吃草，你将迎来一群羊！你给你员工吃肉，你将迎来一群狼！"作为一个四线城市，河南许昌当地的基本月工资在1500元左右，而胖东来的基层员工能拿到3000元左右。从2000年开始，于东来就把公司股份分给员工，如今他自己只保留了10%的股份。年底有分红，哪怕是一名保洁员，年收入也有四五万元。作为一家大型连锁超市，胖东来强制周二休息一天，杜绝加班，加班就罚钱，员工每年40天带薪休假，且员工休息室设备齐全，有沙发和阅读室。胖东来对管理层也是给予了高度的信任，还规定所有中高层干部：①每周只许工作40小时；②晚上6点后不许加班，抓住一次罚5000元；③下班必须关闭手机，打通一次，罚200元；④每月必须带着家人出去旅游一次，每年强制休假20天。

胖东来的真诚体现在方方面面，"非典"捐了800万元；汶川地震捐了600万元现金和120万元物资，于东来还带着140名员工到现场抢险救灾；玉树地震捐了100万元；河南暴雨捐款5000万元和物资，于东来带领员工亲赴一线救灾。

虽然坐落于四线城市，但胖东来却被消费者求着开业，打败了联合利华，挤走了世纪华联，让沃尔玛6年都没有开业，马云、雷军等大佬登门求教。马云曾经说，河南胖东来是中国企业的一面镜子；雷军也表示，胖东来在中国零售业一直是神一般的存在。胖东来其实不大，总部坐落于许昌，分店也只分布在许昌、新乡等几个小城市。但胖东来又做得很大，它所传达出来的价值、它的理念吸引着包括马云、雷军在内的无数企业家学习。

资料来源：胖东来：以独特经营模式，领跑商超行业新赛道[EB/OL]. (2024-11-28). https://baijiahao.baidu.com/s?id=1816977222065023881&wfr=.

思考题：

胖东来提升顾客满意度的方法，有哪些与其他超市不同的地方？

本章思考题

1. 结合电信行业特点，分析顾客价值的动态性特征对企业客户管理策略的影响。

2. 请结合实际案例，分析电信企业如何通过客户生命周期管理来提升顾客价值。

3. 结合 RFM 模型，分析如何通过客户分层提升企业的营销效果。

4. 为什么顾客满意不一定导致顾客忠诚？结合"顾客满意陷阱"理论，举例说明电信企业如何突破这一陷阱。

5. 根据电信行业特点，分析 5G 时代下客户关系管理的新挑战和应对策略。

即学即测

第 7 章

电信消费者市场购买行为

本章学习目标：

1. 了解一般消费者市场、电信消费者市场、消费者购买行为的演变，对它们有一个全面、清晰的认知。

2. 了解电信消费者市场的特征及相关营销方式。

3. 熟悉和掌握消费者购买心理与行为特点。

4. 掌握大数据环境下消费者决策的影响因素和相关模型。

5. 了解电信消费者市场购买决策过程。

引导案例

迪士尼主题乐园的情怀

"只要你来到这里，里面的任何一个角落，你都能找到一个属于你内心的童话世界。"提起迪士尼，人们便会想到家庭娱乐、想到"米老鼠"。人们进入迪士尼，就如同进入梦幻世界，在这里可以看到我们这个星球的过去和未来，从中得到假日的娱乐……迪士尼的与众不同之处在于它生产的是精神产品、无形产品、文化产品和娱乐产品，目的是为孩子和家长提供娱乐、创造人间的欢乐童话。

上海迪士尼从开业前被预言"20 年都无法实现盈利"，到开业第一年就实现盈利的逆袭，它的项目设计、经营模式，都为文旅行业提供了一定的学习范本。上海迪士尼主题酒店的成功经营要素并不是单一、孤立的，而是综合性和体系性的。通过各种数据分析和理论分析，主题酒店成功经营都是一个系统性的工程。迪士尼乐园的经营理念是"SCSE"，即 safety（安全）、courtesy（礼仪）、show（表演）、efficiency（效率）。show 不是指舞台表演，它是要求每一个来到工作岗位上的员工，就像参加演出，像演员一样去与游客互动，把欢乐和热情带给游客。同时，迪士尼的二销商品、餐饮等商业业态，构成了它突出的盈利模式。在已经进入成熟经营期的东京迪士尼，门票、二销商品、餐饮在收入构成中，分别占了 45%、35%、20%，这是非常有活力的盈利模式。它关注商品的开发，仅一个爆米花就有几十种口味，所关注的美食并不仅仅是提供快餐，还拥有流动推车、自助餐、西餐、中餐、日餐等种类，适合不同的消费人群和口味……

资料来源：全世界都在催你长大，只有迪士尼守护你内心的童话[EB/OL]. (2019-05-31). https://zhuanlan.zhihu.com/p/67640471.

7.1 消费者市场购买行为概要

7.1.1 消费者市场的含义与特征

1. 消费者市场的含义

消费者市场又称最终产品市场，是指为满足生活消费需要而购买产品或服务的一切个人和家庭。消费者市场是通向最终消费的市场，是实现企业利润的最终环节，是一切社会生产的终极目标，因此，其他的产业市场都是为消费者市场而存在的。对消费者市场的研究，是对整个市场研究的核心与基础。

2. 消费者市场的特征

与组织市场相比，消费者市场具有以下特征。

1）需求的多样性

消费者人多面广、差异性大。不同年龄、性别、兴趣爱好、受教育程度、收入水平的消费者，在生活消费的各个方面都有不同的需求特点。不仅如此，就同一消费者而言，需求也有多样性特征，即不仅有生理的物质需求，还有心理的、精神方面的需求。

2）需求的层次性

消费者的需求是多层次的，既包括生存、安全等低层次需求，也包括享受、发展等高层次需求。当低层次的物质生活需要得到满足后，消费者就会追求高层次的社会性、精神性需求的满足。也就是说，由于消费者的收入水平、文化修养、信仰观念、生活习惯等方面存在着差异，会有各种各样的需要，但不可能同时得到满足，可根据需要的轻重缓急，有层次地逐步满足。即使是在同一类商品市场，消费者购买层次也是不同的。

拓展阅读 7.1 马斯洛需求层次理论

3）需求的发展性

消费者的需求不是一成不变的，随着社会经济的发展和生活水平的提高，消费者需求的内容、构成和总量都会不断变化与发展，即使同一层次的需求，其内涵也是可变的，原有的需求会被新的需求所取代，潜在的、未来的需求会不断转化为现实的需求。也就是说，人们的需求是无止境的，不会停留在一个水平上。消费者的一种需求满足了，又会产生新的需求，循环往复，以至无穷。

4）需求的可诱导性

消费者需求的产生，大部分可以通过环境的改变或外部诱因的刺激、诱导而发生变化和转移，也就是说，消费者需求是可诱导和调节的，具有较大的弹性。消费者需求的这一特征，为企业提供了巨大的市场潜力和市场机会。企业可以通过卓有成效的市场营销活动，如广告宣传、营销推广等，使无需求变为有需求、潜在需求变为现实需求、未来需求变为现实需求，从而使企业由被动地适应、迎合消费者需求，转化为积极主动地

引导、激发和创造需求。

5）需求的相关性

消费者的不同需求具有相互关联、补充、替代的关系。这些关系包括以下三种情况：第一，彼此独立不能互补或替代的需求；第二，彼此相连、相互补充的需求；第三，彼此可以替代的需求。

6）需求的分散性

消费者人数众多，分布面广，购买流动性较大，每次购买数量较少，购买频率较高。多数消费者对大多数商品缺乏深入的了解，还缺乏商品的专门知识。这就需要营销者承担起引导消费者的责任，争取灵活多样的售货方式，不断提高为消费者服务的质量。

7）需求的周期性

从商品的消费情况来看，有些商品是常年均衡消费，需要经常购买；有些商品属季节性或节日消费，如时令服装等。

7.1.2 消费者购买行为模式

1. 消费者购买行为理论

1）边际效用

边际效用描述的是消费者的心理感受。消费某种商品实际上提供了一种刺激，使人感到满足或产生某种心理反应。当人们消费一个东西的时候，最初的刺激一定是很大的，容易获得较高的满意度。但是，当人们不断地消费同样的物品，也就是重复同样的刺激时，人们的心理兴奋感或满足感必然降低。

换句话说，随着消费的增加，效用在积累，新增加的消费带来的效用增加越来越不显著。19世纪的心理学家恩斯特·海因里希·韦伯（Ernst Heinrich Weber）和古斯塔夫·西奥多·费希纳（Gustav Theodor Fechner）通过心理学实验，验证了这一现象，并将其命名为"韦伯-费克纳边际影响递减定律"。

这个定律也可以用来解释边际效用递减规律，如图 7-1 所示。边际效用递减的规律是：在一定时期内，在其他条件不变的情况下，当消费开始增加时，边际效用会增加，

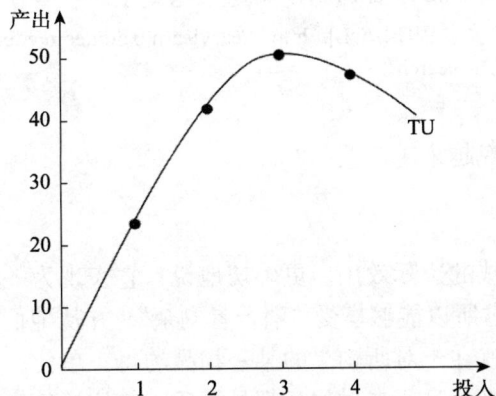

图 7-1 边际效用递减

即总效用（TU）会大大增加，但积累到相当的消费后，边际效用会随着消费的增加而逐渐降低；如果边际效用仍然为正，则意味着总效用继续增加，但增长率逐渐平缓；当消费累积到饱和、边际效用降低到 0 时，意味着总效用不会累积增加，此时总效用达到最大；如果边际效用降低为负，则意味着总效用会逐渐降低。

一般来说，当消费者偏爱某样东西而得不到，或者自己拥有的量不够大时，增加消费会大大增加满意度，进而增加边际效用；但当所有权数量充足时，满意度的增加随着消费的增加而逐渐平缓，这就是边际效用递减；拥有太多，增加消费就会觉得反感。这时边际效用降低为负，并继续降低，累计总效用也降低。一般情况下，消费者拥有足够的数量，边际效用降低后，会将自己有限的资源配置转移到满足其他欲望上，从而不会过度消费同一种商品而产生厌恶感。

案例7-1

春 晚 危 机

从 20 世纪 80 年代初期开始，我国老百姓在过春节的年夜饭中增添了一个诱人的内容，那就是春节联欢晚会。1983 年第一届春节联欢晚会的出台，在当时娱乐事业尚不发达的我国引起了极大的轰动。晚会的节目成为全国老百姓在街头巷尾和茶余饭后津津乐道的题材。

晚会年复一年地办下来了，投入的人力、物力越来越大，技术越来越先进，场面设计越来越宏大，节目种类也越来越丰富。但不知从哪一年起，人们对春节联欢晚会的评价却越来越差了，原先在街头巷尾和茶余饭后的赞美之词变成了一片吐槽，春节联欢晚会成了一道众口难调的大菜，晚会也陷入"年年办，年年骂；年年骂，年年办"的怪圈。

春晚本不该代人受过，问题其实与边际效用递减规律有关。在其他条件不变的前提下，当一个人在消费某种物品时，随着消费量的增加，他从中得到的效用是越来越少的。这种现象普遍存在，就被视为一种规律。边际效用递减规律虽然是一种主观感受，但在其背后，也有生理学的基础：反复接受某种刺激，反应神经就会越来越迟钝。第一届春节联欢晚会让我们欢呼雀跃，但举办次数多了，由于刺激反应弱化，尽管节目本身的质量在整体提升，但人们对晚会节目的感觉却越来越差了。

资料来源：微观经济学案例[EB/OL]. https://easylearn.baidu.com/edu-page/tiangong/bgkdetail?id=70f13cbbf121dd36a32d82df&fr=search.

思考题：

为什么观众觉得春晚越来越"差"？

2）消费者剩余

消费者剩余源于递减的边际效用。更确切地说，它表现为一种物品的总效用与市场价格之间的差额：人们之所以能够享受"消费者剩余"，并从他们各自的购买行为中获得福利感，其根本的原因就在于对所购买的某一物品的每一单位，即从第一单位到最后一单位，支付了相同的价格，且所支付的又都是最后一单位的价格。

随着人们对同一物品占有数量的增加，边际效用是递减的，但总效用是增加的，当总效用达到极大值时，边际效用趋于零；当超过极大值继续消费时，边际效用为负，从而总效用开始下降。由于商品的价格是由最后一单位商品的效用决定的，而最后一单位商品的效用低于它之前的每一单位商品的效用，因而人们在他们的购买行为中，就可以从前面的每一单位中享受到效用剩余。

消费者总剩余可以用需求曲线下方、价格线上方和价格轴围成的三角形的面积表示。图 7-2 中，以 OQ 代表商品数量，OP 代表商品价格，$P'Q'$代表需求曲线，则消费者购买商品时所获得的消费者剩余为图中的灰色面积。由图 7-2 可见：如果价格上升，则消费者剩余下降，相反，如果价格下降，则消费者剩余上升；如果需求曲线是水平的，则消费者剩余为 0。

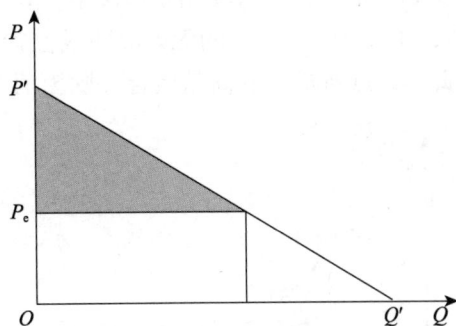

图 7-2　消费者剩余

3）无差异曲线

无差异曲线是经济学中的一个概念，它是一条曲线，用来表示两种商品或两组商品的不同数量的组合给消费者提供的效用是相同的，如图 7-3 所示，A、B、C 三点表示商品 X 和 Y 的组合，带给消费者的效用是相同的。无差异曲线符合这样一个要求：如果听任消费者对曲线上的点做选择，那么，所有的点对他都是同样可取的，因为任一点所代表的组合给他所带来的满足都是无差异的。

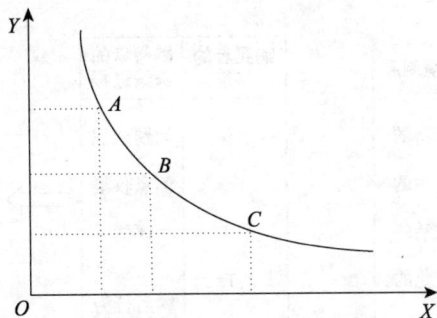

图 7-3　无差异曲线

4）消费者均衡

消费者在特定条件下（如喜好、商品价格和收入既定等），把有限的货币收入分配到各商品的购买中，以达到总效用最大。在这种情形下，消费者货币分配比例达到最佳，即分配比例的任何变动都会使总效用减少，因此，消费者不再改变各种商品的消费数量，这被称为消费者均衡。

无差异曲线与预算线的关系只有三种：相交、相切、相离。如图 7-4 所示，无差异曲线 U_1、U_2、U_3 分别与预算线 AB 相交（交点为 C 和 D）、相切（切点为 E）、相离（没有任何交点）。首先，在相交情况下，如无差异曲线 U_1 中，只有两个交点之间的 CD 段处于消费者可消费区域，但是，CD 段内任何一点的商品组合给消费者带来的效用水平只能达到 U_1，均小于 U_2、U_3，未能实现消费者效用水平最大化的目标。其次，在相离情况下，如无差异曲线 U_3 上任何一点的商品组合的确可以给消费者带来更高的效用水平，不过，U_3 处于消费者可消费区域 AOB 之外，U_3 上任何一点的商品组合，消费者无法在现有价格和收入约束下购买到。最后，只有在相切情况下，切点 E 处的商品组合，既在消费者可消费区域 AOB 内，并且，经过 E 点的无差异曲线位置也尽可能达到最高，即消费者效用达到最大化。因此，E 点所描述的商品组合，则为消费者最优的商品组合。

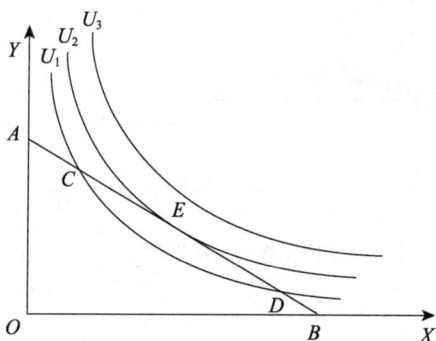

图 7-4　无差异曲线与消费者均衡

2. 科特勒刺激—反应模式

科特勒在其《市场营销管理》亚洲版中，提出了一个非常简洁的消费者购买行为模式，他认为，消费者行为模式一般由三部分构成，如图 7-5 所示。

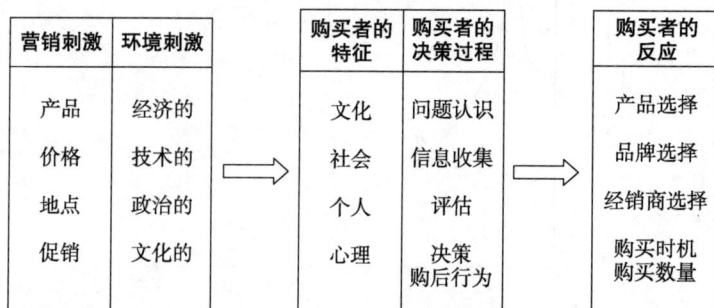

营销刺激	环境刺激	购买者的特征	购买者的决策过程	购买者的反应
产品 价格 地点 促销	经济的 技术的 政治的 文化的	文化 社会 个人 心理	问题认识 信息收集 评估 决策 购后行为	产品选择 品牌选择 经销商选择 购买时机 购买数量

图 7-5　"刺激—反应"模式

第一部分包括企业内部的营销刺激和企业外部的环境刺激两类刺激，它们共同作用于消费者，以期引起消费者的注意。第二部分包括购买者的特征和购买者的决策过程两个中介因素，它们将得到的刺激进行加工处理。而加工处理的结果就是购买者的反应，这就是第三部分，是消费者购买行为的实际外化，包括产品选择、品牌选择等。这三部分非常简洁，却很清晰地把消费者的购买过程描述出来。如果想继续深入探讨，则可以从任何一部分入手展开。例如，对购买者的特征继续探讨，如图 7-6 所示。

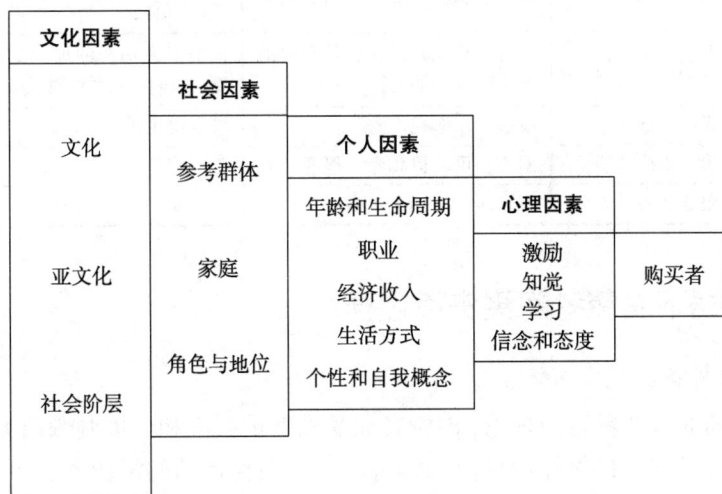

图 7-6　购买者的特征分析

3. 阿萨尔购买行为类型

阿萨尔（Assael）根据消费者的参与程度和品牌差异程度，将购买行为划分为以下四种类型。

1）复杂的购买行为

当消费者卷入购买的程度较高，并且了解品牌间的显著差异时，他们会有复杂的购买行为。

2）减少失调的购买行为

这种购买行为指由于产品的各种品牌之间并没有多大差别，并且产品具有很大的购买风险或者价格很高，所以，需要消费者高度卷入才能慎重决定。但购买商品之后，有时往往又会使消费者产生一种购后不协调的感觉，于是，开始通过各种方法，试图作出对自己的选择有利的评价，并采取种种措施，试图证明自己当初的购买决策的正确性。

3）寻求变化的购买行为

当消费者卷入程度很低而且品牌间的差异很大的时候，消费者就会经常改变品牌的选择。

4）习惯性的购买行为

这是指消费者卷入程度不高，同时，品牌之间的差异也不大时，消费者一般采取的购买行为。

根据上述分析，消费者的参与程度与营销策略如表 7-1 所示。

表 7-1   消费者的参与程度与营销策略

消费者的参与程度		参与程度低	参与程度高
营销策略	广告宣传	对广告依赖程度高，需要较大的广告预算	对广告依赖程度低，需要较小的广告预算
	铺货率和上架率	必须有很高的铺货率和上架率	铺货率和上架率的重要程度不如低介入程度商品
	推销员和促销员培训	面对最终用户的推销员和促销员重要性稍弱	面对最终用户的推销员和促销员非常重要，他们的素质往往决定公司的销售业绩
	广告媒体的选择	应多运用电视广告	应多使用印刷类广告
	新品牌的推广	困难，可从提高介入程度入手	相对容易
	售后服务和售后关怀	相对而言没那么重要	很重要

7.1.3   大数据下消费者购买决策过程

1. 修正的科特勒模型

根据科特勒的消费者行为理论，消费者在受到营销刺激和环境刺激两方面的影响下，进入消费者决策过程，最终作出反应和购买决定。在科特勒的消费者购买决策模型（以下简称"科特勒模型"）中，消费者决策过程即"消费者黑箱"是看不见、摸不着的。

如图 7-7 所示，在科特勒模型中，"消费者黑箱"是需要营销者不断探索和了解的领域。正是在这个模型的指导下，科特勒将影响消费者行为的因素总结为社会因素、个人因素、文化因素和心理因素四个方面。因此，科特勒的这一模型将消费者购买决策视为一个条件反射模式，在营销和其他环境因素作用下，消费者心理通过"黑箱"反应，从而决定了购买行为或者购买意向。所以，科特勒模型可以更好地解释消费者购买行为，但并不能很好地指导营销实践，即使可以用于实践，也得在产品上市之后，根据消费者的反应和反馈所分析的结论，再应用于实践。

输入 ⟹ 消费者黑箱 ⟹ 输出

图 7-7   简化的科特勒模型

在大数据时代背景下，企业可以预测消费者的购买决策行为，并构建消费者决策行为预测过程模型。换言之，企业可以利用大数据打开"消费者黑箱"，即企业能够预知消费者的购买决策，并据此指导营销实务。既然大数据时代下可能不存在"消费者黑箱"，因此，对科特勒模型做如下修正，如图 7-8 所示。

从图 7-8 中可以看出，修正后的模型引入企业或者营销者这个主体，是一个循环改善的过程模型。在整个模型中，企业首先通过消费者决策过程进行预测，从而得到预测结果，预测结果主要是消费者购买决策内容偏好，包括消费者喜欢什么样的产品、消费者倾向于在哪里买到、消费者可能在什么时候购买等。然后，根据预测结果，制定出有针对性的营销战略和营销组合策略，所谓有针对性，是指企业通过预测，在清楚了消费

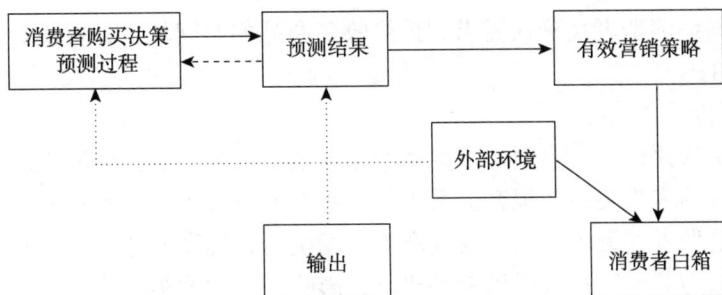

图 7-8 修正后的科特勒模型

者行为和偏好的基础上，量体裁衣式地满足消费者群体的需求。

在输入—刺激作用下，消费者的决策过程由"消费者黑箱"变为"消费者白箱"，因为企业已经运用大数据进行消费者购买决策预测，对消费者的偏好和选择有了很大程度的把握。更为极端的一种情况是，消费者可能自身都不知道自己的真正需求或者自己的购买动机是什么，但手握大数据的营销者却已经预测到了结果。

2. 消费者购买过程

无论是在传统市场条件下，还是在大数据条件创造的网络购物环境中，消费者购物过程都分为需求产生、信息搜寻、评估选择、购买决策、购后评价这几个步骤。

1）需求产生

在大数据环境下，商家可通过各种信息手段与消费者进行沟通交流，准确地了解消费者的需求，并根据消费者的不同需求设计生产产品，以消费者认可的价格和便利的渠道传递给消费者。

2）信息搜寻

消费者在产生购物需求之后，会开始通过网络直接搜寻产品信息。在大数据环境中，消费者主动搜寻所需商品信息，一方面，根据所获得的商品信息，消费者可以进行后续的查询跟踪，而且在浏览过程中有可能发现最新的产品信息；另一方面，发布商品的需求信息，得到其他网络消费者的帮助，同时也可以在相关论坛中传授自己的购物经验，为其他消费者提供参考。

3）评估选择

大数据环境下商品信息丰富、种类齐全，消费者还有可能在市场上发现意想不到的商品。因此，对于商家而言，需要了解消费者评估选择时的判断标准、偏好，为消费者提供有吸引力且真实可信的产品或服务描述。同时，提供方式要灵活多样，信息内容也要尽可能地吸引目标消费者的目光且能够保留，使消费者主动浏览，并记住喜爱的商品或品牌。

4）购买决策

大数据时代，消费者作出购买决策时，能获取更多相关信息，能够对所需求商品的外观、性能、价格和质量进行充分的比较分析，作出更加理性的选择。在网络购物环节中，网络消费购物决策，多了消费者向商家发出订单和通过网络支付方式付款两个过程，这样，就会使网络消费者从确认需求到最终收到商品的时间较少，可能会影响消费者对交易安全的信任。

5）购后评价

消费者的购后评价，一方面，可以使商家与消费者之间保持沟通交流，维持商家与网络消费者之间的客户关系并提升关系水平，吸引消费者重复购买；另一方面，可以使商家及时了解消费者的需求变化，发现新的市场机会，提高服务水平。此外，消费者的购后评价还可以为其他购物者提供参考建议，影响他们的购买决策。

案例7-2

沃尔玛"啤酒加尿布"经典营销

世界著名商业连锁企业沃尔玛拥有世界上最大的数据仓库系统，为了准确了解顾客在其门店的购买习惯，沃尔玛对其顾客的购物行为进行了分析。沃尔玛数据仓库里集中了其各门店的详细原始交易数据，在这些原始交易数据基础上，沃尔玛利用数据挖掘工具，对这些数据进行分析和挖掘，可以很轻松地知道顾客经常一起购买的商品有哪些。一个意外的发现是："跟尿布一起购买最多的商品，竟然是啤酒。"这是数据挖掘技术对历史数据进行分析的结果。沃尔玛派出市场调查人员和分析师，对这一数据结果进行调查分析，经过分析调查得知，原来在美国，年轻的父亲下班后通常会去超市为孩子买尿布，与此同时，有很大一部分人会为自己买啤酒。于是，沃尔玛超市根据这一数据分析结论而作出调整，将尿布与啤酒摆放在一起，甚至一起做促销，结果尿布与啤酒的销量都迅速增长了。

资料来源：数据挖掘中最经典的例子"啤酒＋尿布"是怎么回事[EB/OL]. (2022-12-01). https://jingyan.baidu.com/article/59703552b6b1b7cec107404b.html.

思考题：

沃尔玛的交叉营销策略对我们有什么启示？

7.1.4 大数据下消费者购买行为的演变

随着大数据时代的到来，消费者将有更多、更广泛的信息来源，消费者的选择将更加充分，对商品的了解将更加透彻，自主权将进一步增大，对传统的消费行为将形成冲击，新的基于大数据时代的理性消费者行为正逐步形成，具体如下。

1. 更加理性

在工业化时代，消费者通过传统的大众广告媒体，如电视广告以及报纸、杂志等纸媒广告来获取商品信息，而在大数据时代，当消费者对某种商品有需求时，他们首先会选择通过互联网来收集该商品的相关数据，了解该商品的信息，这与传统意义上的商品选择模式在本质上已经有了较大不同。消费者可以非常便捷地在相关网站上搜索到自己所需要的商品数据信息，提高购物效率，降低购物选择成本。在大数据时代，消费者更容易获得同类商品的市场行情，从而通过比较，购买到理想的、满足需求的商品。因此，可以预见，大数据时代下，消费者的主动、理性消费行为在增加，盲目购物几乎不会再出现。

2. 更容易受购买评价的影响

在工业化时代，消费者往往通过电话、杂志反映对商品的评价，而大数据时代，消费者会直接在微博或其他社交媒体上发表自己的看法，这种评价信息往往会被商业企业或数据服务公司收集，成为对这种商品评价的来源数据之一而广泛传播。因此，大数据时代的评价模式影响更加广泛，对潜在消费者有着更加直接的影响。这是因为，潜在消费者通过这些评价数据就能判定这些商品的品质，从而给这些商品打一个直接印象分，并最终反映到购买或不购买上。并且，评价数据可以被转载或广泛用于各种途径，使这种评价数据传播得越来越广，影响到的消费者越来越多，对企业产品销售的影响越来越大，有时甚至能够覆灭一种商品的生产。

3. 品牌依赖度逐渐下降

在工业化时代，品牌在大多数情况下代表着质量，人们往往会崇尚品牌。而在大数据时代，品牌的重要性将逐步降低。大数据时代，消费者可以通过各种途径获取现成的有关商品的用户评价或数据统计，从而更容易发现商品的真实品质，不再把品牌作为衡量商品质量的唯一依据。此外，大数据时代，供应链外包更加广阔，很多企业都把供应链外包到具有一定基础设施的发展中国家，因此，尽管有一些品牌存在差异，但往往都在同一个国家或同样的工厂里生产和组装，质量相差不大。由于大数据时代数据的广泛性，这样的结果将很快被消费者获悉，尽管不排除人们对某品牌有偏好，但大数据时代消费者对品牌的依赖性将大大降低。

4. 更加个性化

传统工业化时代，产品大规模生产，再加上消息传递的不及时性，导致消费者的消费比较大众化，很少有个性化消费。而在大数据时代，由于数据传播的广泛和迅捷、通信的畅通和快捷、文化娱乐的繁荣以及思想观念的跳跃，消费者往往更富有想象力，喜欢创新，对个性化消费提出了更高的要求。消费者选择商品已经不再仅仅考虑商品的使用价值，而更多考虑其体现的个性化特征，这已经成为大数据时代许多消费者购买商品的首要标准。长期以来，我国企业大多只注重产品的质量、性能以及企业的发展规模，这在传统工业化时代是成功的保障，而大数据时代却有所不同，个性化消费将对这种模式形成强烈的冲击。

7.1.5　大数据下影响消费者购买决策的因素

1. 认知因素

大数据市场下，很多购物是在虚拟的网络环境中进行的，消费者通过商家发布的商品信息描述和图片展示来判断与选择，而不通过实际的接触来感知，这就使消费者的购买决策变得更加困难。价格和品牌是影响消费者购买行为的重要产品因素，一般来说，知名品牌产品的质量较好，售后服务也比较完善，在信息混杂的市场环境中，品牌知名度较高的商品能够有效地降低消费者购物时的感知风险。

同时，大数据环境下，消费者的订单、个人信息等面临暴露的风险，使得消费者在购物时可能面临各种交易安全风险，商家的诚信问题也会影响网络消费者的购买决策。网络的安全威胁已经成为影响网络消费者购买决策的重要因素。目前，较大的网站纷纷采取买卖互评机制、构建信用等级体系等措施，以提高消费者对网站的信任。

2. 品牌偏好

营销学家霍尔及布朗在1990年的研究论述中指出，消费者在采取购买行动之前，心中就已有了既定的品位及偏好，只有极少数的消费者会临时起意而产生冲动性购买。整体而言，就算消费者的购买是无计划性的、无预期性的，仍将受到心中既有的品位与偏好的影响。

大数据的渗透作用使人们对线上电子商品的品牌偏好发生了变化，从而影响到最终消费者在线上的购买决策行为，且该影响是正向的。消费者让渡价值理论认为，产品形象价值属于总顾客价值的一部分，影响着消费者决策的依据，即顾客让渡价值，且品牌形象值越高，消费者越倾向于决定购买。随着大数据模式和技术在电子商务领域的发展，越来越多的线上购物网站会收集用户的个性化行为信息，运用大数据手段，处理这些信息并向客户精准投放靶向推荐，而正因为这种新型营销模式的出现，消费者在购买线上电商产品时的品牌偏好，就受到了大数据渗透作用的影响。

3. 评价体系

卓越的评价体系对消费者的购买起到重要作用，而至关重要的是评价的总数量而不是好评的数量。顾客的评价总数量多，意味着此商品拥有更多的购买者，而新的购买者就更能听到众多消费者不同的声音，就更加接近真实，也就更激发起他们的购买欲望。

对评价数量较多的商品，消费者依靠众多评论作出判断，从众多评论中甄别符合自己需要的评论，找到自己最重视的方面，从而作出购买或不购买的决定，而不是依靠少量的评论作出判断。所以，对消费者的购买决策起到第一作用的是评价总数量。评价总数量越多，新的购买者越多。消费者的数量和商品评价数量之间是滚雪球的关系。在评价总数量较多的商品中，好评率本身也较高；而在评价总数量较少的商品中，好评率起到的作用是较小的。

拓展阅读 7.2 评价体系对消费者购买决策的影响

4. 价格因素

价格是商品价值的货币表现形式，而商品价格的高低，直接关系到买卖双方的切身利益，也直接影响消费者对某些商品的购买意愿以及购买数量的多少。所以，商品价格是消费者购买心理中最敏感的因素。价格作为客观因素，它对消费者的购买心理必定产生影响，进而影响消费者的购买行为。

消费者个人经验往往是自身感官的接受，形成对某种商品或某个价位的知觉与判断。消费者多次购买某种价格高的商品，使用后发现很好，就会不断强化他对"价高质高"的判断和认识。当多次购买某种价格低的商品，发现不如意，这同样会增强他的"便宜

没好货"的感知。家庭对消费者具有极为深刻的影响，家庭的规模、经济状况也会直接影响消费者对商品价格的判断。生活在经济状况比较窘迫家庭的人，对商品价格的判断通常也比较低，而生活在生活富裕的家庭的消费者，估计的商品价格通常也要高一些。另外，消费者的个性、爱好和兴趣也会对商品价格的心理反应产生影响。

案例7-3

百思买的定价策略

北美零售商百思买在北美的销售活动非常活跃，产品总数有 3 万多种，产品的价格也随地区和市场条件而异。由于产品种类繁多，因此成本变化比较频繁，一年之中，变化可达 4 次之多。结果，每年的调价次数高达 12 万次。最让高管头疼的是定价促销策略。公司组成了一个 11 人的团队，希望通过分析消费者的购买记录和相关信息，提高定价的准确度和响应速度。

定价团队的分析，围绕着三个关键维度。

（1）数量。团队需要分析海量信息，收集上千万名消费者的购买记录，从客户不同维度分析并了解客户对每种产品种类的最高接受能力，从而为产品定出最佳价位。

（2）多样性。团队除了分析购买记录这种结构化的数据外，也利用社交媒体发帖这种新型的非结构化数据。由于消费者需要在零售商专页上点赞或留言以获得优惠券，团队利用情感分析公式来分析专页上消费者的情绪，从而判断他们对于公司的促销活动是否满意，并微调促销策略。

（3）速度。为了实现价值最大化，团队应对数据进行实时或近似实时的处理。例如，成功地根据一个消费者既往的麦片购买记录，为身处超市麦片专柜的他/她即时发送优惠券，给客户带来便利性和惊喜。

通过这一系列的活动，团队提高了定价的准确度和响应速度，为零售商新增销售额和利润数千万美元。

资料来源：传统电器零售商百思买如何在零售"末日"中自救？[EB/OL]. (2023-05-22). http://www.linkshop.com/news/2023504114.shtml.

思考题：

百思买的定价策略围绕哪三个关键维度来开展？

7.2　电信消费者市场消费特征

信息技术与电信市场推动电信行业实现了跨越式发展，带动电信消费从无到有、从有线到无线、从语音到数据、从单调到丰富，电信消费者不断受到信息技术、信息消费观念、信息消费文化的冲击与洗礼。消费行为从奢侈型消费向平民型消费转化、从单一型消费向多样型消费转化。在从垄断或寡头垄断市场向竞争市场的系统转变过程中，电信消费者的消费行为越来越复杂，消费者将陷入庞杂的多样化选择当中。中国电信消费市场在与世界电信发展同步的同时，也呈现出自己的特色。

7.2.1　电信消费者市场宏观特征

1. 话音是人们基本的通信需求，非话音业务促使电信业务消费升级

话音是人们基本的通信需求，话音业务收入一直是各大运营商的主要来源，比重超过60%，它可以为运营商提供稳定的现金流收入。从总体来看，我国电信业务消费结构也在升级。在满足人们基本话音业务需求基础上，诸如个性化彩铃、短消息及互联网等非话音业务需求逐步加大。

2. 移动数据业务市场蓄势待发

移动数据业务市场用户消费规模尚有增长空间。一方面，移动设备的普及，使移动数据业务消费用户总量随着移动用户的增加成比例地增加；另一方面，现有移动电话用户向移动数据业务用户的渗透还在继续，这与各地经济发展水平及运营商的经营策略有密切的关系。更重要的是，基于移动数据业务用户所挖掘的消费价值，是未来电信业务消费市场巨大的增长点。可以预见，5G牌照的发放是移动数据业务市场渗透率下一个快速提高的契机。

3. 电信消费者愈加关注自身权益，电信企业服务质量不断提高

随着消费者消费能力的提升与中国消费市场环境的变化，消费者对自身权益维护越来越重视，消费者服务观念的转变同样影响着电信消费者。经过跨越发展阶段，电信消费者群体日益庞大，消费者的地位得到提升，消费者对待电信消费也更加回归理性，更加关注电信消费的性价比。消费者关注的电信服务范围开始扩大至话费、营业点的服务态度等。中国电信完成重组后，把抓服务水平的提高作为重点工作之一，首先确立了"用户至上，用心服务"的理念，要求标本兼治，建立以营业前台为重点、以后台为支撑、以网络服务为基础的完善的服务体系，推出了一系列改善服务的措施。

7.2.2　电信消费者市场微观特征

1. 消费差异性

电信市场消费差异性，体现为不同市场区域之间的差异性和同一市场区域内不同消费群体的差异性。不同区域生产生活方式、经济发展水平不同，对信息传递的需求不同；同一市场区域内，富裕程度的不同也会导致电信消费量的差异，年龄段的差异表现出对数据网络和移动电话不同的需求。

2. 消费从众性

欠发达地区电信市场消费有很强的"跟风现象"，在同一市场区域内处于同一消费层次的群体有很强的攀比心理，而在消费层次上，比这个层次低的群体则有很强的追风意识，这很容易形成新消费的区域消费风气。强烈的攀比心理和追风意识使得消费者对电信消费做决策时，更容易受他人及区域消费风气的影响，表现为非理性消费。

3. 消费文化性

年轻消费者在选择消费产品时，比较注重产品人为赋予的内涵，并看重品牌的影响力以及外观形象。青年群体不仅要享受通信服务本身所带来的价值体验，还要享受产品功能以外的人文价值体验。移动通信消费本身代表着一种消费文化，移动通信不同的业务、不同的品牌又被赋予不同的消费内涵。如中国移动的"动感地带"在学生市场获得了大丰收，并不是完全依靠"动感地带"调低了移动资费，而更多的是让学生感受到了消费文化的认同，从心理上产生了"动感地带"是专为自己设立的品牌的共识。

4. 消费多样性

随着经济的不断发展，我国居民的生活水平不断提高，服务需求逐渐增加，趋同性需求向个性化、多样化需求转变。电信运营商出于获取利润、占据竞争有利地位的考虑，必须通过电信产品多样化来满足多样化的市场需求。电信产品多样化即在核心技术的支撑下提供多种产品，用数字传输技术向消费者提供大量服务产品，从基本的通话业务、短信业务到电子钱包、在线支付业务等。

7.3　电信消费者市场购买心理与购买决策

7.3.1　一般消费者购买心理

1. 面子心理

消费者有很强的面子情结，在面子心理的驱动下，个人的消费会超过，甚至大大超过自己的购买或者支付能力。

2. 从众心理

从众指个人的观念与行为由于受群体的引导或压力，而趋向于与大多数人相一致的现象。消费者在很多购买决策上，会表现出从众倾向。比如，购物时喜欢到人多的商店；在品牌选择时，偏向那些市场占有率高的品牌；在选择旅游点时，偏向热点城市和热点线路。

3. 推崇权威

消费者推崇权威的心理，在消费形态上，多表现为决策的情感成分远远超过理智成分。这种对权威的推崇往往导致消费者对权威所消费产品无理由地选用，进而把消费对象人格化，从而达成产品的畅销。如大量商家找名人或者明星代言、做广告，就是利用人们对名人或者明星的推崇心理。

4. 占便宜和爱还价

占便宜和爱还价是消费者表现出来的普遍心理，一方面，爱还价中的"价格太贵"是消费者的口头禅；其实"便宜"与"占便宜"不一样。价值100元的东西100元买回来，那叫便宜；价值100元的东西50元买回来，那叫占便宜。消费者经常追求所谓"物美价廉",消费者不仅想占便宜,还希望"独占",这种心理就给商家可乘之机。如许多商家经常打出"最后一件""最后一天"等宣传语,给予消费者物美价廉的心理感觉,仿佛占了便宜。

案例7-4

美佳西服店巧用折扣销售

日本东京银座美佳西服店为了销售商品而采用一种折扣销售方法,颇获成功。其具体方法为:先发一则公告,介绍某商品品质、性能等一般情况,再宣布打折的销售天数及具体日期,最后说明打折方法——第一天打九折,第二天打八折,第三、四天打七折,第五、六天打六折,以此类推,到第十五、十六天打一折。这个销售方法的实践结果是,第一、二天顾客不多,来者多半是探听虚实和看热闹的,第三、四天人渐渐多起来,第五、六天打六折时,顾客像洪水般地拥向柜台争购。以后,连日爆满,没到一折售货日期,商品早已售罄。

这是一则成功的折扣定价策略,妙在准确地抓住顾客的购买心理,人们当然希望买质量好又便宜的商品,最好能买到二折、一折价格出售的商品,但是,有谁能保证想买时还有库存呢?于是,出现了头几天顾客犹豫、中间几天抢购、最后几天买不着者惋惜的情景。

资料来源:笔者根据相关资料整理所得。

思考题:

企业应如何用折扣销售取得最大的营销效果?

5. 炫耀心理

消费者炫耀心理,在消费商品上多表现为产品带给消费者的心理成分远远超过实用成分。这种炫耀心理创造了不少高端市场,这一点在时尚商品上表现得尤为明显,如名牌手表、女士手袋等。

6. 恐惧心理

每个消费者在做决定的时候都会有恐惧感,生怕作出错误的决定。消费者容易在购买之后,出现怀疑、不安、后悔等不和谐的负面心理情绪,并引发不满的行为。商家时常利用消费者的恐惧心理进行创意广告,如"买电器,到国美,花钱不后悔";同时,还有商家推出限量、限时销售,或者是打绝版的概念等,都是利用了消费者的恐惧心理。

7. 弥补心理

人们一旦做错了某件事或感觉内疚,首先想到的就是弥补和补偿,在营销的过程中,弥补性消费心理也经常被利用。如许多保健品品牌一到节假日,就抓住亲情的主题,大肆开展宣传,充分激发部分群体对长辈不够关怀的内疚,进而使其购买保健品回家看看。

8. 习惯心理

消费者对其所选购的产品潜意识都有习惯,对任何一类产品,都有一个"心理价格",高于"心理价格"也就超出了大多数用户的预算范围,低于"心理价格"会让用户对产品的质量产生疑问。因此，了解消费者的"心理价格"，有助于市场人员为产品制定合适的价格、有助于销售人员达成产品的销售。

案例7-5

柯达如何走进日本

柯达公司生产的彩色胶片在20世纪70年代初突然宣布降价，立刻吸引了众多的消费者，挤垮了其他国家的同行企业，柯达公司甚至垄断了彩色胶片市场的90%。到了20世纪80年代中期，日本胶片市场被富士所垄断，富士胶片压倒了柯达胶片。对此，柯达公司进行了细心的研究，发现日本人对商品普遍存在重质而不重价的倾向，于是，制定高价政策、打响牌子，保护名誉，进而实施与富士竞争的策略。它在日本发展了贸易合资企业，专门以高出富士1/2的价格推销柯达胶片。经过5年的努力和竞争，柯达终于被日本人接受，走进了日本市场，并成为与富士平起平坐的企业，销售额也直线上升。

资料来源：柯达进入日本是采取什么策略[EB/OL]. (2023-07-11). https://wen.baidu.com/question/1807500281013096867.html.

思考题：

柯达为什么能取得成功？

9. 攀比心理

消费者的攀比是基于消费者对自己所处的阶层、身份以及地位的认同，从而选择所在的阶层人群为参照而表现出来的消费行为。相比炫耀心理，消费者的攀比心理更在乎"有"——你有，我也有。早年，MP3、MP4、电子词典热销并且能形成相当的市场规模，消费者的攀比心理就起到了推波助澜的作用。

7.3.2 电信消费者购买心理特征

1. 电信消费者心理需要的特征

1）多样性

消费者受民族习惯、文化程度、收入水平、宗教信仰、审美情趣以及生活习性等因素的影响，对电信服务的心理需要是千差万别和多种多样的。因此，电信企业在做好现有业务的基础上，要适时开发出消费者喜好的、技术含量高的新业务。

2）无限性

消费者的心理需要事实上是无限扩张、永无止境的，方便了还想方便，便宜了还想便宜。因此，电信企业要无限地追求和有限地开发有市场的新业务。

3）层次性

消费者的层次性无疑会引发消费者心理需要的层次性。因此，电信企业要根据消费者心理需要的层次，即便同一种业务，也应提供不同档次的服务。

4）可变性

消费者心理需要受经济条件和电信资费等因素的影响而变化伸缩。因此，电信企业要以变应变、贴近消费者，办好深受消费者欢迎的业务。

5）可导性

消费者心理需要受社会、文化、时尚、观念、交际和广告等因素的影响很大。因此，电信企业应强化营销工作，引导消费者更多地了解相关业务及活动、更多地使用电信业务。

2. 电信消费者心理动机的特征

1）主导性

消费者心理动机是复杂的，但有一种动机是起主导作用的。要么图快，要么图省，要么图好，如此等等。电信营销人员要有看透消费者心思的本领，找准切入点，做好服务工作。

2）转移性

消费者心理动机是游移的，当占主导的动机受较强的刺激时，就可能被其他动机所取代。如费用太高、服务太差，都可能改变消费者的心理动机。

3）内隐性

消费者心理动机有时不易被察觉，一不留意，商机尽失。例如，有的消费者想要体验5G业务，又怕不方便而没有表明态度。因此，电信营销人员应特别注意识别这种内隐性，根据消费者的真正动机，做好电信营销工作。

4）模糊性

消费者心理动机有时模棱两可。例如，消费者想换资费套餐，又拿不定主意。对此，电信营销人员要做好宣传、解释和公关工作。

5）冲突性

消费者心理动机有时处于矛盾与斗争之中。例如，消费者想购买电信服务又觉得不够实惠，此时，电信服务人员的疏导工作是不可缺少的。

7.3.3　电信消费者市场购买决策

1. 消费观念形成阶段

消费意识与消费观念不是与生俱来的，而是伴随着人的成长逐渐培养形成的。消费者个人内部因素与外部环境因素不断相互作用，期望生活与现实生活的差距激发了消费者的潜在消费需求，只有通过消费来弥补生理与心理的落差。"刺激—反应"链的巩固，决定了购买行为习惯的养成，最终，形成较稳定的消费观念，消费观念传递了消费者期望的生活方式与消费模式。电信消费没有对消费者消费观念的形成起到推动作用，因为消费观念的形成主要取决于消费者自身在社会中的定位，营销刺激只能起到巩固与强化的作用。

消费者的消费观念不是一成不变的，随着个人内部因素与外部环境因素的变化，消费者期望的生活方式与消费模式相应发生变化。影响消费者消费观念变化的主要因素如下。

1）个人内部因素

个人内部因素包括个人非经济因素与个人经济因素。个人非经济因素包括消费者的年龄、性别、人生阶段、职业、受教育程度、个性等；个人经济因素包括个人经济收入与可获得的货币支付（个人没有经济来源，但可以从家庭等其他成员处无偿获得的货币支付）。

2）外部环境因素

外部环境因素包括文化与亚文化、相关群体、家庭等。

3）营销刺激

营销刺激包括广告、商店、产品与促销等。

这些因素相互作用、相互推动，不断强化消费者在社会中的定位、消费者的生活方式、消费者的消费观念。

2. 电信消费期望形成阶段

消费观念初步形成之后，消费者会产生与期望生活方式相匹配的消费行为。电信企业的营销活动将电信消费信息与信息服务的意义传递给消费者，当消费者将电信消费的意义与生活方式需求结合后，即产生电信消费期望。此阶段，消费者"低卷入"电信营销活动，对电信营销仅形成模糊的象征性认识，从宏观整体角度理解电信消费方式、电信业务、电信服务、电信特色以及电信消费的效用，而对营销传递的业务类型、服务差异、品牌内涵不能辨别与判断，因此，这个阶段的营销称为初级电信营销刺激。由于电信业务与电信终端消费的连带性，电信终端营销刺激同样使消费者产生电信消费期望。与初级电信营销相同，终端的营销刺激仅能使消费者形成对固定电话、移动电话、电脑等主要不同类别终端的概念，不能区分不同品牌，因此，称为初级电信终端营销刺激。

消费者电信消费期望也是动态变化的，除了消费者消费观念变化因素之外，电信消费象征意义的演变，使其在消费者期望的生活方式中扮演的角色发生变化。电信发展初期，电信消费者主要是政府部门工作人员和改革初期的"先富者"，是中国权力与财富的核心层，是消费的"上层"，因此，电信消费是更具有象征意义的奢侈消费，电信消费期望强调消费行为与权力、财富的相关性。电信行业大发展以后，电信消费由奢侈消费转变为大众消费、平民消费，电信消费不再具有与权力、财富相关的象征意义。此时，电信消费期望回归到最原始的信息传递的需要，除了基础的电话语音业务，新兴的电信业务呈现同样的变化发展特征。

3. 电信业务与品牌期望形成阶段

电信消费期望促使消费者"高卷入"电信营销与电信终端营销，因此，此阶段的营销称为高级电信营销与高级电信终端营销。消费者从多角度收集关于电信业务与品牌的多方面的信息，包括电信业务类型、资费水平、服务质量、促销活动、品牌内涵、销售渠道、企业形象、信誉、广告诉求、代言人等。在此基础上，通过已有的其他产品的消费经验对信息进行整理、分析，从而形成初步的电信业务与品牌结构框架。如果消费者已经有过电信消费经历，则消费体验形成的评价、态度以及与自我概念的对比情况，会影响到对电信业务与品牌的期望。

对于不熟悉某类电信业务的消费者而言，通过营销刺激获得的认识是模糊的，因为电信业务种类繁多，企业品牌与业务品牌难以准确区分，消费者对电信业务的功能缺乏足够的了解。此时，相关群体的示范效应将起到至关重要的作用，消费者出于学习的目的，会积极地采纳相关群体成员的建议。相关群体包括以下三类。

1）主要群体

主要群体包括家庭成员、亲朋好友和同事同窗，对消费者的购买行为产生直接和主要的影响。

2）次要群体

次要群体即消费者参加的一些组织，对消费者购买产生间接影响。

3）期望群体

消费者不属于这一群体，但这一群体成员的态度、行为对消费者有着很大的影响，如歌星、球星等。相关群体与电信营销、电信终端营销相互作用，因为相关群体的成员也受到营销的刺激；而且，个体与群体是相对的，群体中的每个人都受到其他人的影响，电信营销应充分利用群体之间的互动性。

4. 电信业务与品牌的选择与消费阶段

消费者的电信业务与品牌消费期望能否转化为消费现实，取决于内部可获性与外部可获性。首先，消费者期望的电信业务与品牌信息是否存在于消费者的知识结构中（Walter A. Henry，1980），消费者能否在以层次加工模型构建的联想网络（Anthony Greenwald and Clark Leavitt，1984）中，寻找到所需电信业务与品牌的位置，并清晰地表述业务类型与品牌名称；其次，消费者能否在可接受的消费辐射圈内，方便、快捷地得到所期望的电信业务与品牌，这主要取决于电信销售渠道建设情况，包括渠道建设是否已经深入社区、社会代理销售渠道网规模是否足够大、单个营业点的辐射范围等；最后，消费者在电信生产服务系统的可见部分与电信企业的接触，能否使消费者如愿地按照期望实现购买选择，这取决于电信销售可见部分能否与消费者实现良性互动。

消费者选择并消费了期望的电信业务与品牌之后，消费体验与消费期望之间产生差异，这种消费经验所形成的、对于购买行为的态度，会强化或弱化消费者下一次的购买行为。了解消费者对购买或使用电信业务与品牌的感受，要比仅仅了解他们对业务与品牌自身的评价更有效。消费体验、消费经验不仅会影响消费者对选择的业务与品牌的态度，而且会扩大到对整体电信消费的态度。每个消费者对消费体验的评价标准不同，但都以各自形成的自我概念为核心。

总之，电信消费者的购买行为是一个不断重复而又螺旋上升的过程，消费者越来越成熟与理性，对电信消费知识的学习越来越深入，而电信企业营销与消费者购买行为之间的互动性越来越强。

案例7-6

中国移动的品牌升级

面向未来，中国移动充分发挥品牌引领作用，全面实施"品牌引领行动"，在原有的"全球通""动感地带""神州行""咪咕""移动云"五大战略品牌的基础上，将"移动爱家""梧桐大数据""九天"纳入战略品牌行列。其中，"移动爱家"是中国移动面向家庭市场打造的全新客户品牌，将为客户打造"全千兆＋云生活"智慧家庭生活新模式，提供"智联、电视、生活"三大产品体系，致力于让每一个家庭充满爱与智慧。"梧桐大数据"是中国移动旗下大数据领域的品牌，可为客户提供 PaaS、DaaS（设备即服务）和 SaaS 三种大数据云服务、八大类 150 余种垂直行业产品，助力各行业数智化转型升级。"九天"是中国移动旗下人工智能领域的品牌，通过原创技术内核，打造以"九天"人工智能平台、"基础＋行业"大模型、超 370 项核心 AI 能力为基座的新型智能化引擎，实现从智算基础设施、平台、模型能力到智能化应用的全栈人工智能服务。中国移动持续深耕品牌建设工作。其中，"全球通"客户品牌坚持高标准品质服务，面向高端客户推出"尊享服务回馈"，打造头等舱级的品牌体验；"动感地带"客户品牌深入年轻客户圈层，创新推出动感地带芒果卡、元宇宙音乐盛典等特色产品活动；"神州行"客户品牌推出骑士卡、欢孝卡，让更多人乐享数智生活；"咪咕"作为内容媒体领域的品牌，通过"内容＋科技＋融合创新"，持续为客户打造下一代沉浸体验；"移动云"作为云服务领域的品牌，致力于让企业上云更安全、更智慧。

资料来源："中国移动品牌引领行动"正式发布 重磅推出三大新战略品牌[EB/OL]. (2023-10-12). https://www1.10086.cn/aboutus/news/groupnews/index_detail_47407.html.

思考题：

中国移动的品牌升级带给我们哪些启示？

案例分析

高露洁的口腔护理教育

调查表明，中国成人恒牙患龋率为 49.88%，儿童乳牙患龋率为 76.55%；在中国的城市和农村，5 岁儿童乳牙的患龋率分别为 75.7% 和 78.3%，龋均（口腔内龋齿平均数）分别为 4.32 和 4.80；65～74 岁老人平均失牙数高达 11 颗。中国西部农村地区的情况则更为严重，有的省份，5 岁儿童乳牙患龋率高达 80.25%。全国牙防协会专家调查也发现，中国成年人达到口腔卫生良好的不足 0.22%，中国 80% 的成年人有牙龈萎缩、牙根暴露问题，仅有不到 2% 的居民有定期进行口腔检查和清洁的习惯。而发达国家尤其是北欧国家，5 岁儿童的乳牙患龋率仅为 30%。

牙齿保健是预防口腔疾病最简便、成本最低、保健效果最好的办法，世界卫生组织提出的全球口腔健康目标为，在 6 岁前，儿童应拥有 20 颗健康的乳牙，无龋齿和其他口腔疾病，为终身口腔健康打下基础，与全球口腔的健康目标相比，中国儿童的口腔健康还存在巨大差距。高露洁（Colgate）公司从中发现了中国市场的巨大商机，并从没有蛀牙开始教育和争取中国消费者。10 余年后，高露洁公司成功地改变了中国人口腔卫生的观念和生活习惯，同时，成为中国牙膏市场的领导者。

（1）1994 年，将口腔教育活动"甜美微笑光明未来"引入中国，有 1 亿小学生接受了口腔教育和预防。

（2）1996 年，与牙医协会合作。

（3）2001 年，与口腔业权威组织、中华预防协会、全国牙防组和中华口腔医学会联手开展宏大的"口腔保健微笑工程"。

（4）2004年，在全国"爱牙日"期间举办全国口腔健康主题绘画比赛，参赛作品以"让世界没有蛀牙"为主题。

（5）2004年，开展覆盖12个城市的"全国口腔健康之旅"免费口腔检查活动，在深圳举行"万人齐刷牙，健康每一天"活动，创吉尼斯世界纪录。

资料来源：高露洁，留住甜美的微笑寄予光明的未来[EB/OL]. (2021-05-08). https://www.sohu.com/a/465327262_100015222.

思考题：

1. 高露洁公司为何不遗余力地对消费者进行口腔教育？
2. 高露洁公司为何总是引用中华口腔医学会的证明？

本章思考题

1. 消费者市场具有哪些特征？请结合实际生活举例说明其中一个特征。
2. 根据边际效用递减规律，分析某一热门电视剧后续季口碑和收视率下降的原因。
3. 电信消费者市场的微观特征对电信企业制定营销策略有何启示？
4. 分析电信消费者购买心理中面子心理和从众心理对电信产品销售的影响，并举例说明。
5. 大数据环境如何改变了消费者的购买决策过程？对企业营销有哪些挑战和机遇？

即学即测

自学自测　　扫描此码

第 8 章

电信政企客户市场购买行为

本章学习目标：

1. 了解什么是政企客户，以及几类典型政企客户的分类和标准。
2. 熟悉电信政企客户需求的层次及特点。
3. 了解电信政企客户购买行为的含义及分类。
4. 熟悉电信政企客户购买行为的影响因素及其八个阶段。

引导案例

泉州电信政企客户营销现状

泉州电信政企旗下拥有"天翼领航""翼校通"等著名客户品牌，以及"翼支付"等多个知名品牌。截至 2014 年，天翼市场份额占 20%，宽带市场份额占 50%。2017 年，泉州电信政企渠道收入达 12.08 亿元，ICT 收入 1.25 亿元；天翼、宽带、ICT、新兴业务在政企客户市场上的渗透率超 25%，渗透率仍有很大提升空间。政企天翼、宽带等基础业务增速缓慢，2018 年以来，净增量甚至出现了负增长。

中国电信政企模块这些年重点聚焦在本行业信息化发展上，注重创新并快速发展这一行业。积极开展自上而下的机制体制改革，为了适应社会发展，将企业从传统的电信运营商转变成聚焦平台开发、智能信息化、应用内容填充等关键词上。为企业的发展注入新鲜的血液，不断改善服务模式，组建创新产品团队，坚持开放合作，全面推进企业落实"互联网+"运营模式，开展不同模式的经营来维持竞争上的优势。2013 年 12 月，中国电信获得工业和信息化部颁发的 4G 牌照，开启了 4G 运营新时代。中国电信在 2016 年将做一流的智能信息综合服务运营商作为企业的发展宗旨，承诺要深化落实企业运营模式升级和转型，大力推动"三化"发展，即智能化运营、智能化网络、生态化业务。业务生态化就是要以两大基础业务（4G、光宽带）和五个新兴业务（大数据、天翼云、翼支付、天翼高清、天翼物联）为重点，推进业务重构，营造四大生态圈（新兴 ICT 生态圈、互联网金融生态圈、物联网生态圈、智能连接型业务生态圈），相互融合，相互促进。通过四个生态圈建设，为客户提供差异化服务和差异化产品，增强客户黏性。

对于政企业务，泉州电信重点通过光纤优势，巩固政企客户市场主导地位，对于大型客户，将全球眼、天翼云等创新业务与企业光纤相结合，对于中小企业，将旺铺助手、协同通信、企业微网站等与宽带相捆绑，进一步实现增收。

资料来源：张颖菲. 中国电信泉州分公司政企客户营销竞争力研究[D]. 泉州：华侨大学，2018.

8.1 电信政企客户的界定与分类

8.1.1 电信政企客户的界定

电信客户一般分为公众客户与政企客户。以家庭及个人需求为出发点，并成为采购主体的客户为公众客户；而政企客户是指从事生产、销售、公共服务等活动以及政府部门和非营利组织为履行职责而需要购买通信产品和服务的法人客户。个人和家庭客户之外的所有与运营商签订相关业务协议的党政军机构、企事业单位、社会团体及其下属机构，都属于这个范畴。

随着公众市场的日趋饱和，政企客户市场的竞争也显得越发重要，特别是云计算、大数据、物联网新技术的不断推广和应用，市场空间越来越大，运营商无不将其作为蓝海市场来看待。

1. 中国移动

中国移动通信集团有限公司（以下简称"中国移动"）对政企客户的定义是：以组织名义与中国移动签署协议，订购并使用移动通信产品和服务，并在中国移动建立其政企客户关系的法人单位及所附属的产业活动单位。

中国移动政企客户定义中的"法人单位"是指依法成立，有其名称、组织机构和场所，能独立承担民事责任；独立拥有和使用（或授权使用）资产，有权与其他单位签订合同；会计上独立核算，能够编制资产负债表的单位，包括企业法人、事业单位法人、机关法人、社会团体法人和其他法人。"产业活动单位"指在一个场所从事一种或主要从事一种社会经济活动；相对独立组织生产或业务活动，能够掌握收入和支出等业务资料的单位。它又分为营利性产业活动单位和非营利性产业活动单位。产业活动单位接受法人单位的管理和控制。

中国移动政企客户分公司成立于 2012 年 8 月，前身为中国移动总部集团客户部，是中国移动下属负责面向政府、企业客户市场经营的专业化公司。2019 年 7 月 27 日，中国移动完成了政企分公司的拆分，拆分后的中国移动在全国的政企业务呈现出了"一总二横三纵"格局，一总为集团政企事业部；二横包括中移物联网有限公司、苏州研发中心［中移（苏州）软件技术有限公司］；三纵包括中移（上海）产业研究院、中移（成都）产业研究院、中移（雄安）产业研究院。如此布局，可以解决集团总部与省级公司"争客户"的问题，更重要的是为了迎接 5G 垂直行业化的趋势。"5G 时代，政企等行业市场是天下粮仓。"在传统公众客户电信业务红利消退的情况下，中国移动把握机遇，实现了政企客户市场的跨越式增长。

2. 中国电信

中国电信的政企业务在 3 家运营商竞争中，一直占据优势。

从职能属性上，中国电信将政企客户分为四大类——党政军客户群、金融证券客户群、大企业客户群、聚类和中小企业客户群，并成立对应的纵向一体化部门直接对口服务。

按照业务需求，政企客户也可以分为以下几类。

（1）重要客户。重要客户指党组织、政府组织、军队、武警等具有重要政治地位的客户，如中共中央办公厅、国务院办公厅、全国人大、全国政协等。

（2）战略客户。战略客户指其行为变化对某个特定或相关行业具有决定或较为广泛的影响，或者说在一定领域具有标杆作用的大客户，如公安部、工业和信息化部、国家统计局等。

（3）商业客户。商业客户指在价值链方面有相互交叉或依赖、在核心业务方面有一定联系，较为统一地开发或使用同一类型基础网络或信息化应用的用户，比较典型的如沃尔玛、家乐福、好又多等连锁企业。

（4）其他支付的使用费用较高、电信业务量较大的组织型或有行业特性的客户。比如，金融证券类、交通物流类、企事业单位以及媒体等。

3. 中国联通

中国联合网络通信集团有限公司（以下简称"中国联通"）对政企客户的定义是：与联通公司签订相关协议的政府机构、企事业单位、社会团体及其下属机构（法人单位、产业活动单位），其拥有统一付费的用户或者业务，或者拥有协议影响下而付费的用户。

中国联通总部于 2002 年成立大客户部，2004 年改为集团客户部，后改为政企客户部。其主要服务对象分为两类：一类是集团客户，另一类是行业客户（行业客户一定是集团客户，但集团客户不一定是行业客户）。2008 年 5 月，中国联通和中国网通合并，合并而成的新联通公司的集团客户部，采用准事业部运营体制，全面负责政企客户的服务营销工作。

随着 5G 时代的到来，政企客户市场逐渐成为收入增长新动能。2019 年底，中国联通开启了政企部门改革，设立政企客户事业群，强化政企客户事业群在创新业务生产经营管理过程中的指挥调度、营销拓展和产品能力统筹，创新机制，实现政企业务研发、运营、支撑、销售、服务一体化。经过一年多的发展，中国联通政企业务增长迅猛，已经成为其很多省级公司业绩增长的重要抓手。

2021 年初，中国联通整合了五大专业公司成立了一家新公司，名称为"联通数字科技有限公司"，主要为了整合"云、大、物、智、链、安"（云计算、大数据、物联网、人工智能、区块链、安全）等能力，更好地为政企客户服务。

4. 电信设备制造商

电信设备制造商就是指研发、生产、维护电信设备的企业。任何利用电子技术进行信息交换的设备都可以称作电信设备，当然，由于手段多样，电信设备包含很多种类，具体情况具体分析。目前，主要有华为、中兴通讯、大唐等电信设备制造商。电信设备制造商的政企客户是电信设备的购买者，包括公网运营商、政府和企业用户等。

8.1.2　电信政企客户的分类

了解电信政企客户的市场购买行为前，需要了解不同类型的电信政企客户的特点及购买目的。这样，在分析电信政企客户的购买行为时，可从政企客户的类型以及购买目的入手。电信政企客户根据不同的划分标准，有不同的分类方式，现根据国内三大运营商的实际情况，重点介绍几类典型政企客户的分类和标准。

1. 按政企客户的需求特性分类

政企客户群细分为行业客户与聚类客户。行业客户是指进行统一决策和分级管理的政企客户，根据行业客户价值从高到低划分为 5A、4A、3A、2A、1A 级别。表 8-1 具体介绍了按照客户所处地域位置以及消费支出对行业客户的划分标准。

表 8-1　行业客户的划分标准

类别	划分标准
5A	（1）全球、全国行业客户信息通信年合计支出：1.2 亿元以上。 （2）全省行业客户信息通信年合计支出：东部省份 1 200 万元以上，中部省份 1 080 万元以上，西部省份 960 万元以上。 （3）本地行业客户信息通信年合计支出：960 万元以上
4A	（1）全球、全国行业客户信息通信年合计支出：3 600 万～1.2 亿元。 （2）全省行业客户信息通信年合计支出：东部省份 600 万～1 200 万元，中部省份 480 万～1 080 万元，西部省份 360 万～960 万元。 （3）本地行业客户信息通信年合计支出 360 万～960 万元
3A	（1）全球、全国行业客户信息通信年合计支出：1 200 万～3 600 万元。 （2）全省行业客户信息通信年合计支出：东部省份 120 万～600 万元，中部省份 100 万～480 万元，西部省份 100 万～360 万元。 （3）本地行业客户信息通信年合计支出：100 万～360 万元
2A	（1）全球、全国行业客户信息通信年合计支出：240 万～1 200 万元。 （2）全省行业客户信息通信年合计支出：东部省份 60 万～120 万元，中部省份 50 万～100 万元，西部省份 50 万～100 万元。 （3）本地行业客户信息通信年合计支出：12 万～100 万元
1A	（1）全球、全国行业客户信息通信年合计支出：240 万元以下。 （2）全省行业客户信息通信年合计支出：东部省份 60 万元以下，中、西部省份 50 万元以下。 （3）本地行业客户信息通信年合计支出：12 万元以下

聚类客户是指具有相同行业通信信息或者消费者价值信息的分类决策客户主体，也可理解为每个客户主体分散决策，但具有相同行业通信信息消费特征或在同一场所、空间或区域，具有相似通信信息消费特征的客户。聚类客户有高端和低端之分，按聚类客户价值段可划分为 5B、4B、3B、2B、1B 聚类客户，具体的划分标准如表 8-2 所示。

2. 按政企客户的行业属性分类

以客户行业属性为划分标准，具体如表 8-3 所示。

拓展阅读 8.1　湖南电信的政企客户细分

表 8-2　聚类客户的划分标准

类别	划分标准
5B	聚类客户年信息通信支出：60 万元以上
4B	聚类客户年信息通信支出：12 万～60 万元
3B	聚类客户年信息通信支出：4 万～12 万元
2B	聚类客户年信息通信支出：1 万～4 万元
1B	聚类客户年信息通信支出：1 万元以下

表 8-3　按客户行业属性划分的分类标准

客户类型	客户细分内容
本地行业客户	（1）地方性金融客户包括银行、证券、基金、保险、资产管理、信托投资公司等。 （2）经营范围限于本地市，在本地市区域范围内具有跨区县生产服务分支机构的地方性采掘和一般制造业客户。 （3）经营范围限于本市，在本地市区域范围内具有跨区县分支机构的连锁型交通运输、房地产、批发零售、餐饮娱乐等行业客户。 （4）经营范围仅限于本地市的燃气公司、自来水公司、城市公共交通公司等公共基础、公共设施服务业行业客户。
高端聚类客户	（1）网吧、专网、大专院校、三星级以上宾馆、三甲以上医院、军营等聚类客户。 （2）产业园区、商务楼宇、专业市场、集贸市场管理机构。 （3）省级科研院所，省级图书馆、博物馆、体育馆等文体场馆，新闻期刊出版、会展中心等客户。 （4）港口、机场等交通运输客户。 （5）其他年信息通信支出在 4 万元以上的聚类客户
低端聚类客户	年信息通信消费支出在 4 万元以下的聚类客户。该细分市场包括不具有连锁性质的娱乐餐饮、社区居民服务、一般商务服务（法律、广告、职业中介等）、零散小型商户，以及专业市场、商贸市场中的个人租用店面、商铺等

8.2　电信政企客户市场特点

8.2.1　电信政企客户市场与公众客户市场相比较的特点

电信政企客户市场属于组织市场，一般组织市场的特征在电信政企客户市场中都有体现。政企客户市场与公众客户市场相比较，具有如下特点。

1. 市场需求

（1）购买者数量少、规模大。政企客户购买者数量比公众客户市场购买者数量要少，但购买的数量和金额比公众客户市场要大很多。

（2）购买者地理位置相对集中。受政治、经济和自然条件的影响，电信政企客户在地理位置上多集中在城市区域。相比之下，公众客户市场的人口分布更广。

（3）派生需求。政企客户市场是"非最终用户市场"，政企客户使用电信企业的业务和服务是为了给自己的服务对象提供所需的商品或服务，因此，对电信业务和服务的需求是由其产品的市场需求派生而来的，并且，随着其产品需求的变化而变化。因此，电信企业需要关注政企客户的购买模式。例如，银行使用短信业务，帮助其实现储户的存取款提醒及消费提醒，储户欢迎这项服务，则银行客户的满意度能够提高。使用该类电信业务，可以帮助银行更好地服务其客户。

政企客户市场派生需求的特点，要求电信企业既了解自己的直接顾客——政企客户的需求水平、特点及竞争情况，还了解政企客户所服务的顾客的需求水平、特点及竞争情况，直至自己的客户到最终消费者之间所有环节的市场需求。政企客户市场的这一特点，使电信企业可以通过促进最终消费者的需求来刺激政企客户对电信业务的需求。

运营商在提供给客户服务和业务时，除了要能够给现有标准化产品提供一些个性化服务外，还要提高产品的柔性程度及可重构程度。

（4）需求价格弹性小。公众客户市场对商品价格变动更为敏感，而政企客户市场对电信业务和服务的需求量受价格变动的影响较小，特别是在短期内的价格变动。电信政企客户所使用的电信服务与其工作联系紧密，电信产品使用量越大的政企客户，其工作、生活对电信服务的依赖程度越高，同时，其对电信服务的水平与质量的要求就越高。服务水平和质量水平的高低，一方面体现在电信网络的质量等硬件；另一方面体现在电信运营商提供的方案是否能够最大限度地满足政企客户进行信息沟通交流的需要上。政企客户对电信服务质量的要求较高，对高质量的电信服务愿意支付相对较高的价格，而不会以服务水平和质量水平的降低为代价换取低价格，价格是次要关心的问题。

（5）供需双方关系密切。电信政企客户的需求常常需要量身定制，电信企业必须参与这些客户的工作流程，才能提供专业化、个性化的电信服务。因此，电信企业和政企客户之间联系密切，常常是互为客户，相互提供服务。

2. 购买单位

（1）系统采购。对于电信政企客户来说，使用电信业务与相关单位和人员进行信息沟通交流，以及集团群体内部便捷、顺畅地通信，是其机构运转和企业经营活动的重要保障。电信政企客户获取信息的渠道和手段，较一般公众用户要多元化。而不同的电信业务有不同的信息传递特点，这就决定了电信行业政企客户对电信业务的需求是综合性的，电信政企客户既有强烈的政企群体内部通信的便捷、高效需求，又要求在任何地点、任何情况下，与任何必需的另一方进行信息共享或沟通交流，其对综合的整体电信业务和服务方案具有极高的要求。因此，其在购买电信业务中，倾向于系统购买，即从一个电信运营商处购买一揽子服务产品。

（2）理性购买。政企客户的购买属于理性购买，由于电信业务的使用对于政企客户自身运转和经营活动作用大、影响大，政企客户在对电信业务的购买进行决策时，非常谨慎和理性，很少有感情色彩。政企客户要考虑电信业务所能够带来的便利、效率、节约等内在因素，根据企业的工作、生产、经营需要，综合考虑企业的规模和经济实力等因素，由企业领导层研究、决定电信业务的购买。大多数政企客户在购买电信新业务时，常常要投入众多的人员和花费较多的时间来制定购买决策，需要经过深入了解、反复咨询，对可行性、性价比等问题进行一系列考证和研究后，才进行购买。

（3）专业采购。公众客户在购买电信产品或服务时，对其了解不深，有很多的冲动

购买。而电信政企客户的采购人员大都经过专业训练，了解所购买的产品质量及技术等
细节，他们都是具有技术背景的专业人员，他们的专业见解对于服务供应很有影响。比
如，在为客户提供 MAS（mobile agent server，移动代理服务器）等服务时，政企客户采
购人员和技术人员的意见很重要，其意见很大程度上直接影响客户的选择。面对政企业
务需求的专业化，电信运营商在为客户服务时，要提供详细的技术资料和特殊的服务，
从技术的角度说明其产品和服务的优点。

（4）直接采购。一般来说，技术越复杂、价值越贵重的商品，越倾向于采用直接采
购的方式。在电信市场上，政企客户也基本直接从电信运营商处购买。

（5）参与购买决策的人较多，购买时间长。电信政企客户大多有正式的采购组织，
重要的购买决策一般要由技术专家和高级管理人员共同作出，他们担负着自己所在部门
的责任，受组织制定的各种政策、制度的限制和指导。

政企业务与产品的购买是一个较漫长的过程。尤其是行业应用的一些项目，从需求
挖掘到意向性接洽，然后，经过立项及与之相关的各项工作部署、申请、施工、测试，
最后，交付客户使用，整个过程涉及部门、人员繁多。针对政企客户特点以及业务特点，
电信运营商会在立项时，就由项目经理牵头成立一个包括客户经理、技术支撑、网络部
门、工程部门等相关人员的项目团队，专门为某政企客户进行项目的开发和实施。

8.2.2　电信政企客户需求特征

政企客户需求的如下特征，给电信运营商的经营活动带来机会和挑战。

1. 政企客户需求的三个层次

政企客户的通信业务需求可分为三个层次：基本通信需求；拓展通信需求，包括互
联网接入和应用服务等增值需求；整体通信需求，即个性化通信需求，包括行业应用服务。
目前，针对政企客户通信业务需求的三个层次，电信运营商提供的相应业务如表8-4所示。

表 8-4　政企客户通信业务需求层次

需求层次	内　容
基础语音业务	固定语音业务；移动语音业务；长途语音业务；电话会议业务；企业短信业务；被叫集中付费；语音热线查询
互联网相关业务	物理网络接入；无线网络接入；网络托管业务；物理专线租赁；无线专线业务；网络外包服务；网络内容增值
行业应用业务	定制铃音业务；通用型增值；视频网络业务；定制行业增值业务

1）基本通信需求

基本通信需求包括基础语音业务和基础通信产品。

（1）基础语音业务。基础语音业务能够满足政企客户基本的语音通话需求，比如，
固定和移动电话等业务。以基础语音业务为主的时代，客户注重的是基本通话质量的保
障和资费能否进一步降低。

（2）基础通信产品。基础通信产品就是建立在语音套餐类业务基础上，以集团客户

成员间的语音服务作为主要产品内容的集团产品，如移动总机、VPMN（虚拟移动专网）集团间虚拟网等，这类产品能够提供集团客户成员之间的通话资费优惠，帮助电信运营商稳定政企客户市场份额。

基本通信需求阶段的主要特点为：IT 与电信的融合不明显，信息系统采取分离的设计、采购、建设、维护的方式；对电信业务的需求集中在标准化的电信产品，以及基于标准产品的质量保证上；重视电信服务商在售前、售中、售后环节的服务表现以及标准化的服务水平承诺。

2）拓展通信需求

拓展通信需求是增值需求，包括互联网相关业务、信息化应用产品等。

（1）互联网相关业务。互联网相关业务满足政企客户互联网访问和高速数据传输等需求，比如，宽带上网等业务。

（2）信息化应用产品。信息化应用产品则是针对企业的实际情况，需要直接或间接利用企业 IT 系统才能实现的通信类政企产品。比如，手机邮箱业务，其是需要在客户侧建立相关的软硬件系统，与客户的内部或者外部的邮件网络相连接，从而实时收发邮件并严格保密的集团客户产品。

拓展通信需求阶段的主要特点为：IT、电信需求开始融合，信息系统设计、采购、建设、维护趋向一体化；需要提供基于自身行业属性、应用属性的电信产品解决方案，要求提供端到端的解决方案及服务水平承诺；重视核心业务的信息技术风险，开始接受服务的附加价值，要求服务提供商对重点业务提供专项支持服务。

3）整体通信需求（个性化通信需求）

整体通信需求包括行业应用业务和行业应用产品。

（1）行业应用业务。行业应用业务是帮助政企客户提高生产运营效率，促进政企客户向信息化进一步发展的政企客户业务，如企业邮箱、视频监控等业务。政企客户希望这些最合适的信息化应用，能够融入企业日常管理运作信息化的过程中。

（2）行业应用产品。行业应用产品即针对某一行业或特定用户群，专门实现的政企客户产品。比如，针对患者的"医讯通"、针对农村客户的"农信通"、针对在校师生及家长的"校讯通"等。这些产品不是一个产品的简单应用，而是结合了目标客户的实际情况，将两个以上通信产品相结合的结果，包含短信服务、通话套餐、无线网络传输、邮件收发等多个方面，以满足客户的整体需求。

整体通信需求阶段的主要特点为：IT、电信完全一体化或大部分一体化，从整体信息资源角度整合信息系统的设计、采购、建设、维护；要求服务提供商实现灵活动态的服务提供方式，提供基于自身信息系统架构的服务水平承诺；从自身业务需求、财务需求、知识需求出发，要求服务提供商提供满足自身多元需求的专业化服务。

拓展阅读 8.2 甘肃联通中小企业客户 5G 业务产品策略

2. 政企客户的需求特点

1）对通信的高质量、高安全性、高稳定性需求

政企客户对通信服务的第一需求是高质量、高安全性和高稳定性，因为通信服务质量直接对集团客户的运转和经营活动产生

影响，而通信服务如果产生故障，其后果常无法弥补，损失无法估量。比如，银行、债券交易、交通等行业，对通信服务质量的缺陷都是零容忍。

2）综合通信服务需求

政企客户对信息产品的需求呈现多极化，多样性的行业信息化方案及高性能、高科技的多元化产品，才能符合集团客户的需求。

3）对新业务的需求相对强烈，对信息化的需求与日俱增

现代公司的信息化需求与公司信息化、IT系统建设的联系日益紧密，企业已经认识到通过信息化带动公司组织结构、业务流程、业务开拓的发展的重要性。通信政企客户的信息化需求的程度要高于一般的普通用户，企业愿意花更多的费用用于公司的信息化建设。通信行业作为信息产业的上游产业，是信息技术的应用者。信息技术的飞速发展，使得通信运营商能够不断开发丰富多彩的增值业务来满足经济发展的需求。

4）政企客户对运营商的完备的服务和快速反应提出了更高要求

政企客户需要电信运营商提供更高水平的服务，电信运营商从产品功能到服务功能、从技术培训到产品维护、从质量服务到客户关系维护等，都要有完备的服务体系来满足政企客户的服务需求。同时，政企客户需要电信运营商对其提出的通信需求和服务改进，能够快速反应，及时解决问题。为此，电信运营商内部各个部门要密切协作，协同服务贯穿于售前、售中和售后的全部过程。

5）品牌优势

政企客户在选择电信业务和产品时，重视业务和产品本身的品牌效应，因为品牌优势在某种程度上反映了产品本身的完备性和权威性，同时，也能迎合政企客户彰显行业地位的要求。

8.3 电信政企客户的购买行为

8.3.1 电信政企客户的购买类型

1. 根据购买决策的复杂程度不同分类

政企客户在进行一项采购时，面对很多决策，按照采购所需作出的决策数量和复杂程度，可以将政企客户的购买分为直接重购、修正重购和重新购买三类。

1）直接重购

直接重购，是用户按照常规持续购买。政企客户采购部门根据过去的订购目录和要求，继续向原来的通信企业订购业务和服务，不做大的变动，可能有数量上的调整。

直接重购中，政企客户所作出的购买决策数量最少，决策简单，政企客户将向已确定的提供商采购看作例行公事。对于电信企业来说，要保持通信业务质量和服务水平，努力降低成本，以稳定现有的客户。对于未进入客户视野的电信供应商，可以争取小部分业务与服务订单，努力促使客户通过使用、比较，重新考虑通信服务供应源。

2）修正重购

修正重购，是客户要求修改采购条件，如业务种类、价格、付款条件等，然后再进行订购。

修正重购的购买决策相对复杂一些，参与购买决策的人员也会多一些。如果客户要进行某些方面的调整和改变，就可能改变服务提供商，或要求与原服务提供商重新洽谈、协商。修正重购对原服务提供商来说是威胁，它们需要努力达到客户的要求，以保证自己的提供商地位，而对于新提供商来说是机会，它们有机会通过提供更好的业务和服务来获得订单。

3）重新购买

重新购买即新购，是客户的初次购买。新购的购买决策复杂，参与购买决策的人数多。新购中，购买者需要对购买的业务种类、价格范围、交易条件、服务条件、支付条件、购买数量、可接受的服务商，以及所选定的服务商等方面的内容，作出决策。

新购情况下，对所有的电信服务商来说都是机会。因此，电信企业常常成立专门的销售团队，尽可能多地接触主要的采购参与者，向其提供有用的信息和协助。销售团队常常为新购买者建立整体通信解决方案，通过提供充分的参考资料和沟通，使客户的行动和公司的销售行动一致。一旦获得客户，电信服务商会努力为其提供附加价值，以促使其重复购买。

2. 根据购买决策的动机不同分类

电信政企客户的购买除了一般性地满足使用需要的动机外，还有其他方面的考虑。根据购买决策的动机不同，可以将购买分为直接购买、经营购买和合作购买三类。

1）直接购买

直接购买的动机是使用通信业务和服务。由于政企客户购买专业性强、购买批量大、客户数量少、社会影响大，所以，各大电信运营商均设立专门的集团客户服务机构，由专职的政企客户经理上门提供服务，并签订购买合同。在电信市场，直接购买是政企客户主要的购买方式。针对政企客户直接购买的特点，各运营商设立政企客户部，对政企客户按名单制管理，提供一站式服务，即提供一点受理、一点付费、一点申告的服务和端到端、全面的解决方案。

2）经营购买

经营购买的动机是经营。许多政企客户本身就掌握一定的市场，或者其本身就具有一定规模的市场，这样的政企客户，或出于政策的原因，或出于获利的目的，具有对单位内部二次运营通信业务的特点。例如，电力、钢厂等集团客户，一般都建有内部的专网，通过租用电信运营商的出口，实现与公网的连接，而这些客户内部的通信市场，电信运营商则无法介入，而是由客户自己的通信管理部门来负责通信服务的提供。此外，大学、大型写字楼、工业园区等，则向电信运营商批发通信业务，在自己控制的范围内进行通信业务的经营活动，以获取利益。因此，许多政企客户同时也是电信运营商的代理商。

3）合作购买

合作购买的动机是合作，是以合作为条件而进行的购买。只要有可能，政企客户购买者往往选择那些购买自己产品的电信运营商，作为己方的供应商。这样，彼此购买对方的产品，并相互给予优惠。这有助于双方建立更为稳固的产销关系，主要有业务置换、利益共同体、资源共享等方式。

（1）业务置换。业务置换是指电信运营商和其政企客户互相采购对方的产品，并相互给予优惠的一种关系。比如，电信运营商使用某银行的金融业务，换取该银行使用其数据电路组建内部局域网；IT公司使用电信运营商的业务，也要求电信运营商购买其网络产品等。业务置换是激烈竞争的产物，也是一种较为稳固的产销关系，因此，成为电信运营商和其集团客户都追求的一种合作购买方式。

（2）利益共同体。利益共同体是指电信运营商和其政企客户合作经营某类业务，形成一荣俱荣、一损俱损的关系。比如，商旅服务类的政企客户使用电信运营商的呼叫中心平台，双方共同经营，收入分成；某政企客户利用电信运营商的收费渠道代收费，双方分成。政企客户与电信运营商要成为利益共同体，应具备一定的条件，即双方有共同的市场，在营销手段上可以互补。

（3）资源共享。资源共享是指政企客户与电信运营商共享双方的市场客户资源、营销资源、技术资源等，以达到"1+1>2"的效果。比如，某集团客户与电信运营商共享客户资源，大大减少了培育客户关系所需的营销成本，信息共享提高了双方的竞争力；某银行与电信运营商共享技术资源和市场资源，推出既可打电话又可消费的联名卡业务等。

根据政企客户的购买特点，电信运营商必须努力构建与政企客户的合作模式，这种合作模式突破了简单的买卖关系，使双方互为甲乙方，通过深层次的业务合作，建立稳定的合作关系，以应对竞争，降低购买成本，实现双方的利益最大化。

拓展阅读 8.3 中国联通与腾讯签署合作协议，共建 5G 联合创新实验室

8.3.2 电信政企客户购买过程的参与者

政企客户的购买参与者，是指组织中参与购买决策过程的个人和群体，这些个人和群体构成采购组织的决策单位，也被称为采购中心，他们在购买决策过程中怀着共同的目标并分担着共同的风险。采购中心的所有成员在采购决策过程中扮演七个角色：发起者、使用者、影响者、决策者、批准者、采购者及信息控制者。

（1）发起者。发起者是提出采购需求的人，他们可能是使用者或组织中的其他人。

（2）使用者。使用者是企业将要实际使用电信业务和服务的部门和人员。使用者一般也是采购该业务和服务的建议者，并在计划购买何种业务、规格的决策上有较大影响。

（3）影响者。影响者是直接或间接对采购决策有影响的人员。他们参加拟订采购计划，协助确定采购业务和服务的技术要求、规格等因素，比如，工程师审查产品标准，会计师审查成本费用等。

（4）决策者。决策者是有权决定采购项目和供应者的人。在交易大而复杂的情况下，企业的关键决策者是有权签订高额订单或协议的人，如采购经理、生产主管等。小型企业的购买决策权也可直接由厂长或总经理掌握。

（5）批准者。批准者是有权批准决策者或采购者所提方案的人。

（6）采购者。采购者是被企业正式授权具体执行采购任务的人员。对于简单的、重复的购买行为，采购者往往就是决策者；对于数额较大、较复杂的购买活动，采购者可以起参谋作用。

（7）信息控制者。信息控制者是在企业外部和内部能控制市场信息流转到决策者、使用者的人员。比如，企业的采购代理商、接待员、电话员和秘书，以及为购买决策提供必要信息资料的技术人员等。

在采购中心中，扮演以上7个角色的人员，凭借其权威、资历、影响力和说服力的不同，在购买决策过程中发挥不同的作用。但是，采购中心并不是组织内部一个固定和正式划分的单位，其规模和人员组成也会随着不同的产品和不同的购买情况而发生变化。对于一些日常购买，一个采购人员就可以扮演采购中心的所有角色，决定采购项目和供应者，并执行采购任务；而对于复杂的购买，采购中心会包括来自组织内部不同层级、不同部门的众多人员，他们扮演着不同的角色，发挥不同的作用，共同完成购买决策的过程。

8.3.3 影响电信政企客户购买行为的主要因素

1. 政企客户购买行为的影响因素

电信政企客户购买行为的影响因素有很多，主要体现在环境、组织、人际关系及个人这四个方面，具体内容如表8-5所示。

表 8-5　影响政企客户购买行为的主要因素

因素	环境因素	组织因素	人际关系因素	个人因素
内容	政治法律状况、经济前景、需求水平、市场竞争、技术发展	组织目标、战略、采购政策、组织结构、制度体系、工作流程、采购部门情况	采购相关人员的职权、地位、态度、说服力以及相互之间的关系	个人的年龄、阅历、收入、受教育程度、价值尺度、对风险的态度

1）环境因素

环境因素是指政企客户外部、周围的环境，包括政治法律状况、经济前景、需求水平以及技术发展等。

（1）政治法律状况。政治环境难以预测，而政治法律的改变带来的影响有时是非常关键的。政治法律会规范政企客户的行为，增强或抑制部分需求，从而增加或减少对应电信业务和服务的购买。

（2）经济前景。从经济景气状况看，如果市场需求看好，就会促使电信政企客户扩大投资和购买。相反，当整体的经济环境不景气或者不确定性增加时，电信政企客户的购买也会受到抑制，削减对新的电信产品与服务的购买。

（3）需求水平。电信政企客户所处的市场竞争越激烈，其对改进效率、客户关系管理等方面的需求就越迫切，对相关产品的购买就会越积极主动。

（4）技术发展。技术发展会改变企业结构，也会影响企业的采购需求。技术发展的速度也影响着组织内采购团体的作用和地位，技术更新变化越快，采购团体的主导中心作用越会下降，技术、工程人员在采购中的作用会更加重要和突出。

2）组织因素

组织因素是指与电信政企客户自身相关的因素，如组织目标、战略、采购政策、组织结构、制度体系、工作流程、采购部门情况等。在影响电信政企客户购买的四种因素中，组织因素具有特殊地位。而组织因素中，需要特别关注组织中采购部门情况和采购政策。

（1）采购部门情况。采购部门情况主要指政企客户内部购买决策权限的集中或分散程度，这又受几个方面的影响：采购部门在政企中的地位，即它是专业职能部门还是参谋部门，若只是参谋部门，就只能向生产部门提出咨询建议；采购部门的级别，若采购部门与生产部门等其他部门同级，直接向最高主管负责，那么，采购部门的权力就很大，决策权限集中；具体的制度如何规定采购部门的权限。采购权限越集中，采购过程中的不确定性就越小，采购效率越高。

（2）采购政策。采购政策往往是电信政企客户在长期的经营中逐渐形成的成文或不成文规定，可能包括选择一家还是多家供应商、合作总公司还是当地分公司、购买金额、流程等方面。一般来说，政企客户内部只要存在这些政策，采购人员大多都会遵循。

3）人际关系因素

电信政企客户内部有个实际存在或虚拟存在的"采购中心"，与购买有关的人，在其中扮演着不同的角色，他们的职权、地位、态度、说服力以及相互之间的关系不同。电信服务提供商需要了解政企客户中有多少人参与决策，他们是谁，他们能够影响哪些决策，他们选择、评价的标准是什么，组织中对他们有什么要求和限制。

有的电信政企客户中的相关人员是该行业或该领域的带头人，有着很高的地位，他们能够在某种程度上影响该客户的采购决策，甚至影响同行业其他客户的采购决策。因此，电信企业需要发掘关键人物的感染力与说服力，从而实现对政企客户的销售。

4）个人因素

购买者的个人特点不应被忽视，虽然电信产品与服务的购买是有组织的采购，但做购买决策的最终还是个人。因此，采购难免受到个人因素的影响，这些因素包括个人的年龄、阅历、收入、受教育程度、价值尺度以及对风险的态度等。其中，个人价值尺度和对风险的态度值得关注。

（1）个人价值尺度。评价尺度适用于比较供应商的产品及服务，但采购成员对同一产品或服务的感觉和评价却不同。西尔斯认为，每个人对产品的理解和评价尺度的差异来源于他们不同的教育背景、面对的信息类型和来源、对有关信息的解释和记忆，以及对以往采购经历的满意程度。不同采购成员的评价尺度可能会产生冲突。例如，产品或服务的使用者强调服务水平以及能否及时使用，工程师则注重产品质量、标准化，而采购人员则关心价格。

（2）对风险的态度。每一个采购人员都有回避和减小采购风险的强烈愿望。风险主要来自决策结果的不确定性、决策错误带来的后果、专业知识与信息的局限等。一般来说，可以通过以下方法降低采购风险：降低外部不确定性，比如，访问、参观电信运营商的公司；降低内部不确定性，比如，与其他参与采购的人员讨论；防止不良后果的外部处理，比如，选择多家电信运营商提供服务；防止不良后果的内部处理，比如，向组织内部高层领导咨询。

电信运营商面对政企客户的营销，其对象是具体的决策参与者，而非抽象的企业，因此，对个人因素也须认真对待。

2. 政企客户在选择电信运营商时重点考虑的因素

（1）电信产品的质量。政企客户使用电信产品，最基本的目的就是满足工作和生产经营活动的需要。与个人用户相比，政企客户对电信产品的质量有更高的要求。

（2）电信产品使用的延续性。政企客户对电信产品的使用有较大的延续性，一旦选定某家电信运营商并接受该家的电信产品，就不会轻易改变。否则，可能会付出更大的代价。

（3）运营商的品牌。良好的品牌往往意味着良好的产品质量和服务质量，同样，对注重品牌的企业来说，也会选择有良好信誉品牌的电信运营商。

（4）电信产品及服务价格。虽然政企客户的电信业务需求缺乏弹性，受电信资费价格涨落的影响较小，但这仍是企业内的一项成本支出，需要认真核算，特别是对小型、效益相对较差的企业来说，更是如此。

（5）服务质量。售前和售后的服务对政企客户至关重要，因为这是维系通信质量的保证。

8.3.4　电信政企客户购买行为的阶段

1. 电信政企客户的购买行为

电信政企客户的购买行为是指政府与各企业确定其对电信产品及服务的需要，在可供选择的供应商之间进行识别、评价和挑选的决策过程。

2. 电信政企客户购买行为的八个阶段

（1）认识需要。电信政企客户的正常经营和运转，是将一定的投入通过中间环节转换为输出的过程。在这个过程中，必然对电信业务和服务产生需求。当有关人员认识到购买某项业务或服务的需要时，购买过程就开始了。

需要的产生，可能是内在的或外在的刺激引发的。从内部因素看，常见的原因有：组织推出一种新产品或服务，对电信业务和服务产生新的需要；原有电信业务和服务提供量不能满足需求；原有电信业务和服务不尽如人意，需要寻找新的运营商；购买负责人认为还有可能找到更质优价廉的产品及服务，重新寻找合作者。从外部因素看，购买者受到营销刺激，比如，推销介绍、广告等，也可能产生购买欲望。因此，尽快接触政企客户的购买过程，有利于营销人员更好、更快地了解客户的需要，从而获得订单。此外，加强营销和宣传也是一种激发潜在需求的好办法。

（2）确定需要。认识了某种需要之后，购买者便着手进一步确定所需电信业务或服务的特征和数量。对于通用的标准化电信业务和直接重购来说，这一阶段并不复杂，一般由购买者直接决定即可。但是，对于非标准化产品或修正重购和新购而言，购买者需要与使用者、技术人员，甚至高层管理者共同研究，才能作出决定，必要时，还要辅之以图纸、文字说明，以确定所需电信业务或服务的特征和数量。电信企业此时应设法向政企客户介绍产品特性，协助其确定需要。

（3）说明需要。总体需要确定以后，就要从技术和经济两个方面，详细地说明所需产品的类型、性能、特征和服务。对于复杂的购买项目，需要请有关专家进一步对需购电信产品类型进行论证和价值分析，价值分析的目的是降低成本。在价值分析时，一般就对如下问题作出回答：使用该电信业务能否增加价值；该业务的价格与效用是否成正比；该电信业务的所有特性是否都是必需的；就某一用途而言，还有没有其他更好的电信产品；能否找到可以使用的标准产品。通过价值分析，往往能够对所需的各种电信业务和服务实行标准化或重新设计，从而将生产成本降到最低。随后，专业人员依据最佳电信产品的特征拟定详细的说明书，作为购买的依据。对于电信企业来说，认识政企客户的购买者并了解他们之间的地位和关系，有利于提升自己的竞争优势；可以将他们的价值分析作为工具，寻找新的客户。

（4）寻找提供商。采购人员会对电信业务和服务的提供商进行对比，广泛收集资料，对电信业务提供商的业务提供、人员配备、服务及信誉等方面进行调查和综合评估，从中选出理想的提供商作为备选。

（5）征询供应信息。向被列入提供商名单的企业发函，请它们提供电信业务和服务说明书及报价单等有关资料。如果所要购买的电信产品较为复杂或所购设备贵重，采购者往往需要更详尽的书面建议。电信企业在这一阶段，需要注意提供详细的资料，除对产品的介绍外，还要强调本企业的生产能力和资源条件等。

（6）选择提供商。采购中心人员对合适的电信服务提供商及其报价进行全面的分析和评价，最后，作出决策。选择供应商考虑的因素主要有电信业务和服务的质量和价格、企业信誉、企业交货能力、维修服务能力、技术水平、财务状况、客户关系建设情况、地理位置等。采购人员在不同的情况下，对上述条件的重视程度会有所不同。

有的政企客户不会依靠单一的提供商，而是选择多个提供商，然后，将其中较大的份额给它们中的一个。这样，政企客户不会依赖一个提供商，在保障通信安全的同时，电信企业为了获得较大份额，相互竞争提出优惠条件。

（7）签订合同。选定提供商后，采购部门即正式发出采购订单，列出所需电信业务和服务的技术规格、拟购数量、付款方式、产品保证条款和措施等内容，并正式签订采购合同。

（8）购进并评价。购进电信产品及服务后，采购部门需要及时与使用部门联系，了解它们的使用情况和满意程度，并评估提供商的履约情况，以决定今后是否继续与该提供商合作。电信企业需要关注政企客户的评估标准，使客户满意，从而保持合作关系。

总之，政企客户市场的购买过程比公众市场复杂得多，电信企业内的营销人员需要对政企客户内的采购流程及标准有详细的了解，才能使自己在竞争中取得胜利。

案例分析

中兴通讯面向政府客户的营销策略转型实践

中兴通讯作为全球领先的通信设备及解决方案提供商，长期将政府客户作为核心市场之一。早期，该企业凭借价格优势在政府采购中占据一定份额，但随着政府采购对专业性、技术性和服务质量的重视度提升，中兴通讯意识到单纯依靠低价竞争已难以满足政府客户的需求。为此，企业启动了从"价格驱动"到"技术+服务"驱动的营销策略转型，成功巩固并拓展了政府市场。

1. 从技术驱动转向用户驱动

中兴通讯不再局限于展示技术参数，而是深入调研政府客户的实际需求。例如，针对公安系统对通信设备安全性和稳定性的高要求，企业研发了具备加密功能和冗余设计的专用通信设备，并通过公安部安全评测认证。在某市地铁 5G 应急通信项目中，中兴通讯根据客户提出的"多制式网络无缝切换"需求，定制化开发了融合 4G/5G/卫星通信的解决方案，确保在极端情况下通信畅通无阻。

2. 构建"技术+服务"双轮驱动模式

中兴通讯成立了政府客户专项服务团队，涵盖售前咨询、方案设计、项目实施和售后运维全流程。例如，在某省级政务云平台建设中，企业不仅提供了定制化的硬件设备，还派驻技术团队驻场 3 个月，协助客户完成系统调试和人员培训。此外，企业推出"服务订阅制"模式，允许政府客户按需选择远程监控、定期巡检、应急响应等增值服务，降低一次性采购成本。

3. 强化品牌信任与生态合作

中兴通讯通过参与行业标准制定、联合实验室共建等方式提升品牌公信力。例如，企业与应急管理部合作成立"5G+应急通信联合实验室"，共同研发适用于地震、洪水等灾害场景的通信设备。在某国家级新区智慧城市项目中，中兴通讯联合华为、阿里云等企业组成联合体投标，通过资源整合和技术互补，成功击败单一供应商竞争对手，策略转型富有成效。

资料来源：面向算力时代主动求变：中兴通讯聚合国内营销[EB/OL]. (2023-07-12). https://finance.sina.com.cn/tech/roll/2023-07-12/doc-imzamafw0369636.shtml.

思考题：

1. 技术型企业在政府营销中如何平衡标准化与定制化需求？
2. 中兴通讯的转型带给我们哪些启示？

本章思考题

1. 电信政企客户的界定与分类是怎样的？
2. 影响电信政企客户购买行为的因素有哪些？
3. 政企客户购买决策过程是怎样的？
4. 电信政企客户购买行为的特点是什么？
5. 如何针对电信政企客户制定有效的营销策略？

即学即测

自学自测  扫描此码

第 9 章

电信市场竞争战略

本章学习目标：

1. 了解"大竞争者"观念。
2. 理解通信行业市场竞争地位与竞争策略。
3. 掌握竞争力及竞争者分析；掌握一般竞争战略及不同地位竞争者的竞争战略。

引导案例

运营商的同质化竞争与差异化探索

通信行业作为现代社会的重要基础设施，承载着人们沟通、信息传递的重要任务。运营商作为一种具有固定产品、目标市场、用户、技术应用、发展方向和运营模式的特定行业，至今，仍然存在同质化的现象。在运营商行业中，各家公司的产品差异化程度较低，目标市场固化，用户需求相似，技术应用有限，发展方向相对单一。

运营商行业的竞争激烈程度主要源于市场容量的限制和市场饱和问题。统计数据显示，目前，我国移网用户数量已经超过国内人口总数，移动电话普及率超过 115%，家庭宽带普及率更是高达 122%。这意味着市场容量已经触顶，运营商之间的竞争变得更加激烈，为了吸引更多用户，运营商之间价格战、套餐争夺等手段层出不穷。

运营商行业的三大巨头——中国移动、中国电信和中国联通之间有着紧密的渊源关系，导致行业内的同质化竞争加剧。中国移动与中国电信有着深厚的渊源关系，而中国联通则通过与中国电信的合并获得了更多的发展资源。此外，中国电信曾通过收购中国联通的 CDMA 网络资产和业务，获得了移动业务经营牌照。这些渊源关系和业务边界的模糊，使得三大运营商在市场竞争中几乎没有产品差异化的空间，加剧了同质化竞争。

为了打破同质化竞争的困境，运营商行业正在朝着数智化转型的方向努力。运营商们开始发力于 5G、大数据、云计算、物联网等新兴业务，以寻找新的发展方向。三大运营商在这些领域展开了探索与行动，希望通过技术创新和业务拓展来摆脱同质化竞争的困境。数智化转型被认为是运营商摆脱同质化竞争的关键，同时，也是市场竞争中的一项重要策略。

当前，传统个人通信市场几近饱和，5G已正式进入下半场。广电作为第四大运营商，如何在本就"拥挤"的通信江湖里与三大运营商"抢"市场？在资金、网络、人才都不占优势的情况下，先稳步拓展个人通信市场，再探索差异化发展道路，走一条与其他运营商不一样的"路子"；基于自身广播电视属性，融合5G技术，发布5G NR广播（5G新无线广播）、5G频道等特色应用，打造融合业务，期望找到新的市场增量。

对运营商来说，5G NR广播无须改变现有核心网、基站、手机终端硬件，大大降低了推广和应用的成本；采用广播电视发射塔和移动蜂窝基站互为补充的覆盖方式，前者负责5G高塔高功率广覆盖，后者能实现室内的深度和连续覆盖，保证信号不掉线。对用户来说，不管你用的是哪家运营商的卡，即使手机没插SIM卡，也能接收到5G NR广播。作为广电的另一"杀手锏"应用，5G频道可以通过IPTV、电视机顶盒、OTT机顶盒、智能电视等，与手机、平板电脑等小屏设备实现协同，5G频道已在上海、深圳等地进行试点，并于2023年6月发布了5G云TV产品。

"拼"网络、"拼"套餐并不是广电的强项，更何况与拥有超20年经验的三大运营商竞争，难度可想而知。而5G特色应用的创新也是挑战，参考三大运营商在5G之初推出的5G消息和5G新通话等应用，时至今日，都未能激起什么"水花"，更别提将其打造为5G现象级应用，现阶段依旧是短视频、直播的时代。

通信行业经过20多年的发展，本就是一个竞争激烈且传统业务趋于饱和的赛道，广电的差异化探索既是机遇也是挑战，作为新晋5G运营商，未来能否打好同质化基础，决胜差异化未来，让我们拭目以待！

资料来源：国研网. 2020—2021年度通信行业市场竞争趋势及投资战略分析报告[R]. 2021：71；陈翔. 移动互联网时代下的电信运营商竞争优势研究[D]. 成都：电子科技大学，2016；胡春，王颂，吕亮，等. 通信市场营销学[M]. 北京：人民邮电出版社，2015；郭国庆，陈凯. 市场营销学[M]. 7版. 北京：中国人民大学出版社，2022.

现如今，无论是生产力水平还是科技水平，都处于前所未有的高度，市场上产品琳琅满目，供给远远大于需求。处于这样的"买方市场"环境下，企业面临前所未有的激烈竞争。在顾客购买能力既定的条件下，竞争成为企业成败的关键，是对企业经营水平的检验和评估。"营销大师"科特勒说：忽略了竞争对手的企业往往成为绩效差的企业；效仿竞争对手的企业往往是表现平平的企业；在竞争中获胜的企业则在领导着它们的竞争者。本章首先探讨市场中存在的各种竞争力量与竞争者；其次，分析企业的各种竞争战略；最后，结合电信市场，分析电信行业内部的竞争结构及竞争策略。

9.1　竞争力分析

9.1.1　影响市场吸引力的五种力量

迈克尔·波特（Michael Porter）于20世纪80年代初提出的"五力分析模型"，可以有效地分析行业的竞争环境，判断行业的市场吸引力的大小，对企业战略制定产生全球性的深远影响。"五力分析模型"将五种竞争力量汇集在一个简便的模型中，这五种力量分别是：供应商的讨价还价能力，购买者的讨价还价能力，新进入者的威胁，替代品的威胁，行业内现有竞争者的竞争。五种力量的不同组合变化最终影响行业利润的潜力与变化。

1. 供应商的讨价还价能力

供应商主要通过其提高投入要素价格与降低单位价值质量的能力来影响行业中现有企业的盈利能力与产品竞争力。

供应商力量的强弱主要取决于其所提供给企业的是什么投入要素，当供应商所提供的投入要素价值占企业产品总成本的较大比例，对企业产品生产过程非常重要或者严重影响企业产品质量时，供应商对于企业的潜在讨价还价能力就大大增强。一般来说，满足如下条件的供应商会具有比较强大的讨价还价能力。

（1）供应商行业具有比较稳固的市场地位，而且不受市场激烈竞争困扰的企业所控制，其供应的企业很多，以至于每一单个企业都不可能成为供应商的重要客户。

（2）供应商各企业的产品具有一定特色，以致企业难以转换或转换成本太高，或者很难找到可与供应商企业产品相竞争的替代品。

（3）供应商能够方便地实行前向联合或一体化，而企业难以进行后向联合或一体化。

2. 购买者的讨价还价能力

购买者主要通过其压价与要求提供较高的产品或服务质量的能力来影响行业中现有企业的盈利能力。一般来说，满足如下条件的购买者可能具有较强的讨价还价能力。

（1）购买者的总数较少，而每个购买者的购买量较大，占企业销售量的很大比例。

（2）卖方行业由大量相对来说规模较小的企业所组成。

（3）购买者购买的基本是标准化产品，同时向多个卖主购买，在经济上也完全可行。

（4）购买者有能力实现后向一体化，而卖主不可能前向一体化。

3. 新进入者的威胁

新进入者在给行业带来新生产能力、新资源的同时，会希望在已被现有企业瓜分完毕的市场中赢得一席之地，这就可能与现有企业发生原材料与市场份额的竞争，最终导致行业中现有企业盈利水平降低，严重的话，还有可能危及这些企业的生存。

进入威胁的严重程度取决于两方面因素：进入新领域的障碍大小与预期现有企业对进入者的反应情况。

进入新领域的障碍主要包括规模经济、产品差异、资本需要、转换成本、销售渠道开拓、政府行为与政策、不受规模支配的成本劣势（如商业秘密、产供销关系等）、自然资源、地理环境等方面，其中，有些障碍是很难借助复制或仿造的方式来突破的。

预期现有企业对进入者的反应情况，主要是采取报复行动的可能性大小，取决于有关企业的财力情况、固定资产规模、行业增长速度等。

新企业进入一个行业的可能性大小，取决于进入者主观估计进入所能带来的潜在利益、所需花费的代价与所要承担的风险这三者的相对大小情况。

4. 替代品的威胁

两个处于不同行业中的企业，可能会由于所生产的产品是互为替代品，从而在它们之间产生竞争行为，这种源自替代品的竞争会以各种形式影响行业中现有企业的竞争战略。第一，现有企业产品售价以及获利潜力的提高，会因为存在能被用户方便接受的替代品而受到限制；第二，由于替代品生产者的侵入，现有企业必须提高产品质量或者降低成本来降低售价，或者使其产品具有特色，否则，其销量与利润增长的目标就可能受挫；第三，源自替代品生产者的竞争强度，受企业转换成本高低的影响。总之，替代品价格越低、质量越好、用户转换成本越低，其所能产生的竞争压力就越强；而来自替代品生产者的竞争压力强度，可通过考察替代品销售增长率、替代品企业生产能力与盈利扩张情况等来加以分析。

5. 行业内现有竞争者的竞争

大部分行业中的企业，相互之间的利益都是紧密联系在一起的，作为企业整体战略一部分的企业竞争战略，其目标在于使自己的企业获得相对竞争优势，所以，实施中就必然产生冲突与对抗，这些冲突与对抗就构成了现有企业之间的竞争。

现有企业之间的竞争常常表现在价格、广告、产品介绍、售后服务等各方面，其竞争强度与许多因素有关。一般来说，出现下述情况将意味着行业中现有企业之间竞争的加剧：行业进入障碍较低，势均力敌的竞争对手较多，竞争参与者范围广；市场趋于成熟，产品需求增长缓慢；竞争者企图采用降价等手段促销；竞争者提供几乎相同的产品或服务，用户转换成本很低；一个战略行动如果取得成功，其收入相当可观；退出障碍较高，即退出竞争要比继续参与竞争代价更高。退出障碍主要受经济、战略、感情以及社会政治关系等方面的影响，具体包括资产的专用性、退出的固定费用、战略上的相互牵制、情绪上的难以接受、政府和社会的各种限制等。

根据上面对五种竞争力量的讨论，企业应通过尽可能地将自身的经营与竞争力量隔绝开来、努力从自身利益需要出发影响行业竞争规则、先占领有利的市场地位再发起进攻性竞争行动等手段来对付这五种竞争力量，以提高自己的市场地位与竞争实力。

9.1.2　竞争者分析

"知彼知己，百战不殆"，为了制定有效的营销战略，企业需要尽可能多地了解有关竞争者的情况，只有充分识别竞争者，了解其战略、目标、实力和反应模式，并将自己的营销战略与其进行比较，企业才能发现自己具有的潜在的竞争优势与劣势，进而针对对方的弱点，制定自己的竞争战略。

1. 识别竞争者

识别竞争者看起来是一项简单的任务，似乎发现经营范围类似、产品相近、规模相当的企业并不需要花费太多力气。但实际上，企业面对的是更广范围内的竞争。企业在同看得见的主要竞争对手展开竞争的同时，还需防范可能被忽视甚至根本不曾察觉的潜在竞争者。比如，当三大运营商在短信业务上展开激烈竞争的同时，谁都没有料到最终"微信"彻底将它们打败。因此，识别竞争对手并不简单，需要采用系统的方法并进行周密的分析，随时关注市场新特点、新动向。企业要树立"大竞争者"观念，不仅密切关注行业内的竞争者，还要注意行业外的竞争者；不仅注意现实竞争者的动向，还要提防潜在竞争者的威胁。通常来讲，识别竞争者可以从行业的角度和市场的角度进行。

从行业角度识别竞争者：行业是一个提供一种或一类密切替代产品的相互竞争的企业群。如果一种产品的价格升高引起对另一种产品的需求增大，这两种产品就是密切替代的。生产同一种类型或功能相近的产品、可以相互替代的同行业企业，互为竞争对手。如中国移动、中国电信和中国联通，互相就是行业竞争者。

从市场角度识别竞争者：那些试图满足相同顾客需要或服务于同一顾客群的企业都可能是竞争者。竞争的市场观念，使得企业的竞争对手的范围更加宽泛。从这个角度讲，凡是能够提供通信服务的企业，如深圳市腾讯计算机系统有限公司、阿里巴巴（中国）网络技术有限公司，甚至中国邮政集团有限公司，都是中国移动的竞争对手。

2. 评估竞争者

识别并锁定竞争者之后，企业需要做的工作就是：了解竞争对手的目标，分析其竞争战略，掌握不同竞争对手的优劣势，评估各个竞争者对企业采取的行动会作出怎样的反应。

1）竞争对手的目标

竞争者的目标一般都是一个目标组合，包括获利能力、市场占有率、现金流量、技术领先、成本控制和服务水平等。企业需要知道竞争者的目标组合，对各个目标给予的重视程度及其先后次序。竞争者目标不同，其经营模式会有所不同，其对不同竞争行为的反应也会不同。

有些企业以追求短期利润最大化模式来经营，短期利润的下降会导致股东信心的消失，从而抛售企业的股票，导致企业的资金成本上升。相反，有些资源较为匮乏的企业，一般市场占有率最大化是它们的首要目标，它们对利润的要求相对较低，其大部分资金来源于寻求稳定利息收入而不是高额风险收益的银行，所以，资金成本要远远低于前述企业，它们能够把价格定得较低，并在市场渗透方面显示出更大的耐心。

如果竞争对手以增加短期利润为目标，对于其他竞争者的降价行为就可能不太在意，而以扩大市场份额为目标的竞争对手，则对其他产品的降价行为会非常敏感，会采取积极的应对措施予以反击。

2）竞争对手的战略

在大多数行业，竞争者都可以划分为追寻不同战略的群体。战略群体是指那些在相同产业的相同目标市场采用相同或者相似战略的一组企业。识别不同的战略群体非常重要，同一个战略群体中的企业竞争关系最直接，竞争强度也最高，企业可以选择进入一个竞争程度相对较低的战略群体，进入同一个战略群体的企业只有开发出超越其他竞争者的战略优势，才能获胜。

企业需要审视界定产业内战略群体的各个维度。企业需要了解各个竞争者的产品质量、产品特性、产品组合、顾客服务、定价策略、分销范围、销售人员战略以及广告和促销方案等。企业还需要了解各个竞争者的研发、制造、采购、财务和其他战略细节。

3）竞争对手的优劣势

为了掌握竞争对手的优势和劣势，企业需要收集其过去几年的一些资料，如业绩表现各方面的数据，来了解竞争对手的构思设计能力、生产能力、营销能力、融资能力和管理能力等。当然，很多资料有时候很难收集，这并不是很容易的事。企业可以通过多种方式间接获取对其的了解，如二手资料、行业传闻等，甚至可以通过对中间商和顾客等的一手调研来获取。

4）竞争对手的反应

不同竞争者，目标、战略、优劣势、经营者哲学、思维模式都有所不同，继而，其对外来竞争者的各种市场行为的反应必定不同。有些企业对竞争者的行动不会作出迅速而有力的反应，这可能是因为它们认为自己的顾客很忠诚，也可能是因为它们对这种行动的注意很迟缓，还可能是因为它们缺乏作出反应的资金。一些竞争者只对某些类型的行动作出反应，对其他活动则不然；另一些竞争者对于任何行动都迅速作出强有力的反应。

9.2　市场竞争战略

市场竞争是市场经济的基本特征。只要存在商品生产和商品交换，就必然存在竞争。我国要大力发展社会主义市场经济，所以，企业的营销活动就必须在市场经济的规则下运行，研究竞争规律，掌握竞争战略，不仅要满足目标顾客的需求，还须研究竞争对手的优势及策略，做到"知己知彼"，以便在竞争中立于不败之地。

市场竞争战略指企业为了自身的生存与发展，并在竞争中保持或发展自己的实力与地位而确定的企业目标和实现目标而采取的各项策略的有机结合体。企业间竞争的核心是：争取顾客，争夺市场销路，力争扩大本企业产品的销路，提高市场占有率，以增强竞争能力，获得最佳经济效益。

9.2.1　一般竞争战略

竞争战略的核心是企业如何战胜竞争对手，获取稳固的竞争优势。波特于1980年在《竞争战略》一书中提出，企业成为行业中成功者的一般竞争战略共有三种：成本领先战略、差异化战略和集中化战略。企业可以从这三种战略中选择一种，作为其主导战略。要么把成本控制到比竞争者更低的程度；要么在企业产品和服务中形成与众不同的特色，让顾客感觉到你提供了比其他竞争者更多的价值；要么致力服务于某一特定的细分市场、某一特定的产品种类或某一特定的地理范围。这三种战略架构上差异很大，成功地实施它们，需要不同的资源和技能。

1. 成本领先战略

成本领先战略也称低成本战略，是指企业通过有效途径使企业价值链上的累积成本（即各种价值活动的成本之和）低于竞争对手，以低售价吸引市场上众多对价格敏感的购买者，或以同价格获取更多利润，从而获取竞争优势的一种战略。

为了使成本低于竞争对手，企业必须在生产经营的各个环节提高效率和有效控制开支,具体有以下几个方面。

(1)采购活动中设法保持同供应商的良好关系,提高供货质量或降低进价。

(2)在生产环节通过技术创新提高工艺水平,或通过规模经济降低生产成本。

(3)在销售活动中更有效地运用服务、广告、促销等各方面的费用。

(4)严格控制经营过程中的各项管理费用。

成本领先战略是获取竞争优势的一个非常有效的战略形式,比较适用的情况有以下几种:①市场需求具有价格弹性;②企业所提供的产品基本上是标准化或者同质化的;③实现产品差异化的途径很少;④多数顾客使用产品的方式相同;⑤消费者的转换成本很低;⑥消费者具有较大的降价谈判能力。

当然,企业采用成本领先战略也会有一定的风险,主要包括以下几点:①丧失对市场变化的预见能力:将注意力过多地放在了成本上,忽视了产品和需求的变化;②新加入者可能后来居上:竞争对手可能通过模仿,同样获得低成本;③行业的平均利润率降低:行业内的企业都采用成本领先战略,可能出现竞相压价;④容易受外部环境的影响。

2. 差异化战略

差异化战略,是指企业设法使自己的产品或服务与竞争对手有明显的区别,形成与众不同的特点,在行业中树立起差异化的经营特色,从而在竞争中获取有利地位的一种战略。这种战略的核心是取得某种对顾客有价值的独特性。

企业实现差异化与独特性,主要有以下几种基本的途径。

(1)产品差异化。主要差异点:特色、工作性能、风格、一致性、耐用性、可靠性、易修理性、式样和设计。

(2)服务差异化。主要差异点:送货、安装、维修、保养、顾客培训、咨询服务等因素。

(3)形象差异化。形成不同的"个性"形象,便于消费者识别,也更加贴合目标消费者的审美。

(4)渠道差异化。专业化、覆盖面、效率等因素,均是差异化可考虑的因素。

(5)员工差异化。主要差异点:特征、诚信、礼貌、可靠、反应敏捷、善于交流等。

差异化战略适用于以下情况:①顾客对产品的需求和使用要求是多种多样的,即顾客需求是有差异的,并且可以识别;②企业自身的实力适合在某个顾客感兴趣的点上实行差异化,且该差异被顾客认为是有价值的;③采用类似差异化途径的竞争对手很少,即真正能够保证企业是"差异化"的;④技术变革很快,市场上的竞争主要集中在不断地推出新的产品特色上。

当然,企业采用差异化战略也会有一定的风险,主要包括以下几点:①可能丧失部分客户,如果采用成本领先战略的竞争对手压低产品价格,使其与实行差异化战略的厂家的产品价格差距拉得很大,在这种情况下,用户为了大量节省费用,放弃取得差异的厂家所拥有的产品特征、服务或形象,转而选择物美价廉的产品;②过度差异化,导致目标市场狭窄或使得价格远远超过竞争对手,无形中让出了更大的市场空间或增加了竞争对手的价格优势；③大量的模仿缩小了差异，特别是当产品发展到成熟期时，拥有技术实力的厂家很容易通过逼真的模仿，减小产品之间的差异；④用户所需的产品差异的因素下降，当用户变得越来越老练时，对产品的特征和差别体会不明显，就可能发生忽略差异的情况。

3. 集中化战略

集中化战略也称聚焦战略，是指企业将经营活动集中于某一有限的细分市场，使企业有限的资源得以充分发挥效力，在某个局部市场的实力超过其他竞争对手，从而赢得竞争优势的一种战略。

集中化战略有两种变化形式：一种是着眼于在细分的目标市场上获得成本领先优势，称为成本集中；另一种是着眼于在目标市场获得差异化优势，称为差异化集中。集中化战略可以看作成本领先战略和差异化战略在市场的局部范围内的运用。

集中化战略适用于以下情况：①行业内存在不同的细分市场；②企业在某个规模、成长率、获利水平有吸引力的市场中有能力赢得竞争优势；③企业资源有限，不允许追求更广泛的市场。

当然，企业采用集中化战略也会有一定的风险，主要包括以下几点：①由于企业全部力量和资源都投入一种产品或服务或一个特定的市场，当顾客偏好发生变化、技术出现创新或有新的替代品出现时，就会发现这部分市场对产品或服务需求下降，企业就会受到很大的冲击；②竞争者打入企业选定的目标市场，并且采取了优于企业的更集中化的战略；③产品销量可能变小，产品要求不断更新，造成生产费用的增加，使采取集中化战略的企业成本优势削弱。

9.2.2 不同地位竞争者的竞争战略

同一行业的各企业占有不同的竞争地位，如支配的竞争地位、强大的竞争地位、有利的竞争地位、守得住的竞争地位等。企业应该明确自己的市场竞争地位，以便制定更为有效的竞争战略。一个市场中的企业按照竞争地位的不同，可以分为市场领导者、市场挑战者、市场追随者和市场补缺者四种类型。

不同竞争地位的企业在战略、目标、实力等方面有很大的差别，所采取的竞争战略也大不相同，下面分别讨论。

1. 市场领导者战略

市场领导者，是指在某一行业或领域，被大家公认或推举处于绝对优势的企业。它是行业里公认的"领头羊"，在行业里拥有最大的市场份额，通常在价格变化、新产品引进、定价、促销强度、分销渠道的覆盖面等方面领先于其他竞争者，它深深地影响着行业内其他企业的营销活动，对其他企业起领导作用，如宝洁公司、蒙牛乳业、可口可乐公司等。

市场领导者成为竞争的导向点，其他企业可以向它挑战，也可模仿或避免与其竞争。市场领导者的地位时刻面临挑战，稍有不慎，就可能从领导者的宝座上滑落下来。领导者要保持领导地位，可采取如下竞争战略。

1）扩大总需求

整个市场需求扩大了，居支配地位的市场领导者获益最大，其地位也就巩固了，因此，市场领导者在扩大市场总需求规模方面抱有最大的热情。一般来讲，扩大市场总需求可从三个方面来进行：为产品寻找新用户，开发推广产品新用途，促使现有用户增加使用量。

2）保护市场份额

领导者企业在努力扩大整体市场需求的同时，必须时刻防备竞争者的挑战，保护自己已有的市场份额，以免"为他人作嫁衣裳"。其可以采用"以攻为守"和"堵漏洞"两种方式。"以攻为守"，要求企业不断创新，确保在新产品构思、顾客服务、渠道优化、成本领先等方面始终处于领先地位，同时，针对对手的弱点主动出击，进一步扩大市场份额。"堵漏洞"，要求企业善于填补市场空缺，以防竞争对手的进攻，不给竞争对手可乘之机。

3）提高市场占有率

即使在市场规模不变的情况下，市场领导者也应努力提高它的市场占有率。关于营销战略对利润影响的研究表明，利润率是随市场占有率线性上升的，提高企业利润率的有效途径，是扩大市场占有率和提高产品质量。

企业在追求提高市场占有率之前，应该考虑以下因素：①引起反托拉斯行动的可能性，如果一个占统治地位的公司进一步侵占了更多的市场份额，那么，妒忌的竞争者就很可能会大叫大嚷"独占化"。②企业在争取较高的市场份额时，可能奉行了错误的营销组合战略，从而未能增加它们的利润。

2. 市场挑战者战略

市场挑战者是竞争中的亚军队。这类企业拥有足够的力量向市场领导者发动持久的进攻。它们的目标是向市场领导者挑战或向其他竞争对手发起进攻，夺取更大的市场份额，获取更多的利润。

对挑战者企业来讲，首先，必须明确谁是主要的进攻对象；其次，要选择适当的进攻策略。作为挑战者可选择的进攻对象，一般来讲有以下三类。

（1）失误的领导者。这种挑战方式风险较大，然而，吸引力也很大。挑战者应仔细研究领导者的弱点和失误；选择失误的领导者或有弱点的领导者，以乘虚而入，争夺其在市场上的主导地位。同时，挑战者还可开发出超越领导者的新产品，以更好的产品来夺取市场的领先地位。

（2）实力相当者。实力相当的竞争对手通常在市场地位、资源能力和客户群体上与挑战者更为接近，这使得挑战者更容易找到突破口，比如在特定产品线、区域市场或细分客户群中集中资源，形成局部优势，进而夺取市场份额。此外，击败实力相当的对手能够迅速提升挑战者的市场排名，优化行业竞争格局。每一次成功的挑战都会增强挑战者的市场影响力、渠道话语权和消费者认知，为后续可能的更高层次竞争积累资本。

（3）地方性小型企业。地方性小型企业实力弱小，大企业可在帮助其过程中夺取它的市场份额，甚至将其兼并。

3. 市场追随者战略

市场追随者与挑战者不同，它不是向市场领导者发动进攻并图谋取而代之，而是跟随在领导者之后，希望维持现状，避免主动引发争端的企业。领导者在一个全面的战役中往往可能有更好的持久力，一场恶战可能会使双方两败俱伤，这意味着，挑战者在进攻前必须三思而后行。除非挑战者能发动一场先发制人的攻击——以产品有重大创新的方式或分销突破，否则，最好追随领导者而非攻击领导者。实践证明，大多数居次要地位的企业喜欢追随而不是向市场领导者挑战，成功的市场追随者也能获得高额利润。

一些企业模仿或改进领导者推出的新产品，虽然市场占有率不高，但却能获得很好的利润回报。因为它们节省了高额的技术研发费用，也不用承担市场开发的费用和开发失败的风险。在资本密集型的同质产品（如钢铁、肥料、化学工业等）领域，由于产品差异化和形象差异化不明显，对价格的敏感性较高，因此，随时可能爆发价格战。这时，选择保守的追随者战略可以有效地保存自身实力、降低经营风险。

值得注意的是，追随并不意味着放弃战略的应用。要在市场竞争中维持现状，需要周密、系统地策划。市场追随者必须懂得如何保持现有的顾客以及如何争取在新开发的市场中获得令人满意的份额。追随者需要寻找一条不引起竞争性报复的成长途径，防止在追随过程中被动，突出企业的独特个性，以求得发展。追随者常采取如下三种战略。

（1）紧密跟随。紧密跟随是指在各个细分市场和产品、价格、广告等营销组合方面模仿市场领导者，完全不进行任何创新。采用这种战略，要防止被领导者误认为是挑战者，而招致报复，应努力营造和善形象，以便利用领导者对市场或产品的开发，从而获得生存和发展。

（2）有距离追随。有距离追随是指在主要方面模仿领导者，但是在一些次要方面又设法与领导者保持一定差异。这种战略不会受到领导者的干预，因为追随者的市场占有率有助于领导者免受垄断的指责。

（3）有选择地追随。有选择地追随是指在某些方面紧跟市场领导者、在某些方面又自行其是，希望能够有所创新和突破。这种追随者有明确的目标，把仿效与创新有机地结合起来，虽然不直接参与竞争，但在跟随过程中常常发展为挑战者。

4. 市场补缺者战略

市场补缺者是指一些中小型企业，它们拥有较低的市场占有率，无力与大企业抗衡竞争，而专门寻找被大公司遗忘的市场"角落"，精心服务于市场的细小部分或空当，通过专业化经营来占据有利的市场位置。如我国的乡镇企业在发展的初期，就是通过对大企业的拾遗补阙、专业化道路而发展壮大的。

一个有利的市场应具备如下特征：①有足够的市场规模和购买力，能够让企业盈利；②营销利润有增长的潜力；③该市场位置对主要竞争对手吸引力较小；④企业的能力和资源足以占领该位置；⑤企业有能力挤垮潜在竞争者；⑥该位置有利于挖掘企业的营销潜力。

市场补缺者的战略是专业化，进行专业化经营，使企业在最终用户、垂直层次、顾客规模、特殊顾客、地理区域、产品或产品线、产品特点、质量与价格水平、服务或配销渠道等方面成为专家。专业化经营能提高企业资金有效利用率，有利于企业创立名牌产品，也能提高顾客的满足程度。但专业化经营风险较大，如果市场上出现替代产品，企业往往会面临严重的威胁，甚至倒闭。因此，企业必须高度警惕。

9.3 竞争地位与竞争战略

9.3.1 电信行业市场竞争结构

由于电信网络和产品的同质化，三大运营商之间的竞争越发激烈，加之互联网时代虚拟运营商的兴起，基础设备商、电信运营商、终端设备商、第三方服务商以及传统互联网巨头纷纷凭借各自领域的优势，开始参与移动互联网行业竞争，它们既竞争又合作，电信行业进入复杂的竞争合作局面。

运营商只是移动互联网产业链中的一环，认清目前的竞争环境与结构，是电信运营商如何面对竞争、如何与参与者竞争、如何与同行竞争的关键。下面将采用"五力分析模型"，对电信行业目前的竞争环境与结构进行整体分析。

1. 供应商的讨价还价能力

在电信行业，供应商主要指向电信行业提供产品或服务的企业群体或个体，它们主要通过提高投入要素的价格或降低单位价值的质量等手段来影响电信运营商的盈利能力及其产品的竞争力。最近几年来，3 家运营商通过集采的方式，面向各类设备运营商实行全国招标，极大节省了企业运营成本。

2. 购买者的讨价还价能力

购买者的议价能力是指购买者讨价还价或要求供应商提供更好的产品或服务质量的能力。对于电信运营商来说，其主要顾客之一是个人购买者，这部分买家的讨价还价能力不强，但随着 4G、5G 数据需求日益增长，个人购买者的整体市场增长潜力巨大。另一个主要的客户群体是价值较高的企业客户，信息化的强烈需求极大地激发了企业客户群体的数据需求，其议价能力较个人购买者而言也更强。具体来说，政府等具有后向一体化特征的大客户拥有最有力的价格谈判杠杆，而中小企业由于其分散和需求量少的特点，议价能力则一般。

3. 新进入者的威胁

在大多数行业，潜在竞争者进入壁垒主要包括规模经济、产品差异、资本需要、转换成本、销售渠道开拓、政府行为与政策、不受规模支配的成本劣势等。就这些方面而言，我国的电信行业具有天然垄断性，但我国通过不断深化电信改革，已逐渐在行业内引入竞争机制来淡化这种垄断。2013 年，工业和信息化部为包括天音通信、京东、迪信通等在内的 11 家企业正式发放了中国首批虚拟运营商牌照；2014 年，工业和信息化部为国美电器、苏宁云商等 8 家企业发放第二批虚拟运营商牌照。这些获得虚拟运营商牌照试点企业，通过租用基础电信运营商的移动通信网络，为自己的客户提供基于自身品牌的通信服务，包括：发售 SIM 卡；将短信、语音、流量等重新组合为更灵活的套餐向客户销售；在手机屏幕显示自己的品牌，以展现企业专利标志等。但这些虚拟运营商在进入市场的初期，必须租用基础运营商的移动通信网络，这就成为它们的进入壁垒。

另一类潜在竞争者是广电网络公司。随着国家三网融合政策的推进，电信市场将向广电网络公司开放。广电网络公司拥有 700/800 MHz 的频段优势，从长远来看，也极有可能在市场上占有一席之地。但广电网络公司与虚拟运营商面临同样的难题，就是现阶段没有自身的物理网络，而建设基础网络设施的投资巨大。另外，广电网络公司在渠道和自身产品上也并不具有优势，这是它们的进入壁垒。

4. 替代品的威胁

随着移动互联网的发展和普及，互联网应用和通信业务的边界被模糊，且前者对后者的威胁日益明显。基于开放互联网的视频和数据服务业务 OTT，由于可以绕过基础电信运营商而直接面向用户计费和收费，使电信运营商沦为流量提供的"管道"，这给基础电信运营商的语音、短信和视频服务等业务带来了巨大的替代威胁。以典型的 OTT 业务微信为例，其支持发送语音、短信、视频、图片和文字，而且仅耗用少量流量，适合大部分的智能手机，这时的微信等移动互联网产品对短信起到巨大替代作用。而在视频方面，小米等移动互联网公司基于开放的互联网，以小米盒子等终端机顶盒展开视频服务的 OTT TV 业务，也对运营商基于有线宽带的视频服务 IPTV 造成威胁。

5. 行业内现有竞争者的竞争

目前，我国 3 家运营商都形成了各自的战略战术，以及一定程度的行业内竞争。从业务收入和利润上来看，中国移动在市场上依然一家独大。中国移动战术上采取守势，一方面通过加强用户的服务和维系以及相对低的语音价格，保有现有用户规模；另一方面积极地加强自身的管理和渠道服务能力，为 5G 业务发展储备能力。中国联通在电信业重组后，突出以 WCDMA（宽带码分多址）为产业链结构基础的业务，面向移动互联网实施创新服务转型，重点做好流量经营工作。中国联通进入 4G 和 5G 市场时，技术和产业链优势依然明显。中国电信虽然在产业链上没有明显优势，但经过多年运营，已打造出全球最大的 CDMA 网络，成为用户规模最大的 CDMA 运营商。面对 4G 和 5G，中国电信加快在企业内部推进市场化和差异化，大力提升管理和业务方面的核心竞争力。

9.3.2　电信企业竞争地位分析

在电信行业 2G 时代，中国移动一家独大。3G 时代，中国联通获得了最成熟的 3G 技术 WCDMA，中国电信则获得了稍次的 CDMA2000，中国移动获得最不成熟的 TD-SCDMA（时分同步码分多址），中国联通突显网络优势，而中国移动则受限于网络制式，上网速度有很大缺陷，暂时落后。然而到 2013 年底，中国移动的净增用户数超过 3 亿，中国电信、中国联通的净增用户数分别为 1.58 亿、1.48 亿。[①]

---

① 在电信和联通的围攻下，大象中国移动显示出脚步蹒跚迹象[EB/OL]. (2019-04-29). https://fiber.ofweek.com/2019-04/ART-210022-8420-30323463.html.

2014 年，中国商用 4G 时代，中国移动凭借先发优势取得绝对的领先优势，采取了最激进的策略，快速建网、大规模覆盖、大力发展用户，利用牌照先发优势快速抢占市场，到 2015 年，中国联通和中国电信商用 LTE-FDD，早期，中国联通和中国电信的表现并没相差太远，不过，自 2017 年至今，中国电信则显示出快速增长势头，在净增用户数方面超越中国联通。

在此，借用中国通信企业协会的《2024 年中国通信行业季度发展报告（二季度）》中三大电信运营商的运营数据（表 9-1），对当前电信企业的竞争地位进行分析。

表 9-1　三大电信运营商主要运营数据情况表（2024H1）

	主要指标	中国移动	中国电信	中国联通
营收财务指标	营业收入/亿元	5 467	2 660	1 973
	营业收入增速/%	3.0	2.8	2.9
	主营业务收入/亿元	4 636	2 462	1 757
	主营业务收入增速/%	2.5	4.3	2.7
	净利润/亿元	802	218	138
	净利润增速/%	5.3	8.2	11.3
	净利润率/%	14.7	8.1	7.0
	EBITDA/亿元	1 823	768	549
	EBITDA 增速/%	−0.6	4.7	2.7
	EBITDA 率/%	33.3	28.7	27.8
用户规模指标	移动用户/亿户	10.00	4.16	3.40
	半年净增/万户	926	908	600
	5G 套餐用户/亿户	5.14（网络用户）	3.37	2.76
	半年净增/万户		1 797	1 652
	5G 套餐用户渗透率/%		81.0	81.2
	宽带接入用户/亿户	3.09	1.93	1.17
	半年净增/万户	1 093	319	

注：1. EBITDA = 经营收入 − 经营费用 + 折旧及摊销；EBITDA 率 = EBITDA/营业收入×100%。
　　2. 净利润为归属于上市公司股东的净利润；净利润率=净利润/营业收入×100%。
　　3. 中国联通净利润为香港上市公司权益持有者应占盈利。

1. 营收财务指标分析

中国移动上半年实现主营业务收入 4 636 亿元，同比增长 2.5%，净利润同比增长 5.3%，EBITDA 为 1 823 亿元，同比下降 0.6%。

中国电信上半年实现主营业务收入 2 462 亿元，同比增长 4.3%，净利润同比增长 8.2%，EBITDA 为 768 亿元，同比增长 4.7%。

中国联通上半年实现主营业务收入 1 757 亿元，同比增长 2.7%，净利润同比增长 11.3%，EBITDA 为 549 亿元，同比增长 2.7%。

从 3 家上市电信运营商的财报数据比较来看，中国移动仍然在营业收入和利润等指标上占据绝对优势。三大运营商聚焦不同的发展重点，收入和利润变化各异。从整体上看，3家上市电信运营商的重组以及全业务的开展，有助于电信市场的合理竞争，也有助于电信市场格局的均衡发展。

2. 用户规模指标分析

从移动用户存量和增量市场来看，2024年上半年的情况如下。

中国移动的移动用户存量10亿户，新增用户926万户；宽带用户存量3.09亿户，新增用户1 093万户。

中国电信的移动用户存量4.16亿户，新增用户908万户；宽带用户存量1.93亿户，新增用户319万户。

中国联通的移动用户存量3.4亿户，新增用户600万户；宽带用户存量1.17亿户。

综上，中国移动由于其较大的市场占有率，营业收入和净利润也是3家公司中最高的，表明其强大的竞争力。中国电信和中国联通紧随其后，二者在净利润增速方面表现抢眼。

在技术变革加快的时代，能快速投入新技术并对市场作出反应的企业能获得竞争优势。在5G消息网络建设方面，3家运营商主要围绕阅信能力建设、合作伙伴招募、平台升级建设开展项目采购，并且中国移动、中国电信均发起了安全审核相关招标，积极补充5G消息相关业务的安全监管服务能力。2024年6月，运营商省分5G消息运营支撑采购共展开了10次招投标。其中，运营商（中国移动及其子公司、中国电信及其子公司）占比高达80%。在终端进展方面，3家运营商积极推进存量终端升级进程。随着6G时代的到来，电信行业的竞争格局又会发生怎样的变化呢？让我们拭目以待。

9.3.3 电信行业市场竞争战略

通过分析电信行业市场竞争状况及电信企业的竞争状况，结合外部机会和挑战，电信运营商提升竞争优势，可采用以下策略。

1. 立足传统业务优势，巩固优势地位

电信运营商多年发展积累的优势，并不会因为一个新兴产业出现就消失。运营商有着庞大的用户基础，服务好这些用户、获得用户更高的认可是保持现有优势的关键。运营商应该加强网络建设和维护，为用户提供优质的通信网络，提升用户服务体验。通信技术从开始的1G发展到5G，将来肯定还会有新的技术出现，运营商需要做好网络布局规划，以迎接新技术带来的挑战。

2. 实施差异化策略

需要了解用户需求，积极开发个性化、差异化产品和服务，满足各层次、各类型用户的使用需求。加强资费调整，提高服务的性价比，提升客户服务质量，留住客户。

3. 加强移动网络建设，拓宽移动互联网"高速公路"

移动数据业务指标，是电信运营商在移动互联网时代竞争优势的主要方面。在移动互联网时代，虽然电信运营商管道化，但电信移动网络是移动信息传输的唯一通道，认识到这一点，便可把劣势转为优势。既然是唯一的通道，使用量越多，也就意味着运营商的数据业务收入越多。虽然第三方内容不是由运营商决定的，但运营商可以通过网络优化、合理降低流量资费、推出个性化流量套餐等手段，刺激用户对数据流量的使用消耗，引导用户流量使用习惯，使移动互联网这条"高速公路"不断拓宽。

4. 加强内容发展

在移动互联网时代，移动流量信息高速运转，而这些流量包含各种各样的第三方服务内容信息。运营商可凭借移动网络渠道的优势，加强与优秀内容商的合作（如广告推送、合作开发等），在为用户提供更多更好的内容时，提升服务体验质量，并分享一部分内容商的利益，增加收入。同时，电信运营商在现今逐步趋向管道化，网络服务收费固然是其收入的增长点，而内容则是收入增长的新方式。电信运营商想要在移动互联网时代寻求更大的发展，内容方面是其不可忽视的。电信运营商掌握着用户的数据，包括用户消费特征、内容偏好以及对内容的付费倾向。电信运营商通过对这些数据的分析，寻找可盈利的内容并进行定点开发投入，从渠道商转变为"渠道——内容"综合服务商，获取更多移动互联网市场的收益。

5. 网络融合，加强多网合作

国家倡导的广电网、互联网、电信网三网融合，给电信运营商带来了新的业务增长点。三网融合给用户带来综合服务，使用户享受服务更加方便。以前，用户需要分别申请三种服务，并且向不同的提供商支付费用。在三网融合下，用户只需要购买一整套服务，这无疑给用户带来极大的便捷体验。而费用的支付是通过电信运营商话费渠道，运营商在资金流上占据优势。在这方面，中国电信做得最好，中国移动近年来随着固网建设逐步跟上，中国联通在这方面需要继续努力。电信运营商应该加强与广电合作，同时，协调内部移动网络和固定网络业务，积极开发满足用户需求的三网融合综合解决方案。

6. 人才吸引，建立多元化团队

电信运营商多年的发展离不开其人才团队，管理人才、技术人才、营销人才以及其他部门专业人才通过内部协调与合作，为企业创造了巨大的业绩。在移动互联网时代，需要多样化的人才。这些人才需要具备互联网思维模式，具有创新的精神，能够把握用户需求，同时能刺激用户消费。电信运营商想要突破渠道商的限制、打造高质量的内容，就需要内容方面相关人才。内容的不同使得人才需求不同，各种内容小团队的发展，对企业团队的管理提出了要求。电信运营商需要吸引大量的人才，建立和管理多元化团队，使其能为电信运营商在移动互联网时代的竞争提供新鲜动力。

案例分析

中国电信天翼云领跑政务云：激活智慧治理新动能

在数字中国战略的指引下，中国电信天翼云凭借"云网融合"的核心优势，在政务云领域构建起覆盖技术、服务、生态的全维度能力体系。作为政务公有云市场的领军者，天翼云不仅仅以 26.1%的市场份额持续领跑行业，更通过雄安新区、九江、霍尔果斯等典型案例，探索出一条具有示范意义的政务数字化转型路径。

天翼云在政务公有云市场的领先地位，体现在三个维度：市场份额的绝对优势、三级覆盖的体系化布局、标准制定的行业话语权。近两年，天翼云在政务公有云基础设施、平台和软件三大细分领域均拔得头筹，展现出全方位的技术实力。这种优势源于其构建的"省—市—县"三级覆盖体系。当前，天翼云已承载 20 余个省级政务云平台、300 余个地市级政务云系统，深度参与超过 1 000 个智慧城市项目建设。

在雄安新区，天翼云打造全国首个城市级计算中心，构建全域覆盖的万物互联应用体系；在新疆霍尔果斯，天翼云成功部署 DeepSeek 大模型推动市政服务迈向智能化 3.0 时代。这些实践不仅仅验证了天翼云"自主可控"的技术路线，更形成了可复制的政务数字化解决方案。

作为人工智能时代的国家云，天翼云在政务领域持续深耕，锚定政务云应用中的典型场景，不断加大技术攻关力度，基于分布式云架构，以统一的建设标准和安全基线为指导，探索自主可控政务云平台的集约化运营模式，为政务领域客户提供 IaaS、PaaS、SaaS 一体化上云服务，有效支撑自主可控政务云的建设落地。

在人工智能融合创新方面，天翼云推出的息壤智算一体机、慧政办公智能体等产品，已形成覆盖政策咨询、审批申报、企业服务的全流程智能化解决方案。以九江项目为例，通过天翼 AI 云电脑的应用，不动产登记、公积金办理等业务实现"全城通办"，群众办事平均等待时间缩短 60%。更值得关注的是，天翼云正在探索量子加密、边缘计算等前沿技术在政务领域的应用，已形成 10 余项处于行业领先地位的技术专利。

新一轮科技革命和产业变革正加速演进，天翼云将持续发挥"云网融合"的独特优势，深化技术创新，优化服务体系，为推进国家治理体系和治理能力现代化注入强劲动能。

资料来源：中国电信天翼云领跑政务云：筑牢数字政府基座，激活智慧治理新动能[EB/OL].(2025-07-15). https://www.fjii.com/m/content/detail/276786.html.

思考题：

1. 中国电信天翼云在政务公有云市场拥有哪些竞争优势？

2. 为了持续发挥"云网融合"的独特优势，中国电信天翼云应该怎么做？

本章思考题

1. 列举电信企业常用的三大竞争战略（如成本领先、差异化、集中化战略），并分析其在通信市场中的适用场景与局限性。

2. 电信市场中，市场领导者、挑战者和追随者的竞争战略有何差异？结合具体企业案例说明。

3. 电信企业频繁采用价格战（如低价套餐、流量免费）的动因是什么？长期价格竞争可能带来哪些风险？

4. 在高度同质化的电信市场中，企业如何通过差异化战略实现突围？结合技术或服务创新案例说明。

5. 电信企业为何既竞争又合作（如共建共享 5G 基站）？试分析合作竞争的动机与挑战。

即学即测

自学自测  扫描此码

第 10 章

电信服务营销策略

本章学习目标：

1. 理解电信服务营销策略基础概念。
2. 掌握电信服务人员策略。
3. 领会电信有形展示策略，理解有形展示的重要程度，熟悉有形展示在服务营销中的具体作用。
4. 熟悉电信服务过程策略。

引导案例

中国移动：以星火助智，共创"AI+新未来"

2024 年，中国电信行业竞争持续加剧，各大运营商在 5G 应用场景、数字化服务等领域展开激烈角逐。在此背景下，中国移动推出"星火计划"，通过整合终端设备、内容生态与资费套餐，构建了全新的用户价值体系。"星火计划"的核心理念是打破传统通信服务的边界，将硬件、软件与服务进行深度融合。该计划首先在 2024 年第一季度试点推出，目标用户锁定 18～35 岁的年轻消费群体。与以往单纯推销流量套餐不同，"星火计划"创造性地推出了"设备＋内容＋连接"的捆绑模式。用户只需签订 24 个月的在网协议，即可免费获得价值 1 599 元的 5G 智能眼镜，该设备由中国移动与国内头部 AR 厂商联合定制开发。这一策略直接击中了年轻用户对科技产品的尝鲜心理，中国移动财报显示，计划推出首月就吸引了超过 120 万用户签约。

在内容生态构建方面，"星火计划"整合了爱奇艺、腾讯视频、哔哩哔哩等主流平台资源。用户不仅获得每月 100 GB 的专属流量包，还能自由选择两个视频平台的年度会员服务。这种"一站式"娱乐解决方案显著提升了用户黏性，艾瑞咨询调研数据显示，参与该计划的用户月均流量使用量达到 38 GB，较普通 5G 用户高出 62%。更值得注意的是，中国移动通过自研的 AI 推荐算法，根据用户观看习惯动态调整合作平台的内容资源，实现了服务价值的持续升级。

资费设计方面，"星火计划"采用阶梯式定价策略。基础档月费 88 元包含 100 GB 流量和基础会员权益，高阶档 158 元则增加云存储、国际漫游等增值服务。这种灵活的价格体系覆盖了不同消费能力的用户群体。据工业和信息化部 2024 年通信业经济运行报告，"星火计划"用户的 ARPU 值达到 112 元，比传统套餐高出 40%。中国移动还创新性地引入了"好友共享"机制，允许主账户下的三个副卡共享所有权益，这一设计在大学生、年轻家庭等群体中广受欢迎。

市场推广方面，中国移动摒弃了传统的地推模式，全面转向数字化营销。在抖音平台发起的"星火挑战赛"话题播放量突破 50 亿次，邀请当红虚拟偶像"星瞳"担任代言人，与王者荣耀等电竞 IP 展开深度合作。这些举措使品牌年轻化战略有效落地。根据第三方监测机构 QuestMobile 的数据，"星火计划"相关内容的社交媒体触达率达到 78%，在目标年龄段的品牌认知度提升 37 个百分点。

该计划的成功还体现在技术赋能方面。中国移动部署了全国首个 5G SA（独立组网）网络为计划提供支撑，确保 AR/VR 内容的高速传输。在用户服务环节，引入 AI 客服和区块链电子合约系统，使业务办理时长缩短至 3 分钟以内。这些技术创新不仅优化了用户体验，也为行业树立了服务标杆。中国信息通信研究院在《2024 年 5G 应用发展评估报告》中指出，"星火计划"推动了 5G 与消费级应用的深度融合，其模式已被多家运营商借鉴。

从行业影响来看，"星火计划"重新定义了电信服务的价值链条。它不再将通信管道作为盈利核心，而是通过构建数字生活生态实现价值增值。这种转变促使整个行业加速向"服务＋终端＋内容"的整合模式转型。截至 2024 年底，该计划已发展用户 890 万户，带动中国移动 5G 渗透率提升至 58%，直接贡献营收超百亿元。其成功经验表明，在 5G 时代，电信运营商必须从连接提供者转变为数字生活服务商，通过跨产业协作创造新的增长点。这一案例也印证了电信营销正在从价格竞争转向价值竞争的新趋势。

资料来源：笔者根据相关资料整理所得。

早期的营销思想建立在商品营销的基础上，本质上是产品的分配和货币化交换。然而，随着服务业在各国经济中的占比越来越高，服务的营销问题也变得越来越重要。由于服务与产品存在着本质的区别，因此，营销学者创立了"服务营销"这一新的分支学科，以改变以往完全以产品为导向的营销思想及理论，发展适应服务营销的新理论。从 20 世纪 70 年代开始，营销学界掀起了一股服务营销研究的浪潮。

10.1 电信服务营销策略概述

10.1.1 电信服务概述

在服务经济时代，顾客所关心的是在使用产品过程中是否满足并且超出自己的基本需求，能够带来享受的体验。产品不再是生产的最终目的，而是一种服务于人们需求的载体。美国市场营销协会将服务进一步补充定义为："可被区分、界定，主要为不可感知，却可使欲望获得满足的活动，而这种活动并不需要与其他的产品或服务的售出联系在一起。生产服务时可能会或不会利用到实物，而且即使需要借助某些实物协助生产服务，这些实物的所有权也不涉及转移的问题。"这个定义得到营销界的普遍认同。后来，Vargo和Lusch（2004）将服务定义为："通过行为、过程和关系，创造并交付价值的一种能力，而非有形产品本身。"因此，任何帮助一个实体的有意行为，无论多么小，都可以被视为一种服务。实际上，服务可以理解为由一个实体或个人与另一个实体或个人共同创造的契约、过程或表演。虽然学者对服务的定义简单而宽泛，但应该知道，随着时间的推移，服务和经济中的服务部门的定义有着微妙的不同。不同的定义，通常可以解释人们在讨论服务和描述构成经济中的服务部门的行业时产生的困惑或分歧。随着电信网络的日趋完善，用户终端智能化、需求个性化、营销活动多元化程度的提高，电信服务营销工作也具有它独特的本质和特征，其主要体现在以下四个方面。

（1）无形性。无形性是服务产品的基本特点，电信服务作为一种服务产品，同样具有这一特点。对于电信客户来说，电信运营商所提供的话音通信、数据通信等通信产品都是无形的，客户并不能通过视觉、触觉等手段直观感知这些通信产品。

（2）同步性。其体现在电信服务的生产与消费同步进行。电信服务作为一种服务产品，其生产与消费是同步进行的。这意味着在电信服务提供的过程中，客户是直接参与其中的。电信服务的生产过程同时也是客户使用服务的过程，两者在时间上是不可分割的。这种同步性使客户能够实时地感受到服务的质量和效果，并即时给出反馈。

（3）异质性。异质性是指电信服务的质量、效果等因服务人员、服务时间、服务地点以及客户的不同而呈现出差异。不同的服务人员可能具有不同的专业技能、服务态度和工作经验，这些差异会直接影响到服务的质量和效果。例如，在客户服务热线中，不同客服人员的回答和解决问题的能力可能存在差异。在不同的时间段，电信服务的质量和效率可能有所不同。在高峰时段，网络拥堵或服务器负载过大，可能导致通话质量下降或数据传输速度变慢。

（4）易逝性。易逝性是指电信服务一旦未被及时使用或消费，其价值就会迅速降低甚至消失。与有形产品不同，电信服务无法被存储起来以备将来使用。一旦服务被提供，如果客户没有立即消费，那么，这部分服务的价值就会丧失。客户的需求是实时的，而电信服务也需要在客户需要时即时提供。如果服务无法及时匹配客户的需求，服务价值就会丧失。例如，如果客户在紧急情况下需要通话，但此时网络拥堵或信号不佳导致通话无法顺利进行，这次通话服务的价值就会降低甚至消失。

10.1.2　电信服务系统

服务系统是由一整套系统的服务构成的，它的创建并不是一件容易的事情。Vargo（2008）将服务系统定义为："通过价值主张将资源（包括人、技术、信息等）与其他系统连接起来。"服务系统的目的是利用组织内部的资源与组织外部的资源，提供价值更高的服务。

（1）电信设备。其一是电信网络设备，网络设备直接影响电信网络覆盖、通信稳定、安全、可靠等决定服务质量的关键因素，但随着铁塔公司的成立，这已经不是最重要的，可以通过租用和合作，使用统一的电信网络设备以及配套设施。其二是用户终端设备，终端设备能够体现出用户的消费行为特征，如用户本身的喜好、对产品性能的选择以及对产品售后关注度等。

（2）电信业务运营。各电信运营商在电信网络质量相当的情况下，主要为用户提供产品和服务，包括免费提供给用户的设备（如 IPTV 机顶盒），关注用户在使用产品时，是否有完美的体验和享受，能否再次购买、再次消费。另外，运营企业业务管理系统、计费和账务系统运行的稳定性、安全性和准确性，也是影响服务水平的关键因素。还有，随着用户对电信产品应用的扩大，电信的服务渠道在横向、纵向上延伸，发展了很多合作商和代理点，它们代表着企业，对它们的管理与培训也是必需的。

（3）电信用户。所谓电信用户，根据用户需求分为集团客户和个人客户。

（4）政府监管机构。政府监管机构指履行行业监管、社会服务等政府职能的监管机构以及涉及消费者权益保护的其他中介机构和服务机构。因此，电信服务是一个有机整体，每个环节对质量和水平都有较高的标准和要求，环节之间是相互关联的，不可或缺。而运营商是最直接面对用户、为用户提供服务的，所以，运营商既要把产品做好，又要提供到位的服务，责任重大。

10.1.3　电信服务营销组合策略

传统市场营销组合主要针对的是有形产品的市场销售，主要包括价格、产品、渠道和促销四个策略，然而，电信服务营销还需从人员、有形展示与服务过程三个方面重点考虑，具体内容如下。

（1）人员。人员是指参与了服务提供并因此而影响客户感知的所有涉及人员，即企业内部的相关管理者和员工，以及接受服务的客户和处于服务涉及环境中的其他客户。就电信行业而言，影响相关人员的因素除了工作人员的基本素质外，还有企业管理角度方面的电信运营商内部组织机构与考核导向的设置，以及改进这些影响人员要素的因素，这方面工作是服务营销的重要组成部分。

（2）有形展示。有形展示是指服务提供的单位、环境及和客户互相沟通、接触的渠道与场所，另外，还包括任何便于服务沟通和执行的有形要素。与有形展示相关联的主要是产业链、相关渠道的合作，以及由此衍生的运营商之间的合作问题。

（3）服务过程。服务过程是指服务提供的流程、机制以及程序，即服务的提供和运营系统。电信服务过程主要体现为运营商提供服务的售前、售中、售后各环节，主要涉及营销体系建设、服务与支撑体系建设等。

10.2　电信服务人员策略

从事电信服务的员工，往往需要跨越电信企业的内部与外部边界。他们经常以团队合作的方式，迅速、有效地执行业务任务，并在与客户打交道时彬彬有礼、乐于助人。在一般电信服务中，员工通常是通过电话、邮件或电子邮件联系客户。但在处理特殊请求或解决问题时，他们在建立（或摧毁）客户信心方面发挥着重要作用。这就是为什么

"人"在服务营销组合中占据如此重要的地位。正是这一要素，将市场营销、运营和人力资源职能紧密联系在一起，努力在组织和客户之间创造有效的价值交换。

提供优质服务需要独立、热情、友好的个性。这些特质更有可能出现在自尊心强的人身上。然而，许多电信服务被认为是低水平的工作，这些工作需要的教育很少，工资低，往往缺乏晋升的前景。如果一个组织不能使它的一线工作"专业化"，使其远离这种形象，这些工作可能与员工的自我认知不一致，导致服务员工经常面临这样的困境：是应该遵守公司的规定还是满足顾客的要求？这种冲突也被称为"两个老板困境"，当出现客户要求服务、额外服务或违反组织规则的例外情况时，这种矛盾就会出现。这个问题在非以客户为导向的组织中尤其严重。在这些情况下，员工经常必须处理相互冲突的客户需求和请求，以及组织规则、程序和生产力要求。

10.2.1　电信服务团队建设

许多服务工作的性质表明，当员工以团队的形式工作时，客户满意度将会提高。因为服务工作经常令人沮丧、要求高、富有挑战性，一个团队合作的环境将有助于缓解一些压力和紧张。员工如果感到受到支持，感到有一个团队支持他们，就能更好地保持热情，提供优质服务，这种团队合作是服务理念背后的驱动力。通过促进团队合作，一个组织可以提高员工优质服务的能力，而情谊和支持增强了他们成为优秀服务提供者的倾向。

（1）没有完美的员工。不同的职位通常由拥有不同技能、风格和个性的人来担任。电信服务的本质要求人们在团队中工作，通常是跨职能的，以便提供无缝的客户服务流程。电信运营商的组织结构阻止了内部服务团队将终端客户视为自己的客户，而且这种结构可能意味着跨功能的团队协作更差，服务更慢，功能之间的错误更多。当客户遇到服务问题时，他们很容易被忽略。电信服务前台服务员工认为，缺乏跨部门支持是阻碍他们满足顾客要求的一个重要因素。由于这些问题，电信服务组织需要创建跨职能团队，拥有从服务接触开始到结束为客户提供电信服务的权力和责任。

（2）团队促进了团队成员之间的交流和知识的分享。通过一个小的、独立的单位运作，服务团队承担更多的责任，比传统的、职能组织的客户服务单位需要更少的监督。此外，团队经常为自己设定比主管更高的绩效目标。在一个好的团队中，团队成员有较大的压力，但绩效结果也是出色的。电信运营商往往过于强调"个别明星"，而忽视聘用具有良好团队能力和合作动机的员工。

（3）让团队运作良好并不容易。如果人们没有为团队工作做好准备，团队结构设置不正确，那么公司可能会有最初充满热情的志愿者，但他们缺乏团队工作所需要的能力。所需要的技能不仅包括合作、倾听他人、互相指导和鼓励，还包括理解如何消除分歧、告诉对方残酷的事实和解决棘手的问题。所有这些都需要训练管理层建立一个结构，引导团队走向成功。团队构建应注意以下问题。

（1）每个团队都有一名"所有者"，他即负责团队问题的人。

（2）每个团队都有一名"领导者"，他负责监督团队的进展。团队领导者的选择依据是，他们具有较高的业务知识水平和人际交往能力。

（3）每个团队都有一名"优秀的推动者"。他知道如何使团队工作，他可以消除进步的障碍，并培训其他人有效地一起工作。

10.2.2 提升营销人员能力

如果一个公司有优秀的员工，那么在培训上的投资可以产生杰出的结果。为提供优质服务，员工需要不断接受必要的技术和互动技能培训。其具体实施策略如下。

（1）电信运营商需要对员工进行有效的技术培训。这些技能可以通过正规的教育来传授。技术技能通常是通过在职培训来传授的，如呼叫中心服务受训者会听取经验丰富的员工的谈话。公司经常使用信息技术来培训员工工作所需的技术技能和知识。

（2）服务人员还需要培训互动技能，以提供礼貌、关心、响应和同情的服务。公司可以教会员工如何与顾客建立融洽的关系。这是一种互动技巧，公司可以教员工在与顾客互动时，如何进行愉快的交谈、提问或幽默地说话，员工可以学习对话提示，以帮助他们识别与客户的共同点。

（3）产品/服务知识的熟知。知识渊博的员工是服务质量的一个关键方面，他们必须能够有效地解释产品特性，并正确地定位产品。

当然，培训必须使行为发生切实的变化。如果员工不应用他们所学到的知识，那么投资就白费了。学习不仅是为了变得更聪明，也是为了改变行为和改进决策。为此，需要实践和加强。通过定期跟踪学习目标，主管可以起到至关重要的作用。培训和学习使一线人员专业化，使这些人摆脱从事毫无意义的低端工作的普遍（自我）形象。为全面提升员工素质，电信运营商要以支撑全业务运营快速发展、持续提升经理人员核心竞争力和员工岗位胜任力为目标，实施培训，具体实施策略如下。

（1）强化师资队伍。从员工中选拔一批能力强、素质高、形象好的人才，充实到企业内训师队伍，增强企业的内训能力。

（2）调动社会培训资源。通过内引外联的方式，向社会培训机构优选培训资源，重点围绕通用素质技能、领导力发展、营销策划与拓展、直销渠道、岗位技能认证、维护与服务、业务支撑等方面，优化整合培训资源。

（3）满足员工需求。向员工发放"培训项目征求意见表"，广泛收集各部门、各层次员工的意见和建议，集中梳理员工自身的需要、能力和兴趣，编制培训计划，精选培训项目，精减培训内容，提高培训管理的针对性和有效性。

（4）提升实践能力的培训。从注重课堂讲授转变为以突出市场实战能力锻炼为主，大量采用案例式、情景式、体验式、互动式等新型双向教学方法，大力推行培训师与学员的教学互动，增强培训效果。

10.2.3 制订员工营销管理方案

为了提高工作效率，服务人员需要内部支持系统，这些系统与他们以客户为中心的需求相一致。事实上，如果没有以客户为中心的内部支持和以客户为中心的系统，无论员工多么想提供高质量的服务，几乎都是不可能的。

为了获得服务优势，电信运营商应该对员工进行有效的管理。良好的人力资源战略与各级强有力的管理领导相结合，往往会带来可持续的竞争优势。与其他企业资源相比，复制高绩效的人力资产，可能更难。

如果一个组织雇用了合适的人员，培训和开发他们以提高服务质量，并提供必要的支持，那么，它必须努力留住他们。员工流失，特别是当服务最好的员工离开时，会对客户满意度、员工士气和整体服务质量造成很大的损害。而且，就像他们对待客户一样，一些公司花了很多时间来吸引员工，但随后往往把他们视为理所当然（甚至更糟），导致这些优秀的员工去寻找其他的工作。

如果一个公司想要最优秀的服务人员留在公司，它必须奖励和提拔他们。这一策略看似显而易见，但组织中的奖励系统往往不是为了奖励卓越的服务而设立的。奖励系统可能看重生产力、销售或其他一些不利于提供优质服务的方面。即使是那些本质上有动力提供高质量服务的服务工作者，如果他们在提供优质服务方面的努力没有得到认可和奖励，也可能会在某个时刻泄气，并开始寻找其他地方。企业应该注意的问题如下。

（1）奖励制度必须与组织的愿景和真正重要的结果相联系。如果顾客满意度和保留率被视为关键的结果，那么，提升这些结果的服务行为就需要得到认可和奖励。

（2）在开发新的系统和结构来识别顾客的焦点与顾客的满意度时，组织已经转向各种各样的奖励。传统的方法，如更高的工资、晋升、一次性的金钱奖励或奖励可以与服务绩效挂钩。在许多组织中，鼓励员工通过亲自给他们认为在为客户提供服务方面表现出色的员工颁发同行奖来相互认可。其他类型的奖励包括特殊的组织和团队庆祝活动，以提高客户满意度或实现客户保留目标。在大多数服务组织中，推动组织前进的不仅是主要成就，而且是每天的坚持不懈和对细节的关注，所以，对小成就的认可也很重要。

（3）在许多情况下，客户与特定员工的关系可能比与公司的关系更密切。如果该雇员离开公司，不再为客户服务，公司与客户的关系可能会受到损害，显然，公司应该努力留住这样的员工。然而，尽管公司尽了最大的努力，但一些优秀的员工还是会离开。如果公司不能成功地留住与客户有联系的关键员工，那么，该如何降低对客户的影响呢？员工可以偶尔轮换，以确保客户与多个员工接触并感到舒适。公司也可能组建员工团队，负责与每个客户互动。在这两种情况下，理念都是客户将与组织中的几名员工有多个联系，从而减少公司在任何一名员工离开时、失去客户的脆弱性。重点还应该在顾客心中创造一个积极的公司形象，通过这样做，传达公司所有的员工都是有能力的。

10.3　电信有形展示策略

有形展示是指在服务市场营销范畴内，一切可传达服务特色及优点、暗示企业提供服务的产品能力、能让顾客产生期待或记忆的有形组成部分。其主要包括实体环境、品牌标记、员工形象、信息资料等。顾客会凭借这些有形信息和线索来分析、辨别服务质量的好与差。从某种角度来说，服务营销有形展示是企业传递服务目标、进入细分市场以及提供良好服务的一种重要的营销策略，通过对实体环境、品牌标记、员工形象、信息资料、价目表等所有这些为顾客提供服务的有形物的管理，促使顾客对企业产生良好的形象，提高顾客对服务质量的认可度，积极引导顾客实现消费的目标。

10.3.1　有形展示的重要性

被誉为"现代营销学之父"的科特勒早在 1973 年，就把"营销氛围"作为一种营销工具，建议"设计一种环境空间，以对顾客施加影响"。1977 年，萧斯塔克引入了"服务展示管理"术语。按照环境心理学理论，顾客利用感官对有形物体的感知及由此所获得的印象，将直接影响到顾客对服务产品质量以及服务企业形象的认知与评价。顾客在接触、购买和享用服务之前，将会根据那些可以感知到的有形物体所提供的信息来对服务产品作出判断，进而影响到顾客是否继续关注该种服务。因此，从不同的角度，可以对有形展示作出不同的分类。

客户通常依靠有形展示，在购买前对服务进行评估，在消费过程中和消费后对服务的满意度进行评估。有效地设计有形的证据对缩小供应商差距很重要。它们包括组织的物理设施的所有方面，以及其他有形的通信形式。影响客户的物理服务要素包括外部属性（如标识、停车场和景观）和内部属性（如设计、布局、设备和装饰）。值得注意的是，网络上的网页和虚拟服务都是有形展示，公司可以利用这些实物证据来交流服务体验，使顾客在购买前和购买后都能获得更有形的服务。

做好有形展示管理工作，发挥有形展示在营销策略中的辅助作用，是服务企业管理人员的一项重要工作。管理人员应深入了解本企业应如何巧妙地利用各种有形展示，生动、形象地传送各种营销信息，使消费者和员工都能了解并接受。

有形展示在服务营销中，可发挥以下具体作用。

（1）使消费者形成初步印象。

（2）使消费者产生信任感。

（3）提高消费者感觉中的服务质量。

（4）塑造本企业的市场形象。

（5）为消费者提供美的享受。

（6）促使员工提供优质服务。

10.3.2　有形展示的要素

从不同的角度，可以对有形展示做不同的分类。服务企业的有形展示可分为实体环境、信息沟通和价格三种要素类型。

（1）实体环境。服务企业的实体环境是由背景因素、设计因素和社交因素决定的。①背景因素。背景因素是指消费者不会立即意识到的环境因素，如温度、通风、气味、声音、整洁等。②设计因素。设计因素是指刺激消费者视觉的环境因素。与背景因素相比，设计因素对消费者感觉的影响就比较明显。设计精美的服务环境，更能促使消费者购买。③社交因素。社交因素是指服务环境中的顾客和服务人员。服务环境中的顾客和服务人员的人数、外表和行为，都会影响消费者的购买决策。

在背景因素方面，营销管理者应该保证基本的、与环境相匹配的温度、湿度、通风、气味、声音、色调和清洁度，在此基础上进行适当创新。对顾客最容易察觉的环境刺激的设计因素，作为营销管理者，应大做文章，通过氛围设计和陈列设计，进一步突出企业的服务特色，实行差异化营销。对社交因素中的服务人员所进行的展示设计，可从员工视觉形象设计、员工服务热情展示、服务规范展示设计和服务技能展示设计四方面着手，强化和提升服务人员的综合素质。

（2）信息沟通。信息沟通来自企业本身以及其他引人注意的地方。从赞扬性的评论到广告，从顾客口头传播到企业标记，这些不同形式的信息沟通都传送了有关服务的线索，使服务和信息更具有有形性。信息有形性则体现在口碑效应及广告宣传上，"金杯银杯，不如顾客的口碑"，反映了口碑的效果。因此，企业营销者应重视企业良好的口碑效应以及相应的广告宣传能给企业带来的效益。

（3）价格。价格可以为消费者提供产品质量和服务质量的信息，增强或降低消费者对产品或服务质量的信任感，提高或降低消费者对产品和服务质量的期望。消费者往往会根据服务的价格，判断服务档次和服务质量。因此，对服务企业来说，制定合理的价格尤其重要。价格过低，会使消费者怀疑服务企业的专业知识和技能，降低消费者感觉中的服务价值。价格过高，会使消费者怀疑服务的价值，认为企业有意敲诈顾客。因此，电信运营商可以根据服务产品的属性和特点、市场状况、目标消费群的界定、竞争激烈程度和营销组合等因素，正确制定和选择价格策略（pricing strategy），保证服务产品价格具有竞争性。

10.3.3　电信服务的有形展示策略

（1）大力推进营业厅规范建设。营业厅是客户感知电信企业服务的重要渠道，为全面提升各级营业厅服务水平，为适应营销发展的新需要，电信运营商需要将营业厅建设成为卖场化的销售体验中心。

（2）加强通信网络运营的维护与提高通信网络质量。电信运营商在面对运行维护问题时，不能忽视网络优化工作，并且要不断地进行网络优化工作，以便为电信的各项业务的发展打好基础。因此，企业需要深入调查网络在运营中存在的问题，并结合网络所处的地理位置、时间点和天气问题，因地制宜地制订网络优化方案。同时，企业要关注客户在使用电信网络中存在的实际问题，通过电信渠道服务展开客户回访，及时掌握网络优化的进程。

（3）提高对客户投诉的受理效率与规范维护流程。电信运营商需要提高前后端人员对故障修复工作衔接的流畅性和紧密性，提高客户对投诉处理的满意度。电信服务的前端要向后端及时反馈客户的问题，并承诺客户解决问题的时间点。而电信服务人员对于未兑现的承诺，要及时以电话的形式给予客户一个反馈，并给予客户一定的补偿，如话费赠送、流量赠送。并且，电信服务人员要主动邀请客户填写"投诉处理评分卡"，以便改善与提高今后电信的维护服务水平。

10.4　电信服务过程策略

在服务产生的环节，对过程的管控能够促进服务进一步完善，如果没有科学化的过程管理，就无法实现服务供求的平衡和一致性，服务是不能被储存的，因此，需要寻找科学化的方法，最大限度地满足消费者现时的需求。过程管理策略的过程即用户在获得服务前必须经过的过程。此外，如果用户在接受服务前必须排队，那么，从该服务传递到用户的过程中，时间成本是最为重要的因素。

10.4.1　服务过程设计

为了设计既能让客户满意、又能提高运营效率的服务，电信营销人员和运营专家需要共同努力。在员工直接与客户互动的高接触性服务中，人力资源专家的参与也是必需的。

用来设计新服务（或重新设计现有服务）的一个关键工具称为过程，这是一个更复杂的流程图版本。流程图通常以相当简单的形式描述现有的流程，但过程详细地指定了应该如何构造服务流程，其具体步骤如下：①需要确定创建和交付相关服务所涉及的所有关键活动；②细化每一项服务活动，获得更详细的信息；③明确活动之间的联系。

服务过程的一个关键特征是，它区分了客户的"前台"体验和员工的活动以及支持过程的"后台"。在这两者之间是所谓可见线，客户看不到后台的活动。以运营为导向的企业，有时过于专注管理后台活动，而忽视了客户纯粹的前台视角。服务过程明确了客户和员工的互动，以及后台活动和服务系统是如何支持这些互动的。通过明确员工角色、操作流程、信息技术和客户互动之间的关系，过程可以促进企业内部营销、操作和人力资源管理的整合。尽管准备服务过程没有单一的、必需的方法，但市场营销和运营专家可以根据每项服务活动的执行要求来制定标准，包括完成任务的时间、任务之间的最长等待时间以及指导员工和客户之间交互的服务流程。

10.4.2　电信服务提供过程

电信运营商服务提供过程，主要包括以下四个方面。

（1）售前的电信服务。售前的电信服务主要有三种，分别是服务介绍、收款方式、软件操作。以缴费服务过程为例，常用的缴费形式为官方网站充值、充值卡充值、营业厅缴费、银行卡代缴以及其他平台多种代替缴费模式，多样化极大地方便了用户的生活，为用户提供了更多便利性选择。

（2）售中的电信服务。负责客户服务管理办法、服务指标及监督考核标准的制定；负责客户电信维护工作的管理和质量评估；负责客户回访及巡检工作的组织落实。

（3）售后的电信服务。电信运营商负责受理客户故障申告并进行预处理。根据客户申请，电信服务人员根据客户故障进行远程或现场技术支撑。

（4）电信服务回访。故障排除工作完成后的客户回访工作，统一由客户服务部门负责。

10.4.3　电信企业服务过程策略体系

由于服务具有无形性和差异性的特征，因此，要进一步提高客户对公司服务的认可度和满意度，就一定要管理服务行为，借助广泛的"服务可控化"措施，明显地体现出服务的流程和结果。只有控制服务过程，才能保证服务品质，也才能最终满足客户的需要。就电信服务行业来说，服务控制主要体现在三个方面。

（1）内部控制。内部控制指的是对服务人员提供的服务进行控制。10010接线员通过电话咨询的方式服务客户，可以使客户体验到被关注，从而提升客户的满意度。电话访问要提前做好充分准备，要建设规范的拜访"脚本"和严密的衡量系统，服务人员按照工作要求和程序实现对客户的访问。除此以外，电信运营商可利用先进的AI等技术，大力推进智能客服平台的建设，24小时在线解答用户售前咨询以及处理售后问题，及时响应用户任何时间的需求，提升服务过程的时效性。另外，客服平台可按照业务分类，设置不同频道，比如，移动数据业务频道，完善该类业务的服务流程，提升消费者的满意度。电信运营商也可以通过设立自助服务机器，分流客户，减少客户办理业务的等待时间，并按照目标客户群体的划分设立不同的导购区，在客户等待时，引导客户消费，避免其因等待时间过长而烦躁，同时，减少客户真正办理业务时的咨询时间，提升业务办理效率。

（2）外部控制。外部控制经常采用暗访模式，依托"神秘客户"，对服务热线、营业厅和顾客主管服务水平与品质进行调研及暗访。通过这种模式，能够更加准确地了解服务人员的实际工作情况，同时，这给前台服务人员带来了较大压力，可以鞭策服务人员时刻展示良好的服务意识和服务能力。另外，公司还可以依托独立的第三方服务评价机构，通过客户对服务人员的服务水平进行调研和评分，使用量化考核，能够对工作人员的服务品质作出相对科学、客观的评价。

（3）客户控制。客户控制指的是公司直接把服务准则呈现给客户，客户以此为据，对工作人员的服务水平进行评估和评价，公司借助客户的申诉进行控制。公司要充分重视客户的申诉行为，找出服务中出现的问题和不足。对于频繁出现的申诉行为和申诉不满现象，要启动服务情况监督程序，安排专门人员调解情况、解决问题，找出科学的处理举措，并加以推行，事后还要对这一问题进行长期跟踪，直到这一问题被完全解决。对于广泛性申诉，公司要依靠先进的通信技术，不断优化有关项目，防止申诉反复出现，还要对相关职责的员工构建科学的评价体系。

要对服务流程进行科学控制，无论采用上述哪种方法，都必须把前端和后端结合起来，全面提高电信运营企业每位职员的服务能力，优化服务流程，提升服务水平，才能最大限度地提升客户对公司的认可度，才能从根本上提高公司的竞争力。

案例分析

中国电信深入优化服务举措，提升客户服务体验

在迈向新征程的道路上，通信企业必须展现新时代的使命，在通信服务中展现新的

作为，满足客户的信息化需求。近年来，中国电信秉承"用户至上、用心服务"的宗旨，持续为民众谋福利，不断满足客户的信息化需求，推出了"好服务更随心"的相关举措，包括"数智随心、关爱随心、网络随心、消费随心、便捷随心、安全随心"，旨在解决老年人面临的数字鸿沟问题，提升移动网络质量，以及确保用户明明白白消费。

"随'呼'而至，数智服务一呼就灵。"这是中国电信对客户需求的承诺。无论是何种复杂需求，只需一个电话，便能得到高效解决，这正是"一呼就灵"服务的价值所在。不久前，武汉市洪山区欧亚达家居的张先生就亲身体验到了这一服务的便捷与高效。他的办公号码在客户手机上被误标，导致电话经常被拒接。面对这一难题，张先生毫不犹豫地拨通了 10000 号寻求帮助。中国电信的"一呼就灵"接线台席迅速响应，为他推荐了来电名片及视频彩铃业务。如今，张先生拨打客户电话时，不仅能在对方手机上准确显示单位名称，还能定制个性化的视频彩铃，从而有效解决了企业在发展过程中的信息化难题。

数字化服务快速响应客户需求，通过高效的网络和专业服务，已经在各地规模化推广。这得益于中国电信构建的庞大解决方案模板库，其中涵盖了网络覆盖、智能家居、店面安防等 27 类信息化重点场景。每当客户来电，系统能迅速建档并派发任务，从而制订出针对性的设计方案。不仅如此，中国电信还配备了专业的工程师团队，确保能够迅速上门为客户提供服务。这种高效的服务模式，已经在过去半年间推广至我国 31 个省份的服务网点，通过视频、长图等多种直观易懂的方式，助力更多群众解决数智化方面的问题。

在日常工作中，中国电信同样以用户为中心，提供细致入微的服务。近期，武汉分公司常青路营业厅就遇到了一位手机异常停机的用户程先生。程先生因工作调动回武汉后，发现手机号码因暂停呼出功能而无法使用。考虑到前往上海办理手续的不便，他选择了来到常青路营业厅寻求帮助。店长黄甜甜在了解情况后，迅速为用户提供了免费Wi-Fi 服务，并协助其通过远程视频柜台成功办理了复机业务。这种通过细致服务解决用户问题，以用户为中心，正是中国电信一贯坚持的服务理念的有力体现。

为了更深入地服务广大群众，中国电信各地分公司积极举办了丰富多彩的活动，以满足不同客户的需求。其中，中国电信湖北公司以爱心翼站为平台，在全省范围内推出了"相约星期二"的公益服务日活动。这一活动旨在为老年客户提供数字产品的使用培训、防诈骗宣传，以及趣味运动会等多种形式的服务。这些举措深受老年客户的喜爱与欢迎，展现了中国电信对客户关怀的持续努力。2022 年 6 月 28 日，"好服务更随心"省内发布会在湖北举行，中国电信湖北公司宣布将在年内建成 400 家爱心翼站。令人瞩目的是，这一提高服务质量的宏伟目标在短短 3 个月内便得以实现。这些遍布全省的爱心翼站，如同温暖的灯火，照亮了无数人民的心灵，充分体现了中国电信对客户的深厚关怀。

随着时代的进步，人民群众对高质量数智生活的追求日益多样化。为了更好地满足这一需求，中国电信正不断探索服务提升的新途径。中国电信将进一步拓宽服务领域，提升对公众和商业客户的服务能力。同时，公司还将致力于优化移动网络集中投诉点位的质量，以确保客户享受到更加便捷、贴心和完善的通信服务。

资料来源：中国电信六大服务举措深入实施，提升客户服务体验[EB/OL]. (2025-05-20). https://baijiahao.baidu.com/s?id=1832572146241935935&wfr=spider&for=pc.

思考题：

中国电信深入优化服务的举措对通信企业有哪些启示？

本章思考题

1. 电信服务的四大特征是什么？请结合案例说明这些特征如何影响电信服务营销策略的制定。

2. 结合案例分析电信运营商呼叫中心服务营销模式创新的核心策略有哪些。

3. 电信服务过程策略中的"内部控制""外部控制""客户控制"分别指什么？请举例说明。

4. 电信服务团队建设中，"所有者""领导者""优秀的推动者"的角色分别是什么？如何通过团队协作提升服务质量？

5. 电信服务有形展示策略的三大要素是什么？请结合营业厅建设或网络维护案例说明其应用。

即学即测

自学自测　　　　扫描此码

第 11 章

电信市场从 4P 到 4C 营销策略创新

本章学习目标:

1. 了解 4P 理论的起源及意义。
2. 理解并掌握 4P 理论的具体内容。
3. 了解 4P 营销向 4C 营销转变的因素及应用。
4. 理解并掌握 4C 理论的具体内容。

引导案例

华为 Mate XT: 三折叠, 怎么折都有面

2024 年 9 月 10 日, 华为推出华为 Mate XT 非凡大师。在此之前, 华为一系列预热相继释出。相比于其他品牌仅限于短周期的传播, 华为手机上新不再只是一个品牌单向的宣传, 而是一种多方共创的过程, 讨论焦点从外观颜值逐渐转向性能、续航、技术等方面, 大家共同见证新品的诞生, 形成了独特的情感连接。

华为首先安排"非凡见证官"来了一次创意性开箱: 5 位非凡见证官登场, 通过无实物表演把大、轻、薄等卖点一一亮出。5 位非凡见证官横跨娱乐、体育、文化、新闻等领域, 能够辐射不同群体完成"破圈", 给紧随其后的发布会输送了大量热度。此外, 华为主动发力提供更多可供讨论的内容, 也以更丰富的物料来增加"产品核心卖点"传播的深度与广度。华为联合科技、数码、幽默等不同领域的创作者共建话题, #华为三折叠外观#、#华为三折叠到底怎么折#吸引用户对外观的注意力。而在发布会后, #华为折叠屏既有型又实用#等话题又给因发布会感兴趣的用户答疑解惑。华为三折叠不断联合创作者发布内容, 对这些细节问题作出了回答, 将华为三折的特殊折法牢牢刻在用户脑子里。

从整体效果来看, 此次产品上新华为共收获 96 个热搜、1.4 万分钟热搜在榜累计时长、30 多亿话题总阅读量, 据品牌方反馈, 华为 Mate XT 新机发布项目的总社交声量贡献中, 热点大视窗、发现页 Tab 等曝光类媒介的贡献值最高, 占比高达 24%。

资料来源: 2024 年度中国最具影响力的十大数字营销传播案例[EB/OL]. (2025-01-07). https://news.qq.com/rain/a/20250107A05AOI00.

11.1 电信市场的 4P 营销策略

11.1.1 4P 营销策略综述

1. 4P 营销理论的内容

4P 营销理论产生于 20 世纪 60 年代的美国，伴随着营销组合理论的提出而出现。1953 年，尼尔·博登（Neil Borden）在美国市场营销协会的就职演说中，创造了"市场营销组合"（marketing mix）这一术语，其意是市场需求或多或少地在某种程度上，受到所谓"营销变量"或"营销要素"的影响。为了寻求一定的市场反应，企业要对这些要素进行有效的组合，从而满足市场需求，获得最大利润。营销组合实际上有几十个要素（比如，博登提出的市场营销组合原本就包括 12 个要素），麦卡锡于 1960 年在其《基础营销》（*Basic Marketing*）一书中，将这些要素一般地概括为四类：产品（product）、价格（price）、渠道（place）、促销（promotion）。而它们英文的第一个字母均为 p，所以，这四个重要因素被称为"4P"，如图 11-1 所示。

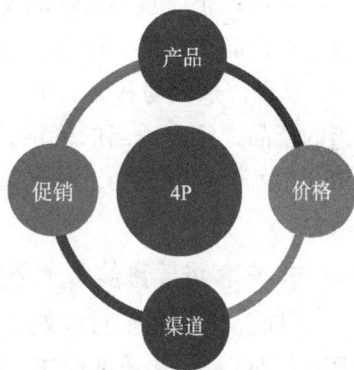

图 11-1 4P 的内容

（1）产品。注重开发的功能，要求产品有独特的卖点，把产品的功能诉求放在第一位。

（2）价格。根据不同的市场定位，制定不同的价格策略，产品的定价依据是企业的品牌战略，注重品牌的含金量。

（3）渠道。企业并不直接面对消费者，而是注重经销商的培育和销售网络的建立，企业与消费者的联系是通过分销商来进行的。

（4）促销。企业注重销售行为的改变来刺激消费者，以短期的行为（例如，让利、买一送一、营销现场气氛等）促成消费的增长，吸引其他品牌的消费者或导致提前消费，来促进消费的增长。

2. 4P 营销理论的框架

4P 营销理论的提出，奠定了管理营销的基础理论框架。该理论以单个企业作为分析单位，认为影响企业营销活动效果的因素有两种，详见表 11-1。

表 11-1 影响企业营销活动效果的两种因素

可控因素	不可控因素
产品、价格、分销、促销	社会/人口、技术、经济、环境/自然、政治、法律、道德、地理
内部环境	外部环境

一种是企业不能够控制的，如社会/人口（social/demographic）、技术（technological）、

经济（economic）、环境/自然（environmental/natural）、政治（political）、法律（legal）、道德（ethical）、地理（geographical）等环境因素，称为不可控因素，这也是企业所面临的外部环境。

另一种是企业可以控制的，比如，产品、价格、分销、促销等营销因素，称为可控因素。

3. 4P营销理论的意义

4P营销理论的提出，奠定了管理营销的基础理论框架。该理论是站在企业立场上的，认为影响企业营销活动效果的因素有两种。一种是企业不能够控制的，另一种是企业可以控制的。企业营销活动的实质，是一个利用大部分可控因素适应外部环境的过程，即通过对产品、价格、渠道、促销的计划和实施，对外部不可控因素作出积极、动态的反应，从而促成交易和完成个人与组织的目标，用科特勒的话说就是："如果公司生产出适当的产品，定出适当的价格，利用适当的分销渠道，并辅之以适当的促销活动，那么，该公司就会获得成功。"所以，市场营销活动的核心就在于制定并实施有效的市场营销组合。

4. 电信运营商的竞争环境

目前，我国电信行业处于中国联通、中国移动、中国电信三足鼎立的垄断竞争格局，但随着5G商用化速度加快，我国电信产业格局将迎来实质性变化。2020年5月，中国移动和中国广电的新组合宣布，共建共享5G网络，而在之前中国电信与中国联通也联手共建5G网络。可见，中国5G运营商的"2+2"格局初定。

而运营商内部人士表示："以后，中国5G基本是两张大网，一张是中国电信与中国联通的网络，一张是以中国移动为主的网络。目前，牌照是4张，未来，可能会有变化。5G网络90%的投资在无线网上，核心网投资较小，一家运营商在一线城市投十几亿元就可以建好核心网，但无线网是几十亿元、几百亿元地在投资。因此，在无线网投资方面同样是分两块，一个是中国电信和中国联通阵营，一个是中国移动和中国广电阵营。"

因此，中国移动与中国广电合作，也标志着中国电信运营行业进入事实上的"双寡头垄断竞争"格局的新时代，运营商的市场集中度再次提升，面对设备商的议价能力整体提高，突出表现在以下两个方面。

1）供应商的议价能力

我国电信行业供应商的议价能力，主要体现在其在与电信运营商谈判时影响价格、条款和条件的能力。这种能力受多种因素影响，包括供应商集中度、产品差异化程度、转换成本等。近年来，我国电信行业供应商的议价能力降低，主要受到市场竞争加剧、成本上升与利润压缩、技术替代与产品同质化以及政策与法规限制等因素的影响。

2）购买者的议价能力

我国电信行业的购买者主要是个人消费者和价值较高的企业客户。随着4G、5G数据需求日益增长，消费者的消费潜力较大，其议价能力将不断增强；而在信息化强烈需求的激发下，企业客户群体数量增多，业务需求潜力扩大，其议价能力相对于个体消费者而言更强。

11.1.2　产品策略

产品策略，主要是指企业以向目标市场提供各种适合消费者需求的有形产品和无形产品的方式，来实现其营销目标。其包括对同产品有关的品种、规格、式样、质量、包装、特色、商标、品牌及各种服务措施等可控因素的组合和运用。

1. 产品是企业的核心

产品研发、产品销售是每个企业都必不可少的内容。产品可以是有形的、无形的，也可以是虚拟的，但是，每个企业都一定拥有自己的产品。经济学中，市场均衡要求的是供需平衡，就是供给和需求都刚刚合适，这是一种理想状态，但真正的市场是不可预测的，商品短缺导致商品价格上涨，需求不足导致商品价格下跌等问题都会发生。这些都在说明一个问题，产品很重要，企业想要赚钱，就要生产出合适的产品，市场想要达到均衡，也要有合适的产品。

到底什么才是合适的产品？对于企业来说，有顾客购买的产品就是合适的产品；对市场来说，满足需求的产品就是合适的产品。综合来说，能够满足市场中顾客需求的产品就是合适的产品。如何才能生产出合适的产品呢？其中包括三个问题：企业生产什么产品？为谁生产产品？生产多少产品？

企业决定生产什么产品，其实就是在选择目标市场，再定位产品类型，比如，企业选择的汽车品类，那么，企业想要生产的就是汽车这个产品。

为谁生产产品，这个问题是确定企业的目标客户群体。假定企业选择的年轻用户群体，年龄为25~35岁，这部分用户的购买能力较低，能够消费的汽车价格不能太高，但在满足基本出行要求外，他们希望具备个性化、有特色的外观等。因此，企业选择生产的产品，应该满足这部分用户的要求。

生产多少产品，要根据前期产品测试和市场的调研数据来确定，人们并不能完全预测市场的需求量，凭借已有的信息进行估计是目前比较有效的方法。

2. 电信产品及产品组合

电信产品是电信企业提供给市场，用于满足人们某种通信需求的电信业务及其服务。具体而言，电信产品整体概念由三个基本层次组成，即核心产品、形式产品和附加产品。

产品组合是指一个电信企业经营的全部电信产品的组成方式，它由各种各样的产品线组成，每条产品线又由许多产品项目构成。用来评价产品组合的因素主要有三个：宽度、深度和关联度。产品组合策略包括拓展产品组合策略、缩减产品组合策略和产品延伸策略。

电信产品生命周期是电信产品从投放市场开始到最终被淘汰退出市场，所经历的全部时间和过程。典型的产品生命周期一般分为四个阶段：投入期、成长期、成熟期、衰退期。在不同的产品生命周期阶段，电信企业所面临的情况各不相同。因此，电信企业应针对产品生命周期各阶段的特点，制定相应的营销策略。

3. 品牌对产品的影响力

品牌是一种名称、术语、标记、符号或设计，或是它们的组合运用。其目的是借以辨认某个销售者或某群销售者的产品或服务，并使之同竞争对手的产品和服务区别开来。品牌包括品牌名称、品牌标志、商标。

品牌策略是增强电信企业产品市场竞争力的重要策略之一，选择正确的品牌策略应考虑：使用还是不使用品牌？使用生产者品牌还是销售者品牌？使用统一品牌还是个别品牌？是否采用品牌延伸策略？是否采用多种品牌策略？

品牌资产是指附着于品牌之上，并且能给企业在未来带来超越其功能的附加价值或附加利益的无形资产。品牌资产由品牌知名度、品牌认知度、品牌联想、品牌忠诚度和专有资产（专用，商标）组成。

电信新产品是指与旧产品相比，具有新的功能、特征、结构和用途，能满足客户新需要的电信产品。电信新产品包括全新产品、换代新产品和改进新产品。电信新产品开发包括构思、筛选、产品概念的形成、初拟营销规划、市场分析、产品研制、市场试销和市场投放八个步骤。

消费者采用新产品，包括认知、兴趣、评价、试用和采用五个阶段。电信新产品推向市场后，不同的消费者反应速度不同，接受的程度也不同。其一般可以分为创新采用者、早期采用者、早期大众、晚期大众和落后采用者五类。

11.1.3　价格策略

价格策略，主要是指企业按照市场规律以制定价格和变动价格等方式来实现其营销目标，其包括对同定价有关的基本价格、折扣价格、津贴、付款期限、商业信用，以及各种定价方法和定价技巧等可控因素的组合和运用。

1. 根据电信产品特征定价

在大部分人的理解中，价格其实就是产品的销售价格，这并没有错。消费者是否购买产品，很大程度上在于产品定价是否合理。定价是一种手段，其实也是一门艺术。在科特勒的营销管理中，讲了很多定价的方式，消费心理研究中也提到了相当多的基于消费者心理而产生的定价方式。而在这里，要强调的并不是定价方式，而是提醒大家在对产品定价时，不要忘掉产品本身成本外的其他费用，物流运输、包装、广告等都是附加在产品上的费用。

一个很知名的例子：牛奶卖不掉宁可倒掉也不送人，简单说是没办法"免费"送人，因为把牛奶送到人手里，需要中间的各种包装、运营、销售等成本，即使牛奶原材料免费，这些交易成本消费者也承担不起。这样一来，倒掉反而是成本最低的选择。

电信产品具有不可存储性。由于电信产品的生产和消费同时进行，电信企业无法像有形商品制造者一样为使用高峰提前储备产品。因此，电信企业只能按照最大需求量规划网络，组织生产。

在需求量较少的时候，大量资源闲置造成的"产品积压"及大量的网络冗余，成为降低电信产品成本的关键制约因素。

在电信市场，无论是固定业务还是移动业务，其成本内容庞杂（包括核心网络成本、无线网络成本、接入成本、运维成本以及折旧费用等），所处的角度不同，计算方式也各不相同。因此，电信企业很难根据沉没成本或增量成本来进行产品特别是新产品的定价。

2. 电信产品定价目标

电信企业通过特定水平价格的制定或调整，实现预期目标。

定价目标分为利润、扩大市场占有率、实现销售增长率、实现预期投资收益率、应对竞争对手、维护企业形象、维持企业生存等。

电信企业要战略性地而不是战术性地定价。由于电信市场不断地开放，电信市场竞争日益激烈，电信企业的生存压力日益加大。在这种情况下，电信企业选择市场营销价格策略的基本原则是一切措施都必须以企业的效益为基础，电信企业要打"价值战"，不打"价格战"。

3. 定价注意事项

企业为了使自己的产品在价格上有相当的竞争力，应在价格制定上下功夫，在制定价格过程中，要在明确影响定价因素的基础上，详细地分析基本的定价方法和定价策略，其中，还包括企业目前所在行业常用的定价策略。

影响定价的因素主要包括产品成本、市场需求、竞争和政治。企业在定价过程中一定要做到系统地思考，尽可能地把影响因素都考虑进来。企业定价方法主要有成本导向定价法、需求导向定价法和竞争导向定价法。

企业处在一个不断变化的环境中，为了更好地生存和发展，有时候需主动降价或提价，有时候又必须应对竞争。

11.1.4　渠道策略

渠道策略（placing strategy），主要是指企业以合理地选择分销渠道和组织商品实体流通的方式来实现其营销目标，其包括对与分销有关的渠道覆盖面、商品流转环节、中间商、网点设置以及储存运输等可控因素的组合和运用。

产品的销售渠道是很重要的一环，渠道选择是否合理，对于产品销售起着至关重要的作用。在营销界，大家都非常认可江小白的内容营销，认为这是它成功的主要原因，当然，不可否认，江小白的营销做得确实很好，可以作为推广宣传的一个优秀的案例来学习。其实，江小白的渠道铺设也是相当成功的，无论是大型商超，还是街边小卖部，或者是街边小饭馆，基本上覆盖了你所有的活动范围，只要你想喝，随时随地都可以买到，这就是渠道选择的成功。电信运营商的销售渠道如表 11-2 所示。

表 11-2 电信运营商的销售渠道

销售渠道		按接触客户方式划分		
		实体渠道	直销渠道	电子渠道
按所有权划分	自有渠道	自有营业厅 自有他营厅 旗舰营业厅 标准营业厅 小型营业厅 城市营业厅 乡镇营业厅	大客户经理 商务客户经理 公众客户经理	客服热线 电话销售：网上营业厅 　　　　　　其他电子渠道 掌上营业厅 自助服务终端
	社会渠道	合作营业厅 专营店 代理点 连锁门店：全国连锁 　　　　　省级连锁 　　　　　地市级连锁	社会直销代理 　移动业务 　固网业务 　综合业务 大客户直销代理 商务客户 公众客户	互联网销售代理商 电话销售代理商 其他销售代理商

11.1.5 促销策略

拓展阅读 11.1 电信运营商渠道营销方案——营业厅是重头戏

促销策略，主要是指企业利用各种信息传播手段刺激消费者的购买欲望，以促进产品销售的方式来实现其营销目标，其包括对与促销有关的广告、人员推销、营业推广、公共关系等可控因素的组合和运用。

1. 电信企业促销的概念

很多从事营销工作的人，做的都是这一部分内容，文案、策划、新媒体、广告等都是推广的一部分。很多人在做广告时考虑的也只是推广，并没有了解前 3P，却总是抱怨做出的广告没人看，或者流量很大但没有产生销量。其根本原因，就是断章取义，只是做了简单的市场调研，粗浅地了解市场想要看的内容，对产品没有深入的研究。这样做出的广告和内容就只是单纯的广告和内容，无关产品，便也不会产生销售。企业做推广的最终目标是什么？当然是销售，这也是营销的根本目标。

促销是营销组合的要素之一，与营销有着很大的区别。营销是以消费者为导向而进行的一系列活动。促销是企业为了激发消费者的购买欲望，影响其购买行为，扩大产品销售而进行的一系列联系、报道和说服等工作。

电信企业促销是指电信企业向客户传递产品信息并开展说服工作，帮助客户认识电信产品、专门解释新电信产品功能，激发其使用欲望和购买行为，以增加电信业务量的一系列活动。

2. 电信企业促销的方法

1）电信企业人员推销

电信企业人员推销的特点是注重人际关系，有利于同客户建立友谊；具有较大的灵活性，与广告相比，针对性强，无效劳动小，有利于客户了解市场，提高决策水平；在大多数情况下能实现潜在交换，达成销售目标，大大地缩短了促销活动到采取购买行为之间的时间间隔。

2）对客户的营业推广

鼓励老客户购买，促进新客户试用。其主要方法有：赠送产品、送优惠券、折价包装、购物赠物、大削价、数量折扣、现场展销等。

3）对中间商的营业推广

鼓励中间商大量购买，吸引其扩大经销。其主要方法有：初次进货或大量进货给予折扣或补贴、费用资助、协助经营。

4）对推销人员的营业推广

鼓励推销人员积极推销。其主要方法有：按业绩发放红利、奖金，组织推销竞赛等。

3．电信企业促销的特点及目的

电信企业提供的不是一种物质产品，而是一种专门效用。这使其具有专门特点——促销过程的广泛性，电信市场的触角遍及全国乃至世界各地，面对的是一个多层次的消费主体；促销方式的专业性，电信企业的生产和销售的技术含量较高，由此，使得促销方式也必须适应专业性强的特点。

拓展阅读 11.2 电信营业厅营销关键动作与话术

电信企业促销的目的：传递信息，沟通产需；挖掘潜力，制造需求；宣传产品，树立企业形象；增强信誉，扩大市场份额。

中国电信运营商在促销策略上，应充分利用互联网和知识经济发展的大背景，例如，利用微信、抖音、互联网络的电子邮件营销方式，许多大公司已将其列为今后的头号营销策略。与电话推销、邮寄推销信等传统的营销方法相比，该营销方式具有方便、快捷、成本低等特点。另外，人类即将进入知识经济时代，知识经济时代必将对人类社会历史进程产生划时代的影响，在此背景下，知识营销也势必成为一种新的营销方式。现在有实力的几家电信运营公司，在硬件方面大家都相差不远，要做到卓尔不群，从文化入手的"文化知识营销"不失为一种途径，但是，不能做成一种纯粹的商业炒作，而应是用"文化内涵"的包装来提升服务品位。

11.2 电信市场的 4C 营销策略

11.2.1 4C营销策略综述

1．4C营销理论内容

随着现代社会经济、科技的快速发展，市场的竞争也越来越激烈。在这种环境下，企业想要在激烈的竞争中取得优势，就要立足于新的营销环境去进行适应性变革，探索更符合现代社会的营销模式。1990 年，美国学者罗伯特·劳特朋（Robert Lauterborn）在其《4P 退休，4C 登场》专文中，提出了 4C 营销策略的概念。1992 年，劳特朋和美国西北大学教授舒尔茨、斯坦利·田纳本（Stanley Tannenbaum）合著了《整合营销传播》这本书籍，再次讨论了 4C 营销的理论，并且，强调了 4C 营销将会取代 4P 营销的观点。4C 营销策略将 4P 背景下以产品为主的营销导向，转变为以消费者需求为主的营销导向，重新设定了市场营销组合的四个基本要素。其具体表现为：产品向顾客（consumer）转变，价格向成本（cost）转变，渠道向方便（convenience）转变，促销向沟通（communication）转变，详见图 11-2。

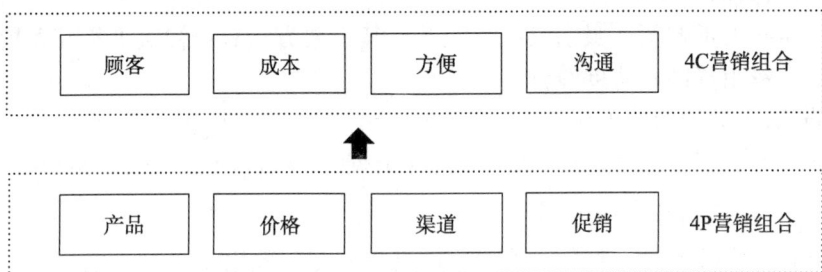

图 11-2　从 4P 组合到 4C 组合

（1）顾客。因为"顾客即上帝"，企业要了解、研究、分析消费者的需求和欲望，只有洞悉了顾客的需求，才可以获得并且实现顾客价值。

（2）成本。企业要考虑满足消费者需求和欲望所愿意支付的成本，这个成本对于消费者来说，是可接受的。

（3）方便。企业需要考虑在购物交易过程中，如何给予顾客最大的便利。

（4）沟通。与消费者进行沟通，以消费者为营销的重心十分重要，通过交互、交流等方式，对企业内外部资源不断进行整合营销，以顾客与企业的利益双赢为目标。

2.4P 营销向 4C 营销转变的因素

4P 营销理论产生的背景是在 20 世纪 60 年代的美国，在这个时期，市场正处于由买方市场到卖方市场过渡的过程中，各行业的市场竞争程度远不如现在激烈，在这一时期提出来的 4P 营销理论，主要是从供方出发来研究市场的需求及变化，以及如何在竞争中取胜，理论提出遵循的是由上而下的原则，理论关注的核心是企业产品导向，而不是市场消费者导向。

4C 营销理论产生的背景则是在 20 世纪 90 年代的美国，相比于 60 年代，90 年代以来，美国的经济处于快速增长阶段，"新经济现象"下，社会经济的高增长率、低失业率的背后，是以数字经济、网络技术为基础，以创新为核心、由新科技所驱动的可持续发展的经济。

从社会环境视角来看，科技进步和技术创新为企业的产品创新与市场发展提供了核心动力，在稳定的市场发展环境下，企业生产者可以发挥出巨大的产能，而消费者压抑已久的需求和欲望得到了释放，两者相结合进一步推动了市场的发展。最终，市场的竞争越来越激烈，市场的主导权逐渐从生产者转移到消费者的手上。

从企业视角来看，现代科技的发展提高了生产力水平，改变了生产力的规模和结构，经济区域集团化趋势使得企业间的竞争进一步加剧，企业与企业间的产品、价格、销售渠道的差异越来越小，为了从激烈的竞争市场中脱颖而出，单纯地以企业产品为核心的营销理念，不足以满足消费者需求以及获得企业间的竞争优势。因此，从营销行为差异化的视角成为营销理论所关注的问题，对消费者需求的洞悉成为重点。

从消费者视角来看，现代科技革命的发展以及生活水平的提高，使得中产阶层队伍扩大。社会稳定，人们收入提高，消费者具有较高的需求、欲望和消费能力，这些无疑对企业生产者产生了巨大的吸引力。同时，消费者的消费能力也为企业生产者注入更大的活力，推动了企业的发展，增强了市场的竞争性，消费者通过影响企业，推动了 4P 营销向 4C 营销的发展。

从上述社会环境视角、企业视角以及消费者视角三个角度，不难看出，随着社会的发展，4P 营销向 4C 营销的转变是应运而生的，现代营销的理念也逐渐从企业产品导向，转变为消费者的需求导向。

3. 4P 营销向 4C 营销转变的应用

4P 营销是以企业为绝对核心的营销理论，4C 营销则是以消费者为绝对核心的理论，单纯地认为 4C 营销优于 4P 营销是片面的，应该注意到 4C 营销其实与 4P 营销并不是绝对的替代关系，现代的营销理念认为 4C 营销是 4P 营销的延展。在企业的创新实践与应用中，4P 营销与 4C 营销均会发挥各自的优势，在电信市场中，随着移动智能终端的普及以及大数据和 5G 时代的来临，4P 营销与 4C 营销的结合变得更为紧密，市场也依据 4C 营销理论，衍生了更丰富的产品以及服务模式。

在电信行业中，以中国移动、中国电信、中国联通为代表的电信运营商的本职工作，是为用户与用户、设备与设备、用户与设备之间提供通信渠道与信息服务。运营商每天承载着海量信息，而大数据的应用、普及以及 5G 技术所带来的更为高效的传输效率，为运营商完成 4C 营销理论的实践，提供了技术上的基础支持。

拓展阅读 11.3　移动运营商 4C 营销策略的应用——5G 新通话

11.2.2　顾客策略

4C 营销策略中的第一个 C 为顾客策略，顾客策略主要是指能够顺应并且满足顾客需求的策略。企业必须了解和研究顾客，根据顾客的需求来提供产品，将顾客作为营销的重点，纳入企业的调研、生产、营销、服务等各个环节中。

顾客策略应用时需要明确从"产品"观念转变到"顾客"观念。在 4P 营销组合中，产品策略是企业根据目标市场定位和顾客需求所作出的与产品开发有关的计划和决策。其主要内容是：为满足用户需要，所设计的产品的功能、品质标准、特性、品牌与商标、销售服务、质量保证，产品生命周期中各阶段的策略等。在 4C 营销组合中，顾客策略更强调企业从顾客需求和利益出发，企业生产或提供满足消费者需要的产品的价值。

因此，从 4P 的"产品"转变到 4C 的"顾客"，实际上就是指在产品开发的基础上，企业应当更注重消费者的需求，在满足消费需求中获取利润，实现企业和顾客之间的双赢。这是市场营销观念的转变，被公认为现代市场营销学的"第一次革命"。过去，市场是生产过程的终点；而现在，市场则成为生产过程的起点。现代管理学理论的奠基人德鲁克有一句经典名言："商业的目的只有一个：创造顾客。"这句话的实质意义是，企业只有在创造有效需求之后，才能形成一个现实的顾客和市场。

顾客策略就是强调"忘掉产品，考虑消费者的需要和欲望"，即企业不仅关心产品的功能如何、质量如何、包装如何，还要多想一想企业的产品是否符合顾客的需要，是否能够给顾客带来实际的价值；企业在设计和开发产品时要考虑顾客的需求，使顾客的需求真正地融入企业生产、投资、开发与研究等计划的制订中。

例如，曾经在全球几大移动通信运营商中顾客量名列第三的 DOCOMO 公司，占据了日本移动通信市场 60%的份额，其成功的营销文化就在于充分为顾客着想；该公司最大的优势来自 I-Mode 型手机服务的巨大成功。I-Mode 用户达到了 1 700 万，占整个日本市场的 80%以上。其成功之道有以下几方面。首先，网站内容丰富，当时，I-Mode 有 1 000 多个志愿网站，且每天都有数百个网站加入。据统计，有 50%的用户是 20～30 岁的，40 岁以下的用户占到 70%。其次，手机采用封包传输，不必拨接，速度快，收费便宜。最后，手机采用大屏幕，设计精巧，方便浏览。该公司的营销策略，处处体现以顾客为中心的人性化理念以及顾客第一的营销原则，以顾客服务为己任。

体验式营销，是 1998 年美国战略地平线 LLP 公司的两位创始人所提出的理论。体验式营销，是从消费者的感官、情感、思考、行动、关联五个方面，重新定义、设计营销的思考方式。与 4C 营销理论中的顾客策略相似，体验式营销是以消费者为中心的，它把消费者看作有理智的感情动物，把他们对产品的体验作为其产品的满意度和忠诚度的关键因素。

按照用户体验的类型，将体验式营销分为五种：感官营销、情感营销、思考营销、行动营销、关联营销。但在实际情况下，很少有单一体验的营销活动，一般是几种体验的结合使用。"感官"引起人们的注意；"情感"使体验个性化；"思考"加强对体验的认知；"行动"唤起对体验的投入；"关联"使得体验在更广泛的背景下产生意义。这五种体验均渗透于 4C 营销理论的顾客策略中。

随着 2019 年 5G 正式商用，中国移动也将曾经的三大客户品牌——全球通、神州行、动感地带全面、全新升级。三大客户品牌的升级回归，跳出了时下运营商间竞争的初级阶段，5G 商用与品牌升级的效应叠加，使中国移动的品牌积累和优势领先，将给用户带来更好的体验升级。中国移动三大客户品牌是通过对于目标市场的细分，为满足不同类型消费者体验所设立的、具有不同侧重点的品牌。

通过回顾，可以得知，2003 年，中国移动正式推出"动感地带"这一个性十足的业务品牌，正式开创了电信行业"体验经济"的先锋文化。此后，各大移动通信企业不断地涌现各种关注用户体验的产品，通信行业进入基于用户体验的新营销时代。

顾客的需求和欲望是 4C 营销理论顾客策略的核心，就具体的某一类通信业务或服务而言，不同客户的具体需求与体验是不一样的。因此，为满足不同客户的用户体验，应将整体通信市场细分成若干个具体的目标市场，采取不同的体验营销战略。在细分市场后，可以根据不同需求，确定不同的战略体验模块。对于青少年市场，中国移动强调感官营销，即通过一些基本的要素、风格和主题，将企业形象映射到顾客和其他对企业有重大影响的相关者心中，最终，形成一种特定的顾客形象。成功的案例是中国移动推出"动感地带"、中国联通打出"UP新势力"，它们动感、新潮的形象对人们产生强烈的感官刺激，均在青少年特别是学生群体中取得不俗业绩。同时，关系营销也发挥了重要作用，关系营销的本质，是通过品牌使个体和他人、群体及整个文化关联。"动感地带"的宣传口号就很好地使用了关系营销，"我的地盘我做主"，无形中创造了一种品牌群体：青年人都是能够掌控"我的地盘"的人，使他们成为不同于其他人的群体。

5G商用后，中国移动对于原有的客户品牌及品牌形象、产品内容服务等各方面均进行了相应的升级，注入5G、权益、业务等新的基因，通过权益平台能够满足不同客户的需求，将带给全产业更多的合作机会。通过关注顾客的需求以及体验强化了品牌的形象。中国移动的"全球通"品牌与5G进行了强关联，推出了"全球通"5G直通车计划，让全球通客户直享5G速率、5G权益流量，办5G套餐直接获得"全球通"身份，升级的同时为了给老用户带来更好的体验，邀请"全球通"老用户体验5G活动，带入"全球通"客户的专享权益。为新老用户推出了专属国漫、生日免单、购机优惠等权益，并且，通过权益合作还推出了"星动日"活动，为用户打造了视频、出行、音乐、阅读等涵盖生活娱乐的各类权益。

11.2.3　成本策略

4C营销策略中的第二个C为成本策略，顾客成本不单是企业的生产成本，也是顾客购买和使用产品所发生的所有费用的总和。价格制定是单纯的产品导向，而顾客成本则除了产品价格之外，还包括购买和熟练使用产品所产生的时间成本、学习成本、机会成本、使用转换成本、购买额外配件或相关产品的成本。对于这些成本的综合考虑，更有利于依据目标顾客群的特征，进行相关的产品设计和满足顾客的真实需求。

应用成本策略时，需要明确从"价格"观念转变到"成本"观念。在4P营销组合中，价格策略是企业实现产品价值的策略，定价是企业整体营销活动之一。选择定价策略主要的依据，是企业定价目标和定价导向。企业定价目标，主要是获取利润目标和占有市场目标。为了保持和扩大市场占有率，企业应考察市场环境并结合自身实力，兼顾企业的近期利益与远期利益，在不同时期制订不同的占领市场的定价目标。在4C营销组合中，成本策略是企业考虑顾客在满足需求时需要承担的成本，而不是从企业的角度考虑要实现的利润目标。从4P的"价格"到4C的"成本"的转变，实际上，就是企业从考虑盈利目标转变到考虑满足顾客需求的成本。

顾客让渡价值，是科特勒在《营销管理》一书中提出来的，他认为，顾客让渡价值是指顾客总价值与顾客总成本之间的差额。通俗来说，顾客让渡价值是指企业通过产品与服务使顾客感受到的实际价值。顾客对价值的感知，由付出的成本与得到的价值感知同时决定。

提高客户的顾客让渡价值，需要企业"跳出"价格战，因为从顾客的体验来讲，顾客愿意支付的价格不单纯指顾客愿意支付的成本，而是指顾客让渡价值，也就是顾客体验到的总的顾客价值与总的顾客成本的差额，面对愈演愈烈的价格战，企业应努力提高总的顾客价值和减少非货币客户成本。

移动通信运营商所带来的总的顾客价值体验，来自四个方面：产品价值、服务价值、人员价值和形象价值。

（1）产品价值。产品价值是由产品的功能、特性、品质、品种与样式等所产生的价值，它是顾客选购产品时所考虑的首要因素。对于选择运营商的顾客，首先会考虑其网络的覆盖面和漫游的条件，信号稳定性与接通率、掉话率方面的信息等。

（2）服务价值。服务价值是指伴随产品实体的出售，企业向顾客提供的各种附加服务，它是构成顾客总价值的重要因素之一。顾客会考虑哪个公司的交费网点、服务网点更多，售后以及咨询的服务更全面。同时，直接面对面的服务人员对其感知影响很大，其工作的好坏很容易影响顾客的心理定位。在服务价值中，情感营销能够发挥重要的作用，在研究消费者的行为动机时，发现人们总是倾向于寻求好的感觉、避免坏的感觉。如果能一直提供一种好的服务，在消费过程中就能产生高情感支持度，顾客的满意度和忠诚度将会提升。

（3）人员价值。人员价值是指企业员工的经营思想、知识水平、业务能力、工作效益与质量等所产生的价值。企业员工直接决定着企业为顾客提供的产品与服务的质量，决定着顾客购买总价值的大小。移动通信运营商应该不断地提升员工素质，来增加员工价值。

（4）形象价值。形象价值是指企业及其产品在社会公众中形成的总体形象所产生的价值，这是移动通信运营商的一种巨大的无形资产。顾客对产品、品牌、公司会形成一个整体印象，并比较是否与自己的价值观相符，进而影响其购买选择与满意度。

总的顾客成本，包括货币成本（入网费、通信费、4G/5G 各种套餐资费等）和非货币成本（时间成本、学习成本、精力成本、体力成本）。在货币成本相对固定的条件下，企业应尽量减少顾客的非货币成本，在满足顾客体验的同时，也能避开价格竞争。对于企业而言，应比较消费者在满足自己的需求和欲望、自我感受产品带来的体验下所愿意付出的成本，来确定产品价格。

11.2.4　方便策略

4C 营销策略中的第三个 C 为方便策略，方便策略指的并不是企业自己的经营便利，而是指能够在为顾客服务的同时，让顾客获得便利的服务，让顾客在与企业的价值交换过程中，得到优质的服务并形成满意的策略。

应用方便策略时需要明确，从"渠道"观念转变到"方便"观念。在 4P 营销组合中的渠道策略上，企业应当考虑选择何种有效的途径，将产品从生产者手中转移到消费者手中。在渠道中，有一系列的机构或个人参与商品的交换活动，二者共同构成商品流通的有序环节。这种有序环节是连接生产与消费的桥梁与纽带。在 4C 营销组合中，方便策略是企业在分销渠道上考虑顾客购买商品的方便程度。从 4P 的"渠道"到 4C 的"方便"的转变，实际上，是企业从依据自身需要转变到依据顾客的方便程度来构建分销渠道。

方便策略是企业根据顾客的利益和需求构建渠道，以减少流通环节，降低流通成本，从而将流通成本让利给顾客。随着生产力的提高和竞争的加剧，商家越来越注重减少中间环节，降低成本，直接把产品提供给消费者。例如，在电商还没有兴起的时候，还没有送货到家这么一说，所以，无法在便利上为顾客提供满意的服务。但是，随着淘宝、京东等电商的壮大，产品的销售渠道也得到了拓宽，例如，京东的次日达，对于一些电子类产品，京东可以第二天就送到顾客手中，有的甚至上午下单，下午就可以收到快递。这些便捷的服务从顾客的角度出发，为顾客提供最便捷的平台进行销售、物流、售后等，消费者的整套购买操作流程下来，不用费时费力就能满足自己的需求。

在当今竞争激烈的社会，"得渠道者得天下"，但是，渠道建设究其根本是以方便用户购买为目的，而不是单纯地从企业的角度出发，要以消费者的体验作为渠道终端建设的依据。5G 背景下，移动运营商接触消费者的渠道较 4G 时代最为明显的变化，是整合营销和渠道贯通能力；可以让客户在不同类型渠道之间无缝切换的全渠道，成为当前运营商渠道建设的共同选择。

以 5G 商用后的中国电信为例，2020 年，中国电信为推进渠道运营创新，构建了全渠道、全触点、全闭环线上线下数字化、一体化运营体系，将销售及渠道拓展事业部和电子渠道运营中心整合为全渠道运营中心。中国电信全渠道运营中心的核心职责有以下三点。

1. 具体制定和实施全渠道规划

在集团公司市场部统筹下，研究渠道发展趋势和内外部环境变化，制定线上、线下一体化渠道发展、数字化转型规划，并组织实施。

2. 统筹实体渠道发展，承担相应发展任务

统筹指导各类实体渠道的布局优化和运营管理，推进厅店连锁化、数字化运营，提升社区、商圈、乡镇等重点区域的发展能力，具体落实终端连锁化和转售业务运营管理。

3. 统筹互联网和新型渠道发展，承担相应发展任务

负责 App、旗舰店等各类集约触点的整体规划和运营管理，组织订单生产与客户交付，落实集约销售服务能力支撑，提升"集团＋省"协同联动的一体化发展能力。

通过上述的核心职责，不难看出，移动运营商通过对渠道的整合来实现对于顾客的方便策略，运营商的多种渠道既有差异化又并行、协同发展。实体渠道多元化经营，转变渠道功能定位，强化新型营销服务能力。电子渠道加快电商化步伐，打造互联网营销服务能力。并且，实体渠道与电子渠道协同转型，形成以 O2O 为核心的全渠道体系，充分发挥移动运营商的数据能力、电商能力、品牌能力来服务于消费者。

11.2.5　沟通策略

4C 营销策略中的第四个 C 为沟通策略，对于任何一个企业来说，都必须建立起自己

拓展阅读11.4 5G背景下
移动运营商的营业厅创新

的营销桥梁。因为营销是企业获得市场、拓展市场所必须进行的活动，营销所接触到的对象是市场中的顾客，营销是一种企业与顾客沟通的必要手段，如果缺少市场营销，那么，企业是没有生命力的，是脱离顾客与市场的。沟通策略应该注重企业与顾客的双向沟通，通过沟通，建立起企业与顾客间的营销桥梁。

应用沟通策略时需要明确，从"促销"观念转变到"沟通"观念。在4P营销组合中，促销是企业向顾客进行单向的营销信息传递，而顾客对企业促销信息的反应无法反馈到企业，难以做到企业与顾客之间的双向沟通与交流。在4C营销组合中，沟通策略是企业与顾客之间进行双向的营销信息沟通，通过顾客的反馈，使顾客能够在一定程度上参与企业的产品开发和生产。

4C的沟通策略是4P的促销策略的延伸，可以从促销策略来理解沟通策略。企业的促销策略，整体上可分为广告策略、人员推销策略、销售促进策略及公共关系策略四种。实际上，每种策略的实施都离不开与消费者的沟通。

（1）从广告策略看消费者沟通策略。广告是一种"拉"的策略，直接对消费者施加影响。当广告内容不能迎合消费心理时，做广告就是一种资源的浪费。因此，在进行广告设计时，要试图去贴近消费者，体会消费者的感受。例如，中国移动曾经风靡年轻群体的客户品牌"动感地带"，就通过"我的地盘我做主"的口号主张，利用广告打动了消费者。"动感地带"在5G时代进行了品牌升级，更是聘请了年轻群体喜爱的明星进行广告宣传，并且，与中国移动咪咕公司紧密配合，在年轻人热衷的音乐、游戏等垂直领域，进行广告宣发。

（2）从人员推销策略看消费者沟通策略。人员推销，是推销人员面对面地与消费者进行沟通。推销人员要想成功地将产品推销出去，要掌握推销的技巧并了解推销的基本流程，即寻找顾客——约见顾客——接近顾客——开展顾客洽谈——解除顾客异议——促进推销成交——进行售后服务。无论是推销技巧的运用，还是推销流程的掌握，实际上，都离不开与消费者的沟通。

（3）从销售促进策略看消费者沟通策略。销售促进是企业为了在短期内提高销售额，通过各种方式刺激经销商、消费者更多地购买该企业产品的一种促销方式。目前，移动运营商针对消费者开展的销售促进方式是多种多样的，例如，权益赠送、免费体验、优惠券发放等，能够让消费者参与体验，并且，喜欢认可的销售促进方式才是最有效的。这就要求，在促销时与消费者进行深入的沟通了解，塑造精准的消费者画像去把握消费者的心理。

（4）从公共关系策略看消费者沟通策略。公共关系属于一种间接性的促销策略。企业通过树立自身的形象，与社会公众建立和谐的关系，从而提高公司及品牌的美誉度。三大运营商已经通过多年的行业积累，在消费者心中树立了各自的品牌形象以及消费者认知，5G带来的创新改变是一次契机，中国移动客户品牌的升级，中国电信全渠道运营中心职责的更新，中国联通对于渠道能力的整合，都是一种改变与创新，从各个方面向社会公众传达各自的品牌以及全新的5G品牌形象，来更新消费者对于运营商的认知体验。

案例分析

小米智能家居的4C营销策略实践与思考

小米通过4C营销策略（消费者需求、成本、便利、沟通）重构了智能家居市场的竞争格局。其核心策略在于以用户为中心，构建高性价比的智能生态，并通过场景化沟通实现用户深度参与。

在消费者需求层面，小米通过米家App社区收集用户反馈，发现年轻家庭对"安防＋便捷"的智能家居需求显著。基于此，小米推出"安防套装"，将智能摄像头、门窗传感器、人体感应器等产品组合，定价仅为同类产品的60%；同时，针对租房群体，推出可拆卸、便携的"迷你安防套装"，满足用户对灵活性和性价比的双重需求。

这一策略使小米智能家居设备在2023年出货量突破1.2亿台。其中，安防类产品占比达35%。成本策略上，小米通过"硬件＋互联网服务"模式降低用户初始投入。以智能门锁为例，其基础款定价999元，远低于传统品牌2 000元以上的价格。用户购买后，可通过米家App免费使用远程监控、异常报警等功能，而高级服务（如云端存储）则采用订阅制收费。这种"低门槛＋增值服务"的模式，使小米智能家居用户年均消费金额提升40%，同时，硬件毛利率控制在10%以内，远低于行业平均水平。便利性方面，小米打造了"一站式"智能家居解决方案。用户可通过米家App实现设备互联，例如，设置"离家模式"自动关闭灯光、启动安防系统。此外，小米与全国超2万家家电维修门店合作，提供"2小时上门安装"服务，覆盖三、四线城市。针对老旧小区用户，小米推出"旧家电置换补贴"计划，用户可用传统家电抵扣部分智能设备费用，降低升级成本。

沟通策略是小米生态的核心。通过米家社区，用户可参与产品命名、功能投票，甚至提出硬件改进建议。例如，某用户提议在智能摄像头中增加"宠物识别"功能，小米研发团队在3个月内将其上线，并给予该用户终身免费云存储奖励。这种"用户共创"模式使米家社区月活用户超5 000万，用户留存率达85%。此外，小米还通过线下体验店举办"智能家居改造大赛"，邀请用户分享改造方案，优秀案例可获得产品奖励，进一步强化用户参与感。

资料来源：智能家居网络营销策略研究——以小米智能家居为例[EB/OL]. (2024-07-20). https://max.book118.com/html/2024/0711/8012122062006110.shtm.

思考题：

1. 小米以低价策略抢占市场，但长期低价可能压缩研发投入，影响产品创新。若竞争对手通过补贴战进一步压价，小米应如何应对？

2. 小米智能家居的4C营销策略带给我们哪些启示？

本章思考题

1. 4P营销策略在电信市场中的具体应用是什么？

2. 相比4P，4C营销策略有哪些转变？

3. 4P和4C营销策略在电信市场中各自的优势和不足是什么？

4. 如何将4P和4C营销策略相结合，以优化电信市场营销效果？

5. 电信市场营销中从4P到4C的转变对企业意味着什么？

即学即测

自学自测　　扫描此码

第 12 章

互联网时代的新 4C 营销策略

本章学习目标：

1. 了解新 4C 营销策略的产生背景及概念。
2. 理解并掌握场景策略。
3. 理解并掌握社群策略。
4. 理解并掌握内容策略。
5. 理解并掌握连接策略。

引导案例

黑神话悟空×山西文旅：游戏出圈带来文旅界的泼天流量

2024 年，国产游戏《黑神话：悟空》掀起全国热潮。游戏中的 36 个取景地中，27 处位于山西，山西各地紧抓这一契机，通过丰富产品供给、打造新消费场景和提升服务质量，全力推动文旅高质量发展，实现了文旅与游戏的深度融合。

早在两年前，山西省文化和旅游厅便与《黑神话：悟空》的创作团队展开对接，在游戏中融入山西丰富的传统文化和人文古建，开启了一场虚拟与现实、游戏与文旅的"双向奔赴"。游戏上线后，山西迅速启动了"跟着悟空游山西"活动，发布游戏主题打卡线路，并承诺首批通关玩家免费游览山西，发放专属通关文牒，制作限量信物等周边产品。同时，相关取景地提前设置了线下打卡装置，做好充足准备，迎接"天命人"前来打卡山西。在具体执行过程中，山西文旅部门充分利用社交媒体平台和短视频应用，通过与《黑神话：悟空》相关的内容创作和传播，增强了活动的曝光度和参与度。此外，山西文旅还与当地酒店、餐饮和交通等行业紧密合作，推出一系列联动优惠和特色服务，提升了游客的整体体验，促进了旅游消费的增长。

从传播效果来看，全网结合《黑神话：悟空》宣传山西文旅和古建相关话题的阅读量突破百亿，成为现象级传播热点。"游戏+文旅"的营销破圈新模式，吸引了大量网红达人、博主和自媒体积极参与，自主宣推山西，线上线下联动打卡，形成"流量"带来"游量""流量"拉动"留量"的良性循环，推动山西文旅迎来了泼天流量和丰厚收益。

资料来源：2024 年度中国最具影响力的十大数字营销传播案例[EB/OL]. (2025-01-07). https://news.qq.com/rain/a/20250107A05AOI00.

12.1 新 4C 营销策略的定义和要素有效性

12.1.1 新 4C 营销策略的产生背景

在互联网特别是移动互联网的快速普及以及国家经济环境、政策制度、技术环境等方面不断被优化的背景下,人们搜索与分享信息的方式发生了改变,从通过广播、电商、报纸等中心化的媒体平台获取,逐步转变为通过新形式的社交媒体获取,比如,微博、微信、QQ 等。其中的关键变化是,每个人都可以掌握自己获取信息内容的自由权,每个人都可以自主选择自己需要或感兴趣的内容进行关注。

获取信息方式的改变,影响了人们作出购买决策的方式,消费者对产品和品牌的评价及忠诚度成为影响购买环节的重要因素。在移动互联网的推动下,互联网社群应运而生,社群盈利模式层出不穷,社群经济展现出了巨大的潜力。

与这样一个碎片化、多屏幕的时代变化同步,营销的方法论也发生变化,从麦卡锡的 4P 理论,即产品、价格、渠道、促销,到劳特朋的 4C 理论,即顾客、成本、方便和沟通。但这些理论都已无法满足新环境下的营销方法体系的要求,于是,互联网营销专家唐兴通提出了新环境下营销的新 4C 法则。

12.1.2 新 4C 营销策略的概念

1. 新 4C 营销策略的定义

新 4C 营销策略,是指在合适的场景(context)下,针对特定的社群(community),将有传播力的内容(content)或话题,通过社群网络结构进行人与人之间的连接(connection)的裂变,实现这些内容或话题的快速扩散与传播,从而获得有效的传播和商业价值。

新 4C = 场景 + 社群 + 内容 + 连接

新 4C 营销策略是在合适的场景下的思考路径,也就是思考在什么样的场景下,消费者群体及消费者的需求会更为集中,群体具有怎样的情绪及状态更有利于营销方案的实施。这意味着,营销进入窄众时代,覆盖所有群体的方法已经不适用,人们需要的是精准传播,并尽量少地骚扰非目标人群。针对这些特点群体,有效的方法是跟随社区网络结构进行人与人的连接,快速地扩散与传播内容,获得有效的传播及价值。

扩散和传播效果,需要考虑社区的结构、社区的特点、节点扩散的力量、个体传播的损耗等因素。只有构建有效的扩散机制,才能获得有价值的回报。

2. 新 4C 营销策略要素的有效性

1)场景

移动互联网争夺的是流量和入口,在中国移动互联网过往的发展历史中,商业核心始终围绕的是流量,而移动互联网时代争夺的是场景。通过移动互联网、大数据及消费者文化的融合,企业和商家应重新组织社会资源和方法以满足用户的需求。

移动互联网已经重新定义消费者获得信息的方式以及他们与品牌交互的方式。消费者在手机上观看视频和购物时，看到其他用户通过移动服务获得了利益，就会对基于位置产生的有用信息产生需求。

场景的体验实质上是在用户有需求或欲望时，向合适的人提供合适的信息及服务。针对用户在特定场景下的动机、需求以及所驱使的行为进行搜索和分析，找到产品与服务在其中的嵌入点，通过嵌入场景的服务和产品满足用户需求。

2）社群

社会正在从大众传播时代走入社群时代，这两个时代带有鲜明理念和行为上的差异。之前，人们关注的是信息的传播，现在则更为关注关系的构建与对话。社群就是关系的发展过程，很多中国企业目前仍然处在社群 1.0 阶段以及信息传播和广告展示阶段，而社群 2.0 阶段更多的是情感层面的交流。

建立社群的目的不是投放广告，而是构建彼此的信任。社群商业努力的方向是情感连接，是用户形成态度、行为上的忠诚。社群策略专注于与个体的关系，理解用户的社会偏好、习惯，通过有价值的信息和互动创造利润。企业和公司应专注于协作关系，构建一个复杂、结构最优的关系网络。企业和公司让用户和社群充分连接、互动，在日常的对话中即可产生价值。

3）内容

移动互联网正在走入图像、音视频时代。这个时代的游戏规则、玩法、参与者的技能都有了颠覆性的变化，随着智能终端的渗透，图像、音视频的传播正在掀起新的风暴与浪潮。

新媒体赋予了企业品牌效应和更多的机会，力争与消费者之间进行心灵的沟通。在互联网上传播的商业内容，如果将呈现形式变为漫画、白皮书、视频等，那么，这些将为既往的营销内容添加情感，营销传播效果将有明显的优化。

内容营销主要考虑如何更好地利用既有的互联网工具来宣传、销售产品。移动互联网给了企业和品牌展示其专业知识和思想的工具，通过这些工具，可以减少与用户的摩擦和信息的不对称。企业或公司创建内容的核心是将浏览者变为购买者，让购买者成为回头客或忠实的追随者及倡导者。通过互联网上的内容及信息的传递，加深客户关系，企业或公司通过不断地创造消费者关注的内容，激励消费者和企业互动，最终，获得商业价值。

4）连接

社会学家马克·格兰诺维特（Mark Granovetter）提出了弱连接理论，即与一个人的工作和事业最密切的社会关系并不是"强连接"，而是"弱连接"。"弱连接"虽然不如"强连接"那样坚固，却有着极快的、可能具有低成本和高效能的传播效率。尼古拉斯·克里斯塔基斯（Nicholas Christakis）在《大连接》中提出，强连接引发行为，弱连接传递信息。弱连接常常扮演不同群体间桥梁的角色，通过弱连接可以将不同圈子连接起来，信息可以通过这些圈子的弱连接，迅速地渗透到强连接构建的社群中。

人与人的连接诠释着传播的效率，通过对社群关键点的把握，可以让信息快速地被目标客户收到，直达核心连接点，从而减少对非目标客户的无效传播。

12.2 场 景 策 略

12.2.1 场景的概念

"场景"在移动互联网营销中的应用，有别于传统营销的 4P。场景不等于销售渠道，它是由时间、位置、需求、情绪等多重维度界定出来的虚拟环境。场景是传播的环境及相关因素的总和，是营销发生的背景。场景关注的是消费者在物理位置上的集中、需求的集中、群体情绪及状态的集中。在现在的移动互联网环境中，利用好场景，可以提高内容传播到目标客户群体中的效果，营销传播借助场景的力量，可以快速扩散。

12.2.2 场景的要素

1. 时间

时间是场景维度中最为重要的一部分。时间就是时机，机不可失，时不再来。从影响人群的角度，可以将时间维度划分为群体时间维度和个体时间维度。单从场景构成要素来看，时间需要与地点、需求、情绪等条件相融合，并且，不可简单拆分，这也为把握时间场景的运用增加了难度。

时间场景选择的方法，有以下几种。

（1）关注用户群在时间上的行为规律。

（2）时间场景的选择。要考虑目标时间范围前后时间点可能产生的影响，如节假日之前、之后的几天。

（3）选择时间要有备选方案。预期的时间可能受到其他场景、话题的冲击而不适合发布。

2. 位置

位置是场景营销的灵魂，在传统营销中对位置的关注，更多的是关注销售中的物理环境。物理环境包括店面的装饰、气味、光线及其他环绕在消费者和产品周围的有形环境。随着移动互联网的兴起，营销人员必须懂得如何围绕位置、借用新技术，做到有效营销传播。基于位置营销是指把顾客吸引到指定的位置，并提供他们认可的服务，让他们觉得物有所值。从用户购买行为的角度，营销过程可以分为：引顾客上门、留住顾客、促成交易。当然，在营销过程中，应选择特定地址，以便引起特定顾客群体的共鸣，让营销变得更有效。

在移动互联网时代，人们的"位置"已经不再是秘密，很多应用软件在使用时就一直在获取人们的位置信息，想要找到某个人总能有办法。所以，位置与场景在营销中的应用变得越发重要。智能手机可以精准记录客户的行动轨迹，这样，人们的行为就能以另一种便于总结的表达方式呈现。移动互联网时代的场景营销如果没有抓住位置，将会错失与消费者互动的机会点。

通过基于位置的场景营销，营销人员可以更好地迎合消费者的期望，连接线上与线下，打造最优的店内体验，开创搜索和社交媒体之外的另一种新营销。通过挖掘消费者的移动位置，营销人员能够深入分析，使用相关的、符合情境的信息，并针对消费者的行为模式和需求来展开即将实施的营销活动。

3. 需求

移动互联网带来的革命为企业或公司创造了一个与消费者更加亲密接触的良机。通过智能手机内置定位系统，营销者可以准确地判断消费者所在之地和时间信息。基于特定时间、地点提供需求服务，可使供需对营销者而言更具可操控性，营销者可以更加精准、贴切地向消费者发送有价值的营销信息。

如何及时抓住消费者的内在需求，是企业或公司最需要关注的问题之一，如果没有抓住消费者稍纵即逝的需求和购买时机，需求被释放掉了，购买力将无从谈起。移动互联网为传统的实体零售商创造了巨大的商机，零售商可以把握消费者在店里购物时想要了解产品信息的时机，对消费者展开"实时销售"，即在消费者决心购买商品之前，向他们进行推广。基于互联网及移动互联网的购买时机与需求，可以通过消费者的移动互联网浏览行为和模型来识别，使及时触发关联购买行为成为可能。

4. 情绪

情绪是指人有喜、怒、哀、乐、惧等心理体验，这种体验是人对客观事物态度的一种反应。企业或公司如何驾驭不同场景中用户群体的行为已经成为考验从业者能力的重要指标，一旦处理不好用户群体的情绪，很有可能引发负面风潮。

从情绪的角度与消费者沟通，可以通过以下两个步骤展开。

（1）找到目标消费者情绪上的弱点。判断其内在情绪是恐惧，比如，是自我满足型虚荣还是他人认可型的虚荣；抑或自卑情绪，比如，身高、肥胖等。

（2）满足消费者的渴望。通过对消费者情绪的剖析，告诉消费者解决问题的办法，进而向消费者展示产品，销售产品的目的就是帮助消费者解决问题、满足消费者内心的渴望。

12.2.3　场景的应用

抓住场景是进行传播运营需要重点关注的要素，一个合适的场景可以让消费者对产品信息的吸收更有效，更好地对接消费者的需求。场景的创造与选择，需要营销者时刻保持与社会、行业场景的同步，从而抓住稍纵即逝的机会。

通过以下几点，可以借助场景，优化营销和传播的效果。

（1）从新闻、社会热点中，寻找近来营销的场景。全民都在关注的事情，就是个有效传播的场景点。特定的场景导致社群痛点的出现，从而使许多创业者或新产品获得认可的关键机会。例如，美国爱彼迎公司（Airbnb）抓住了总统竞选的场景，为前来投票却订不到酒店的公民找到了住所，通过种子用户引爆住宿新理念。

（2）从社会化媒体寻找热点场景及语境。例如，微博热门话题、微信朋友圈转发，都可以通过互联网上正在流行的热点、话题，来触发营销的场景。

（3）特定群体的场景，可以从 BBS（bulletin board system，论坛、社区）、专业领域话题下手。在特定群体关注的场景下，相关的营销者可以借势来营销。例如，频频发生的食品安全问题，就是一个相对有针对性的场景。餐饮行业的从业者可以通过合适的方式，向消费者展示自己健康、干净的餐饮，从而获得消费者的认可与信赖。

（4）只有时刻保持对互联网场景的监测，对可能产生的热点有一定的预判，才可以更好地把握和使用场景。把握当前的热点，确实可以获得更多的关注，但同时，也会引来更多的竞争对手，这对营销者的执行能力和应变能力提出了很大的挑战。如果在热点爆发之前，可以预测到热点或话题，就可以更充分地做好准备。

12.3　社　群　策　略

12.3.1　社群的概念

1. 社群的定义

社群就是一群人的连接，在连接人的过程中，通过有温度的内容、有价值的产品、有意义的活动、统一的价值观、共同的社群目标及全体群成员的共同利益，基于各种亚文化和互利机制、合作模式等手段，进一步让一群志同道合的人深度聚合和连接的社群组织。

社群成员以内容为核心，拥有统一的价值观，具有强烈的身份认同感和归属感，通过去中心化的社交和网络服务的方式，形成一个强连接关系的社交部落，并彼此建立圈层化互动和体验，从共享和体验中互利，个人在社群中不仅是一个内容的贡献者，也是一个获得者。例如，公司、宗教、政党等组织形式。社群进入移动互联网时代，玩法也越来越多，有文字、图片、视频、音频、直播等各种表现形式。好玩、好看、有趣、有料成为客户体验和买卖双方互动的关键，优质内容的生产，成为吸引人的唯一法宝。现在有很多社群，因为无法生产足够的内容，双方互动严重不足，只能艰难地维持着，所以，内容生产关系到社群的生死存亡。

移动互联网时代，社群的主要特质有以下几个要点。

（1）本地化。基于地理位置，带来新的好友关系建立。

（2）碎片化。随时随地的内容生产和互动，带来高活跃用户。

（3）去中心化。用户形成更丰富的兴趣和话题标签。

（4）富媒体化。社区内部信息和发布，有了不同玩法。

2. 社群的价值

社群的估值公式：

$$估值 = K \times N^2$$

式中，K 是一个综合系数，主要涉及社群的质量、购买力、在线时长、黏性等因素，N 是用户数。K 值可以通过提高服务质量而获得提升，而 N 值可以通过规模化运营获得提升。但事实上，K 和 N 有绝对的相关性，服务质量好，用户留存率就高。K 值低会导致用户留存率较低，提升 N 的成本就较大。因此，判断一个社群好不好的关键是 K 值。如果打造一个社群，提升 *K* 值才是关键。

通常来讲，Web 1.0 时代是超链接时代，其核心是将各种内容用超链接的方式组织在一起。而 Web 2.0 时代是当下的社群时代，其核心是将线下的关系及社交带入移动互联网产品及营销中。移动互联网的群体呈现部落化特征，有效的营销传播方式将走向社群化并围绕潜在的社群而努力。对企业来说，如何理解社群及社群商业，将直接影响到对未来移动互联网发展方向的把握。

12.3.2　社群的结构

社群的结构可分为两个类型——圈层结构和链式结构，分别以传统的 BBS 和新兴的 SNS（social networking services，社交网站、社交网）为代表。不同的网络社群结构，不仅意味着社群心理需求的改变，也意味着社群集体行动的动力机制存在很大不同，而这也将决定其行动的方式、路径和强弱等，会出现诸多差异。

1. 圈层结构

从结构上看，聊天室、BBS 等圈层网络社群的主要特点是社群有一个明显的边界，即加入某个社群，会有明显的行为标志，比如，在社区注册，而每个社区也有一个明确的名称。人们在这种社区中的互动，是通过一个个明确的话题来进行的。因为圈层结构使社区边界明确，社群成员也有较为明显的身份意识，所有成员作为一个集体，进行的交往较多，成员更容易产生对社区的归属感。因此，这种结构更有利于群体的形成。

从形式上说，传统网络社群的边界是由社群的进入机制决定的，这种边界其实是由社群的核心价值点决定的，即社群成员共同的意识、行为以及利益，故而，其行动力将依赖于该群体能否成功地定义自己的边界，构建可信服的社群。

定义网络社群边界，常用的策略有以下两个。

（1）树立特定的靶子和对手。比如始祖鸟，作为顶级户外品牌，专门服务于高端专业户外爱好者，他们更看重产品的质量和功能性。

（2）描述群体身份。贴一个标签，构建一个集体的隐喻幻想，以形成社群的共识与归属感。

2. 链式结构

链式结构是一种以自我为中心的社群网络结构，属于这种结构的典型社群平台有新浪微博、豆瓣、知乎等。这种结构下的社群，彼此其实是没有明确边界的，人们通过特定方式的关系链条互动，例如，转发、分享、标签，将这些关系链编织在一起，最终形成链式结构社群。再如，在知乎中，可以搜索特定内容或者话题标签来参与研讨，但是，讨论常常仅限于此。社群平台中个体之间的连接，呈现链式而非圈层式，个体反复通过各种链条展开互动。

链式结构社群的特点有以下内容。

（1）以个体为中心的社会网络集合。新科技的发展，让用户有可能以 SNS 或知乎等作为原点，创建一个网络节点；然后，构建自己的势能。相较圈层结构社群而言，链式结构社群关系显得更为松散和灵活。

（2）社群意识难以形成。链式结构中直接的话题讨论不占主流，社群关系被分解到一对一的链条上，人际传播往往占主导地位，虽然不断扩展的人际传播链条也能产生社群传播的效应，但是，这样的社群通常不具有固定的边界，所以，群体意识和共识意识较难形成。

（3）社群成员的需求发生变化，从社会归属感转变为对社会资本的需求。当获得社会归属感后，社群成员开始向更高的需求看齐，他们开始寻求社会资本，以求更好地实现自我。

在链式结构的网络社群中，UGC（user-generated content，用户生成内容）、分享、协作得到了充分的体现。每个人可以自由地创造和传播信息，按照自主意愿呈现信息，或在平台上发起话题、组织活动。信息流动过程，是激发社会网络节点参与的过程，能在多大程度上激活这些节点，与信息自身的属性相关。而促使信息在这种社群节点间流动的重要机制有两个：转发和推荐。转发机制，决定了信息多级流动的可能性与扩散的速度；推荐机制，决定了信息超越人际关系网络链条的约束而进行传播的能力。这种建立在人际传播基础上的裂变式信息传递，不仅能有效地激发、聚集人气，还能将潜在的参与者动员和组织起来，因为人际传播更具有劝说力，更容易带来信任感。其行动的结果通常由三个因素博弈决定：议题本身的属性、资源利用的有效性以及机会结构的可行性。

12.3.3　社群的分类

社群的分类可借鉴传统社会学的人群分类，将不同居民归类的核心不在于称谓，而是掌握这群人的习性，从而应用在实际的营销、运营中。

（1）地理位置上的群体。从本地的近邻、郊区、村庄、城镇、城市，到区域、国家。

（2）文化上的社群。从本地的圈子、派系、文化、人种、宗教、跨文化，到全球社群。人们含有社群的需求和标识，他们拥有社群认可的价值观和符号标志。

（3）社群组织。从常见的家庭、亲属关系、公司组织、政治团体、职业机构，到全球团体。

互联网上的社群发展逐渐向兴趣图谱靠拢。社交网络中的兴趣图谱对社交图谱的补充，会变得越来越重要。Facebook 和 Google 等已开始进行"相关性"内容推送，未来，这个领域会更加热门。在线信息的发展过程，即搜索主导→个性化推送→个性化的意外收获。

当然，社群也可以按照以下常规标准来划分。

（1）按年龄结构的社群。其可分为老人社群、孩子社群、年轻人社群、中年人社群。

（2）按性别结构的社群。其可分为男人社群、女人社群。

（3）按兴趣结构的社群。其可分为运动社群、购物社群、旅行社群、化妆品社群等。

（4）按生活方式的社群。其可分为小清新社群、育儿社群、军人社群等。

（5）按地理位置的社群。其可分为北京板块、广州板块、上海板块、四川板块等。

在未来，移动互联网将会更加"部落化"，企业或公司的营销传播可以精准地找到关键用户群，找到网络社群中的目标客户，将之前广播式的营销转化为定向传播。另外，互联网上的部落社群化也督促企业或公司构建自己的互联网队伍，让忠实用户有一个沉淀下来的家。

拓展阅读 12.1　星巴克的社区体验店

12.3.4　社群的构建策略

构建高黏性和高参与度的社群，需要考虑解决的决心、资源支持、合理的社群策略、KPI（关键绩效指标）考核、优秀的团队等综合因素。构建框架大致如下。

（1）了解目标用户群。熟悉信息的集中反馈区、深谙用户交流热点话题，梳理社群热点信息，建立清晰的社群领域，将用户吸引到这些区域中来。信息的集中，对于用户来说更具吸引力，他们可以找到共同的爱好、话题，进行交流。

可见，"找到理由，让用户经常回社群看看"这一点很重要。品牌社群如果不能形成持续的访问，终究只能昙花一现。

（2）让用户自由讲话。在正常状态下，不干预、不删除用户的信息。如果企业或公司已经通过电视、广播、报纸、MD（直接邮寄广告）、户外等多种形式，占领着用户的注意力，在此，不必再用过多的软文、宣传信息来填埋网络社群，而应给网络社群创建一个和谐的生态环境。

一个成功的网络社群能让社群里的人持续互动，并从中创造出一种相互信赖、相互了解的伙伴关系。信任者与被信任者，双方对于重要信息和看法能频繁地沟通与互动，较容易建立信任关系。社区运营方想要获得信任，应当坚持正确的导向，争取不偏不倚。例如，社群的参与度提高，可以通过共同选择、顺从和协作，再到共同学习、集体行动这一完整过程实现，这些基础工作就是社群信任培养和关系的加深。

消费者信任会对信息的交流产生影响，而消费者对企业和公司的信任，有利于信息的交流。消费者对网络供应商的信任，可以使消费者愿意和供应商分享个人信息。在信任的环境中，由于这些信息的可靠性取决于信息提供者的诚实度以及他们愿意帮助别人的倾向程度，所以，信任的善意和正直维度将增强消费者获得信息的意愿。

（3）社区文化的呵护者。将社群的信息反馈交给用户，企业或公司要做的是保驾护航，让品牌的网络社群可持续发展。可以通过品牌优惠、信息公布、资源共享等手段来聚集人气，协调社群中方方面面的关系，适度地表彰意见领袖和社群活跃分子。

为了使社群成员确信他们的认同是有意义的、他们的行动是有价值的，彰显社群的力量和效能是十分重要的环节。那么，社群的力量和行动的有效性来自个体与集体的共同努力。一旦个体将自己归属到社群这样的集体，当他看到个体的行动成为集体行动效能的重要元素时，将反过来强化个体的社群共识，使其更加强烈地依据群体规范进行讨论和行动。

（4）企业真诚地参与。企业或公司在品牌的网络社群中，需要谨慎地使用官方和品牌身份。当代表企业品牌发言时，不必太做作、太正式，可结合自身品牌的特色定位，以适度口语化、人性化的语言，参与网络社群活动。

（5）抓住社群中的"死硬分子"。必须找到社群的"死硬分子"即品牌的忠实粉丝，品牌社群能不能做成功，关键节点是有没有用好"死硬分子"。营销管理者需要抓住他们、刺激他们、奖励他们，让他们成为企业或公司营销兵团中的一员。

积极的网络参与行为，是网民成为意见领袖的前提条件。只有通过积极的参与行为，网民才能扩大个人的社交范围，提高自己的曝光度。一般来讲，只要有人聚集在一起，人们就会本能地让自己处在领袖的统治之下。就社群而言，意见领袖的作用相当重要，他们的意见往往影响群体意见，社群中的大部分居民就像温驯的羊群，没了意见领袖就不知所措。

（6）社区运营节奏与完善计划。刚刚启动品牌社群时，什么都是空的，没人、没内容。团队必须制订一个完善的运营计划，如开展 SEO（搜索引擎优化）、搜索引擎引导、活动策划、官网的流量导入等。

（7）设立一套等级排名系统。构建激励机制，让参与者感觉有趣、让参与者有荣誉感很重要，不要简简单单地弄一个积分制度，可以稍做变通，比如，做成等级排名制也许会更好。可以说，社群的等级排名制度是品牌社群最精妙的关键点。需要满足参与者的成就感，既让他们不那么容易达到，也不让他们失去兴趣，这才是一个精妙的系统。简单地复制别的论坛的方法，是非常不明智的选择。

从传统网络社群来看，成员的发帖数量和论坛级别等信息，在某种意义上反映了其参与行为的积极程度。持续发帖的行为，不但能够提高成员在论坛的曝光度，发帖数量也会累积成该成员的积分，积分越多意味着成员的上网时间越长、参与度越高，代表其在社群网络中的经验越丰富。这种资历因素，在某种程度上会提高成员在群体中的信任度。

社群成员作为一个集体的一分子与他人进行交往时，会使成员对社群形成更强的归属感。当社群成员知道自己归属于某一虚拟社群时，将引发一个虚拟社群身份的类化过程，激活他（她）的群体身份，形成该社群的集体意识。这时，企业或公司需要做的，是维护和促进这个社群健康成长。

总之，随着传播方式的不断变化，企业或公司需要不断地了解、应用新的营销手段，但始终要牢记：用真心实意与用户交流，品牌才可以持续经营。

（8）积极聆听不可多得的负面评论。沟通是满足用户期望的一项基本功能，有效沟通的一个很重要的方面是，要让用户有机会把正面和负面的评论都告诉你。

当用户遇到不愉快的体验时，大部分不会向产品或服务提供商透露这些消息，包括售后服务、网络订购、与销售人员接触过程等。事实上，企业或公司在面对消费者的过程中，出现错误是难以避免的。所以，企业或公司需要鼓励用户，为用户提供更多平台，让他们在遇到困难时及时通知你。对此，可采取下列方式。

（1）提供多种方便联系的渠道，主要有即时通信软件、微信、电话、手机等。

（2）在公司网站上提供信息反馈服务。

（3）经常与用户和员工进行访谈、调查。

（4）定期进行流程（购买、售后、客服等）评估、监督工作。

（5）定期通过电话、邮件、微信等渠道，询问用户对所提供服务的评价。

（6）对纠错的用户、员工，进行物质和精神上的奖励。

（7）对所有员工进行培训，要求全员面向消费者、服务消费者。

在品牌社群中，企业或公司需要时刻关注用户的评价，积极地应对负面评论，以获得用户的谅解和社群用户的支持。如果一个社群的评论都是赞美与表扬，那么，这样的生态系统是不真实的。

拓展阅读 12.2 明日方舟的社群营销

12.4 内 容 策 略

12.4.1 内容形式的发展

在 Web 1.0 时代，以新浪、网易、搜狐、腾讯为代表的四大门户，其核心就是将散落在互联网上的内容通过超链接进行集合。百度公司做的是获取和检索互联网的信息；阿里巴巴（全球、中国供应商）网站做的是展示企业黄页的互联网。当时，流行的天涯、新浪博客，挖掘出了那些文字功底不错的写手。从上面的案例可以看出，那个时代，要想要在互联网中立足并且传播思想，文字功底是非常重要的。

1. 从音视频、漫画看内容

目前，移动互联网正在走入图片、音视频时代。这个时代的游戏规则、方式、参与者的能力，都将发生翻天覆地的变化。

其中，图片、音视频的处理能力，将成为企业或公司和个人的基本功，移动互联网进入新的历史阶段，企业或公司和个人都需要加强学习图片、音视频的处理技术。当今，全球新闻传播界正在掀起学习视觉传播技术、关注视觉新闻表达的潮流。视觉新闻，即运用形象化的手法来表现事物，取得视觉效果的新闻。它的立足点是，首先具有消息的特征；其次，运用特写的手法；最终，突出的特点是强烈的现场感，让读者身临其境，如见其人、如闻其声，克服枯燥和概念化。外国的品牌企业或公司越来越重视图片、音视频在互联网传播中的应用，纷纷设立图片、音视频处理的独立工作岗位，来应对这个时代的到来。

荔枝电台、喜马拉雅等工具，也将助推自媒体的发展。大众媒体是工业时代的一个缩影。当年，流行的出发点在于大工业化的数量、效率、速度。如今，随着碎片化阅读和传播时代的来临，批量的印刷媒体将逐步退出主流市场，取而代之的是垂直化、小批量的信息传播。在这样的背景下，自媒体的玩法正在逐步崛起。自媒体的第一波玩家靠的是文字功底；未来，自媒体进化的方向也将是图片、音视频。而且，文字自媒体的玩家也将受到冲击，因为观众获取信息的方式变了。

直播中用户对内容的视觉焦点不一样，用户的互动程度也不一样，从而导致用户参与方式有结构性的变化。

1）秀场直播

主播就是内容本身，用户的焦点就是主播本身，这样，用户参与度被最大化了。而且，直播门槛低，可以实现 24 小时的 UGC。

2）游戏直播

主播操作游戏画面，用户的焦点是游戏画面和声音，较秀场而言，用户参与度稍低。游戏直播门槛低，可以实现 24 小时的 UGC。

3）体育直播

主播不可改变视频画面，处于配角地位，用户焦点是赛况而非解说，所以，用户参与度较游戏直播要低一些。体育直播门槛高，频度依赖于赛事的档期。

4）异步视频

不可改变内容本身，用户焦点是内容本身，互动评论只是附加，无即时性维度，用户参与度最低。

内容参与度是直播最核心的因素，会直接决定商业模式和运营模式；用户互动参与度越高，意味着获得用户直接付费的可能性越强。秀场直播，用户参与度带来增值服务模式，运营的核心是发掘和推广主播；游戏直播，是秀场直播加赛事直播的过渡和杂合模式；体育直播，属于内容分发渠道的广告模式，运营核心是 IP（知识产权）和版权。

2. 从 UGC、PGC、OGC 角度看内容

随着互联网的发展，可将互联网上的内容形式划为 UGC、PGC（professionally-generated content，专业生产内容）、OGC（occupationally-generated content，职业产生内容）三种。

UGC 是指微信、微博等平台，每天都有大量用户自身生产的内容。其特点是：碎片化、零碎化；随性、自由度过大，内容缺少系统性、连贯性，形式杂乱；专业性不足。

PGC 是指平台（网站）专业内容生产者和提供者输出的内容。PGC 的典型特点是分享的内容具备一定的专业性和权威性。例如，微信公众平台的内容、微博意见领袖输出的专业内容、博客专栏推出的内容等。

OGC 是指自行创造或者花钱采购来的内容，例如，视频网站、新闻热点。PGC 往往是出于"爱好"，偏义务贡献内容；而 OGC 是以雇佣为前提，其创作内容属于职业行为。

总体而言，UGC 是用户自行表达的、各自小世界里的碎片内容，不关乎价值，更在意心情、情感。从大范畴来讲，PGC 是 UGC 的一部分，只是，PGC 的内容更加偏向价值感、专业性。而 UGC 和 OGC 的区别，简单来说在于是否存在雇佣关系。用户通过移动互联网来表达自己对事物的认识，更多是态度和记录。也许，这正是互联网 Web 2.0 的精髓，即个人基于情感纽带的自我表达。

12.4.2　内容的重要性

互联网已经成为企业和品牌展示其专业知识和思想的工具，企业或公司利用互联网，可以减少与客户的摩擦和信息的不对称，内容营销可通过分享、协同、给予客户答案的方式，来向消费者传递信息。内容营销给了品牌企业一个与消费者、粉丝对话的机会，其摆脱了传统广告"兜售""推销"的形象，更容易被消费者接受，也因此越来越得到营

销人员的青睐。在 VR、AR 等技术以及大数据和社交网络等各种力量的综合作用下，自 2016 年起，内容营销成为更有力的营销武器，是营销人最为看重的营销方式之一，在许多品牌营销预算中所占的比重也越来越大。

相对其他营销方式来说，内容营销是效果持续时间较长的推广方式。企业投资在内容营销上的每一分钱产生的效果都不会立刻消失，而是会在较长的一段时间内发挥作用。

12.4.3 内容的分类

1. 热点性内容

热点性内容，是指某段时间内信息检索指数迅速提高、人气关注度不断攀升的内容。合理利用热门事件，能够迅速传递企业的内容。对于热门事件，营销者可以借助平台，通过数据进行分析，例如，百度指数、微博热搜榜、微信阅读榜等。但要注意，不是所有的热点性内容都可以借用，要寻找符合企业自身属性的主题。

2. 即时性内容

即时性内容，是指充分展现当下所发生的物和事的内容。即时性内容策略要做到及时、有效，需要在第一时间内完成内容创作。

3. 持续性内容

持续性内容，是指内容质量不随时间变化而变化，无论在哪个时间段，都保持稳定风格的内容。持续性内容作为内容策略的中流砥柱，不得不引起高度重视。持续性内容就如一本杂志，其内容的格调和高度应该每期都是可预期的，而不是过山车式的。持续性内容的保证机制，是有一个稳定的内容创作团队和一套稳定的内容筛选机制。

4. 方案性内容

方案性内容，是指系统地给出营销素材的内容。想写出好的方案性内容，需要综合考虑企业的定位、商业目标、主题、预期效果等。方案性内容的含金量非常高，用户能够从中学习经验，充实自我，提升自身综合竞争力。方案性内容的缺点是，写作需要花费大量时间，需要经验丰富的专业人士才能把握。

5. 促销性内容

促销性内容，是指在特定的时间内进行促销活动产生的营销内容。促销性内容主要是利用人们的需求心理而制定的方案内容，能够充分体现优惠活动，利用爱贪便宜的心理做好促销活动。促销性内容往往可以迅速地获得销售业绩，拓展市场份额。

12.4.4 内容的优化

内容的优化是个需要不断地精益迭代，基于数据及用户反馈进行修正的过程。做好用户阅读且有影响力的内容，需要综合考虑内容的呈现形式、风格、语气、标题等。

1. 增强内容的说服力

1）知己知彼，设身处地

在优化内容时，不仅要考虑清楚自己的想法与行动，也要通过各种方式了解对方的情况，以便慎重地思考应对的说服策略。

2）沟通中要学会站在对方的立场，考虑好消费者可能提的问题

要预想沟通对象会对你的说服行为作出何种反应。提前准备可选择的多种方案，以应对消费者可能的提问。

3）步步为营，分阶段实施

将需要与他人沟通的问题分解为几个部分，根据不同的时间和对象，化整为零，然后，依次按不同的阶段实施说服。

4）清晰地表达，运用具体情节和事例

说服的艺术在于抓住核心、化繁为简，谈论对方真正关心的东西。在表述观点时，如果能找到粗略数字或者估算出具体数字，则尽可能地不要使用模糊的数字。

5）间接说服效力更大

通过职位和声望更高的人或者说服对象的朋友来进行说服。从说服对象的角度，来帮助他分析利弊，这样，对方比较容易接受。也可以通过环境给说服对象压力，从而产生间接的影响，以促使他采取行动。

6）说出真相，往往效果惊人

有时，说服别人最有效的方法，是说出别人不容易听到的真相。直面严酷的真相，是人们生活中最惊心动魄、最有意义的事情。将真相告诉对方，但不要议论，往往会发现对方的反应十分惊人。

2. 用客户言语描述内容

（1）写作时放松些，尽量表达自然、直接。

（2）采用交流式，写内容就像给朋友写信、唠家常。

（3）在非必需情况下，尽量使用口语。这样，可以随意表达，会显得妙趣横生，用户能读下去。但是，在白皮书、行业分析等一些需要深刻、严谨的文案中，必须正式一点，因为内容有可能会被媒体采用或者引用。

（4）不说教，多讲故事。在阐明企业或公司的产品或服务是怎样融入客户的生活时，可通过一些故事来解读员工是如何对待客户的。

（5）制作的内容要与企业或公司的品牌风格保持一致。个性是每个品牌背后的重要因素，在发布内容或与用户互动或设计产品包装时，都需要斟酌品牌的个性要素。如果要面向几个特定的受众群，那么，在不同的渠道、网站上，就需要考虑更换不同的内容风格。个性化的内容不是一直追踪最时髦的语言，这些都是表面上的功夫，核心是这些品牌的风格要保持真诚。

（6）尽量采用第一人称的口吻来写，少用行话、修饰语、被动语态，避免过长地描述和过度地表达；少用尴尬的、含糊的或者夸张的言语。

3. 提高标题的吸引力

1）拟定标题的4U原则

罗伯特·布莱（Robert Bly）在《文案创作完全手册》一书中，提出标题拟定的4U原则——urgent（紧迫感）、unique（独特性）、ultra-specific（明确而具体）、useful（价值

收益），可以很好地指导人们拟定标题。

（1）紧迫感。紧迫感是给消费者一个立即采取行动的理由，可以在拟定标题时加入时间元素，以此来塑造迫在眉睫的感觉。

（2）独特性。有力的标题不是描述新事物，而是将读者听过的事物，以全新的方式呈现。

（3）明确而具体。明确而具体的标题，可以让消费者直截了当地获得信息，可以避免歧义。

（4）价值收益。好的标题会诉诸读者自身的利益，提供实际的好处。

2）七种常见的标题格式

（1）承诺文章价值和意义。例如，"揭秘微信朋友圈销售的18个秘密"。

（2）在标题里面提出问题。例如，"褚时健的橙子卖的是什么？"。

（3）结合时事，写诱惑标题。例如，"中国梦、电商梦如何实现？"。

（4）采用"为什么""如何""理由"等，来吸引注意力。例如，"房价走势如何判断？"。

（5）强调保证条款及服务。例如，"让你的销量翻五倍，签订保证合同"。

（6）提出挑战，刺激阅读者的不服输心理。例如，"90%电商企业都做错的八件事"。

（7）提供免费的报告、资料、目录等内容，吸引阅读者。例如，"银行客户经理电话技巧集"。

拓展阅读 12.3　好望水
营销策略分析

12.5　连接（传播）策略

12.5.1　大众传播与人际传播

大众传播与人际传播，是人类社会中两种基本的传播方式。

1. 大众传播

大众传播，是随着传播技术的发展于近代出现的。原始的信息传播主要是一对一的典型人际传播。到了书籍传播时代，出现了一对多的传播，这是大众传播的端倪。第一张廉价报纸《太阳报》的问世，标志着真正的大众传播时代的到来。随着报纸、广播、电视等大众传播形式的产生与发展，一对多的传播发展到极致，大众传播逐渐发展成为一种主要的传播方式。

大众传播在信息传递方面具有规模效应，而人际传播的劝服能力更强。在这个领域，美国的贝斯提出了"贝斯模型"，以分析大众传播与人际传播对营销活动的影响。传统的营销活动，初期通过大众传播轰炸，以期实现信息覆盖；然后，期许触发人际口碑传播。这种玩法的目标，是尽量增加大众传播曝光的次数及强度，为了获得更多的渗透，企业需要更多的钱来"扰民"。

随着手机、电脑、平板电脑、电视、报纸等碎片化媒体覆盖度的不断增加，再想用钱砸广告以期获得理想效果，已基本不可能了。正如本章前面提到的，许多企业的目标客户群在互联网中呈现了部落化，企业或公司想和目标客户群交流，采用漫无目的的大众传播，是无法实现的。

2. 人际传播

人际传播，是作为行为主体的个人与个人之间的信息传播活动，可分为两人间传播、小群体传播和公众传播。人际传播，是人类传播活动中最古老也是最基本的形式，始终伴随着人类社会产生与发展的各个阶段。

传统的大众传播注重单向的灌输，可能会造成受众的看客心理，形成集体无意识状态。而人际传播的引进，尤其是以互联网为代表的新媒体的发展，使受众可以充分表达自己的意见，单一化的话语体系被解构，多元话语体系得以构建。在网络传播平台上，以前等级森严的传播层级开始消解，受众与传播者之间的角色定位不再一成不变。他们可以参与点对众、众对众、自下而上和平行互动传播。

人际传播，是大众传播获取信息和反馈信息的重要手段。人际传播中的双方处于同一交流场，具有直接性。而大众传播是工具型传播，比较间接、人性化不够、反馈不及时。人际传播因其亲切生动、直接交流和传播手段丰富等特点，而处于不可取代的地位。如何在大众传播中引入人际传播模式，发挥人际优势，将成为未来大众传播的新挑战。

12.5.2 社会网络分析

1. 社会网络分析的概念

社会网络分析，是对社会网络的关系结构及其属性加以分析的一套规范和方法。它又被称为结构分析（structural analysis），因为它主要分析的是社群、个体和社会关系的结构及其属性。

社会网络分析广泛应用于商业、传播、社会管理等方面。如何识别社会网络中的个体、如何分析社群个体的影响力，以及如何查找出意见领袖、如何分析信息在社会网络上的传播模型等，都在社会网络分析的范畴内。

在社会网络当中，个体并不是孤立的，而是处于某个群体之中的。社会网络分析不仅是对关系或结构加以分析的一套技术，还是一种理论方法。在社会网络分析学者看来，社会学研究的对象就是社会结构，而这种结构即表现为行动者之间的关系模式。正如社会网络分析家巴里·韦尔曼（Barry Wellman）指出的：网络分析探究的是深层结构——隐藏在复杂的社会系统表面之下的一定的网络模式。

2. 社会网络分析的三个维度

从社群的整体结构来分析，要考虑社群是否具有良好的传播结构、密度、集中度和可达性等。

1）社群的网络密度

社群的网络密度（density），是指网络节点中实际连线的数目与可能存在的连线最大数量的比值。密度越大，表明节点之间的连线越多，行为者之间的关系越紧密，信息交流越流畅；反之，则说明节点之间连线少，联系不多，情感交流少。如果网络中的所有行动者都是孤立的，则密度为 0；如果每个行动者都与所有其他行动者相连，则密度为 1。

2）社群网络集中度

社群网络集中度（centralization of a network），是指一个网络中的关系集中于一个或者几个中心节点的程度情况。集中度是用来衡量网络中各节点之间疏密状况的一种度量指标。其在一定程度上反映了网络资源的利用以及流动的程度。网络集中度与结构洞密切相关，在具有结构洞的网络中，随着结构洞数的增多，网络集中度越来越小；反之，网络集中度越来越大。在互联网商业及营销中，如果发现某些社群的网络集中度高，只需要找出其中心节点（意见领袖、连接器），进行相关的合作与处理，就可提高传播的效率。

3）社群网络的可达性

社群网络的可达性（reachability），是指每一个人通过所有可能的步数能接触到的平均人数。高可达性的社群，文化价值观等可以迅速地传递给个体，具有更低的扭曲度，也保证了更高的一致性。

针对个体结构特征的分析，分为以下两种。

1）节点度数

节点度数（degree）是网络中重要的个体结构特征，是指与该节点直接相连的节点数目。节点度数可以衡量个人或组织在社会网络中居于怎样的地位。

2）中心性

中心性（centrality）是对一个节点在多大程度上能位于网络中其他两个节点的"中间"位置的测度，是某一节点出现在网络中任意两个节点最短路径上的能力。

12.5.3　社交关系连接的形式

社交关系连接就是围绕社群，在特定的场景下，通过内容连接人与人之间的社交关系链条。常见的连接形式有以下几种。

1. 通过内容来连接

这种形式的连接，典型情况是微信朋友圈、微博，其转发过程就是通过内容构建连接。互联网上特定的内容可以自然沉淀用户和关系链条。例如，检索"上海迪士尼乐园旅游"的攻略，可以发现有趣的博主或者 ID；然后，加入感兴趣的微信群或者私人联系。

2. 通过话题来连接

这是最为常见的一种连接形式。例如，知乎、小红书上关系的构建，往往源自特定的话题；百度贴吧的互动连接，更是源自话题及兴趣的连接。

3. 通过身份来连接

身份连接的背后，是清晰支撑连接的排他性。类似主播社群、退伍军人的社群、业主的社群，这些连接大都是基于特定的身份来构建的。江小白、小茗同学、张君雅小妹妹等商业新思维背后，隐现的也是身份连接。

4. 通过行动来连接

这是一种特殊的连接，是基于行动导向的连接。例如，通过游戏让参与者相互行动，构成特定的连接。在花椒、快手直播平台中，用户通过打赏的行为直接构建特定连接关系。

传统的渗透相对来说比较局限，这是由人群及其媒体使用行为造成的。而对于现在的人群，传播的辐射就更为广阔，不仅可以通过家人群、朋友群进行话题传播，也可以通过互联网特定社区进行交流，让信息渗透得更快速。这些网民谈资的传播曲线也呈现多样化，线上、线下相结合。

12.5.4 传播动力的来源

营销活动在人群中传播的动力，可分为自发动力和外界动力。自发动力是企业基于自身战略目标、资源能力和内部需求，主动发起营销活动的内在动力，其核心是企业自我驱动的主动性，强调长期价值创造而非短期利益。外界动力是企业因外部环境变化（如市场竞争、政策法规、技术进步等）而被动或主动调整营销策略的外部驱动力，其核心是应对外部压力或抓住外部机会，总结起来，包含如下几个方面。

1. 自豪感

之所以讨论自豪感，是因为人们会为自己与某个特定产品或品牌相联系而感到自豪和骄傲。人们也会为自己可以帮助大家做选择或解决问题而感到自豪，自豪感是营销传播中的重要动因。

2. 分享感

人们喜欢讨论、传播，是因为他们乐于分享自己的选择、信息、观点。在移动互联网 App 初期，例如，有位朋友安装了"我查查"应用，发现只需要手机扫描商品的条形码，就可以看到价格；随后，便迫不及待地给大家推荐、展示。但是，"我查查"软件并没有给他任何好处，这就是分享的动力在驱动。

3. 寻找共识

使用共同的产品和服务，也是基于社交建立关系纽带的办法。喜欢使用小米手机和喜欢使用华为手机的人群聊到移动终端时，会直接交流客户体验，而不是生硬地询问各种情况或所用机型。消费者讨论产品选择及特色，也是寻找共识的过程。

4. 帮助与教育

许多消费者愿意参与口碑及信息传播，是因为他们想要去帮助其他人作出更好的决定。

案例分析

移动互联技术助力福兴斋地方品牌成为全国著名品牌

1. 桶子鸡起源

相传，金兵进犯北宋的寒冬，汴梁杨家店主带着卤鸡慰问将士，士气大振，击退金兵。卤鸡中空似桶、形体饱满，被御赐"桶子鸡"。

2. 福兴斋的发展历程与近期成绩

福兴斋是开封有名的清真桶子鸡、烧鸡百年老字号。

1904年，杨有福在开封市鼓楼街路北开店，名为"福兴斋"，立下"货真价实、童叟无欺"的店训，其桶子鸡"形体丰满、色泽金黄、鲜艳挂油、肥而不腻、皮脆肉嫩、后味清香醇厚"。门店出售桶子鸡，切割时讲究刀口，依软边、硬边不同部位，用切、片、剁等不同刀法，依次切成108条块，既讲究顺序，也讲究摆放规则，此刀功堪称艺术。

1956年，福兴斋与国营马豫兴公私合营，统称"马豫兴"。1980年，杨进明重开福兴斋，第二代；其子女杨保林、杨保森，第三代；2008年，第四代传承人成立河南省开封市福兴斋清真食品厂，马勇任法人代表，主要从事桶子鸡的制作加工、销售、技艺研发与传承、生产设备研发，在祥符区自建生产研发基地。其在全国拥有6家直营店、37家加盟店、上百个销售窗口。

之后，福兴斋获得了以下荣誉与奖牌：2008年，全国工业产品生产许可证；2009年，先后成为省、市餐饮行业协会会员单位；2014年，获"中华名小吃"奖牌，并成为中国烹饪协会正式会员；2015年，获评"开封老字号"；2016年，被评为"河南老字号"；2021年，获"开封市非物质文化遗产"称号；2022年，顺利通过SC（食品生产许可证）的换证审核。

为了传承、保证制作工艺，福兴斋与食品工业协会、餐饮协会、市食品药品检验所、开封技校紧密合作，采用现代、科学的管理方法，成立了科研项目试验点、非遗传承研习所、人才实习基地；同时，做好新品研发，其采用国际先进灭菌软包装技术，生产出适合年轻消费群体的骨酥型、脆香型、酱香型、香辣型等系列产品，获得"开封市旅游商品研发奖"。

福兴斋完善了人事管理和用工制度，组建了从总经理到基层店员的层级式管理团队；建立了完善的食品卫生、安全生产、突发应急管理规范。

3. 社会贡献

福兴斋始终不忘用爱心回报社会，大力吸纳高校毕业生、下岗失业人员和农民工；在企业内部成立"乐捐"基金，帮助困难职工，每年至少两次组织员工脱产学习，定位学习型企业；每年拿出专项资金，开展爱老助学活动。此外，面对突发灾情，捐赠熟食和款项成为惯例。

4. 未来规划

未来，在移动互联网背景下，福兴斋将努力提升数字化运营的能力，产品满足年轻群体个性化需求的同时，以正面的企业经营的案例、事例，吸引青年人的关注，把企业创业、创新的精神和合作平台，分别提供给上进的毕业生，创造就业机会，积极探索校企合作的方式，提升公司的社会影响力和认同度，使福兴斋这一地方品牌走向全国，走向更大的舞台，回报社会和国家的信任和培植！

资料来源：福兴斋企业。

思考题：

福兴斋企业如何利用移动互联技术，扩大自己品牌的影响力？

本章思考题

1. 社群在电信市场营销中的作用是什么？
2. 如何制定有传播力的内容以吸引电信用户？
3. 连接策略在电信市场营销中如何实现？
4. 新 4C 营销策略如何帮助电信运营商提升用户满意度？
5. 在新 4C 营销策略下，电信运营商如何应对市场竞争？

即学即测

自学自测　　扫描此码

第 13 章

市场营销新理念

本章学习目标：

1. 了解多种市场营销新理念的含义与特征。
2. 熟悉多种市场营销新理念的营销策略。
3. 对市场营销新理念有一个全面、清晰的认识。

引导案例

以低碳营销塑造企业 ESG 未来

近年来，在企业运营过程中，环保低碳可持续已经成为一个不可忽视的话题，ESG（环境、社会和公司治理）也作为衡量一个品牌核心竞争力的因素，被许多企业纳入长期发展计划之中。在企业市场营销过程中，组织者们往往会面临不少挑战，如何将市场营销活动与企业 ESG 目标相结合，创造出既能够吸引消费者，又能通过可持续发展等的营销传播，提升企业自身 ESG 水平的营销方案，是每个市场人亟待解决的问题。通过以下企业的营销案例，我们可以窥见各大企业市场人对于绿色营销的探索方向。

1. 从细节出发，用低碳营销突显企业理念

2024 年上海国际碳中和博览会期间，法国化妆品品牌欧莱雅采用可循环利用的低碳环保材料替代了传统的木结构进行展台搭建，通过这一举措，不仅仅减少了因展会活动产生的废弃物和碳足迹，更是展示了欧莱雅对环保的承诺。展会场景作为企业重要的对外展示窗口之一，可以集中性地向目标受众展示企业品牌技术优势及运营发展目标。在展会场景将传统布展材料、物料等用低碳环保材料进行替换，在减少展台整体碳足迹、减少企业运营碳排放、减少展台的废弃物、提升企业环保投入的同时，可以通过展位上的环保性露出，更直观地向上下游合作伙伴展示企业对于环保可持续的重视，并向员工强调环保的重要性，提升员工环保意识。

跳出展会场景，企业在整体营销过程中，都可以通过使用环保物料，低碳办会、低碳礼品等方式，在减小企业营销活动对环境的影响的同时，也传递企业的环保理念给上下游合作方。从营销的细微处入手，不仅提升了自身的 ESG 水平，也增强了上下游合作伙伴的信任和忠诚度。

2. 与生产结合，低碳营销引导企业创新变革

2024 年，晨光与红树林基金会合作推出的"濒危动物·湿地"系列中性笔，因其环保设计而受到市场欢迎，笔身印有濒危动物形象，意在通过产品销售宣传提升生物多样性意识，晨光也将该产品的部分销售额捐赠给了基金会。在材料上，该系列笔使用 PLA（聚乳酸）可降解材料和再生塑料，减少塑料废弃物，降低动物死亡风险。此外，晨光还在包装中减少了塑料使用，使用了纸质包装，并推广笔芯回收活动，推广可持续文具使用。晨光还开发了 H5 互动小程序，通过扫描动物图案传播环保知识。晨光也在持续推出其他绿色理念新品，如"深蓝星球"系列，展现海洋生态保护意识。

产品型企业或品牌，在进行低碳营销的同时，往往更愿意和自己的产品结合起来，宣传需求将倒推企业产品进行创新，产出更符合市场可持续理念期待的产品。同时，为了生产更符合低碳营销中强调的理念的产品，企业也需要在可持续生产、绿色产品设计中投入更多的精力，即使一开始该产品是作为配合营销的试点项目进行，也将成为未来企业产品整体可持续化、低碳化转型的基石。以低碳营销的试点产品为开端，企业将主动促进自身在绿色技术、节能减排措施、供应链管理等方面的研究，进行生产创新，提升 ESG 水平，并在未来整体需求将会更环保的产业中提前增强竞争力。

3. 举办公益活动，将低碳营销落到实处

2024 年世界地球日前后，全棉时代发起了"旧衣新生 治愈山海"行动，消费者可以在指定门店用一件旧衣换一个环保袋。这些旧衣将被送到全棉时代的工厂，经过拆解再造，制作成环保袋等全棉周边，重新回到生活中被循环使用。全棉时代也联合了高校学生和社会志愿者为山海捡拾垃圾。而针对治愈山海的清洁工们，全棉时代也向其捐赠了全棉防晒衣和防晒口罩，以此鼓励大家都参与到山海守护中来。同时，全棉时代也联合了会员、环保达人、社会志愿者组成公益徒步队，在山海间进行垃圾捡拾与清理。

这些营销活动虽然内容多变，但相同的是，均通过实际公益活动的形式，将企业的环保可持续理念体现了出来。对于企业而言，在低碳营销之中，进行实际能够产生社会影响的活动所取得的效果远比空喊口号更好。无论是与公益组织合作，还是企业本身展开的公益行为，都将使企业关于环保可持续的形象更加立体和生动，同时此类公益活动的新闻往往要比单纯的企业可持续低碳营销通稿更容易记忆和传播，也更容易让受众产生信任感。将公益活动与自己的企业受众强关联后，也可以针对性地提升客户对于品牌的好感度，增强企业竞争力。

4. 总结

对于企业而言，做好低碳营销永远不是目的，而是达成 ESG 目标的良好手段。随着全球对环境保护和可持续发展的重视日益增强，企业在低碳营销领域的创新和实践不仅仅有助于塑造其品牌形象，更可以通过具体的行动，提升品牌价值和市场竞争力。通过将环保理念融入运营活动、生产过程、公益活动、社区项目、联结合作等行为中，企业将在环境、社会等方面提升自身的 ESG 评级，激发上下游合作伙伴甚至全社会的广泛参与，共同推动低碳经济的发展。

资料来源：2024 五大低碳营销案例盘点|企业如何通过营销实践塑造 ESG 未来[EB/OL]. https://gifts.commnow.cn/blog/1803.html.

13.1 绿 色 营 销

13.1.1 绿色营销概述

绿色营销是一种新的营销概念，是人类跨世纪营销活动的一个新飞跃。英国威尔斯大学教授肯·毕提（Ken Peattie）在其所著的《绿色营销——化危机为商机的经营趋势》一书中指出："绿色营销是一种能辨识、预期及符合消费的社会需求，并且可以带来利润及永续经营的管理过程。"

（1）广义绿色营销，也称伦理营销，指企业营销活动中体现的社会价值观、伦理道德观，充分考虑社会效益，既自觉维护自然生态平衡，又自觉地抵制各种有害营销。

（2）狭义绿色营销，也称生态营销或环境营销，主要指企业在生产经营过程中，将企业自身利益、消费者利益和环境保护利益三者统一起来，以此为中心，对产品和服务进行构思、设计、销售和制造。它是为社会提供绿色产品、满足客户绿色消费需求，并采取适宜的营销手段获取盈利和谋求发展的一种新型营销观念与营销策略。绿色营销主要包括如下两方面。

1. 提供绿色产品

在绿色营销中要提供比目前类似产品更环保的产品，既包括没有任何化学添加剂的纯天然、无污染绿色食品或天然植物制成品，也包括生产经营过程符合环保要求、对环境无害或危害较小、利于资源再生和回收利用的产品。

绿色产品按照环保特性，可划分为没有受污染的纯天然产品、节能的产品及对环境不会造成污染或危害的产品等三种类型。根据实际市场状况，结合目标顾客的类型，绿色产品可进一步划分为：没有受到污染的、纯天然的日常消费品；节能的、不会对环境造成污染或危害的耐用消费品；节能的、不会对环境造成污染或危害的工业用品。

2. 倡导绿色消费

企业主动生产和销售对环境影响最小的绿色产品，通过引导消费使人们意识到使用绿色产品、采用绿色生活方式，不仅能提高自身的生活质量和健康水平，而且能够改善生态环境，为子孙后代留下可持续发展的财富。在培养消费者绿色消费意识的同时，培养成熟的绿色市场，逐步形成庞大的绿色消费群体或阶层。

13.1.2 绿色营销的特征

1. 绿色性

绿色营销具有鲜明的"绿色"标记。绿色营销与其他营销方式根本的不同在于，企业在市场调查、产品开发、分销和售后服务等活动过程中，都和维护生态平衡、重视环境保护、提高人们的生活质量紧密相扣，将其贯穿于营销活动的始终。这种鲜明的"绿色"标志，便于消费者识别、消费绿色产品，同时，对于非绿色产品生产企业形成市场压力，有利于绿色市场尽快成熟起来。

2. 可持续性

绿色营销，是人类有关建立可持续发展社会新思想的产物。绿色营销的目的是实现社会资源、自然资源、生态资源的永续利用，保护和改善生态环境。要实现绿色营销，从技术开发、产品设计、物品采购、生产工艺、质量标准、包装材料、广告策划及促销方案等方面，都必须贯彻"绿色思想"，从而带动绿色产业、绿色产品、绿色消费、绿色意识的发展，重视协调企业经营与自然环境的关系，形成可持续发展的良性循环。

3. 无差别性

绿色标准及标志呈现具有世界无差别性。绿色产品的标准尽管世界各国不尽相同，但都是要求产品质量、产品生产及使用消费与处置等方面，符合环境保护要求、对生态环境和人体健康无损害。

4. 双向性

绿色营销不仅要求企业树立绿色观念、生产绿色产品、开发绿色产业，也要求广大消费者购买绿色产品，对有害产品进行自觉抵制，树立绿色观念。

13.1.3 绿色市场分析

随着社会公众对环境关注度的增加，绿色营销中"绿色"和"环保"的概念成为企业营销、获得消费者认可的新战略。但是，普通消费者常常不愿为环保多付费，消费者往往不会只因为关注环保而购买绿色产品。为此，企业需要分析消费者特征与购买心理，以了解消费者的需求意愿，从而开发相应的绿色产品，实现成功的绿色营销。

1. 绿色消费者特征

拥有绿色理念的消费者，通常具有以下特征。

（1）关注环境问题，生活方式环保。

（2）愿意支付较高的价格购买绿色产品。

（3）综合素质较高，更有主见。

2. 绿色消费需求

依据产品需求的定义，绿色消费需求，是指绿色消费者在某一时期和一定市场上按照某一价格愿意并且能够购买绿色商品与劳务的数量，包括对绿色商品的现实需求和潜在需求。

按照行为主体以及行为目标的不同，可对绿色消费需求进行分类。绿色消费的主体包括政府、企业、普通市民三类；绿色产品可分为绿色生产品和绿色消费品。这些产品从生产、消费到废弃的全过程都符合环保要求，满足人们的绿色消费需求。

绿色消费需求的特征表现，主要有以下几个方面。

1）公共性

公共物品，按其所具备的特征完全与否，可分为纯公共物品和准公共物品。同时具有非竞争性和非排他性的公共物品为纯公共物品；只具备其中一个基本特征的为准公共物品。纯公共物品在一个人使用时，并不会使他人能够消费的数量减少。绿色消费品具有纯公共物品的特性。在大家共同倡导绿色消费的大环境下，许多国家的消费者都具有较强的绿色消费需求。

2）可持续性

可持续发展是一种注重长远发展的经济增长模式，于1972年提出，指既满足当代人的需求、又不损害后代人满足其需求的能力，是科学发展观的基本要求之一。企业营销过程中的绿色营销概念的形成与可持续发展的思想密切相关。通过绿色营销，可以使可持续发展的思想贯穿于企业的营销活动中。绿色营销的兴起源于消费者对环境等的关心，而对环境等方面的持续关心则构成了绿色消费需求的动力。

3）隐含性

绿色消费需求因消费者生活方式和价值观念的不同有较大的差别，而且，体现在社会关注的方方面面。因此，应该通过绿色营销手段激发消费者的绿色消费需求，并且，有针对性地培养消费者的生活理念，促进绿色消费需求理念的形成，进而使绿色营销产品获得更大效益。

4）知识性

人们因缺少绿色消费、绿色产品相关的知识，以致不具有强烈的绿色消费动机，因此，企业在开展绿色营销的同时，也要注重普及绿色消费的知识以提升消费动机。

3. 绿色产品供给分析

（1）绿色产品，是指生产过程及其本身节能、节水、低污染、低毒、可再生、可回收的一类产品，它也是绿色科技应用的最终体现。绿色产品能直接促使人们消费观念和生产方式的转变，其主要特点是以市场调节方式来实现环境保护的目标。公众以购买绿色产品为时尚，促进企业以生产绿色产品作为获取经济利益的途径。

（2）绿色产品供给，是指一定时间内从事绿色产品生产的企业在各种可能的价格下，对某种绿色产品愿意并且能够提供的数量。形成有效的供给需要满足两个条件：一是企业愿意提供某种绿色产品；二是企业具备相应的生产能力。

13.1.4　绿色营销策略

1. 绿色产品策略

绿色产品策略包括产品开发、设计、生产、包装、回收等环节，以绿色观念为准绳，完成产品提供的过程。

（1）绿色设计。企业的产品研发部门根据消费市场的需求研发产品时，首先，要甄别消费者需求是否为绿色需求，对自然环境是否会产生危害；其次，要考虑到该产品在生产、消费过程中会对自然环境产生哪些危害，这些危害在设计产品时就被充分考虑，将环境污染在设计环节降到最低限度。即便不能根除污染，也要考虑到产品被消费后的治污措施，用环保的理念进行产品设计。

（2）绿色生产。这是指在产品生产过程中采用无污染的设备、无污染技术，降低资源消耗，减少对环境和产品的污染，使产品在消费过程中，有利于保护消费者身心健康。

（3）绿色包装。这是能节约资源、减少废弃物，用后易于回收再用或再生，易于自然降解，又不污染环境的包装物。企业在包装产品过程中，既要努力降低其包装费用，又要考虑到包装废弃物对环境的污染程度，不断研制、开发、使用新型的绿色包装材料。探索一条"绿色包装"的新路子，这有利于突破新贸易保护主义利用包装为我国设置的绿色壁垒。

（4）绿色标志。这是指依据有关绿色产品认证标准规定，由政府部门或某个具有权威性的认证机构确认并颁发的一种标志。企业产品被确认为绿色产品，贴上绿色标志后，就取得了进入绿色市场的"通行证"，其身价大增。但需要注意的是，绿色产品必须货真价实，否则，就会有损企业的形象，影响企业的可持续发展。

2. 绿色价格策略

在绿色营销中，企业要根据绿色需求、绿色成本、竞争者行为、营销目标及其他营销组合等价格影响因素，探索绿色产品定价的一般方法和策略问题。

绿色价格，是指与绿色产品相适应的定价方式。其内容包括两方面。一是根据"环境和资源的有偿使用"原则，把企业在生产绿色产品过程中用于保护生态环境和维护消费者健康而耗费的支出，计入成本；二是根据"污染者付费"的原则，通过征收污染费来增加非绿色产品经营成本，避免非绿色企业因污染环境而降低成本，取得成本优势和价格竞争力。

绿色价格必须从消费者方面来分析，绿色价格的最终实现是通过消费者来完成的。

1）消费者的接受程度与绿色价格策略

调查表明，绿色价格基本上被消费者接受，86.9%的消费者认为绿色价格可以理解，其中，34.49%的消费者认为绿色产品物有所值。绿色产品投放市场时大多是新产品，对消费者来说，产品新颖、有特色，因而可以实行偏高定价策略。这样，有助于企业在短期内补偿成本、获取盈利，同时，也可为绿色产品塑造优质优价的品牌形象。

2）收入水平与绿色价格

消费者的收入水平，在很大程度上决定着消费者对绿色消费的支付能力。处于不同收入水平的消费者，收入水平与产品价格呈负相关的需求弹性，即收入水平越高，对价格越不敏感。厂商应针对不同收入阶层消费者的需求弹性，根据产品变动成本来分组制定价格，采用多种价格水平进行产品营销。

3）受教育程度与绿色价格

消费者受教育程度不同，也对绿色购买力有一定影响；文化层次不同，对绿色产品的认同偏好也不同。企业应采取目标顾客群选择定价策略。面对广阔的市场和纷繁复杂的消费者，企业需要对市场进行细分，根据细分市场目标顾客群的特点选择绿色定价策略，只有找准市场定位，才有利于扩大绿色产品销售并提高企业的经济效益。

3. 绿色渠道策略

绿色渠道的通畅，是成功实施绿色营销的关键。绿色渠道是指绿色产品从生产者转移到消费者手中，所经过的由众多执行不同职能、具有不同名称的中间商连接起来形成的通道。企业只有充分保障绿色产品物流、商流、价值流、信息流在渠道中畅通无阻，才能最终实现绿色营销。绿色渠道除了具有一般渠道的所有特点外，还具有一定的绿色标志。

首先，慎重选择中间商。中间商是生产者向消费者出售产品时的中间环节，是沟通生产者与消费者的桥梁，在产品分销过程中起着重要的作用。企业在选择中间商时，要不断发现和选择热衷于环保事业的营销伙伴，启发和引导中间商的绿色意识，建立与中间商互利、互惠、共赢的利益关系，逐步建立稳定的绿色营销网络。

其次，注重营销渠道有关环节的工作。为了真正实施绿色营销，从绿色交通工具的选择、绿色仓库的建立，到绿色装卸、运输、贮存、管理办法的制定与实施，认真做好绿色营销渠道的一系列基础工作。

4. 绿色促销策略

绿色促销是企业通过传播有关绿色产品和服务的信息，帮助消费者认知绿色产品及其价值，促进绿色产品销售和绿色价值实现的各种活动的总称。绿色促销是一个由绿色广告、绿色推广和绿色公关等活动构成的体系。

（1）绿色广告。首先，在广告创意上要保持"绿色"，设计出符合社会道德规范、具有真实性、思想性、艺术性、科学性和情报性的广告，避免广告内容庸俗、低级、浅薄、失真现象。其次，要选择"绿色"广告媒体，选择那些在广告受众中享有一定社会声誉、勇于承担社会责任、敢于实事求是的广告媒体。通过广告对产品的绿色功能定位，引导消费者理解并接受广告诉求，营造绿色营销氛围，激发消费者的购买欲望。

（2）绿色推广。通过营销人员的绿色推销和营业推广，直接向消费者宣传、推广产品绿色信息，讲解、示范产品的绿色功能，回答消费者绿色咨询，宣讲环保主义，激发消费者的消费欲望。同时，通过试用、馈赠、竞赛、优惠等策略，使消费者产生消费兴趣，促成购买行为。

（3）绿色公关。企业通过一系列开放性公关活动，使社会公众与企业广泛接触，了解企业供、产、销各环节的绿色作业程序与制度，增强公众的绿色意识，树立企业的绿色形象，为绿色营销建立广泛的社会基础，促进绿色营销的发展。

13.2 网络营销

13.2.1 网络营销的含义和特点

网络营销是企业整体营销战略的一个组成部分，是为实现企业总体经营目标所进行的、以互联网为基本手段营造网上经营环境的各种活动。其本质是在互联网普及应用的基础上，利用网络技术将营销内容转化为数字化信息，通过网络媒介的交互性来辅助企业实现营销目标的一种市场营销方式。它是以互联网为平台，研究消费者的购物习惯、选择倾向、消费心理等因素，有针对性地对商品及服务进行包装推广，建立便捷的购买、配送、维修、安装等渠道，引导消费者关注商品并最终购买商品的营销模式。网络营销把满足互联网时代客户需求当作根本落脚点和服务宗旨，将传统营销方式与网络技术应用结合，在传统营销基本理论框架基础上，进一步发展和丰富。

中国的一些经济学家认为，网络营销是数字经济时代的一种新的营销理念和营销模式，是提升企业核心竞争力的一把钥匙，是传统市场营销在网络时代的延伸和发展，可以更有效地促成个人和组织交易活动的实现。网络营销以消费者为导向，具有便利性、虚拟性、服务性、低成本、速度快、无时空限制等特点。强调个性化服务，用户和网站的交互行为，成为网络营销和传统营销方式的最大区别。

网络营销的特点是具有极强的互动性，有助于企业实现全程营销目标；有利于企业降低成本费用；帮助企业增加销售，提高市场占有率；有效地服务于顾客，满足顾客的需要。

1. 以顾客满意、创造忠诚顾客为目的

网络营销的核心是让消费者对品牌产生信任，并通过维系来稳固消费者心中的这种信任。由于许多产品在功能上大同小异，因此，单纯地依靠产品（传统营销的核心）并不足以建立这种关系。只有与消费者建立平等对话、沟通，在情感上引发共鸣，才能让一个品牌深入消费者的内心，从而建立一种长期稳定的品牌信任。

2. 帮助企业增加销售，提高市场占有率

首先，在网络上，企业可提供全天候的广告及服务而不需增加开支。这种 24 小时不间断的服务，有利于增加企业与顾客的接触机会，更好地发挥潜在的销售能力。其次，通过互联网络，能将广告与订购连为一体，促成购买意愿。最后，通过互联网络，可以即时连通国际市场、减少市场壁垒。

3. 营销方式的"个人化"

网络营销方式的"个人化"，是将"服务到家庭"推向"服务到个人"。正是这种发展，使得传统营销方式发生了革命性的变化。消费者可以主动在网上随意选择所感兴趣的信息、产品或服务。而企业也可根据其反馈的需求信息，定制、改进或开发新产品，这就使企业与消费者间的沟通更直接、更方便，也更有效。

4. 机会均等化

顾客可以通过网络对所需商品的价格和质量进行全面的比较和选择，这极大地提高了交易的透明度，从而为企业提供了一个真正平等、自由的市场体系。同样的上网机会，使实力薄弱的中小企业能与实力丰厚的大企业有同样的展示、获取消费者和世界各地信息的机会。竞争在网上变得透明而清晰，企业信誉成了网上竞争新的焦点。

5. 重视口碑，关注长期利益

由于企业看中的是长期利益，因此，在网络营销过程中，企业更重视口碑和老客户的维系，它们认为，现有的客户代表着最佳的利润增长机会。留住顾客带来的远不是客户数量的维持和提高，而是意味着"客户质量"的提高。调查数据显示，线上销售中有 80%的业绩来自 20%的经常惠顾的客户，再次光临的客户能给公司带来 25%～85%的利润。

13.2.2　网络营销策略

1. 网页策略

企业可以结合自身情况建立门户网站，在网络平台上进行交易和产品宣传，利用互联网的便捷性和广泛性进行营销活动。

2. 产品策略

企业在使用网络营销之前，需要对自己的产品及服务进行准确定位，明确消费者的实际需求。通过准确定位目标群体，可直接提高营销活动的有效性和针对性，达到用尽量少的资源产生最大营销效果的目的。

1）提供个性化的产品和服务

由于互联网能够很方便地收集消费者关于产品和服务的个性化需求信息，因此，厂家可以为消费者提供定制化的产品和服务，并针对个别需求提供一对一的营销服务。

（1）利用电子布告栏或电子邮件，提供在线售后服务或与消费者做双向沟通。

（2）提供消费者与公司在互联网上的讨论区，以此了解消费需求、市场趋势，并作为公司改进产品、开发产品的参考。

（3）提供网上自动服务系统。依据客户需求，自动、实时地利用网络，提供有关产品的服务信息。

（4）通过网络对消费者进行意见调查，借以了解消费者对于产品特性、品质、商标、包装式样等方面的意见，协助提升产品价值的同时，也提升企业形象。

2）实现产品和服务的价值共创

在网络营销方式下，产品和服务的设计可以由厂商和消费者共同完成。

企业通过网络调研，了解消费者关于产品和服务的性能、特点、品质等方面的需求，并根据消费者需求，提出相应的产品和服务设计方案，将方案放到互联网上，由消费者提出更具体的产品设计的看法和要求。然后，企业完善方案，进行产品和服务的生产，为市场提供更适销对路的产品和服务，从而实现厂商和消费者对产品和服务的价值共创。

3. 价格策略

网络营销价格策略是成本与价格的直接对话，由于信息的开放性，消费者很容易掌握同行业各个竞争者的价格，这也是消费者最为敏感和关注的问题。企业应当注重强调自己产品的性能价格比，以及与同行业竞争者相比自身产品的特点，通过营销引导消费者进行关注，抢占更大的市场份额。

在网络营销中，典型的价格策略如下。

1）拍卖定价

拍卖定价是由卖方预先发表公告，展出拍卖物品，买方预先看货，在规定时间公开拍卖，由买方公开竞争叫价，不再有人竞争的最高价格即为成交价格，卖方按此价格拍板成交的价格策略。这是西方国家一种古老的买卖方式，现在一般在出售文物、旧货以及处理破产企业财务时使用。互联网特点使网络拍卖比线下拍卖更容易执行。因此，拍卖定价成为网络商品定价的常见形式。

2）团购定价

团购定价是在保证购买用户数量的情况下，商家给商品制定一个比市场价优惠很多的价格策略。通常，团购平台会将这个价格提高一点，放到团购的网站上供消费者组团购买，同时，会给出一个最低参与购买的人数，当组团人数达到限定人数的时候才会有这个价格。

团购定价，也是利用了互联网方便聚集顾客的特点而形成的定价策略。

3）促销定价

促销定价是指为达到促销目的，企业暂时将其产品价格定得低于目录价格，有时甚至低于成本的价格策略。互联网销售中常见的秒杀价、镇店之宝价等即属于此类。网络促销是利用互联网来进行的促销活动，也就是利用现代化的网络技术向虚拟市场传递有关的服务信息，以引发需求，引起消费者购买欲望和购买行为的各种活动。

营销的基本目的是为增加销售提供帮助，网络营销也不例外，大部分网络营销方法都与直接或间接促进销售有关。网络促销还可以避免现实中促销的千篇一律，可以将本企业的文化与帮助宣传的网站的企业文化相结合，来达到最佳的促销效果。

4. 渠道策略

为了促进消费者购买，企业应该及时在网站发布促销信息、新产品信息、公司动态；为了方便购买，还要提供多种支付模式，让消费者有更多的选择。在公司网站建设时，应该设立网络店铺，加大销售的可能。

网络营销在渠道的选择上有两种：网络直销和网络间接销售。

（1）网络直销。这是指生产商通过网络销售渠道直接销售产品，通常的做法有以下两种。一是企业在互联网上建立自己的站点，申请域名、制作主页和销售网页，由网络管理人员专门处理有关产品的销售事务；二是企业委托信息服务商在其网站上发布信息，企业利用有关信息与客户联系，直接销售产品。

（2）网络间接销售。这是企业通过网络中间商实现商品的网络交易，网络中间商有两种：交易平台型和电子零售型。交易平台型即各经销商在平台上开店销售，如天猫商城；电子零售型即以自主经营销售各类商品为主，如京东商城、亚马逊等。

5. 客服策略

网络营销与传统营销模式的不同，还在于它特有的互动方式。传统营销模式下人与人之间的交流十分重要，营销手法比较单一；网络营销则可以根据公司产品的特性而设立。

13.2.3　网络营销的新发展（SoLoMo）

SoLoMo 是由"social"（社交的）、"local"（本地的）、"mobile"（移动的）三个单词的开头两个字母组合而成的，连起来说就是"社交本地化移动"，即"社交＋本地化＋移动"。2011 年 2 月，IT 风险投资人约翰·杜尔（John Doerr）提出这个概念。随后，SoLoMo 风靡全球，被一致认为是互联网未来发展趋势。

如果将社交、本地化、移动这三者分开来看，其产品早已为人熟知。"social"是以微博为代表的社交类软件，"local"意味着围绕地理位置数据而展开的服务，"mobile"则是移动互联网。当把社交本地化移动作为一个整体时，它的价值则代表着三者的进一步联合和创新。

其具有以下特点。

1. 本地化

围绕用户的地理位置信息开展商业活动，是 SoLoMo 商业模式的重要特点之一。例如，高德地图的营利方式之一，就是为本地生活服务商家提供位置服务，获取服务费用。高德地图在地图板块中也增添了"打车"业务，与滴滴、曹操等打车业务合作，获得服务费用及分成。此外，还有酒店、餐饮等，同时，被阿里巴巴收购之后，高德地图作为 O2O 业务场景重要的流量入口。

2. 精准性

通过收集、分析用户的实时地理位置信息，可以分析用户群体的行为模式、消费习惯以及消费趋势，为本地商家提供实时数据分析服务。用户一旦使用 LBS（基于位置服务）在某地检入，就实时向好友宣告自己此刻的位置，具体到经纬度，而且，一般包括周边环境数据。系统可以结合时间、事件、地点等因素，为用户实时推荐服务，将精准的广告或者导航信息等推送给用户。

3. 开放性

SoLoMo 就像个大熔炉，整合了多种商业元素，以 social、local、mobile 为主线，将其他元素融会贯通，深入挖掘其商业价值，提高各种元素的运作效率。比如，高德地图将处理好的测绘数据或基于位置的定位导航技术，提供给其他与位置相结合的企业。平台只有对外开放，才能形成良性产业链生态系统，保障持续化发展。

拓展阅读 13.1 麦当劳 SoLoMo 模式分析

13.3 口 碑 营 销

13.3.1 口碑营销概述

1. 口碑营销的含义

口碑营销是指企业在品牌建立过程中，通过客户间的交流将自己的产品信息或品牌传播开来。

口碑传播可信度高，因为其常发生在朋友、亲戚、同事、同学等关系较为密切的群体之间，在口碑传播过程之前，他们之间已经建立长期稳定的关系。相对于纯粹的广告、促销、公关、商家推荐等而言，口碑传播更可信。

在互联网时代的口碑营销，即应用互联网的信息传播技术与平台，通过消费者以文字等表达方式为载体的口碑信息的传播。其包括企业与消费者之间的互动信息，为企业营销开辟新的通道，获取新的效益。

2. 口碑营销的特点

口碑是目标，营销是手段，产品是基石。将三者结合的口碑营销具有强大的力量，其基本特点如下。

1）口碑通过意想不到的途径扩散

口碑不是在一个确定的人群内扩散，也不可预测。口碑营销在产品推广的过程中，以指数级的速度爆炸式传播。通过反复的接触和信息冲击，人们的好奇心越来越重，对产品的了解越来越多，越来越易于接受产品。于是，需求产生。口碑营销能迅速突破阻力，使人们放弃单枪匹马、艰苦的信息搜索工作，刺激顾客压抑在心里的需求，引起需求的雪崩效应。

2）口碑是通向新市场的捷径

口碑营销意味着公司允许消费者参与营销过程，包括：与产品更多地互动，对产品更多地认识，并更好地听取他们的建议。口碑营销需要企业制造信息，提供口碑材料，获得消费者认可，口碑是产品知识和市场营销力量的源泉。

3）口碑营销传播不受人群限制

口碑传播在不同性别、不同年龄、不同收入或者其他以不同参数统计的人群中，没有太大区别。口碑交流在绝大多数情况下，是通过面对面的方式进行的。

4）口碑营销是讲故事的衍生物

口碑不是靠人们传递市场信息产生的，而是由人们谈论关于产品、公司、公司人物或消费者本人与产品关系等的故事产生的。这些故事是由消费者自身或他人的亲历构成的，市场信息融入和编织在这些故事中，并随传播而改变。

5）诚信是口碑营销的根本

口碑营销成功的基础是真实、诚信。消费者讲给亲朋好友听的有好的一面，也有坏的一面，"坏事传千里"，负面口碑将对品牌产生毁灭性的打击。

3. 口碑营销的消费者动机基础

1）生理需要

人们对于一些产品，特别是对于一些平常不太熟悉的产品，购买行为发生后，会有紧张感，需要通过不同的方式来缓解紧张。其中，向朋友、亲友诉说就成为一种很好的方式。

2）安全需要

人们购物后，对是否买得合适常有疑惑或不安全感，这时希望通过对亲友的诉说，得到肯定，甚至希望朋友因自己的推荐而发生同样的购买行为，从而找到更强的安全感。

3）社交需要

口碑传播行为常发生在不经意间，比如，朋友聚会时闲聊、共进晚餐时聊天等，这时，传递相关信息主要是因为社交的需要。

4）尊重需要

消费者传递信息是为了满足某些情感需要，例如，表明自己是先知者或者紧跟潮流，特别是当他人因自己的劝说而做了相同的购买行为，会更加地肯定自己并认为自己得到了他人的尊重。

5）自我实现需要

通过传递信息，与他人分享快乐并使朋友得到方便与利益，通过介绍好的产品与服务，使自我满足得到了实现。

13.3.2　口碑营销环境

1. 互联网与口碑营销

在传统的传播模式当中，信息的传播是从传播者（媒体）到受众的单向流动，例如，报纸、杂志、广播、电影、电视等。而信息革命改变了人类信息传播手段，网络媒体互动传播特征使信息传播实现个人化的双向交流，参与者具有双重身份，他们既是信息的发送者，也是信息的接收者，消费者参与创造信息的活动。传播环境的变化，为口碑营销的流行提供了基础。

1）互联网对口碑营销的影响

网络作为一种新兴的大众媒体，其多媒体的性质突破了传统媒体在知觉上的局限性，给予受众一种立体、迷幻的虚拟世界。它在信息传送的速度和容量上得到空前突破，使得传统媒体难以望其项背。互联网的出现，至少在以下方面改变了传统的面对面的口碑传播。

（1）数字计算机技术，延长口碑传播信息的寿命。

（2）非同步性。人们可以根据自己的日程安排，在适宜的时间参与网上口碑传播活动，而这一便利又不会造成传播质量的下降。

（3）网上传播的匿名性，使得传播活动的社会身份限制几乎为零。

（4）互联网使得口碑传播的分类更明确、主题更突出、传播更高效。

（5）互联网使口碑传播的成本大大降低，使口碑传播的影响范围得到了极大的扩展。

2）移动互联网对口碑营销的影响

移动语音通话与面对面、一对一的口头传播，在本质上非常近似，但它克服了口头传播内容形式有限而且无法复制和保存的缺点。以手机短信、微信为代表的手机数据传送服务，其技术功能多方面地打破了口头传播的诸多限制，主要特点有以下几个：发信与收信不需要同时同步；内容形式可以是语言，也可以是画面、声音或动画；有专门的信息服务商，提供信息服务；摆脱一对一的束缚，可以一对多、多对一或多对多地交流；整个过程快捷、短促、简单。

2. 体验经济与口碑营销

体验经济的特点就是企业提供的价值中，产品和服务本身只占了很小的一部分，而绝大部分的价值是由"体验"来提供的。获得体验的方式有两种，即直接获得和间接获得。直接获得体验，就是购买并使用某产品或服务，这种方法获得的结果是最可靠的，但是昂贵、费时，并充满失败的风险。而间接获得体验，即通过倾听他人的体验来间接感受自身的体验，是一种非常有效的方法，能够快速、低成本地传递体验内容，这就是口碑营销所借助的信息交流平台。21世纪体验经济的繁荣，已经并将继续推动口碑营销的进一步发展。

13.3.3　口碑营销模式

近年来，口碑营销日益成为网络品牌营销的首选方法。总结起来，"让用户发展用户"

的口碑营销模式，主要有以下四种。

1. 病毒式营销展开无形推广

在互联网领域，病毒式营销包括任何刺激个体并将营销信息向他人传递、为信息的爆炸和影响的指数级增长创造潜力的方式。该营销策略的实施，使产品和服务信息就像病毒一样快速地复制、传播，并引发链式反应，客户一传十、十传百，一批接一批，飞速发展。

2. 炫耀心理形成口碑

从心理学的角度看，每个人的潜意识中，在某种程度上都包含自我炫耀的因子，常常自觉、不自觉地展示以证明自身的生存价值，或证明有资格居于社会某一位阶，炫耀心理表现形式各异。顾客炫耀行为一旦被成功借势，便会产生轰动性的推广效果。因此，可以将新业务巧妙包装，使之产生可供炫耀的亮点，在社会上形成跟风效应，如使其拥有新潮时尚元素，或能让用户证明自己在某方面成功或有品位，或者掩盖用户在某方面的不足或劣势等。

在实践中，小米在销售路由器的时候，便成功地利用了这个工具。小米将其路由器拆成零件送达客户，而极客们通过亲自动手，来安装并达到表现自己能力的目的，不经意的网上晒成果的行为，给小米的产品做了最好的宣传。

3. 跟风行为传播口碑

在硬性广告的公信力、可信度大打折扣的时代，多数人选择产品和品牌更多的是依赖亲友推荐。在每一个群体中，总有一些人影响力大，扮演"意见领袖"的角色，他们的一言一行、举手投足，都给本群体带来"效仿、模仿、跟随"的效果。意见领袖容易赢得消费者的信任感，其对广告传播效果的贡献，是投射、联想、放大和强化。

在高端市场，意见领袖起着中流砥柱的作用，利用他们自身的口碑、地位、身份和影响力去影响他们周围的人，从而驱动消费者认同、喜欢、接受某个产品。

在网络营销中，意见领袖可能是微博上的大 V、自媒体牛人，或是在某个方面有出色才干的人，或是有一定的人际关系能力而获得大家认可的人物。多数普通人跟随意见领袖的引导并进行讨论，听从和信赖意见领袖的意见而采取行动。

4. 追求利益引发推荐

利益刺激是最有效果、最直接的一种营销方式，如果让用户在推荐用户的基础上有利益所得，将刺激用户推荐的积极性。因此，可以通过物质或者精神上的刺激或奖励，吸引用户介绍、推荐或发展其他人使用产品或服务。例如，推荐产品意外好用、外观等，以及令人赞叹、相应的附加服务和奖励政策。

如今，这种方法成功地应用在微博的粉丝营销上，很多微博都通过转发有奖、评论抽奖、粉丝开奖等方式，拉动粉丝数量的增长。例如，在打车软件之战中，滴滴和快的也使用这种方式来发展用户。

拓展阅读 13.2　小红书：找到全世界的好东西

13.4　体　验　营　销

13.4.1　体验营销概述

1999 年，美国学者约瑟夫·派恩（Joseph Pine Ⅱ）和詹姆斯·吉尔摩（James Gilmore）出版《体验经济》一书，首次提出"体验经济"的概念。同年，美国哥伦比亚大学商学院营销学教授伯德·施密特（Bernd Schmitt）在其《体验式营销》一书中，进一步提出了适应体验经济时代的营销模式——体验营销。

体验营销注重为参与者创造一种体验，然后，反过来唤起一种对他们来说难忘的情感或反应。这种情感或反应通常会转移到品牌上，从而建立起积极的情感联系，它为营销人员、品牌和参与者提供了双赢。

营销理论和实践经历了三个发展阶段：产品营销、服务营销、体验营销。在产品营销阶段，人们追求产品价值，主要包括数量和质量的消费；在服务营销阶段，人们在产品价值的基础上追求附加服务价值，主要包括服务质量、人员价值、形象价值；在体验营销阶段，人们通过参与和互动的方式，来获取体验价值。如今，越来越多的企业加入体验营销中，通过产品或服务的体验化来更好地满足消费者需要。

13.4.2　体验营销的特征

1. 个性化

在产品营销中，企业为顾客提供标准化的产品；服务营销虽然强调产品和服务的定制，但缺少顾客的参与互动。而在体验营销中，由于顾客之间巨大的差异性，要吸引顾客参与，达到互动的目的，营销活动的设计就必须依赖于不同消费者的需求，体现出较强的个性。顾客也愿意为获得体验价值承受相对高的价格水平。

2. 感知性

在服务营销中，顾客对服务质量的感知，大多数是以商品为依托的，通过完善的服务，提高顾客的满意度。虽然，许多服务本身也是一种体验，但在体验营销中，更强调顾客所能感受到的一种难忘的、身临其境的体验，它是一种被感知的效果。

3. 延续性

在产品营销中，顾客的购买过程随着产品的交付而结束。在服务营销中，顾客在服务结束后，对服务质量进行评价。而在体验营销中，消费者所获得的感知并不会因一次体验的完成而马上消失，其体验感知具有一定的延续性，比如，消费者对体验的各种回忆等，有时，消费者事后甚至会对这种体验重新评价，产生新的感受。因此，体验营销的效果是长期性的。一旦顾客对体验满意，则会对公司产生高度忠诚。

4. 互动性

在产品营销中，企业将消费者看作其产品的"用户"；在服务营销中，企业将消费者看作能给企业带来利益的"客户"；而在体验营销中，消费者是企业的"客人"，也是体验活动的"主人"。体验活动必须有消费者的参与，进而在消费者和企业之间发生一种互动行为。体验营销效果是消费者在互动活动中的感知效果。

5. 主题化

体验要先设定一个"主题"，也可以说体验营销通常从一个主题出发，并且，所有服务都围绕主题展开持续性的体验活动。这些"体验"和"主题"并非随意出现的，而是营销人员精心设计出来的。因此，体验营销要有清晰的战略目标、严格的计划、实施和控制等一系列管理过程，而非仅仅形式上的巧合。

13.4.3　体验营销的优势

1. 体验营销可以加深顾客对产品和企业的认知

消费者认知产品是销售的第一步，也是销售的前提。在对传统产品进行包装的同时，辅以互动式体验、知识普及、文化宣传等多角度的宣传，给予消费者一种差异化的体验营销方式，让消费者在亲身体验的同时，也完成了对企业和产品的认知过程。

2. 体验营销可以提高产品和企业的可信度

正所谓"百闻不如一见，百见不如一干"，体验营销可以通过消费者的视觉、触觉、听觉、嗅觉等不断触碰，激发消费者的思维体验，让消费者对品牌及价值深信不疑。

3. 体验营销可以提高顾客对产品和服务的满意度

由于在互动式体验销售过程中，消费者充分认识并了解产品，对产品的功能和使用都已经基本掌握，所以，能大大地缓解消费者作出购买决定后的不适应甚至是后悔心理，最大限度地使消费者满意。

4. 体验营销可以给产品和企业带来更好的传播效果

体验营销使得顾客与产品及企业品牌之间产生更特别的情感联系。顾客在内心需求得到满足后，达成产品购买的同时，也会乐于将美好的体验经历主动地向身边的家人、同事、朋友进行传播，从而为产品和企业增强口碑传播效能。

13.4.4　体验营销的策略

1. 感官体验营销策略

感官体验营销是通过视觉、听觉、触觉、味觉与嗅觉等人们的直接感官来建立体验，实现营销目标。感官体验营销可以突出公司和产品的识别，引发消费者购买动机和增加产品的附加值等。例如，超市中烘焙店现场烘焙面包散发的香味，就是一种嗅觉感官营销方式。

2. 情感体验营销策略

情感体验营销是通过诱发触动消费者的内心情感，为消费者创造情感体验。情感体验营销策略诉诸情感的影响力、心灵的感召力。寻找消费活动中导致消费者情感变化的因素，掌握消费者态度的形成规律，真正地了解什么刺激可以引起哪种情绪，以及如何在营销活动中采取有效的心理方法，使消费者能够自然地受到感染，激发消费者积极的情感，并融入这种情景中来，促进营销活动顺利地进行。例如，哈根达斯围绕浪漫的主题提供了一系列冰激凌蛋糕，包括"华尔兹浪漫""心之心扉""深度陶醉"和"欢乐共度"等，这些蛋糕经过精巧的设计和修饰，营造浪漫情怀。

3. 思考体验营销策略

思考体验营销是通过启发智力，运用惊奇、计谋和诱感，创造性地让消费者获得认知和解决问题的体验，使消费者产生统一或者各异的想法。思考体验营销策略往往被广泛使用在高科技产品宣传中，在许多产业中，思考体验营销也被用于产品的设计、促销和与顾客的沟通中。

4. 行动体验营销策略

行动体验营销策略是通过激发消费者行动，增加他们的身体体验，来实现销售的营销策略。例如，指出做事的替代方法、新的生活形态等，促使消费者参与及互动，丰富其生活。例如，耐克公司的"just do it"广告，经常地描述运动中的著名篮球运动员充满激情的夸张表演，从而深化身体运动的体验。

5. 关联体验营销策略

关联体验营销超越私人感情、人格、个性，通过个人体验，与理想自我、他人或是文化产生关联，让人和一个较广泛的社会系统产生关联，从而建立个人对某种品牌的偏好，同时，让使用该品牌的人们进而形成一个群体。关联体验营销策略包含感官、情感、思考与行动营销等层面，特别适用于化妆品、日常用品、私人交通工具等领域。

13.4.5 体验营销模式

企业在开展体验营销的过程中，创造性地形成了多种体验营销模式，列举如下。

1. 情感体验模式

这是一种通过心理沟通和情感交流，赢得消费者的信赖和偏爱，进而扩大市场份额，取得竞争优势的体验营销模式。消费者在选购商品的过程中，对于那些符合心意、满足实际需要，同时又能触及心灵的产品和服务会产生积极的情绪和情感，进而产生依恋的情结。这种情结能增强购买的欲望，促进购买行为的发生。

情感体验模式注重寻找消费活动中导致消费者情感变化的因素，掌握消费者的心理诉求特点，在营销活动中采取有效的心理方法，激发消费者积极的、正面的情感，促进营销活动顺利进行。

2. 审美体验模式

这是一种以迎合顾客审美情趣为目标的体验营销模式，通过知觉刺激让顾客感受到美的愉悦、兴奋和满足，从而有效地实现营销的目标。

企业充分利用美的因素、美的风格和美的主题来迎合消费者的审美需求，增加产品的附加值，努力营造一种美感营销磁场来吸引越来越多的无意识消费者，使其自觉和有意识地购买本企业的产品。

在消费行为中，消费者追求美的方式有以下两种：一是商品本身存在的、客观的、美的价值，例如，商品的包装、造型和质感所具有的美感等，这类商品直接给消费者带来美的享受和愉悦。二是商品或服务能够给人创造出的美感。一些时装店推出了形象设计与咨询服务，根据顾客的气质、性格、身材、容貌、爱好和经济条件等具体情况，为顾客设计整体形象装扮方案。该服务满足了消费者对美的需求，也有力促进了各类化妆品和服装的销售。

3. 情景（氛围）体验模式

工作、学习和生活的压力使许多人常处于紧张与压抑的状态，人们内心深处渴望寻求一种环境或氛围，来释放心情、缓解压力或体验某种自己非常喜爱、平时生活中又无暇享受到的情调。人们内心渴求的氛围各不相同，可以刺激奔放，也可以舒缓宁静。

情景（氛围）体验是指在营销活动中，商家根据消费者的不同心理诉求，通过各种手段为顾客创造一个全新的、心情得以充分释放的情景（氛围），从而获取超值效应。

好的情景（氛围）会像磁石一样牢牢地吸引着顾客，能够使顾客内心深处的心理诉求得到充分的满足，从而频频光顾。情景（氛围）渲染营销，就是要有意营造这种使人流连忘返、记忆犹新的氛围体验。

4. 过程体验模式

这是出于不同的消费心理，比如，对产品自身生产和设计过程的兴趣、对产品质量的质疑、加深对产品的了解、体现个人价值以及享受参与过程之后的喜悦感等，越来越多的消费者对消费过程的体验产生了浓厚的兴趣。他们渴望体验产品的设计、生产、加工、再加工的过程，使产品体现出自身的个性与思想。

许多企业采用过程体验模式研究消费者心理诉求，寻找打动消费者的切入点，推出与消费者产生共鸣的产品或服务，实现自身的营销目标。

5. 文化认知体验模式

针对产品特点和顾客的心理诉求，企业在营销活动中用文化造势，建立起本企业产品与消费者文化需求的某种联系。消费者对这种新产品的体验，实际上是一种文化体验，一旦深入消费者心中，消费者会愿意接受并长久使用，企业与产品的生命力也得以长久保存。

6. 生活方式体验模式

这是一种以使消费者享受不同的生活方式、扮演不同生活角色为目标的体验营销模式。不同的生活方式反映出人们对生活的不同心理诉求；不同的生活态度也体现了人们对某种生活目标的向往和追求。

在生活方式体验模式中，商家在从事营销活动时，通常会针对不同国家和地区的消费者的生活方式采取不同的策略，推销自己的产品和服务，通过刺激消费者的感官，促使他们在消费的同时，经历一次愉悦的体验，实现消费者对自己所追求的生活方式的心理满足。

7. 虚拟体验模式

通过网络科技，推出可以引起消费者"情感共振"的虚拟产品，为消费者提供直接体验，进而达到推广产品和建立关系的目的。

消费者的内心需求多种多样，有的人渴望个人价值的社会认同，有的人渴望真实自我的展现，许多人都有自己渴求的完美的人或事，而他们自己又渴望成为人物的化身或事件的主人公，还有的人渴望体验不同的精神感受（刺激、兴奋、舒适、浪漫、感动），等等。由于现实社会中的客观因素以及个人各个方面的主观因素，这些需求在现实生活中不能或很难得到满足。

虚拟体验模式就是这些诉求得以满足的有效途径，近年来被广大商家采用，并随着网络科技的发展，在世界范围内得到了迅速而广泛的传播。

虚拟体验模式经常体现出互动性、个性化的特点。在虚拟的平台上，消费者有了控制信息流的权力，他们更希望获取更多的掌控力，将自己的意愿更多地加入模拟产品中。企业运用虚拟体验模式成功的关键，是与虚拟世界的个人用户充分互动，有意识地去释放消费者的控制欲望，赋予其更大的控制权力，使每一位个人用户都感受到个人价值。

13.5 大数据营销

13.5.1 大数据营销的含义及特征

根据麦肯锡全球研究院的定义，大数据就是指"无法在一定时间内使用传统数据库软件，对其内容进行获取、管理和处理的数据集合"，一般认为，大数据具有以下四个特征。①volume：大数据规模大；②variety：大数据类型多样；③velocity：大数据具有时效性；④value：大数据具有利用价值，但价值密度较低。

随着互联网的深入发展，大数据正影响人们生活的方方面面，营销理论和营销手段也更为丰富，传统营销已不再适用于互联网时代。大数据营销是指基于多平台的大量数据，在依托大数据技术的基础上，应用于互联网广告行业的营销方式。大数据营销要求人们通过对大数据进行加工利用，从而提高营销效率、改善营销结果。大数据营销可以帮助企业充分利用信息资源，优化公司决策，从而提高公司利润。

大数据营销具有以下特征。

1. 全样本调查

随着技术的发展，企业获得用户数据的方式也更加方便和快捷。因此，大数据营销不仅研究抽样数据，还要对全部数据进行分析处理，从而提高决策的准确度，避免误差。

2. 数据化决策

通过对数据进行计算、加工而作出决策，能够提高决策效率。

3. 强调时效性

大数据时代，数据不仅繁多，且更新、迭代极快，企业对大数据要及时利用，才能精准地把握消费者的喜好与需求。

4. 个性化营销

当消费者使用网络或社交媒体时，因喜好不同而产生不同的数据，大数据技术就帮助商家根据不同人的喜好向同一群人投放不同广告，即个性化营销。

13.5.2 大数据营销应用

1. 确认用户需求

确认用户需求是企业的重要任务之一。随着大数据技术的发展，用户在购买商品、售后评价时产生的数据，便于企业判断用户的真正需求，以往的问卷调查等方式难免受到外界因素影响，但是，客户留下的网络数据却是客观可靠的。

2. 定义用户画像

对于企业而言，用户画像能够帮助企业定义产品的受众群体及目标用户，掌握清晰的用户画像，能够帮助企业大幅度地提高营销转化率。通过大数据技术，企业可以通过用户的搜索记录、浏览记录等数据，加深对用户上网习惯的了解，精准地定义出目标用户的各项特征，比如，性别、年龄、收入、职业等。在确认目标群体后，企业也能够更加精准地进行营销推送。

3. 及时分析反馈

大数据技术使企业在进行营销活动后，能够直观地收集到该营销带来的各项数据，例如，用户浏览量、用户点赞量、转化率等。通过分析这些数据，企业能够及时根据数据对营销行为进行优化。

4. 提升客户体验

企业通过大数据技术对用户分析并分类后，就能够更加了解用户需求，更容易唤起用户的潜在需求，获得自己所需要的信息，也节约了用户的筛选时间；网上信息繁多，大数据技术可以根据用户过往行为，自动屏蔽用户不感兴趣或引起用户不适的内容。

13.5.3 大数据营销变革的影响

近年来，基础建设的发展、5G 的推广应用，以及国内阿里巴巴、腾讯、字节跳动等互联网企业对大数据技术的发展与推广，带来了营销行业的变革。

1. 提高营销效率

大数据技术大幅度地提高了企业使用手机用户数据的效率，企业可以在较短时间内有效地分析海量的数据，掌握用户动向。因此，企业可以根据即时数据迅速地作出反应，根据网络风向设计营销活动，调整营销行为。

2. 提升营销精准度

过去，企业在划分目标群体时，指标大多为年龄、收入、职业等较为笼统的指标，但是，借助大数据技术，用户的浏览记录、搜索记录呈现出的不同特征，使企业能够对目标用户进行更为精准的划分，从而便于将营销信息推送给潜在客户。可以说，只要获取的数据样本足够多，企业就能够找到更为匹配完美用户画像的群体。

3. 降低营销成本

传统营销中，企业为了调查客户需求，往往只能对目标群体进行抽样调查，从而估计整体情况，为了获得尽可能准确的数据，企业就要调查较多的用户并采用科学的调查方法，从而加大了成本。大数据营销中，用户产生的海量数据可以被灵活组合、高效率利用，显著地降低了营销成本。

13.5.4 大数据时代营销理念的变革

1. 流量思维加强

流量思维，是指营销行为要尽可能地吸引客户眼球，吸引流量。当营销信息曝光率增高时，一方面，可以提高消费者购买率；另一方面，即便用户没有消费，也可以提高产品知名度、扩大品牌影响力。

2. 用户关注度提高

无论是传统营销还是大数据营销，都秉承"以用户为中心"的原则，而观念变革在于大数据营销真正强调用户的地位，并以用户为中心，无论是调研用户数据还是分析用户行为、了解用户习惯，大数据营销都真正地实现了把用户放在中心。大数据营销还能够通过用户过往的消费行为，挖掘用户的潜在需求。

3. 相关性思维

大数据时代，要求人们不再着重于研究事物之间的因果关系，而是描述相关性；在大数据营销中，亦然。根据用户在网络中留下的上网痕迹，可以找到与产品具有相关联系的群体，从而探究用户需求。此时，就不必再深究用户消费行为的因果关系，而是要揭示相关性。

13.5.5 大数据时代营销方法的变革

1. 个性营销

企业通过用户购买记录及评价记录能够精准把握用户特征，从而根据人群特征，定制贴合该人群消费习惯及喜好的营销策略，使人群的个性需求得以满足。

2. 科学预测

企业通过消费者过往浏览记录、搜索记录与购买记录，可以预测消费者的购买意愿。通过科学预测，及时地调整营销策略。因此，预测行为变成营销活动中的一个重要环节，不仅可以帮助企业提升营销效率，还可以节约营销成本。

3. 交叉平台

用户的数据存在于不同的应用平台及网站中，企业可以联合多个平台对目标群体精准营销，增加产品曝光率。一方面，购物平台可以根据用户在其他平台的浏览记录，推送相关产品；另一方面，当用户在购物平台购买某商品后，其他平台可以推送更多相关配套产品的营销信息。

13.6　精　准　营　销

13.6.1　精准营销概述

无论是 4P 理论还是 4C 理论，都基于"大众市场"。如今，随着消费者需求越来越分化，消费者的个性化需求不断提高，需求的多元异质性越来越突出。"分众市场"越来越成为现代市场的主要特征，这就要求企业的营销策略对各细分市场更加具有针对性、更加"精准"。

1. 精准营销的含义

精准营销是通过定量和定性相结合的方法，对目标市场的不同消费者进行细致分析，根据他们不同的消费心理和行为特征，企业采用有针对性的现代技术、方法和指向明确的策略，实现对目标市场不同消费者群体强有效性、高投资回报的营销沟通。

该理论由科特勒提出。强调企业需要更精准、可衡量和高投资回报的营销沟通，需要制订更注重结果和行动的营销传播计划，并越来越注重对直接销售沟通的投资。

精准营销包含三层含义：一是精准的营销思想。营销的终极追求就是无营销的营销，到达终极的过渡是逐步精准。二是实施精准的体系保证和手段，且这种手段是可衡量的。三是实现低成本可持续发展的企业目标。

2. 精准营销的特征

（1）目标对象的选择性。精准营销最基本的特征就是要尽可能准确地选择好目标消费者，排除那些非目标受众，以便进行针对性强的沟通。

（2）沟通策略的有效性。精准营销强调沟通策略要尽可能地有效，能很好地触动受众。

（3）沟通行为的经济性。精准营销强调与目标受众沟通的高投资回报，减少浪费。

（4）沟通结果的可衡量性。精准营销要求沟通的结果和成本可衡量，避免"凭感觉"。

（5）精准程度的动态性。精准营销的"精准"程度本身是相对的、动态的。

13.6.2　精准营销策略

1. 基于数据库的精准营销

基于数据库的精准营销过程分为采集和处理数据、建模分析数据、解读数据三个大层面。通过对客户特征、产品特征、消费行为特征数据的采集和处理，可以进行多维度的客户消费特征分析、产品策略分析和销售策略指导分析。通过准确地把握客户需求、增加客户互动的方式，推动营销策略的策划和执行。

建立一个有一定规模、相关信息比较完备的潜在消费者数据库，是进行精准营销的基础。而建立一个潜在消费者数据库则是一项长期、艰巨的工作，需要企业不断积累、持续努力。短期内，如果企业还没有建立自己独立的消费者数据库，可以借助其他组织的消费者数据库，如邮政的数据库、社会保障数据库、其他中介机构的数据库等，从中筛选符合企业自身需要的潜在消费者的信息，来开展精准营销活动。

目前，基于潜在消费者数据库的精准营销方法主要有如下方面。

1）邮件直复营销

根据消费者的特征，从潜在消费者数据库中搜寻对某一产品很可能有需求的潜在顾客，然后，给这些潜在顾客发送邮件，与他们沟通有关产品及其服务的详细情况。如果找到的潜在顾客与该产品的相关性比较强，营销就能做得很精准（低成本、高收益）。

2）呼叫中心

其与邮件直复营销类似，只是沟通方式主要是打电话。在沟通信息比较简单的情况下，由于电话是双向直接沟通，沟通效率非常高。

3）手机短信

企业在营销过程中可以与电信运营商合作，从手机用户数据库中寻找与企业产品特性相符的潜在消费者群体，并直接利用手机与其进行沟通，往往能取得良好的效果。找准有需求的客户才不至于产生垃圾短信。

基于数据库的精准营销是很好的方法，但这类方法也有其局限性。

（1）企业开始的时候很难直接有一个达到一定规模的潜在消费者数据库。

（2）数据库的建设，通常需要一段比较长的时间。

（3）需要适时对数据库进行更新，否则，很容易出现大量垃圾信息（客户状况改变而导致失效的信息）。

2. 基于互联网的精准营销

基于大数据的精准营销前已述及。基于互联网的精准营销是通过互联网来识别网民的消费心理和行为特征，相关企业再根据这些网民的显著特征来开展针对性很强的精准营销活动。

1）门户网站广告

绝大多数互联网门户网站都开设了许多频道，企业可以选择与自己产品特性相符的频道投放广告。进入某个频道的互联网用户一般都对相关内容感兴趣，体现广告的精准性。

2）关键词搜索广告

百度、Google、Yahoo 等主要搜索网站都提供关键词搜索广告服务。想购买某类产品或服务时，许多消费者都会通过搜索网站去查询相关信息。企业的产品信息通过搜索网站出现在需要的消费者面前，针对性、精准性非常强。

3）博客

通过博客，网民可以把自己想要传播出去的信息（比如，旅游信息）方便地发送到互联网上，让其他网民浏览并讨论。通过博客的关注和被关注，可以找到某一兴趣领域的客户。

4）E-mail 广告

用户在 E-mail 网站上申请 E-mail 信箱时，会被要求留下用户信息。企业开展营销活动时，可以与 E-mail 网站合作，在其用户群中根据用户信息选择符合企业产品特征的用户，向这些用户发送企业的相关广告，并留下企业的各种联系方式，以便与这些 E-mail 用户进一步沟通。只要挑选的用户群特征与企业产品的特征吻合度高，企业的营销活动就会很精准。

5）来电广告

来电广告服务是当有需求的消费者通过网络广告页面提交自己的电话号码（免费），或者直接用电话拨打一个广告转接号码（免长途费和信息费，类似 400 服务），就能连通广告主的电话，进行直接的沟通洽谈。当且仅当信息发布企业接到需求方的来电时，广告才开始计费，由信息发布企业按通话时间的长短向广告服务提供商支付广告费用。在这个模式下，广告主的网络广告的展示和点击查看都是免费的，只有接通双方电话才开始收费，让每一分钱都用在广告主想要的目标受众身上。这对于无法精确评估效果的展示型广告模式和按点击付费的广告模式而言，无疑是一个革命性的进步。

拓展阅读 13.3 电信运营商的精准营销服务

3. 基于第三方渠道的精准营销

有些企业难以直接找到自己的潜在消费者，但其他企业（通常是非竞争企业）渠道却可以非常好地指向自己的潜在客户，因为两个企业的产品虽然不同，但针对相同的目标顾客群体。这样，借助第三方的渠道就能够很好地进行精准营销。比如，中国联通的 CDMA 无线上网产品，在借助 IT 营销渠道之后才打开了销售局面，迎来了业务的高速发展。

13.6.3 精准营销运营体系

实现精准营销需要建立完善的精准营销运营体系，如图 13-1 所示。

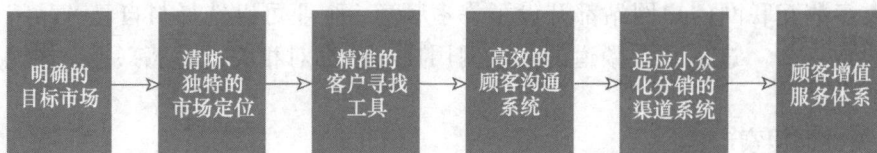

明确的目标市场 → 清晰、独特的市场定位 → 精准的客户寻找工具 → 高效的顾客沟通系统 → 适应小众化分销的渠道系统 → 顾客增值服务体系

图 13-1 精准营销运营体系

1. 明确的目标市场

市场的区分和定位是现代营销活动的关键，只有对市场进行精准的区分，才能保证有效的市场、产品和品牌定位。因此，企业要实施精准营销，要在市场细分的基础上选择明确的细分市场作为企业的目标市场，并清晰地描述目标消费者对本企业产品（服务）的需求特征。只有明确地知道了目标消费者的相关需求有哪些关键特征，才能开始实施精准营销。

2. 清晰、独特的市场定位

在非垄断条件下，同一目标市场中存在许多同类竞争者，企业需给自己的产品一个清晰、独特的市场定位，以便使自己的产品在众多竞争性产品中脱颖而出。让自己的产品有一个清晰、独特的市场定位，是开展精准营销的必要基础。

3. 精准的客户寻找工具

精准营销采取的不是大众传播，它的要求是精准。这就要求企业拥有相应的工具，能够精确、经济地找到目标顾客。

4. 高效的顾客沟通系统

"精准"地找到顾客以后，企业需要与目标顾客进行有效率的双向、互动沟通，让顾客最后形成购买行为。

5. 适应小众化分销的渠道系统

顾客实施购买行为以后，企业需要可靠的物流配送及结算系统，以支持顾客购买行为的全面完成。该系统对提高顾客的便利性、降低顾客成本十分重要。

6. 顾客增值服务体系

精准营销远不只是为了提高一次销售的精准性，更重要的是使企业长期的营销活动日益精准，降低成本、提高效益。因此，顾客增值服务体系（比如，高效运行的企业 call center）是精准营销必不可少的。该体系一方面通过相关服务来进一步提高顾客购买以后的认知价值；另一方面通过提高顾客忠诚度来增加顾客终身价值，实现顾客与企业的双赢，这是精准营销的长远目标。

案例分析

瑞幸咖啡的数据驱动与精准营销，是其迅速崛起并持续领跑中国咖啡市场的核心策略。瑞幸通过构建全链路数字化管理系统，深度挖掘用户行为数据，实现从产品研发到营销推广的全链条精准化运营。其数据驱动的逻辑始于对年轻消费群体的精准画像：瑞幸聚焦29岁以下白领及年轻用户，捕捉到他们对高品质、高性价比、健康少糖的咖啡需求，进而推出"生椰拿铁""厚乳拿铁"等爆款产品。例如，生椰拿铁上市前完成43轮配方调整，将咖啡萃取率、奶咖比等技术参数转化为"丝绒口感""陨石风味"等用户可感知的卖点，上市3年累计销量突破7亿杯，年销售额超百亿元。

在产品研发环节，瑞幸采用"高频测试＋灰度发布"机制，每月内部测试50余款新品，通过 7 000 余家门店每日收集超 300 万杯饮品数据，最终，筛选出 1～2 款主推爆品。新品上市初期设定一周观察期，若销量达到普通拿铁的 50%～60% 则保留；否则下架。这种"赛马机制"显著提升爆品率，例如，椰云拿铁的上市决策仅耗时 12 小时，背后依赖智能选品系统对 6.8 亿用户行为标签的分析，新品成功率预测超 83%。

在精准营销方面，瑞幸通过 LBS 与社群运营实现用户分层触达。其全国超 1.2 万个企业微信社群覆盖门店 3 千米半径，根据天气、时段推送场景化促销，如"下雨天半价券""高温预警冷萃券"，开卡率提升至 38%。社群运营采用"定时触达"策略，每日在 8:30、12:00、14:00、20:00 四个时段推送优惠券，周五设立"社群福利日"，通过抽奖、返券等活动培养用户消费习惯。针对高频用户，瑞幸推送 3.8 折专属券，低频用户则获 5 折券，复购率因此提升 28%。此外，瑞幸的动态定价模型综合 14 个变量生成 5 000 余种优惠券组合，店长级员工可依据周边竞品即时调整促销策略。

联名营销是瑞幸数据驱动的另一关键战场。2023 年，瑞幸开展 34 次联名活动，平均每 10 天一次，覆盖茅台、线条小狗、奥特曼等跨"圈层"IP（知识产权）。例如，酱香拿铁首日销售额破亿，茅台联名获取 46.3 万商务人群信息，反向赋能企业客户开发；奥特曼联名款吸引"Z 世代"男性客群占比提升 19%。每次联名均要求合作方开放用户画像数据，实现用户资产置换与精准转化。瑞幸的供应链管理同样体现数据驱动优势。其通过反向定制降低原料成本，如与巴西签订 5 年 24 万吨咖啡豆采购协议，锁定上游成本；在云南保山建立鲜果处理厂、昆山设烘焙基地，规模化采购压低椰乳等原料价格，单杯原材料成本控制在 2～5 元。智能中台系统实时监控门店人效、坪效、库存周转率等 30 余项指标，动态调整订货量与促销策略，2024 年联营门店营业利润率提升至 10.4%。

瑞幸咖啡的数据驱动与精准营销形成闭环：从用户需求洞察到产品创新，从场景化触达到联名"破圈"，最终通过供应链优化实现成本领先。这种以数据为基石的运营模式，使其在价格战与品质升级的双重压力下，仍能保持单杯实际支付价 15～20 元、毛利率 59.8% 的竞争力，为消费品牌数字化转型提供了实践范本。

资料来源：行舟品牌全案咨询：不在多而在"精"，瑞幸咖啡坚持的三种营销传播[EB/OL].(2024-10-13). https://business.sohu.com/a/816188894_121776530.

思考题：

1. 数据驱动营销如何平衡效率与用户隐私？
2. 瑞幸的"场景化营销"对餐饮行业有何借鉴意义？
3. 私域流量运营的核心挑战是什么？

本章思考题

1. 绿色营销在电信市场营销中的应用意义是什么？
2. 电信企业在实施绿色营销策略时，应重点关注哪些方面？
3. 大数据营销如何帮助电信企业提升市场竞争力？
4. 电信企业在实施大数据营销时需要注意哪些问题和挑战？
5. 电信行业如何实现精准营销？

即学即测

自学自测  扫描此码

参 考 文 献

[1]   ALSAYAT A. Customer decision-making analysis based on big social data using machine learning: a case study of hotels in Mecca[J]. Neural computing and applications, 2023, 35(6): 4701-4722.

[2]   WOODRUFF R B. Customer value: the next source for competitive advantage[J]. Journal of the academy of marketing science, 1997, 25(2): 139-153.

[3]   CARDOZO R N. An experimental study of customer effort, expectation, and satisfaction[J]. Journal of marketing research, 1965, 2(3): 244-249.

[4]   OLIVER R L. Satisfaction: a behavior perspective on the consumer[M]. New York: Irwin McGraw-Hill, 1997.

[5]   科特勒, 阿姆斯特朗. 市场营销：原理与实践[M]. 楼尊, 译. 北京：中国人民大学出版社，2020.

[6]   阳翼. 人工智能营销[M]. 2 版. 北京：中国人民大学出版社，2024.

[7]   杜鹏, 樊帅. 市场营销：理论与实践[M]. 大连：东北财经大学出版社，2022.

[8]   杨瑞桢. 通信企业市场营销[M]. 北京：人民邮电出版社，2009.

[9]   杨瑞桢, 吕亮. 邮电市场营销管理[M]. 北京：北京邮电大学出版社，2002.

[10]   刘立. 电信市场营销[M]. 北京：人民邮电出版社，2003.

[11]   杨洪涛. 市场营销：网络时代的超越竞争[M]. 北京：机械工业出版社，2019.

[12]   布朗, 苏特, 丘吉尔. 营销调研基础[M]. 景奉杰, 杨艳, 译. 8 版. 北京：中国人民大学出版社，2019.

[13]   王永贵. 市场营销：理论与中国实践[M]. 3 版. 北京：中国人民大学出版社，2024.

[14]   成韵. 基于顾客价值的企业竞争优势构建：一种持续营销的视角[J]. 信息系统工程, 2010(2): 78-82.

[15]   林峰. 电信运营商目标市场营销策略研究[J]. 科技经济市场, 2020(4): 157-158.

[16]   彭英. 电信运营管理[M]. 2 版. 北京：人民邮电出版社，2017.

[17]   苏继红. 浅析我国电信类企业的营销策略[J]. 才智, 2013(28): 10, 12.

[18]   袁永鑫. 电信企业市场营销策略[J]. 中外企业家, 2013(22): 43.

[19]   《电子与电脑》编辑部. 市场营销[J]. 电子与电脑, 2009(1): 100-106.

[20]   胡春, 王颂, 吕亮, 等. 通信市场营销学[M]. 北京：人民邮电出版社，2015.

[21]   郭国庆, 陈凯. 市场营销学[M]. 7 版. 北京：中国人民大学出版社，2022.

[22]   陈翔. 移动互联网时代下的电信运营商竞争优势研究[D]. 成都：电子科技大学，2016.

教师服务

感谢您选用清华大学出版社的教材！为了更好地服务教学，我们为授课教师提供本书的教学辅助资源，以及本学科重点教材信息。请您扫码获取。

≫ 教辅获取

本书教辅资源，授课教师扫码获取

≫ 样书赠送

市场营销类重点教材，教师扫码获取样书

清华大学出版社

E-mail: tupfuwu@163.com
电话: 010-83470332 / 83470142
地址: 北京市海淀区双清路学研大厦 B 座 509

网址: https://www.tup.com.cn/
传真: 8610-83470107
邮编: 100084

中国高等院校市场学研究会官方推荐教材
新时代营销学系列新形态教材书目

书 名	主 编	书 名	主 编
市场营销学	符国群	促销基础	贺和平　朱翊敏
市场营销学（简明版）	符国群	营销实训：情景嵌入式学习	孔　锐
消费者行为学	彭泗清	营销策划	费鸿萍
市场研究	景奉杰　曾伏娥	营销工程	沈俏蔚
国际市场营销	孙国辉	大数据营销	李　季
服务营销	王永贵	商业数据分析	姚　凯
组织营销	侯丽敏	旅游市场营销	白长虹
网络营销	龚艳萍	金融市场营销	王　毅
战略品牌管理	何佳讯	农产品市场营销	袁胜军　肖　艳
产品创新与管理	黄　静	医药市场营销学	官翠玲
定价策略	柯　丹	体育市场营销学	肖淑红
整合营销沟通	牛全保	电信市场营销学	吕　亮
营销渠道管理	张　闯	新媒体营销	戴　鑫
品牌管理	王海忠	绿色营销	王建明
零售管理	蒋青云	创业营销	金晓彤
销售管理	李先国	珠宝营销管理	郭　锐
客户关系管理	马宝龙		